GBz

freundlichen
Gruß

Gisela Barthel

Für Carsten und Sascha

Zum Geleit:

Wir nur gehen einher und schauen hier
unter den Wandel
Und verstehen ihn nicht, selber
in Wandel verstrickt.
IHN aber dünkt es gleich, was ausgeht
oder was eingeht,
Weil ER der Seinigen keines unter
den Flügeln verliert.

Rudolph Alexander Schroeder

Gisela Bartel - Zollenkopf

Der zerbrochene Ring

Eine ost-westpreußische Familiengeschichte aus Tagebuchblättern, Briefen und Erinnerungen
1936 – 1993

Rathenow

Umschlagfoto: Siegfried Bartel, Rathenow

Das vorliegende Buch ist urheberrechtlich das geistige Eigentum der Autorin.
Die Verwendung des Textes oder von Teilen daraus bedarf deren Zustimmung.

2003
Gisela Bartel
Genthinerstr. 21, 14547 Rathenow

Herstellung: Books on Demand GmbH, Norderstedt
ISBN 3-8330-0413-4

Inhalt

Zu diesem Buch 7

Hans (1936 – 1943) 9

Charlotte (1943 – 1945) 43

Deta (1946) 73

Anyta und Lukas (1948) 81

Halo (1954) 103

Gudrun (1955) 111

Die Mauer (1961) 129

Jo (1967 – 1968) 145

Der 20. Hochzeitstag (26.12.1988) 203

Die Wende (1989) 235

Der Traum (1991) 259

Die Beichte (1992) 267

Das letzte Lied (1993) 275

Am Flusse 285

Danksagung

Das vorliegende Buch wäre in dieser Form nicht zustande gekommen, wenn die Autorin nicht unendlich geduldige Unterstützung bei Hinrich Windler gefunden hätte, der ihr bei der elektronisch-technischen Bearbeitung beigestanden hat. Ihm gebührt großer Dank.

Ebenfalls zeitaufwendige Hilfe leistete Eva-Marie Woronowicz bei der inhaltlichen Textbearbeitung, wofür ihr von Herzen gedankt sei.

Mit Gudrun Gurol gab es einen regen Gedankenaustausch zu den vorliegenden Kapiteln, der immer wieder Impulse zum Weitermachen gab.

Letztlich und vor allem danke ich meinem lieben Mann Siegfried Bartel für sein Verständnis und sein Mutmachen.

Zu diesem Buch

Es hat der Autorin und ihren Beratern Spaß gemacht, Personen und Orte so zu verschlüsseln, daß die dahinter stehenden Menschen nicht leicht zu identifizieren sind.
Ist es nun „mehr Dichtung" oder „mehr Wahrheit"?
Manchmal kommt ein Autor durch „Dichtung" näher an die psychische Wahrheit heran, als durch pure Dokumentation. Deshalb behauptet die Autorin nicht, daß jeder Satz im Wortlaut dieses Buches tonbandgerecht gesprochen sei; sie steht aber dafür, daß jeder Satz gelebter Wirklichkeit entspricht, diese ausdeutet und vertieft.
Das historische Material ist nicht einfach abgedruckt. Briefe sind ausgelassen, gekürzt, zusammengefaßt, redigiert worden. Dies immer, um den Aussagegehalt der Dokumente griffiger und lesbarer darstellen zu können. Insofern ist das vorliegende Buch „weniger" als eine historische Dokumentensammlung, es ist aber deutlich „mehr" als ein historischer Roman.
Einigen wir uns auf die Lesart: Alles Geschilderte wurde echt erlebt. Dabei ist es ein Glücksumstand, daß die Autorin auf zwei große, geschlossene Briefsammlungen zurückgreifen konnte: Auf die Briefe aus der Nationalsozialistischen Zeit, Zeit der Vertreibung und auf die Briefe um Priestertum und Liebe aus 1967/68.
Mit seltener Offenheit wird in den ersteren die Begeisterung für Volk und Führer dargestellt - bis in den Untergang hinein. Ohne Pathos von Heldenhaftigkeit oder Widerstand zeigen Predigt, Landserbriefe oder Flüchtlingsschreiben auf, wie beim „kleinen Mann (kleiner Frau)" die Ideologisierung des Nazireiches sich festgesetzt hatte.
Eine Ideologisierung ganz anderer Art schildern die Briefe von 1967/68. Prägung durch Milieu und Kirchen, existenzieller Kampf zur Befreiung aus Denk- und Verhaltensschablonen. Vielleicht empfindet man beim Lesen, wieviel sich in den inzwischen 35 Jahren bis heute geändert hat - oder nicht geändert hat.
Persönliches Leben ist immer eingebettet in die Wellen der Zeitgeschichte. Darum hat die Autorin so sparsam wie sinnvoll anskizziert wie die individuellen Schicksale eingebettet sind in die Realitäten der BRD und der DDR. Insofern ist das gesamte Buch von 1936 bis 1993 ein Bild deutscher, gelebter Geschichte.
Durch seine Einzelschicksale macht es diese „Geschichte" griffig, nah, persönlich, identifizierbar. Unter dieser Rücksicht kann es für die jüngeren Leser einen Zugang zur Geschichte des 20. Jahrhunderts bilden.
Viele ältere Leser werden bei der Befassung mit diesem Buch ihre Erinnerungen schweifen lassen hin zu den Stätten in Ost- und Westpreußen, zu den Ereignissen von Flucht und Wiedereingliederung. Sie werden ihre eigenen Familienschicksale nacherleben mit Geburt und Tod.
Eine wichtige konzeptionelle Frage für dieses Buch war: lassen sich so unterschiedliche Perioden wie Nazizeit und 2. Hälfte des 20. Jahrhunderts sinnvoll in e i n e m Buch darstellen? Schier unermeßlich ist die Fülle der

Geschichtswerke zum Nationalsozialismus, zum Widerstand, zur Vertreibung. Aber diese verbleiben in der Regel in den 30er und 40er Jahren.

Gesellschaftlicher Umbruch, Wirtschaftsentwicklung der BRD, Sozialismus, Globalisierung sind Themen, die ihrerseits gebunden sind an die 70er, 80er oder 90er Jahre. Ganz praktisch ressortieren die Themen der 40er Jahre und die der 70er Jahre in unterschiedlichen Redaktionen und Lektoraten. Vordergründig vermutet man unter Verkaufsstrategien auch ganz unterschiedliche Leserschaft.

Und doch hat die Autorin mit Recht entschieden, dieses vorliegende Buch epochen-übergreifend anzulegen. Warum? Was ist es, was die Nazizeit und die heutige Zeit miteinander verbindet?

Die Antwort ist einfach und existenziell, sie liegt weniger auf der Objekt-, eher auf der Subjektebene. Wir selber, wir, die 60 bis 70 Jährigen sind die Klammer zwischen unserer gelebten Kinder- und Jugendzeit und unserer gelebten Berufs- und Rentenzeit. Und so heißt die Schlüsselfrage für den Zeitroman 1936 - 1993 weniger: Was war? als vielmehr: Wie habe ich diese Jahrzehnte erlebt, und wie habe ich sie in meine persönliche Existenz integriert? Vielleicht ist eine Chance dieses Buches, viele Menschen zum Nachdenken zu bringen: Wie bin ich selbst geworden in diesen Jahrzehnten?

Eine weitere Frage hat Autorin und Berater beschäftigt: Wie weit darf man der Öffentlichkeit Einblick geben in das eigene psychische Geschehen?

Die diesem Buch zugrundeliegende Haltung ist: Mein Leben ist nicht meine Privatangelegenheit, weil ich als soziales Wesen immer auf ein Du angewiesen bin. Nur, wo ich mich öffne und andere an mir Anteil nehmen lasse, kann ich beitragen zu gesellschaftsbildenden Prozessen, zur Wertevermittlung, zum personalen - sozialen Lernen.

In gewissenhafter Zurückhaltung sind keinerlei Briefpassagen in dieses Buch aufgenommen worden, die zu direkter oder indirekter Verletzung führen könnten.

Der Leserin, dem Leser wünschen wir, daß sie/er einige Stunden des Nachsinnens über ihren/seinen eigenen Lebensweg vor sich haben möge.

Ihr Jo

Hans
(1936 – 1943)

Ein Hochsommertag des Jahres 1942 lag schläfrig über dem dörflichen Pfarrhaus in Westpreußen.
Deta hatte nach dem Mittagessen die Stühle umgekehrt auf den Küchentisch gestülpt und wollte nun zum Wochenende die Dielen des Fußbodens scheuern. Damit ihr die Kinder des Pfarrers nicht ständig vor den Füßen herumliefen, hatte sie die beiden in die Höhlung der umgedrehten Stühle gesetzt. So konnte sie die sechsjährige Hannalotte und die fünfjährige Gudrun besser unter Aufsicht halten.
Mutter Charlotte, die das vakante Pfarramt ihres Mannes so gut wie möglich betreute, (zu den Gottesdiensten kam ein Pfarrer aus dem Nachbarort), hatte sich einer bösen Migräne wegen hingelegt. Jetzt, in den großen Ferien, frei von ihrer Arbeit als Lehrerin an der Dorfschule, konnte sie sich eine solche Ruhestunde einmal leisten.
Deta führte seit sechs Jahren den Haushalt. Als Vierzehnjährige hatte sie diese Stelle hier angetreten. Charlotte hatte damals mit Erleichterung das Zepter im Wirtschaftsbereich in deren tüchtigen Hände gelegt. Eben hatte sich Deta aus heißem Wasser und Schmierseife eine gute Lauge gemacht und begonnen, die Diele der Küche zu schrubben.
Jede Arbeit ging ihr gut von der Hand, immer sang sie dabei, was die Kinder besonders mochten. Sie hatte eine glockenhelle Stimme und wurde in ihrem Heimatdorf "die Reichfelder Nachtigall" genannt. Wegen der Freude am Singen verpaßte sie keinen der BDM-Abende (BDM - Bund Deutscher Mädchen - nationalsozialistische Mädchenorganisation), in denen nicht nur das nationalsozialistische Gedankengut, sondern auch die deutschen Volkslieder so gepflegt wurden. Die Kinder lernten auf diese Weise automatisch alle Texte und Melodien mit. Heute sang Deta:
> In einem kühlen Grunde, da geht ein Mühlenrad.
> Mein Liebchen ist verschwunden, das dort gewohnet hat.
> Sie hat mir Treu versprochen, gab mir ein Ring dabei,
> sie hat die Treu gebrochen, das Ringlein sprang entzwei.
> Hör ich das Mühlrad gehen, ich weiß nicht was ich will,
> ich möcht am liebsten sterben, dann wär's auf einmal still.

Die Kinder hatten still und aufmerksam in ihren Hochsitzen zugehört. Hannalotte, die, als sie sprechen lernte, sich selbst Halo nannte, zeigte ein vergrübeltes Gesicht. Schließlich kam sie mit einer Frage heraus: "Deta, was ist Treue?"
Deta wollte gerade den Lappen auswringen, blieb nun aber bei Halo stehen und suchte eine verständliche Antwort. Dieses Kind konnte aber auch Fragen stellen! Deta sah, wie ernst es der kleinen Halo war. Ihre graublauen Augen wirkten groß, fragend und ganz dunkel. Deta dachte "Die Augen sind ja fast dunkelgrün." Nach kurzem Besinnen sagte sie: "Ja, Halochen, Treue, das ist so

wie zwischen Väterchen und Mutti. Da bangt sich die Mutti nach ihm, weil er so weit fort ist im Krieg. Und Väterchen schreibt ihr und denkt immerzu an sie. Aber eigentlich verstehst Du das noch nicht."
"Doch, Deta, ich versteh das schon. Aber warum ging denn nun der Ring kaputt, und warum wollte er am liebsten sterben?"
"Halochen, dazu bist Du doch noch zu klein. - Nun geht mal an die frische Luft, ich höre schon die anderen Kinder. Die warten auf Euch und wollen spielen."
Als die Küche übertrocknete, steckte Charlotte ihren dunklen Kopf durch den Türspalt.
"Sind die Kopfschmerzen besser?" fragte Deta.
"Ja, etwas," antwortete Charlotte. "Sind die Kinder artig gewesen?'
"Ja, aber Halo kann einen in Bedrängnis bringen mit ihren Fragen. Eben wollte sie wissen, was Treue ist, und warum das Ringlein entzwei sprang. Ich hatte nämlich das Lied gesungen: In einem kühlen Grunde."
Charlotte mußte lächeln: "Ja, ja, man müßte viel mehr aufschreiben, was die beiden so fragen und von sich geben."
Damit zog sich Charlotte zurück an ihren Schreibtisch. Wenn jetzt in den Ferien auch keine Hefte zu korrigieren waren, so lagen doch Unmengen von amtlichen Briefen da, die bearbeiteten werden mußte. "Arier" wurde diese Post genannt. Arier deswegen, weil die Menschen bestrebt waren, einen arischen Stammbaum nachzuweisen. Die arische Rasse, des Führers Idealbild von den Menschen seines Volkes.
Zu diesem Zweck wurde eifrig Ahnenforschung betrieben. Charlotte hatte die alten Kirchenbücher aus den Aktenschränken geholt, nun blätterte und suchte sie stundenlang in den zurückliegenden Jahrzehnten und Jahrhunderten. Da sie selbst am eigenen arischen Stammbaum interessiert war und ihn bereits bis in das 16. Jahrhundert zurückverfolgt hatte, ging sie voller Verständnis an die Anfragen anderer Menschen heran. Sie freute sich über jeden Fall, den sie aus den alten Folianten herausziehen konnte.
Heute hatte sie den Schreibtisch wirklich einmal abgearbeitet. In der Schulzeit nahm die Unterrichtsvorbereitung und das Korrigieren der Hefte doch viel Zeit in Anspruch. Außerdem engagierte sie sich stark in der Frontkämpferhilfe und in anderen Organisationen.
Die meisten Männer, so auch die Lehrer des Ortes, waren eingezogen worden. An der evangelischen Schule unterrichtete nur noch ein Lehrer, der aus Altersgründen bald ausscheiden würde. An der katholischen Schule lehrte Herr Walten. Früher hatte er Waletzki geheißen, aber er hatte sich "eindeutschen" lassen, wie man das nannte. Bei ihm würde im kommenden Jahr Gudrun mit der Schule beginnen. Halo besuchte die evangelische Schule und war so direkt unter Charlottes Aufsicht.
Unversehens dämmerte der Abend herauf. Deta hatte die Kinder zu Bett gebracht und war zum BDM-Abend gegangen. Charlotte, die mit den Kindern gebetet hatte, ließ die Tür noch einen Spalt breit geöffnet. Eine Weile hatte das Getuschel und Gekicher der beiden noch gedauert, dann war Stille eingetreten. Charlotte schloß leise die Schlafzimmertür und holte aus dem Schreibtisch das lederne Tagebuch hervor, das sie zu Halos Geburt begonnen hatte.

Halo, ihr wurde ganz warm ums Herz, wenn sie an das Kind dachte. Sie, die Eltern, hatten damals den Namen Hannalotte herausgesucht, Hanna für Hans und Lotte für Charlotte. Dieses Kind sollte auch vom Namen her ein Sinnbild der Liebe seiner Eltern sein. Ganz schnell war aus diesem langen Namen "Halo" geworden. So wurde das Mädchen nicht nur in der Familie, sondern auch in der Schule und im ganzen Dorf gerufen.

Charlotte schlug das Buch auf, in dem sie heute ein paar Eintragungen machen wollte. Um in die Stimmung zum Schreiben zu kommen, vertiefte sie sich in den Text der ersten Seiten. Dabei wurde wieder alles so lebendig.

Gleich unter der Geburtsanzeige für Hannalotte stand das schöne Gedicht ihres, Charlottes, Bruders Walter, der Halos Patenonkel war. Charlotte staunte beim Lesen wieder, wie begabt, wie sensibel ihr Bruder war:

„Das schenk ich Dir, Du meiner Schwester Kind:
daß Sonnenstrahlen immer um Dich sind,
das wünsch ich Dir, Du meiner Schwester Kind.
Und daß nur Sommerhauch und Frühlingswehn
an Deinem Himmelbettchen Wache stehn
und alle Sterne Dir zuliebe sind,
das wünsch ich Dir, Du meiner Schwester Kind.
Was wohl das Leben uns für Sträuße bindt,
das frage ich, Du meiner Schwester Kind.
Ich sing von Wolken Dir, vom hellen Mond,
von dem, was zeitlos in der Ferne wohnt,
und was am See, am hellen Strand ich find,
das sing ich Dir, Du meiner Schwester Kind.
Und daß an Rosen dicht die Dornen sind,
das klag ich Dir, Du meiner Schwester Kind,
daß übers Land so viele Stürme gehn
und tausend Träume Blättern gleich verwehn;
und daß Du selber nur ein Blatt im Wind,
das klag ich Dir, Du meiner Schwester Kind.
Und was ich klage, oder jauchz, das rinnt
wie Tau von Gräsern, meiner Schwester Kind.
Du staunst, Du lächelst und Du guckst mich an,
und Deinen Augen ich nicht weichen kann:
verstehst ja nichts, und was ich sag, das rinnt
wie Tau von Gräsern, meiner Schwester Kind.

9.1.1936

Am 3. Januar, abends um 21 Uhr, wurde unser Hannalottchen geboren. Über 50 Stunden hat sie gebraucht, um sich an das Licht durchzukämpfen. Dreimal mußte der Arzt kommen. Aber dann war sie da, war gesund und heil und schrie schon, kaum daß sie atmete.

Am Tag darauf, am Nachmittag, bekam sie zum ersten mal zu trinken. Es ging ganz gut, zuerst 30 Gramm, dann 50, dann 100. Mit mir ging es auch schnell zur Genesung. Wir haben unsere Freude an unserer Tochter und können uns an dem kleinen Wunder gar nicht sattsehen. Zwar hatte ich in den ersten Tagen schrecklich viel Angst, daß dem Kind etwas passieren könnte. Jetzt ist 's schon nicht mehr ganz so schlimm.

Die Tochter wird immer menschenähnlicher. Große blaue Augen hat sie und rötliche Haare. Der Papa geht alle Augenblicke ans Körbchen und weckt sie auf. Gestern lächelte sie so lieb im Schlaf und richtige Tränchen weint sie auch schon. Sonntag war ich in der Kirche.

Ein Tagebuch soll dies werden über unser Hanalottchen, das ich ihr frühestens zur Einsegnung zur Selbstfortführung geben will. Wie und wo wird die Zeit bis dahin vergehen?

26. Jan. 1936

Die Händchen unserer Tochter sind schon so niedlich. Beim Trinken hält sie die Finger unbeschreiblich vornehm, und im Schlaf lacht sie schon manchmal. Der Papa kann stundenlang zusehen. Am Donnerstag will ich nach Marienburg fahren und schauen, ob ich einen Kinderwagen kaufen kann.

Gestern wurde Hannalottchen gewogen. Und Kraft hat sie! Stellt die Füßchen auf und drückt das Kreuz durch, so daß sie nur noch auf dem Nacken ruht. Schuhchen und Strümpfchen bekam sie gestern und heute ein hübsches Jäckchen.

13. Febr. 1936

Morgen ist Hannalottchen sechs Wochen alt. Sie hat sich schon sehr verändert. Pausbäckchen hat sie. Ihre Augen folgen einem schon, es wird nicht mehr lange dauern, dann wird sie ihre Mutti kennen.

Vorgestern waren wir zum Reichsberufswettkampf. Auch dort hat sie sich anständig benommen. Überhaupt schläft sie jetzt viel ruhiger. Es macht so viel Freude, die Entwicklung des kleinen Wurmes zu verfolgen. Wenn man so bedenkt, wie gut wir es haben. So behütet wird das Kindchen, auf jeden Atemzug wird aufgepaßt. Wie viele Mütter müssen zusehen, wo sie ein warmes Fleckchen für ihr Kleines finden.

Und überhaupt die Veränderungen im Vergleich zu unserer Vikarswohnung in dem Dorf Gardinen. Man kann es ruhig einmal aufschreiben, sonst kann man es sich

selbst später nicht mehr denken. Immer saßen wir auf dem Pfropfen, immer bereit, woanders hingeschickt zu werden, dazu das ungemütliche Haus und die 100,- Mark Gehalt. Davon auch im Winter noch die Heizung bezahlen. Trotzdem haben wir gelebt und gar nicht mal schlecht. Gewiß konnte man sich manches nicht leisten, was man gerne wollte, aber das wird einem wohl immer so gehen.
Aber jetzt geht es doch merklich bergauf. Wir haben unser schönes Heim, mehr Gehalt, unsere tüchtige Deta und einen richtigen Haushalt.

25. Febr. 1936

Nächste Woche darf unser Hannalottchen schon Apfelsinensaft bekommen. Sonntag soll sie getauft werden. Omama und Opapa aus Königsberg, Deines Vaters Eltern, haben schon zugesagt. Hoffentlich kommen auch die andern alle, und hoffentlich ist mein Püppchen schön gesund.

28. Febr. 1936

Nun ist es schon der Freitag vor Deiner Taufe. Dein Vater sitzt und grübelt über der Taufrede. Und wenn sie soweit ist, werde ich sie Dir aufschreiben. Hier ist sie:
Joh. 15, Vers 5
Ich bin der Weinstock, ihr seid die Reben, denn ohne mich könnt ihr nichts tun.
Es liegt ein tiefes Geheimnis über dem Neuwerden jungen Lebens. Das, was da plötzlich in Gestalt eines kleinen Kindes vor uns liegt, läßt in uns ein solches Glücksgefühl aufsteigen, daß wir spüren: hier ist die Grenze irdischen Glücks überschritten. Die Erde mit ihrer Schönheit, die Menschen mit ihrer Liebe, können uns gewiß so viel geben, daß wir das damit verbundene Glück für erschöpft halten können. Aber dieses Geschenk geht eben über die Gabekraft der Welt hinaus, denn Kinder sind eine Gabe Gottes.
So ist es ein Kind, das uns vor die Gottesfrage stellt, so nun aber auch mit solcher Gewalt, wie es bis dahin vielleicht nicht gewesen, denn in der Stunde, da es zum Licht der Welt drängte, spürten wir zwei gewaltige Mächte im Kampf: Die Macht, die das Leben gibt, und die Macht, die alles Leben zerstören will. So lösten einander ab: Hoffnung, Ahnen eines großen Glücks, Schmerzen, Angst und Not. Gott sprach zu uns, wie er noch nie zuvor zu uns geredet.
Aber dieses Kind spricht weiter zu uns. In seiner Hilflosigkeit stellt es uns ganz neue, von uns nicht gekannte Forderungen und Ansprüche. Es will genährt, gepflegt und behütet sein. Es zwingt uns, den Blick in seine Zukunft zu richten, es sagt uns: weil ich einmal eine Aufgabe in meinem Leben zu erfüllen habe, so habt ihr mir das nötige Rüstzeug mitzugeben. Aber das ist nicht alles: Wir sehen ein Wesen vor uns in einer Unschuld und Reinheit, die nicht von dieser Welt ist. Die Welt, aus der es kommt, spiegelt sich in ihm noch wieder. Aber wir wissen auch um die Mächte, die vor dieses klare Spiegelbild einen Schleier ziehen wollen, wir wissen

um die Mächte der Sünde. Dieser Anblick und dieses Wissen legen uns eine weitere heilige Verpflichtung auf, denn dieses Kind verlangt von uns, ohne daß es selbst es weiß, daß es in Verbindung bleibt mit dem, von dem es kommt. Es fragt uns unerbittlich: Seid ihr in Verbindung mit Gott? Glaubt ihr an Christus? Daß ihr mir geben könnt, was ich zum Leben brauche?

Christus allein kann dem Kind die seelische Haltung geben. Unser Glaube an Christus aber soll die Verbindung zwischen unserem Heiland und unserem Kind herstellen. So werden wir in dieser Stunde erneut in die Glaubensentscheidung hineingestellt. Nur, wenn wir in seiner Gemeinschaft bleiben, nur dann kann sein Lebenssaft in unser Kind übergehen. Damit dieses Kind zur Rebe am Weinstock Christus werde und teilhabe am Blutkreislauf dieses Weinstocks, darum bringen wir es jetzt zur Heiligen Taufe. Amen

Ludwig, der älteste Bruder von Hans schreibt:

Wir haben gestern Klein-Hannalottchen taufen helfen und haben uns hinterher gern und dankbaren Herzens dem geschwisterlichen Beisammensein und den dazugehörigen irdischen Genüssen hingegeben. Habt herzlichen Dank für die schönen Stunden in Eurem Hause - und - möge Euer Kind gedeihen.

Hans schreibt am 4. März 1936:

Unsere Gäste sind alle wieder fort. Heute ist seit neun Wochen der erste Abend, an dem wir drei ganz für uns alleine sind.

Ich will Dir von Deiner Taufe berichten. Mutti, Deta und Großmutter haben viel backen und braten müssen, um uns alle satt zu bekommen. Am Sonnabend war schon alles fertig. Vati weiß das nicht so genau, denn er hatte schrecklich viel zu grübeln, was er predigen sollte. Aber am Sonnabend hat es uns allen ganz extra gut geschmeckt. Dein Onkel Walter verputzte zum Abendbrot gleich sieben oder acht Königsberger Klopse.

Endlich kam der Sonntag. Papi hat sich in der Kirche solche Mühe gegeben mit seiner Rede. Aber Du kleiner Racker konntest ja lauter als er. Nun, mein Kleines, das schadet nichts. Das habe ich schon oft erlebt, daß die kleinen Täuflinge so brüllen. Wenn Du uns nur sonst keine Sorgen machst.

Als nachher an der festlichen Tafel Dein Papi die Gäste begrüßt hatte, ging es ans vergnügliche Schmausen, Trinken und Erzählen. Währenddessen sprach Muttis Bruder, Dein Patenonkel Walter, auf Dich, seine erste Nichte, einige sehr liebe Worte. Dann sprach Onkel Ludwig und wünschte Dir, daß Du aus der väterlichen und mütterlichen Familie ein gemeinsames Kapital, nämlich das Zarte und das Starke, mitbekommen möchtest.

Aber erst nach dem Essen wurde es so richtig gemütlich, und wie! Wir tanzten und sangen, die Bowle schmeckte so gut, Onkel Ludwig sang Löwe-Balladen, wir sind lange nicht so vergnügt gewesen. Es war schon 1 Uhr als die Ersten uns verließen. Für uns war der Morgen ein sehr schöner Tag, weil wir uns mit Onkel Ludwig und seiner Frau, Deiner Tante Erna und Tante Anne, Vatis jüngster Schwester, noch so richtig auserzählen und mit dem Rest Bowle den Kater vertreiben konnten. Als aber auch die letzten Gäste abends um acht Uhr fort waren, sanken wir wie tot ins Bett. Du warst lieb und hast uns schlafen lassen.

Am 13. März 1936 schreibt Hans:
Heute habe ich unsere Mutti ein bißchen gekränkt. Warum, erzähle ich nicht. Aber es tut mir sehr leid und ich bin ganz traurig. Aber Du, mein Haschen, machst mich wieder fröhlich.
Mutti ist nämlich in Marienburg, und wir beide sind ganz allein. Eben habe ich Dich trockengelegt, dann brülltest Du ein ganz klein wenig, dann schliefst Du, und jetzt liegst Du mit offenen, strahlenden Augen da und murchelst. Mal ein Finger der rechten Hand, mal das ganze linke Fäustchen wandert in Dein Maulchen. Ganz besonders freue ich mich darauf, Dir die Flasche zu geben.

Eintragung von Charlotte am 19. März 1936:
Heute gabs zum ersten Mal Buttermehlschwitze. Man muß ja nun ein bißchen mehr ziehen, als an der gewöhnlichen Buddel, aber dafür wird man auch fetter. Wenn Vati und Mutti einen angucken freuen wir uns, und wir fangen auch schon an, die Fingerchen zu beschielen.
Gestern sprach im Radio der Führer, zum Schluß mit unserer Tochter um die Wette. Aber sie konnte doch fast noch besser. In einer großen Zeit leben wir, mein Kind. Der Führer hat die Souveränität Deutschlands wieder hergestellt, die deutschen Truppen sind wieder in ihre alten rheinischen Garnisonen eingezogen. Am 29. März befragte der Führer sein Volk, in dreieinhalb Jahren zum dritten Mal, ob es mit der von ihm eingeschlagenen Politik und mit seiner Führung einverstanden ist. Überall herrscht ein grenzenloser Jubel. Gott gebe, daß alles gut wird.

Und weiter liest Charlotte was sie am 8. Apr. 1936 notiert hat:
Mein Liebling, Du bist jetzt ganz auf die Buddel angewiesen, Mutti hat nichts mehr. Dazu gibt es jetzt Apfelsinen- und Zitronensaft, auch Äpfel und Bananen und Gemüsebrei soll dazukommen.
Großmutter denkt immer mit so viel Liebe hierher, neulich hat sie mir folgendes Gedicht geschickt:

Neun Monde stand ich am Tor der Welt.
Neun Monde war ich ein Ährenfeld.
Neun Monde vernahm ich in Wetter und Wind,
die Sprache der Sterne durch Dich, mein Kind.
Neun Monde sind eine heilige Zeit.
Da reifte Dein Leben in Glück und Leid.
Da klang eine Glocke bei jedem Schritt.
Da ging ein Geheimnis mit uns mit.
Da waren wir beide ganz allein.
Neun Monde versunken in Werden und Sein.
Allein vor Gottes Angesicht.
Neun Monde trug ich Dein Leben zum Licht.
                    Annemarie Köppen

Nun rafft sich Hans wieder auf und schreibt am 13. Apr. 1936
Papi hat viel zu tun und zu grübeln. Aber trotzdem habe ich noch immer sehr viel Zeit für Dich, mein Haschen. Ich kann ja auch gar nicht anders, ich muß immer wieder an Dein Körbchen treten. Du wirst von Tag zu Tag niedlicher.
Heute haben wir ein feines Spielchen entdeckt. Da wackelt plötzlich so ein riesengroßer Finger vor Deiner Nase und schiebt sich in Dein kleines Faustchen. Dann faßt das kleine Faustchen richtig zu und läßt sich von dem großen Finger hin und her wackeln. Das macht Spaß, nicht? Aber nun läßt die kleine Hand wieder los und möchte gern allein auf den großen Finger hinsteuern. Doch sie will noch nicht ganz gehorchen, sondern torkelt ganz gewaltig in der Gegend rum, bis der Papi ein bißchen hilft. Aber bald können wir richtig greifen - und dann erst! Dann bekommst Du Dein erstes Spielzeug.

Charlotte liest, was sie am 3. Mai 1936 geschrieben hat.
Morgen früh fahren wir zur Großmutter nach Lyck. Deine Mutti graut sich schon vor der Fahrt. Dein Kinderwagen und ein großer Koffer sind schon fort. Ja, mein Liebling, ich will einmal ganz ehrlich sein. Vielleicht gereicht Dir diese Stelle später einmal selbst zum Trost, wenn es Dir auch so gehen sollte.
Ich habe Dich ganz unbeschreiblich lieb, mein Kleines, Goldenes. Aber glaubst Du, daß es tatsächlich Momente gibt, wenn es einem grade mal wieder so siedend heiß übergelaufen ist, daß man sich wünscht, man hätte die ganzen Sorgen nicht. Wäre das nicht schöner?!
Nein, mein Liebling, um keinen Preis möchte ich Dich wieder hergeben. Und jedes mal, wenn so ganz hinten im Innersten dieser Gedanke aufgetaucht ist, schäme ich mich dessen schrecklich. Es ist auch nicht des Äußeren wegen, daß meine Freiheit

gegen früher stark beschnitten ist. Sondern es ist diese furchtbare vertrauens- und glaubenslose Angst in manchen Augenblicken, es könnte etwas passieren. Schließlich ist dies Tagebuch ja dazu da, daß Du weißt, wie Du warst, wie Deine Eltern waren. Vielleicht kann ich Dir die ruckartige Erkenntnis ersparen, daß Deine Eltern auch keine Engel sind. Denn ich weiß aus eigener Erfahrung wie solch eine plötzliche Erkenntnis schmerzt.

10. Mai 1936

Eine Woche sind wir nun schon in Lyck bei meinen Eltern, Deinen lieben Großeltern. Die Fahrt war gar nicht so schlimm. Von Altfelde bis Königsberg waren wir ganz allein im Abteil. Dort halfen uns die Großeltern beim Umsteigen, sie waren uns entgegengekommen. Vor Bartenstein legte ich Dich trocken, ab Korschen brülltest Du mit kleinen Unterbrechungen und ab Juche ohne Pause. Hier landeten wir bei strömendem Regen.

Und Großvater schreibt zum Abschied:
Was sind das für sonderbare Töne, die Du hier zum ersten mal hören ließest? Sind es die ersten Versuche, Laute nachzuahmen?
Für mich waren es rechte Freudentage, die Du hier verbrachtest. Ich werde Dich sehr vermissen. Nun fährst Du zum ersten mal im Leben mit einem D-Zug, und noch dazu 1. Klasse. Ohne Umsteigen geht es von Lyck über Korschen, Allenstein, Deutsch Eylau nach Marienburg, wo Dich Dein liebes Väterchen mit dem Auto abholen wird.

Hans schreibt am 2. Juli 1936
Väterchen ist ein Faulpelz, wirst Du sagen. Aber ich habe viel zu tun. Doch morgen wirst Du ein halbes Jahr alt. Du kannst schon allerlei Kunststückchen. Wie groß wird Deine Wonne nur sein, wenn Du Deinen großen Zeh so tief und so lange im Maulchen halten kannst, wie Du willst. Vorläufig müssen wir erst noch daraufhin trainieren. Die Lippen, das Zungchen und die Stimme gewöhnen sich auch immer mehr daran, daß sie nur in gemeinsamer Arbeit etwas Richtiges zustande bringen können.

Charlotte liest vom 29. Aug. 1 936
Du stehst jetzt schon ganz sicher in Deinem Bettchen und kannst Dich auch irgendwie vorwärtsbewegen. Unser liebes Väterchen ist schon wieder 14 Tage beim Militär.
Mein liebes Puppchen, Du glaubst nicht, was so im Sommer auf dem Lande zu tun ist. Auch in Bezug auf Dich hat sich viel ereignet. Aber ich werde mal von vorne an erzählen.

Seit Dein Väterchen das letzte mal hier eingeschrieben hat, bist Du immer hübsch munter gewesen. Am 2. Juli wurde unser liebes Väterchen Soldat. Zwei mal ist er bis jetzt auf Urlaub gewesen, heute wird er wohl zum dritten mal kommen. Er bangt sich sehr nach uns, mein Hannalottchen. Und Mutti ist froh, daß sie Dich hat. Vor 14 Tagen, als Väterchen hier war, tatest Du ihm den Gefallen und zogst Dich an ihm hoch und bliebst auch sitzen. Wir haben schon unsere Plage, aber auch unser Vergnügen mit Dir. Deta ist sehr lieb zu Dir.

Hans schreibt im Urlaub am 10. Okt. 1936
Es ist kaum zu glauben, was Du, mein Hannalottchen, seit ich anfing Soldat zu sein, alles dazugelernt hast. Die Morgenfeier wird immer stürmischer. Wenn das so weitergeht, nimmst Du Deinem Väterchen alle Kraft schon am frühen Morgen zu seiner Tagesarbeit. Ob Du mit pa-pa auch wirklich Deinen lieben Papi meinst, ist noch sehr die Frage. In Deinen anderen Worten sind noch zu viel Mitlaute, weißt Du, wie im Polnischen, daß ich sie nicht aufzuschreiben vermag. Aber ich will unserer Mutti auch noch was übrig lassen zu schreiben.

Charlotte am 30. Nov. 1936
Du bist ein Unruhgeist, besonders in der Nacht. Wie hast Du uns gerade in der Nacht schon oft das Leben schwer gemacht. Mutti haut dann schon mal, aber Väterchen sagt immer: mein Goldkind.
Wir sind schon so gespannt, was Du für Augen zu dem Lichterbaum machen wirst. Geschenke kriegst Du kleines Schaf noch nicht, aber Deinen Geburtstag werden wir statt meinem feiern.

Hans am 12. Dez. 1936
Wie niedlich Du bist, kannst Du nicht wissen. Aber, aber, aber - manchmal bist Du auch schon richtig ungezogen, so sehr ungezogen, daß Dein Väterchen sehr ernst zu Dir gesprochen hat, was Du durchaus verstanden hast. Dein erbarmungswürdiges Schippchen zeigte es uns. Und dann habe ich Dir schon zwei mal einen Klaps geben müssen. Auch diese Erziehungsversuche schlugen nicht fehl. Du warst zwar sehr böse, aber dann wurdest Du wieder lieb und artig. Siehst Du, meine Tochter, so beginnt allmählich der Ernst des Lebens.

Charlotte am 29. Jan. 1937
Ein Jahr und einen Monat bist Du nun schon alt und niedlich zum Auffressen. Weihnachten war Dir noch ziemlich uninteressant. Zu Deinem Geburtstag bekamst Du von den Großeltern einen Kinderlöffel und ein Schieberchen. Mit dem Reden wird das wohl auch allmählich werden, es kommt schon manches Vernünftige raus.

Dich selbst nennst Du "Halo", und das haben wir alle der Einfachheit halber übernommen.

Nun gab es eine lange Pause, erst am 27. Juli 1937 schreibt Charlotte:
So lange hat Deine Mutti nicht mehr geschrieben, mein Liebes, Kleines! Und was ist seit dem nur alles passiert!
Am 9. Juni hast Du Dein Schwesterchen Gudrun bekommen. Mir ging es vorher gar nicht gut. Der Magen machte mir viel zu schaffen. Zum Schluß war es schon so schlimm, daß ich nichts mehr tun konnte. Zum Glück entlastete mich Deta.
Nun ist unsere kleine Gudrun schon sieben Wochen alt und ein sehr liebes, artiges, kleines Püppchen, das uns noch keinen Kummer gemacht hat. Das wird sicher nicht so ein kleiner Zwirl, wie Du einer bist. Auch gestern bei der Taufe lag sie ganz still mit großen, offenen Augen und hat nicht muff gesagt. Und so niedlich sah sie aus! Großmutter hat ihr ein Taufkleid aus rosa Organza gemacht. Es war entzückend. Die Großeltern sind schon seit vorigem Montag hier.
Daß Du, meine liebe Halo, schon laufen kannst, ist keine Neuheit mehr, bald bekommst Du schon allein die Türen auf, denn Du bist schon 83 cm groß.

Charlotte sah von dem Tagebuch auf und erinnerte sich an den 9. Juni, als Gudrun geboren worden war. Sie, Charlotte, hatte nach der Anstrengung der Geburt zufrieden in ihrem Bett gelegen, da war Deta mit Halo auf dem Arm hereingekommen. Sie war mit dem Kind ans Körbchen getreten und hatte gesagt: "Schau mal, das ist Deine kleine Schwester Gudrun." Halo hatte still und erstaunt in das Körbchen geblickt und dann sehr sachlich festgestellt: "Gulu läft".
Die Erwachsenen hatten das Gefühl, daß sie mit ihrem langen Blick und ihrem ersten richtigen Satz ihre kleine Schwester zu ihrem ganz persönlichen Eigentum erklärt hatte.
Charlotte las, ehe sie das Buch für heute zuklappte, noch schnell die Eintragung ihrer Schwiegereltern, die zu Gudruns Taufe gekommen waren:
"Das Schönste, was Gott uns im Alter gibt, sind die Heime der Kinder, wo man uns liebt."

"Omama" und "Opapa" wurden Charlottes Schwiegereltern in deren Großfamilie tituliert. Lotte hatte ein gutes Verhältnis zu ihnen, wobei Opapa schon damals, so erinnert sich Charlotte, ein verlöschendes Licht war, er litt an Magenkrebs.
Und Omama? ... die war klein aber oho. Als junger Mann, so hatte Charlotte die Familiensaga vernommen, hatte sich Opapa in seine Cousine Maria verliebt, als diese Kirschen pflückend im Baum saß. Die Liebe war so stark, daß aus den beiden bald ein Paar wurde. Opapa hatte in jungen Jahren Theologie studiert, das war Familientradition. Dann bekleidete er mit seiner Frau ein Pfarramt in

Westpreußen. Schnell wurden in den Jahren zwischen 1893 und 1911 ihre acht Kinder geboren.

Maria, so klein und zart sie war, führte mit resoluter Hand den großen Pfarrhaushalt und ihre Kinderschar. Opapa selbst hatte neun Brüder, die weit verzweigt in West- und Ostpreußen lebten. Das von Maria geführte Haus wurde bald zur beliebten Begegnungsstätte aller.

In diesem quirligen Pfarrhaustrubel wäre Omama Maria untergegangen, wenn sie nicht auf Disziplin und Ordnung gehalten hätte. Gehorchen war oberstes Gebot. "Kinder. stellt Euch nicht so an", mit diesem Satz löste sie manches Problem. Von daher war sie für die bald reichlich sprießende Enkelschar keine bequeme Großmutter. Auch Halo und Gudrun lebten, als sie größer geworden waren, mehr in Respekt und Abstand zu der kleinen Omama.

Ganz anders war es mit Lottes eigenen Eltern, den Großeltern in Lyck. Großvater stand im Rang eines Reichbahninspektors. Pünktlichkeit, Geradlinigkeit und Disziplin galten als seine herausragenden Eigenschaften, aber auch Sanftheit und Liebe, gemischt mit Witz und Humor. Sein Äußeres wirkte imponierend und würdevoll. Von stattlicher Statur hatte er brünette Haut und schlohweißes Haar, welches stets zu einer gepflegten Bürste geschnitten wurde. Über seinen ausdrucksvollen, braunen Augen buschten sich starke, schwarze Augenbrauen. Sanfte Liebe zeigte er ständig seiner Frau Margarete. Diese stammte aus einem Beamtenhaushalt und hatte, wie es ihrer Zeit entsprach, eine gehobene Töchtererziehung genossen: Klavierstunde, Gesang, Handarbeiten, Besuch von Theater und Konzerten. Sie bekamen zwei Kinder, 1910 die Tochter Charlotte und drei Jahre später den Sohn Walter.

Charlotte stellte eine gute Mischung aus ihrem überkorrekten Vater und der sanften und musisch begabten Mutter dar. Ihre schulischen Leistungen waren überdurchschnittlich, so daß die Eltern ihr zum Abitur rieten. Als sie dieses erfolgreich bestanden hatte, war es der Stolz ihrer Eltern gewesen, ihrer Tochter ein Studium an der Universität in Königsberg zu ermöglichen. Charlotte studierte Sprachen, um Studienrätin zu werden.

Hier, in Königsberg, begegnete sie dem Theologiestudenten Hans. Sie waren füreinander bestimmt, das wurde ihnen bald klar. Die energiegeladene Charlotte holte den etwas verträumten Hans auf den Boden der Tatsachen. Ohne sie wäre er vielleicht eine Art ewiger Student geworden. Nun aber, mit dem Ziel, eine eigene Familie zu haben, machte er seine Examina.

Er wurde 1934 Hilfsprediger in einem westpreußischen Dorf. Frischverheiratet bezogen sie eine bescheidene Wohnung. Hans versah seinen Dienst mit Eifer, Gewissenhaftigkeit und tiefer Gläubigkeit. Neben den sonntäglichen Gottesdiensten und Amtshandlungen gehörte auch der Konfirmandenunterricht zu seinem Aufgabenbereich. Zu Palmsonntag 1935 konnte er seine erste Konfirmandengruppe einsegnen. Dieses war ein Höhepunkt in seinem noch kurzen Berufsleben.

Lange brütete er über der Predigt. Er machte es sich nicht leicht damit. Die Kinder sollten etwas mitnehmen fürs Leben. Er sprach mit Charlotte seine Gedanken durch. Immer wieder war sie berührt von seiner schlichten Frömmigkeit.

Sie selbst war in diesem Punkt mehr rational. Natürlich hatte sie in ihrem Elternhaus eine traditionelle, religiöse Erziehung genossen; in der Kindheit Abendgebete, Tischgebete, Taufe, Konfirmation. Das hielt sie für selbstverständlich. Aber ihre innere Haltung galt mehr dem Zeitgeschehen. Der aufkeimende Nationalsozialismus hatte in ihr ein begeistertes Echo hervorgerufen. Es sollte aufwärtsgehen mit Deutschland! Wie hatten sie gehungert nach dem 1. Weltkrieg, dann die Inflation, die Weltwirtschaftskrise. Das war alles so furchtbar bedrückend gewesen.
Nun hatte sie voller Hoffnung den starken Mann kommen sehen, den Führer. Ihm und der von ihm eingeschlagenen Politik wollte sie all ihre Kraft weihen. In diesem Sinne sprach sie auch mit Hans. Er ließ sich von der starken Charlotte in Begeisterung bringen. Ja, das wurde ihm klar, diese Gedanken sollten auch mit in seine Predigt einfließen.
Auszüge aus seiner Predigt am Palmsonntag, den 14.4.1936 über Kol. 3 V. 23 "Alles, was ihr tut, das tut von Herzen, als dem Herrn und nicht den Menschen."

Liebe Kinder, liebe Gemeinde
Dies ist der Tag, den der Herr macht. Lasset uns freuen und fröhlich darin sein. Der Herr, unser Heiland hat diesen Tag heraufgeführt.
Unser Predigttext ist eine Mahnung, eine Ermahnung. Jede einzelne Tat, und möge sie noch so klein und unbedeutend und unwichtig erscheinen, sie soll von Herzen getan sein, als dem Herrn.
Wenn es uns vergönnt wäre, einen Blick hineinzutun in unser Herz, so könnten wir vielleicht darin lesen, daß Ihr es wirklich ehrlich meint, daß Ihr den aufrichtigen Vorsatz habt, Eurem Heiland nachzufolgen, so wie er es uns befiehlt.
Diese Frage ist ernst genug um uns zu erschüttern. Und das gerade will unser Text. Es kommt darauf an, daß wir eine feste Stellung beziehen, daß wir einen festen Boden unter den Füßen haben, auf dem wir kämpfen können.
Also, wie wir gesehen haben, diese Stellung, dieser feste Boden, darf nicht bestehen aus guten Vorsätzen, denn dann würden wir uns auf unsere eigene Kraft, auf unseren eigenen Willen verlassen. Und wenn wir das tun, ist es allerdings von Anfang klar, daß wir die Schlacht verlieren. Sondern hier gilt nur ein Wort: Einen andern Grund kann niemand legen, außer dem, der gelegt ist: Jesus Christus.
Jesus Christus allein kann der feste Boden sein, auf dem ich stehe. Dasselbe sagt unser Text: als dem Herrn sei alles getan.
Erst dann, wenn wir aufhören müssen, auf unsere eigene Kraft zu vertrauen, erst dann, wenn wir sehen, daß all unsere eigene Kraft zu Ende ist, daß nur noch Gott helfen kann, einfach wagen, dieses zu glauben, dann haben wir eine Stellung bezogen, die uneinnehmbar ist. Dann tun wir alles tatsächlich in dem Herrn. Und nun kommt das andere, daß wir uns die echte Haltung bewahren, daß wir in dieser Stellung alles tun als vor dem Herrn.

Wenn Dein Leben ein Leben im Herrn ist, dann ist es ein Dienst an den Mitmenschen, Deinem Volk. Ich meine, da gibt uns unser Text eine große Hilfe, denn Ihr dürft etwas haben, was viele Konfirmanden vor Euch nicht gehabt haben: Liebe und Vertrauen zu dem, der der Führer unseres Volkes ist und Liebe zu unserer Heimat und zu unserem Volk.
Darum ist es leichter, heute zu leben, weil uns diese Liebe zu Volk und Führer, geschenkt worden ist. Und diese Liebe wirkt, daß wir alles von Herzen tun, daß Ihr, liebe Jungen, zu Männern werdet, stark und treu und ritterlich gegen die deutsche Frau, daß Ihr, liebe Mädels, zu deutschen Frauen werdet, mit einem warmen Herzen, bereit zu dienen, wie eine echte, deutsche Frau nur dienen kann.
Das alles ist möglich, wenn Ihr Euch dem anvertraut, dem Ihr in der Taufe übergeben worden seid, unserem Heiland Jesus Christus. Amen

Charlotte erinnerte sich daran, als Hans im August 1935 in dieses Pfarramt im Kreise Stuhm, ca. 60 km südlich von Danzig, berufen worden war. Sie hatte sich über den Umzug sehr gefreut, erwartete sie doch damals in gut vier Monaten ihr erstes Kind. In dem geräumigen Pfarrhaus hatten sie wunderbar viel Platz. Hans bekam sein Arbeitszimmer, davor lag das riesige Eßzimmer, in dem sie ihr Klavier aufstellten. Das Eßzimmer war mit einer Doppelschiebetür mit dem Wohnzimmer verbunden. Dieser Schiebetür gegenüber lagen zwei weitere Türen, eine führte in das Gästezimmer, die andere in eine sonnige Veranda, von der aus man auf eine hochgelegene Terrasse trat. Eine stabile Holztreppe führte hinunter in den ansehnlichen Vorgarten. Das Wohnzimmer war das Herz des Hauses. Hier stand Charlottes Schreibtisch, hier befand sich der "Volksempfänger" (Radio), hier stand der Eßtisch für die täglichen Mahlzeiten. In Ofennähe standen zwei Sessel, dazwischen ein hübscher Nähtisch. Über den Sesseln hing an der Wand ein Bild des Führers.
Vom Wohnzimmer aus betrat man das Schlafzimmer. Anliegend befand sich die Küche mit Speisekammer. Außerdem hatte man von der Küche aus auch den Zugang zu einer Innentoilette. Alle Türen der Wohnung führten ins Entree mit Garderobe und Spiegelschrank. Das Entree war durch eine im Jugendstil gearbeitete Glaswand gegen das Treppenhaus abgeteilt. Über die Treppe erreichte man das Obergeschoß, welches aber, bis auf ein Zimmer für Deta, von der Pfarrfamilie nicht bewohnt wurde. Später würde dort Klara, die Hilfslehrerin, wohnen und "Bombengeschädigte aus dem Reich". Charlottes Gedanken kamen ruckartig in die Gegenwart zurück, denn sie hörte Detas leisen Schritt, die nach dem BDM- Abend eilig ihr Zimmer aufsuchte.

Nächste Eintragung:
Heute ist der 17. Nov. 1942
Was ist inzwischen alles geschehen. Wieviel wäre zu berichten gewesen, und wieviel habe ich unterlassen! Aber das Leben geht so schnell und so vollgefüllt weiter, und die rechte Muße zum Schreiben fehlt oft.

Wir haben Krieg, wir haben schon lange Krieg. Wenn es uns persönlich bis jetzt auch gut geht, so ist doch unser Väterchen schon seit dem 17. Aug. 1939 fort von uns, immer im Krieg. Das ist oft sehr schwer.

Ich will aber versuchen, folgerichtig zu schreiben. Wie knüpfe ich an die letzte Eintragung an? Wie viele Menschen sind inzwischen bei uns ein- und ausgegangen, wie viele Menschen haben uns inzwischen für immer verlassen! Fünf Jahre sind eine lange Zeit!

Ja, wo sind auch die Zeiten, als wir mal ein Auto hatten, und fahren konnten, wohin wir wollten. (Wenn wir Geld hatten.) Ende 1938 wurde es verkauft.

Unsere Deta ist noch immer bei uns, wenn sie auch inzwischen ein paar mal wegwollte und auch augenblicklich auf dem Sprung steht, sich ein eigenes Leben aufzubauen.

Die Großeltern sind bis zum Krieg ab und zu mal hier gewesen, und alle möglichen Onkel, Tanten, Cousinen, Vettern und Bekannten. Ferienkinder waren auch hier, im Sommer manchmal ein doller Betrieb.

Ihr beiden, Du meine liebe Halo und unsere Gudrun, wachst so allmählich zu großen Menschenkindern heran. Ihr merkt zum Glück noch nicht allzuviel von dem schweren Ernst der Zeit und könnt Eure frohe Kindheit genießen.

Viel ist mir ja schon von den Einzelheiten der vielen Jahre entschwunden.

Sehr erinnere ich mich an die Sudetenkrise 1938. Die Großeltern aus Lyck waren gerade zu Besuch, Väterchen lag im Krankenhaus mit Blinddarm. Wir saßen mit fieberhafter Spannung am Volksempfänger und warteten, ob es Frieden oder Krieg geben würde. Damals ging es noch gut vorbei. Wir hatten alle zusammen noch ein schönes, gemeinsames Lebensjahr länger.

Im Juni 1939 bekam unser Väterchen seinen Stellungsbefehl zu einer "6-wöchigen Übung", anzutreten am 18. August morgens zwei Uhr. Um nun noch einmal gemeinsam Ferien zu haben, fuhren wir alle fünf Mann hoch zu den Großeltern nach Lyck. Ich sehe uns noch mit dem riesengroßen Koffer abziehen, so daß uns der Omnibuschauffeur gar nicht mitnehmen wollte. Die Tage in Lyck waren dann recht schön, wenn es mit Euch Würmern mit dem Schlafen auch so eine Sache war. Wir fuhren jeden Tag an irgend einen See baden, und Ihr beiden wart nicht aus dem Wasser rauszubringen.

Am 14. August kamen wir aus Lyck zurück. Die Stimmung war schon ziemlich aufgeregt und gedrückt, denn die politische Lage war nicht rosig, und so recht konnte man an die "Übung" allein nicht glauben, wenn man auch immer noch hoffte.

Am 17. August abends mußte unser Väterchen dann fort. Glaubt mirs, Eure Mutti hat sich sehr beherrscht. Nur, als er noch einmal an Eure Bettchen ging, wo Ihr so schön schlieft, mußte ich doch die Tränen laufen lassen. Er hat Euch so lieb - und ist nun so lange fort und sieht Euch nicht aufwachsen.

Die Tage bis zum 1. September vergingen dann in größter, immer noch steigender Spannung. Die Frauen, die ein Auto hatten, fuhren ihre Männer besuchen, die hier meistens im Kreis Rosenberg aufmarschiert waren. So fuhren wir, d.h. Du, meine liebe Halo und ich mit Frau Fischer mit, wo wir mit unserem Väterchen noch einen sehr schönen Tag verlebten. Am nächsten Tag fanden wir sie nicht mehr, aber wir sahen ungeheuer viel Militär, und die Fahrt war sehr interessant.

Am 1. Sept. wurden wir morgens um vier Uhr von sehr starkem Fliegergebrumm geweckt. Als wir dann später das Radio anmachten hieß es: Danzig ist deutsch, und wir marschieren im polnischen Land. Es kamen dann die ersten aufregenden Tage. Am 3. September, einem Sonntag, kamen die Kriegserklärungen von England und Frankreich an uns.

Ich entsinne mich da eines Augenblicks über Mittag, als mir in Gedanken an alles Bevorstehende doch einen Moment die Tränen kamen. Ich ging zu Dir, mein Halokind, Du lagst auf dem Bett. Als Du meine Tränen sahst, sagtest Du: "Wein doch nicht, Mutti, Väterchen kommt doch bald wieder."

Inzwischen war Briefsperre, und so hatte man noch keine Nachricht. Wir Kriegerfrauen läuteten uns untereinander an und fragten nach Neuigkeiten. So erfuhren wir am 6. September, daß am 3. die Schlacht bei Melno war, und daß aus unserem Dorf der erste Gefallene und mehrere Verletzte gemeldet wurden. Nun kamen auch die ersten Briefe.

Wir hier haben vom Krieg selbst bisher wenig gemerkt. Ich bilde mir ein, gehört zu haben, wie am 1. September mittags die Dirschauer Brücke in die Luft ging. Zu gleicher Zeit tobte hier allerdings ein sehr starkes Gewitter. Man hörte dann etwa eine Woche lang den Kanonendonner von den Fronten, und noch länger das Schießen von Hela. Flieger haben uns nicht mit Bomben heimgesucht. So nahm der Krieg nun seinen Lauf.

Im zivilen Leben gab es manche Veränderungen, aber das geschah alles so, daß man sich dareinfinden konnte. Ihr habt zunächst nichts, und jetzt auch nur wenig vom Krieg gemerkt. Väterchen mußte im November in Warschau ins Lazarett, weil er sich beim Fechten eine Handverletzung zugezogen hatte. Unsere Gudrun hatte inzwischen eine unangenehme Drüsenvereiterung am Ohr, die geschnitten werden mußte.

Dann kam Väterchen auf Urlaub, mußte aber am 23. Dezember wieder abfahren. Wir waren inzwischen alle zusammen nach Lyck gefahren, wo wir bis Anfang Februar blieben. Ihr beiden bekamt dort Höhensonnebestrahlungen, die Euch sehr gut taten. Die Kälte war sehr groß. Ich werde die Zeit damals nicht vergessen, als

wir hierher zurückkamen, und trotz mehrtägigen Vorheizens einen Eispalast vorfanden. Auch der Winter ging vorüber. Im Frühjahr kam dann erst der Norwegenfeldzug und dann der Frankreichkrieg. Unser Väterchen kam wieder ins Lazarett und mußte sich seine Blasensteine entfernen lassen, die ihm furchtbar zugesetzt hatten. Danach kam er wieder auf Urlaub.
Die Großeltern zogen von Lyck nach Allenstein, und der Großvater ging nach Frankreich, wo er seinen neuen Wirkungskreis in Orleans zugewiesen bekam, und wo er zwei Jahre blieb. Onkel Walter machte den Frankreichkrieg mit und bekam das E.K.2 (Eisernes Kreuz 2. Klasse). Im August kam er auf Urlaub. Es folgte jetzt für uns eigentlich eine recht schöne Zeit. Väterchen hatte sich zum Kriegspfarrer machen lassen, und so wußte ich ihn außer Gefahr. Onkel Walter und Großvater kamen immer abwechselnd aus Frankreich auf Urlaub, jeder brachte etwas Schönes mit, und so ging es uns gut.
Im Oktober waren Väterchen und ich gemeinsam in Königsberg bei Omama und Opapa. Dem Opapa ging es nicht gut. Es war Magenkrebs, und so kam es nicht unerwartet, als er am 17. Dez. 1940 starb. Zur Beerdigung waren alle Kinder und Schwiegerkinder, bis auf Tante Martas Mann, zusammen.

Charlottes Gedanken schweiften beim Schreiben ab. Sie erinnerte sich, wie offenkundig sich gerade an diesem Tag gezeigt hatte, welch unterschiedliche politische Anschauungen innerhalb der Familie vertreten wurden.
Um Opapa zu würdigen, so hatte man beschlossen, sollte sein Sarg mit der schwarz-weiß-roten Fahne mit Hakenkreuz bedeckt werden. Während der Trauerfeier kam es dann zu einem stummen Protest. Tochter Ella und ihr Mann waren nämlich der "Bekennenden Kirche" (im Widerstand zu Hitler stehende illegale Kirche) zugehörig und konnten diese Form der Würdigung nicht nachvollziehen. Ellas Mann verließ daher die Feierstunde. Ella selbst blieb am Sarg ihres Vaters, doch der innere Konflikt stand ihr ins Gesicht geschrieben. Omama hatte den Zwischenfall mit der Größe ihres mütterlichen Herzens übersehen.
Jetzt schrieb Charlotte im Tagebuch weiter:

Im Frühjahr 1941 kam es dann zum Balkankrieg und am 21. Juni zum schwersten aller Kriege, dem gegen Rußland.
Unser Väterchen war als Kriegspfarrer zuerst in Saarbrücken, dann in Lunevilie und dann in Chamnot gewesen. Danach kam er nach Warschau und dann nach Oslo. Von dort meldete er sich von seinem Amt als Kriegspfarrer fort und kam als Unteroffizier zunächst zu seiner alten Truppe. Wir sahen uns noch in Allenstein, wo wir alle waren. Mitte Oktober kam er nach Rußland, wo er den ganzen Winter aushalten mußte. Was unsere Soldaten geleistet haben, werdet Ihr und Eure Kinder hoffentlich einmal später nicht vergessen, denn es war ja für Euch.

Väterchen erhielt im Dezember 1941 das Eiserne Kreuz 2. Klasse. Er wurde einmal ganz leicht an der Hand, dann einmal, auch nicht schwer, am Bein verwundet und lag über vier Wochen in Rußland im Lazarett. Zu Pfingsten kam er drei Tage nach Lötzen, und ich konnte ihn dort besuchen.

Danach bekam er 14 Tage Urlaub, kam nach Königsberg, von wo er am 12. Juli wieder zur Front mußte. Ich war noch schnell zu ihm nach Königsberg gefahren und begleitete ihn bis Tilsit. Seitdem ist er nun wieder in Rußland und liegt am Wolchow. Er hat inzwischen das silberne Verwundetenabzeichen, die Ostmedaille und das Infanteriesturmabzeichen bekommen. Wir können stolz sein auf unser Väterchen.

In der Verwandtschaft hat sich inzwischen auch allerlei ereignet. Am 3. März wurde Onkel Rudi vermißt. Es fehlt bis jetzt noch jede Spur von ihm. Sehr bald danach geriet Onkel Joachim in englische Gefangenschaft in Ägypten. Jetzt ist er nach Kanada gekommen. Am 21. Juli ist Onkel Georg, Tante Martas Mann, als Major und Abteilungskommandeur gefallen.

Und wir hier in der Heimat? Das Leben geht seinen Gang weiter. Manches hat sich geändert. Ich hatte zu Anfang vieles vom Pfarramt übernommen und viel Arbeit und Ärger, aber wenig Freude damit gehabt. Jetzt ist es schon viel leichter.

Aber mit Partei und NSV- Angelegenheiten (Nationalsozialistische Volkshilfe) habe ich viel zu tun. Außerdem nähe und handarbeite ich sehr viel und gern. Unsere Deta macht die Wirtschaft ganz selbstständig. Daher kam es auch, daß ich öfter mal verreisen konnte. Ich bin in den letzten Jahren viel unterwegs gewesen. Auf dem Gemeindeamt helfe ich auch ab und zu. Es ist ja jetzt so viel zu tun mit Lebensmittelkarten und Bezugscheinen. Das Essen ist knapp, aber nicht zum Verhungern. Wir sind noch immer alle satt geworden. Bekleidung und andere schöne Dinge haben wir aus Frankreich bekommen, so daß uns darin eigentlich nichts fehlt. In diesem Sommer bin ich mit Euch einmal in Zoppot und einmal in Cranz gewesen. In Königsberg waren wir im Tiergarten, was Euch besonders viel Freude gemacht hat. Überhaupt Ihr beiden!

Ihr werdet es sicher im späteren Leben als sehr schön empfinden, daß Ihr zwei ziemlich gleichaltrige Schwestern seid. Ich habe durch Euch viel Freude und Glück, und wenn Ihr nicht wärt, würde ich es hier allein wohl nicht lange aushalten. Ihr seid nun schon zwei große Mädchen, Eure Entwicklung war wahrscheinlich so, wie wohl bei andern Kindern auch. Du, Halo, lebst mehr mit dem Verstand, meine Gulu mehr intuitiv. Wer von Euch es leichter haben wird im Leben, wird die Zukunft lehren. Nach meiner Prophezeiung immer Gulu.

Halo, Du bist so absolut mein Ebenbild, noch viel mehr innerlich, als äußerlich, daß ich manchmal erschlagen bin. Ich glaube, daraufhin kann ich manchmal direkt

Deine Gedanken lesen, denn ich glaube, ich habe mich selbst stets sehr gut gekannt. Manchen hübschen oder lustigen Ausspruch von Euch, der es wert gewesen wäre, hier festgehalten zu werden, habe ich nun leider vergessen.

Du, Halo, bist das reinste Fragezeichen, willst wissen, wie alt der liebe Gott ist, woraus er die Menschen macht, willst dem Ursprung des Lebens nachgehen und wissen, wer denn nun aber den lieben Gott gemacht hat. Ob die Tiere auch vom Himmel kommen, und warum der liebe Gott denn auch die Russen gemacht hat, wenn die so gemein sind. Wenn die Großmutter ein Kind kriegt, ob das meine Schwester ist, und vieles mehr in dieser Art. Gott helfe Dir, daß Du nicht ganz so wirst wie ich, sonst hast Du es sehr schwer im Leben.

Vier Tage später, am 21. Nov. 1942 schreibt Charlotte weiter.

Neulich habe ich in großen Umrissen versucht, die äußeren Ereignisse der vergangenen fünf Jahre festzuhalten.

Das Innere ist dabei ein bißchen zu kurz gekommen. Ihr, meine Beiden, schlaft schon. Vor dem Einschlafen erzähltest Du, Halochen, mir noch, daß der Herr Lehrer gesagt hat: am liebsten hat die Kinder immer die Mutter. Und als ich Euch das noch eindringlicher zu machen versuchte, verspracht Ihr mir, morgen ganz artig zu sein. Gestern kam ein Feldpostbrief von unserem Väterchen vom 19.11. per Luftpost. Darin schreibt er, daß die Möglichkeit besteht, daß er zu Weihnachten auf Urlaub kommt. Wäre das schön, nachdem er schon zwei mal am 23. Dezember abfahren mußte. Es wäre das erste mal, daß er Kriegsweihnachten hier verlebt. Als ich Euch das gestern erzählte, sagte Gulu: "Ich habe auch jeden Tag den lieben Gott so gebittet."

Hoffentlich kommt nun keine Urlaussperre dazwischen.

Für heute klappte Charlotte das Buch zu, sie wollte noch einen Brief an Hans schreiben:

Mein lieber, lieber, geliebter Mann Hans!

Ich bekomme bis jetzt noch so schön regelmäßig Nachricht von Dir.

Mein Liebes Du, immer bin ich bei Dir, und meine Sorgen um Dich sind groß. Lieber Mann, bleib mir erhalten. Die Kämpfe bei Sankt Petersburg müssen schlimm sein. Hoffen wir, daß unsere Ostfront steht. Noch weniger gern als dort, würde ich Dich jetzt in Stalingrad sehen. Wie viele müssen jetzt wieder so sehr um ihre Angehörigen bangen.

Du weißt ja, ich bin keine Zimperliese und habe auch jetzt noch keine heimliche Träne vergossen. Das wäre ja völlig zwecklos. Aber immer, immer sind meine Gedanken bei Dir, und wenn Gedanken ein Schutz wären, hättest Du schon allein von mir einen dicken Panzer um.

Als heute Deine Karte kam, da wußte ich, da warst Du noch. Du kannst Dir vorstellen, wie man jetzt auf jede weitere Nachricht wartet. Anfang Februar fahren wir zur Hochzeit meines Bruders Walter mit seiner Elisabeth nach Cottbus. Mir ist augenblicklich nach allem Möglichen, nur nicht nach Hochzeit.
Deta war ihrer Zukunft wegen in Danzig. Es ist noch nicht ganz raus, daß sie sie nehmen. Vielleicht behalte ich sie ja doch.
Mein liebster, liebster Mann, bleib mir gesund, Ich küsse Dich, Deine Lotte.

Hans schreibt am 12.2.43 aus dem Felde:
Mein gutes, liebes, tapferes Frauchen!
Gestern kamen drei Briefe von Dir und einer von Deinen Eltern.
Mein Liebes, Deinen Brief möchte ich am liebsten in unserer Frontzeitung veröffentlichen. Aber das würde hier doch kaum jemand glauben, daß eine deutsche Frau ihrem Mann so schreibt. Der Brief würde bestimmt nicht für echt gehalten. So habe ich, ich konnte im Augenblick nicht anders, die schönsten Stellen einigen Kameraden vorgelesen. Hab Dank, mein Liebes. Du hast recht, selbst die Angehörigen dürfen jetzt ihren Soldaten keinen "Heimatschuß" wünschen. Es geht um zu Großes, um alles. Und über alledem steht mahnend und verpflichtend das Heldentum von Stalingrad. Bald wird es ja so sein, daß wir die Initiative in die Hand bekommen, und dann wird der Feind, so hoffe ich, gejagt werden, wie er noch nie gejagt worden ist.
Bei uns ist es noch immer verhältnismäßig ruhig. Die Kämpfe in unserem Raum haben ihren Schwerpunkt mehrere Kilometer südlich von uns. So geht es mir gut, nur die Läuseplage ist groß. Das Wetter ist unbeständig wie im April. Hoffentlich kommt in diesem Jahr recht bald der Frühling. Der Schaden mit meinen Augen ist wieder ganz behoben.
Dich grüßt und küßt in inniger Liebe Dein Hans.

Charlotte richtete sich an der Post von Hans immer auf, so auch an dem Spruch dieser Feldpostkarte

> Der Infantrist
> Äußre Ehren kennt er nicht, kennt nur seine harte Pflicht.
> Ernst die Augen, blaß die Wangen, ruhig in den Tod gegangen.
> Schlicht und tapfer spät und früh, unverzagt in Stürmen
> anspruchslose Infantrie, möge Gott dich schirmen.

Im Frühjahr 1943 bekam Hans überraschend ein paar Urlaubstage. Da er nun zum Volkstrauertag gerade daheim war, ließ er es sich nicht nehmen, die heimatliche Kanzel zu besteigen und zu seiner Gemeinde zu sprechen. Wie immer, mußte er sich mit der Predigtvorbereitung sehr abplagen. Im Stillen gab er es sich selber zu, daß er kein glänzender Kanzelredner war. Dennoch, gerade zu diesem Tage wollte er seine Gedanken gern formulieren.

Er wählte als Bibeltext Worte aus 2. Kor. 4 Vers 10 -11 "... und tragen allezeit das Sterben des Herrn Jesu an unserem Leibe, auf daß auch das Leben des Herrn Jesu an unserem Leibe offenbar werde. Denn, wir, die wir leben, werden immerdar in den Tod gegeben um Jesu willen, auf daß auch das Leben Jesu offenbar werde an unserem sterblichen Fleische."

Liebe Gemeinde!

Ein Frontsoldat hatte Urlaub bekommen. Sein Urlaub war noch nicht zu Ende, da meldete er sich schon wieder bei der Kompanie. Als sein Hauptmann ihn ganz erstaunt fragte, antwortete er: "Herr Hauptmann, ich mußte wieder nach Hause."

"Na nun, Du warst doch eben zu Hause."

"Nein, Herr Hauptmann, die Front, die Kompanie ist meine Heimat", war die Antwort des Soldaten.

Es ist kaum zu glauben, daß so etwas möglich gewesen ist. Wie mag sich jener Soldat gefreut haben auf Weib und Kind, auf seinen Hof, auf sein Vieh. Wie groß war die Sehnsucht, endlich einmal wieder in einem richtigen Bett ausschlafen zu können, sich satt zu essen, einmal für ein paar Tage den Schlachtenlärm nicht hören zu müssen.

Und doch, er hielt es nicht aus zu Hause. War das Ehrgeiz, war es Ruhmsucht, was ihn wieder an die Front trieb?

O nein, wenn wir so urteilen, kennen wir den Frontkämpfer schlecht, ja, dann versündigen wir uns mit einem solchen Urteil an ihm. Freilich, es ist schwer zu begreifen, daß ein Urlauber aus freien Stücken seinen Urlaub verkürzt. Es muß doch wohl eine besondere Macht gewesen sein, die ihn von Hause forttrieb. Ja, da liegt ein Geheimnis über dem Geschehen. Machen wir einmal den Versuch, den Schleier dieses Geheimnisses zu lüften.

Als der Urlauber nach Hause fahren wollte, mußte er zunächst durch die Etappe. Da bekam er den ersten Stoß, dermaßen hungerten und schmachteten die Kameraden. Dann kam er in die Heimat. Die Bevölkerung opferte und darbte. Aber die Schieber trieben ganz frei und offen ihr Unwesen. Und das Schlimmste: zu Hause redete man von Parteien und Streik, von Massenkampf und dergleichen. Ja, man schämte sich nicht einmal, ihn noch damit zu verspotten, daß er es vorn an der Front noch aushielt. Das war zu viel für ihn. Da merkte er, daß man in der Heimat, im eigenen Volk, den Krieg nicht mehr ernst nahm, nie ernst genommen hatte. In der Heimat sah man nicht, daß um Leben oder Tod gekämpft wurde, um Leben und Tod eines 60-Millionen-Volkes.

Da merkte er, daß er, der einfache, schlichte Mann doch etwas tiefer sehen konnte, als all die klugen Leutchen in der Heimat, aber er spürte es auch schmerzlich, daß er dort nicht mehr verstanden wurde, daß er schon in einer ganz anderen Zeit lebte, als die Menschen in seiner Heimat. Welten trennten ihn und sie. Darum ging er in seine neue Heimat an die Front.

Aber eine Frage hatte er mitgenommen aus seiner Heimat: Warum gehe ich eigentlich wieder hinein in die Hölle? Die Kameraden fallen zu Tausenden, die Heimat versteht uns nicht mehr, ja will es vielleicht gar nicht mehr, daß wir bluten. Hat das, was wir hier leiden, aushalten, kämpfen, überhaupt noch einen Sinn? Und während er sich so fragte und weiterkämpfte, wurde es ihm ganz deutlich: Wenn ich meinen Platz verlasse, wenn ich meine Pflicht nicht tue, dann sterben viele von meinen Kameraden, ja dann stirbt mein ganzes Volk. Es kommt gar nicht darauf an, ob ich verwundet werde, ob ich falle, oder ob ich heil wieder nach Hause komme, sondern es kommt darauf an, daß meinem Volk das Leben auf dieser Erde erhalten bleibt, daß mein Volk für alle Zeiten die Kraft hat, unter vielen anderen Völkern in dem Kampf um das nackte Leben zu bestehen.

Weil wir heute das geworden sind wofür unsere Helden gefallen sind, ein einiges Volk, darum können wir heute erst den Frontkämpfer richtig verstehen. Weil heute die Saat aufgegangen ist, die im 1. Weltkrieg gesät wurde, darum können wir heute erst das Sterben unserer Brüder recht würdigen, denn die Saat, die heute so köstliche Frucht bringt, war ihr Herzblut. Sie trugen den Keim des neuen Lebens unseres Volkes in sich; aber diese Saat mußte ausgesät werden und ersterben, um Frucht bringen zu können. Sie mußten dem Tod ganz nahe sein, der Macht des Todes ausgeliefert werden. Darum ist nun der Tod mächtig in uns, aber das Leben auch.

Unser Textwort gibt uns erst die Möglichkeit, das Geheimnis des Leidens und Sterbens unserer Frontkämpfer in seiner ganzen Tiefe zu verstehen.

Menschen, die so erschüttert waren, wie die Frontsoldaten, die umlegt waren von Hölle und Tod, denen jeden Tag der gute Kamerad von der Seite gerissen wurde, die da von der Heimat nicht mehr verstanden wurden, solche Menschen mußten zerbrechen, wenn sie innerlich nicht unerschütterlich stark waren.

Was gab ihnen diese Festigkeit, diese Haltung? Nichts anderes als dies eine: Der Glaube an Deutschland. Deutschland muß leben, wenn wir auch sterben müssen. Aber dieser Glaube war nur dadurch so unüberwindlich, weil er nicht von irdischen Dingen genährt wurde, sondern weil dieser Glaube die Gewißheit hat, als unerschütterliche Tatsache, daß es nicht sinnlos ist, zu kämpfen und zu sterben, daß es eine Überwindung des Todes gibt. Und diese Gewißheit kommt allein von dem, der den Tod ein für alle mal bezwungen hat, von Jesus Christus.

Sollte diese Gewißheit nicht ein Trost, nein, sogar eine unversiegbare Kraftquelle sein, diese Gewißheit, daß mein Tod Leben zeugt, daß meine Selbsthingabe, mein Opfer, mein Sterben Leben wirkt, daß durch solchen Tod das Leben eines ganzen

Volkes erkämpft und erhalten wird. Und dazu die köstliche Verheißung: Sei getreu bis in den Tod, so will ich dir die Krone des Lebens geben. Wer sein Leben verliert um meinetwillen, der wird's finden.

Volksgenossen, Glaubensgenossen, es ist nicht nur Politik, sondern es werden in der Tat die letzten heiligen Dinge berührt, wenn unsere gefallenen Helden heute zu uns reden. Wir trauern dann echt um sie, wenn wir ihren Heldentod zu würdigen verstehen, wenn wir es uns von ihnen sagen lassen, daß das neue Deutschland gewachsen ist aus dem Samen ihres Heldenblutes. Darum ist nun der Tod "mächtig in uns," aber das Leben in euch. Das, was unsere Gefallenen zu sagen haben, wenn wir heute ihrer gedenken, führt uns hinein in das Allerheiligste. Wo auf Leben und Tod gekämpft wird, und wo der Tod überwunden und dem Leben zum Siege verholfen wird, da stirbt und siegt unser Heiland Jesus Christus.

Herr, dein Kreuz mehrt sich zu Wäldern auf fernen weiten Gräberfeldern als Kunde heilger Glaubenskraft.

Denn wir, die wir leben, werden immer wieder in den Tod gegeben um Jesu willen, auf daß auch das Leben Jesu offenbar werde an unserem sterblichen Fleisch. Der Tod unserer Brüder war Liebe zu uns, zu unserem ganzen Volk, war Glaube an Deutschlands Zukunft. Solch ein Glaube ist es, der die Welt überwindet. Amen.

Am Nachmittag dieses Tages gingen Hans und Charlotte durch die vorfrühlingshaften Felder. In den tiefen Furchen der Äcker lagen noch Schneereste.

Charlotte sagte: "Du hast mir heute aus der Seele gesprochen. Du glaubst gar nicht, wie kriegsmüde die Leute insgeheim sind. Sie möchten ihre Männer wiederhaben und wünschen sich, daß der Krieg zu Ende wäre. Das sagen sie zwar nicht laut, aber man spürt es doch. Leider haben sie dabei die große Idee unseres Führers nicht vor Augen, sie denken einfach nicht genug an unser Vaterland, an unseren Auftrag. Da war es gut, daß Du so eindringlich zu ihnen vom Frontsoldaten gesprochen hast."

Hans hatte dankbar den Worten von Charlotte zugehört, dann antwortete er nachdenklich: "Weißt Du, Charlotte, eine richtige Predigt, dem Evangelium nach, wie unser Vater sie hielt, solch eine Predigt fällt mir je länger, desto schwerer. Die Zeit als Kriegspfarrer, - weißt Du, so bei den tapferen Kameraden sein bei ihrem heldenhaften Sterben, das hat mich sehr verändert, - auch in Glaubensfragen. Man hat ja zwischendurch viel Zeit zum Grübeln. Ich glaube, wenn der Krieg zu Ende ist, würde ich gern meine ganze Kraft dafür einsetzen, unser schönes Vaterland wieder aufzubauen. Ich glaube, für das Pfarramt ---, Charlotte, wie soll ich es sagen, vom Pfarramt bin ich ganz weit weg."

"Ja, Hans, das spürt man. Glaube mir, ich stehe da völlig hinter Dir. Welche neuen Aufgaben Du auch angreifen wirst, ich werde meine ganze Kraft mit einbringen. Aber hast Du Dir das auch mit allen Konsequenzen überlegt?"

"Ja, Charlotte, Du glaubst nicht, was einem da draußen für Gedanken durch den Kopf gehen. Dort hat man so viel Abstand zur Normalität, daß man über sich selbst nachdenkt, als wäre das ein anderer Mensch."
Sie besprachen noch, welche Wege sie für diesen Schritt vorbereiten und einleiten müßten. Damit waren sie nicht nur in einem großen Bogen durch die Abenddämmerung dem Dorf wieder näher gekommen, sondern sie sahen auch für ihren gemeinsamen Weg eine neue Richtung vor sich. Dann reiste Hans wieder ab. Charlotte fiel das Abschiednehmen von mal zu mal schwerer, aber sie hielt sich heldenhaft, so, wie sie es von einer deutschen Frau erwartete. Allmählich wurde es Sommer.

Omama, die nun, da sie Witwe war, nicht ständig in Königsberg anwesend sein mußte, da die Wohnung von Tante Lara mitbewohnt und betreut wurde, besuchte immer für mehrere Wochen die Familien ihrer Kinder. Überall faßte sie tüchtig mit zu. So weilte sie in diesem Sommer 1943 für mehrere Wochen im Hause von Charlotte und Hans.
Zwischen Charlotte und ihrer energischen kleinen Schwiegermutter lief es in dieser Zeit nicht so besonders gut. Zum einen, weil sie beide sehr spontane Naturen waren, zum anderen, weil sie unterschiedliche politische Überzeugungen vertraten. Charlotte, die die ganze Kraft ihres Herzens der Idee des Führers widmete, konnte nicht verstehen, daß Omama weitaus zurückhaltender in ihrer Begeisterung wirkte. Omama stand nämlich familiär unter ganz besonderer Spannung.
Ihr ältester Sohn Ludwig neigte zwar in seinem Pfarramt den nationalsozialistischen "Deutschen Christen" zu, äußerte aber daheim am Familientisch sehr seine Besorgnisse über die politische Lage, vor allem aber über die Gesetze, die die Juden betrafen.
Omamas jüngste Tochter Anne dagegen war mit einem NSDAP Kreisleiter verheiratet. In ihrem Hause wurde die bedingungslose Treue zu Führer und Vaterland gelebt.
Hingegen hatte Tochter Ella mit einem Pfarrer der "Bekennenden Kirche" eine Familie gegründet, welcher bereits bei Opapas Beerdigung seinen politischen Standpunkt deutlich zum Ausdruck gebracht hatte.
Bevor Omama in den Kreis Stuhm zu Charlotte gefahren war, hatte sie sich einige Wochen gerade in diesem, ihrer Tochter Ella Haushalt, aufgehalten. Hier war sie ganz stark in Berührung gekommen mit den Bedenken und Sorgen, die unter der zwar sehr kleinen, aber um so aufgeklärteren und zu Widerstand gewillten Gruppe der Pastoren der Bekennenden Kirche, herrschten. Omama konnte sich den Argumenten, die aus dem Gewissen dieser mutigen Leute kamen, nicht entziehen. Nun also verlebte sie die Sommerwochen bei Charlotte, und es konnte nicht ausbleiben, daß die beiden Frauen ihre unterschiedlichen Meinungen äußerten und auch vertraten. Während Charlotte diesbezüglich unnachgiebig blieb, konnte Omama mit ihrem großen, toleranten Herzen, in dem ihre unterschiedlichen Kinder alle Platz hatten, sich zurücknehmen und schweigen. Doch in Charlotte hatte sich die Erregung noch nicht gelegt. In

später Stunde, als alle schon zu Bett gegangen waren, schrieb sie an Hans am 21.5.1943:

Mein geliebter Mann!
Endlich ist etwas Ruhe äußerlich und innerlich bei mir eingekehrt. Ich habe Lust zum Schreiben. Ich wollte auch heute schon früher anfangen, aber jetzt ist es doch schon 23 Uhr.
Deta hat eine Woche Urlaub hinter sich. Ich kann mich jetzt wieder mehr auf meinen Lorbeeren ausruhen. Omama hat ja sehr schön während Detas Urlaub gewirtschaftet. Aber so ganz die Ruhe wie sonst hat man ja nicht.
Ich habe inzwischen mehrmals Post von Dir erhalten, auch die letzten Marken. Dir ging es also bis dahin immer noch gut. Uns auch.
Flieger haben wir schon lange nicht mehr gehört, auch in Allenstein war schon fast drei Wochen kein Fliegeralarm. Im Westen sieht es ja wohl anders aus. Den Wehrmachtsbericht hört Ihr ja sicher auch. Und die Stimmung hier?
Von Stimmung kann man eigentlich jetzt nicht sprechen, sondern nur von Haltung; denn bezaubernd und beglückend ist unsere augenblickliche Kriegslage ja bestimmt nicht. Man steht auch nicht mal vor einem großen Rätselraten, man hat nur mit sich zu tun, um auf jeden Fall den Glauben und die Hoffnung zu behalten, und sie auf andere überzuleiten
Einen nicht ganz leichten Stand hatte ich da Omama gegenüber. Anfänglich wußte ich gar nicht, woran das lag, aber allmählich ging mir ein Licht auf. Sie kam ja geradeswegs von Ella, und das erklärt vieles. Ich habe ihr jedenfalls meinen Standpunkt eindeutig klarlegen müssen, wobei mir Anne etwas half, die auch gerade drei Tage hier weilte.
Wir dürfen uns eben nicht dazu verleiten lassen, Kritik zu üben. Das kann jeder. Man muß bedingungslos glauben, und im Notfall mit jedem Mittel sich selbst dazu zwingen. Das Gegenteil wäre der Anfang vom Ende. Nur bedingungsloser Glaube und bedingungslose Gefolgschaft können uns helfen. Ich finde es schon schlimm genug, wenn Ihr draußen meckert. Aber man sagt ja, ein Soldat, der nicht meckert, ist keiner. Also nehmen wir das eben nicht so tragisch. Aber hier, wo im Essen keinem was fehlt, hat man eben nicht zu meckern.
Ich mahnte Omama an ihren großen Glauben. Und da kam ja dann alles mögliche Christliche ans Tageslicht und damit zusammenhängend SS und dergleichen. Zum Schluß wurde nicht mehr viel gesagt, ich habe es einfach nicht erlaubt.
Ich weiß, man darf nicht Vogel-Strauß-Politik betreiben, aber Disziplin kann man von jedem verlangen. Da hast Du mal wieder meine ganz persönliche Einstellung. Alles andere ergibt sich von selbst daraus. Ich lerne schlucken (auch eigenen Kummer und Sorgen), und in dieser Beziehung sogar den Mund halten. (Doch wies

darinnen aussieht, geht niemand was an). Das ist zwar ein Mordskitsch, aber es drückt sich so schön damit aus.
In der Schule geht es immer besser und macht einem teilweise rechten Spaß. Nichts desto weniger freue ich mich auf die nächsten Ferien, aber das hat noch lange Zeit. Hoffentlich mißfällt Dir mein Brief nicht, es geht schließlich um Deine Mutter. Ich bin gespannt auf Deine Antwort. Bleib mir gesund und sei herzlich gegrüßt und geküßt von Deiner Lotte
Ich könnte Dich mal sehr nötig zum Aussprechen brauchen. Ich werde doch manchmal sehr an unsere Verlobungszeit erinnert. Nur war man sich damals räumlich näher. Übrigens wird dieser Brief wohl gerade zu unserem zwölfjährigen Verlobungstag ankommen. Soll ich Dir gratulieren? Ich mir jedenfalls ja.

Omama schreibt ein paar Wochen später an ihren Sohn Hans ins Feld am 27.6.43, sie berührt diesen Konflikt mit keinem Wort.

Mein lieber Junge!
Eben lese ich Deinen letzten Brief noch einmal, und fast spüre ich Deine körperliche Berührung, so lebendig ist auch die Verbindung durch das geschriebene Wort. Wie mag es Dir nun in diesem Monat ergangen sein? Ihr liegt immer in russischer Erde und seht nicht, wie schön es hier alles blüht. Nur wünschen wir uns wärmeres Wetter. Sonnenschein für die Heuernte und alle Früchte fehlt. Ich sitze heute Abend allein. Die Kinder sind schon zur Ruhe. Dein Neffe Marten hat sich inzwischen aus Afrika gemeldet, Dein Bruder Ludwig soll einen Kursus in Amsterdam mitmachen bis Mitte Juli. Annes Mann ist überraschend aus der Front gezogen und war zu Annes großer Freude zu Hause.
Eben meldet der Heeresbericht, daß bei Euch wieder Angriffe sind - mein Junge - so hast Du wohl auch wieder wenig Ruhe. Gott behüte Dich.
Martas Sohn, Dein Neffe, schließt Dich jeden Abend in sein Gebet ein, der kleine Kerl, und sein großer Bruder trainiert sehr eifrig, um den nötigen Brustumfang zu bekommen, was ihm mehr Sorge macht, als die Versetzung. Wir wünschen ja trotzdem, er möchte noch ein Jahr zurückgestellt werden, um die Schule bis zum Abschluß zu besuchen, was auch seines Vaters Wunsch war.
Nun gute Nacht, mein Junge. Und habe nochmals Dank für Deinen Brief. Gott behüte Dich jeden Tag und helfe uns zu einem guten Ende dieses Krieges. Ohne ihn geht es nicht. Mit innigem Gruß, Deine Mutter

Auch Halo ist nun schon so weit, daß sie einen Brief schreiben kann. Zwar unterlaufen ihr noch einige Fehler, aber es geht doch schon recht gut mit ihren sieben Jahren.

1. 7.1943
Liebes Väterchen!
wir haben zwei kleine Kaninchen bekommen, sie sind von Zabels sie sind in einem Hock das sieht so ehnlich aus wie ein Bienenhaus. Ist bei Euch schon der Schnee weg? Bei uns blühen schon die Kaiserkronen sie machen eine gelbe Nase. In unserem Garten werden die Erdbeeren umgegraben sie werden aber nächstes Jahr wieder gesetzt. Und wir beide, die Gulu und ich wir pflücken die Blätter ab die Blätter werden gesammelt dann werden sie getrocknet und dann kommt ein Auto und holt sie ab und dann wird Tee draus für euch gekocht. Ihr Soldaten dort weit weg von Deutschland ihr müßt auch mal was warmes in den Bauch kriegen.
Die Mutti hat einen langen Stock vom alten Herrn Lehrer bekommen sie haut immer sehr viel mit ihm. Väterchen, Du mußt aber mal wieder auf Urlaub kommen ohne Väterchen ist das nicht. Väterchen bist Du auch noch gesund?
Hier bei uns in den Dörfern sind Splittergräben gebaut und die Leute denken es kommen Flieger. Aber wir hoffen es kommen keine.
Liebes Väterchen, ich habe auf dem Po ein Pickel wir waren beim Doktor gewesen der hat gesagt es ist eine Kuhflechte der Doktor hat uns Salbe verschrieben und die Mutti hat noch sohn Verbahnd gekauft und noch Pflaster und von der Salbe ist es geheilt. Sei gegrüßt und geküßt von deiner Halo und Gulu.
Charlotte macht dazu ihre Anmerkung:
Liebes Väterchen, ist der Brief nicht herrlich! Gesagt habe ich ihr davon mal höchstens einen Gedanken und im Allgemeinen ein paar Wörter buchstabiert. Die Sache mit dem Kräutersammeln habe ich in der Schule erklärt. Also viel Vergnügen. An Elisabeth hat sie heute eine noch viel schönere Karte geschrieben, daß sie nämlich anfragt, ob Elisabeth schon ein Kind kriegt.
Viele liebe Küsse von uns allen, Deine Lotte.

Großmutter aus Allenstein schreibt an ihren Schwiegersohn Hans am 2.8.43
Mein lieber Hans!
Heute ist unser Haus wieder leer geworden, früh um vier Uhr sind wir alle aufgestanden, denn 15 Minuten vor sechs Uhr fuhr der Zug ab. Schade, daß die 14 Tage so schnell vergangen sind. Und doch war es schön, daß wir wieder mal beisammen waren. Die Kinder sind groß geworden und sehen wohl und gesund aus. Beides sind vernünftige Töchter und können ordentlich klug schnacken. Wir beiden Alten sind sehr stolz auf unsere Enkelkinder. Nur schade, daß Du sie nicht mitwachsen siehst.
Du bist nun immer in den schweren Kämpfen und hilfst, unsere Heimat zu schützen. Wann werdet Ihr den Feind kleinkriegen? Bleib uns nur gesund und Gott behüte Dich.

Lotte ist immer tapfer und voller Vertrauen. Sie ist hier ordentlich schlank geworden. Frau Schmidt besuchte mich für zwei Stunden. Durch Hans-Jürgens Tod ist sie alt und elend geworden und sehr unglücklich, aber tapfer. Sie tut mir sehr leid, Hans-Jürgen war ein so begeisterter Flieger und so zielbewußt von Jugend auf. Es ist ein großes Leid. Nun noch einmal alles Gute, mein lieber Hans. Sei herzlich gegrüßt von Vati und Deiner Mutter.

Immer wieder kommt noch regelmäßig Nachricht von Hans. Er schreibt am 20.7.43 aus dem Felde:
Mein geliebtes Frauchen!
Du wirst sehr auf Nachricht von mir warten, aber es ist leider mal wieder so, daß entweder keine Zeit oder keine Lust zum Schreiben da ist. Der Feind macht uns allerhand zu schaffen. So wirst Du Dich auch in nächster Zeit mit spärlicher oder weniger Nachricht begnügen müssen, denn ich glaube nicht, daß sich die Angelegenheit hier beruhigen wird, im Gegenteil.
Doch werde ich mir Mühe geben, Dich, mein Liebes, nicht unnötig warten zu lassen. Dein wunderschönes Päckchen habe ich erhalten und auch Deinen Brief. Der Kuchen war geradezu herrlich. Von der Wurst habe ich noch ein Stückchen und auch noch ein Päckchen Zigaretten. Ansonsten geht es mir gut. Du hast jetzt endlich Deine Ferien, nutze sie, so gut Du kannst. Mein Liebes, für heute genug. Sei ganz lieb gegrüßt von Deinem Hans

Seinen beiden Töchtern schreibt er extra einen Brief am 3.8.43
Meine liebe Halo, meine liebe Gulu!
Heute kann ich Euch endlich mal ein kleines Päckchen schicken. Es ist nicht viel drin, aber ich denke, es wird Euch gut schmecken. Über Deinen Brief, den Du mir neulich geschrieben hast, liebe Halo, habe ich mich sehr gefreut.
Ihr habt ja nun Ferien. Hoffentlich ist das Wetter recht schön, daß Ihr nach draußen spielen könnt und ordentlich braun werdet
Bald gehst Du, liebe Gulu, ja auch in die Schule. Freust Du Dich schon drauf? Wenn ich mal wieder in Urlaub komme, wirst Du mir schon etwas vorlesen können, nicht wahr?
Ein paar Rollen Drops hat mir hier ein Onkel für Euch gegeben. Er heißt Willi. Er würde sich ganz bestimmt freuen, wenn Du, meine große Tochter, auch an ihn schreiben würdest.
Nun grüßt alle sehr von mir, vor allem die liebe Mutti, dann Deta und die Nachbarinnen. Ihr meine beiden lieben Töchter, seid von Herzen gegrüßt und geküßt von Eurem Väterchen.

Am 5.8.43 schreibt Charlotte

Mein lieber Mann!
Die letzte Nachricht habe ich von Dir vom 24.7. Hoffentlich bist Du auch jetzt noch gesund.
Bei uns ist hier so mancherlei los, und wenn es so dabei bleibt, findest Du mich im nächsten Urlaub schlank wie eine Tanne vor. Zunächst war hier großes Apfelpflücken und dann das Verbrauchen. Gestern Abend kamen Hamburger Bombengeschädigte, die nun im Fremdenzimmer wohnen. Ich will morgen nach Posen und dann nach Danzig und Zoppot. Die Ferien sind bald um, zumal morgen auch noch der Kirchenkassenrevisor kommt. Hurra, wir leben... Sonst alles gesund. Laß Dirs gut gehen und sei herzlich gegrüßt von uns allen. Deine Lotte.

Am 11.8.43 antwortet Hans aus dem Osten.

Mein liebes, liebes Frauchen!
Hab vielen Dank für Deine Karte. Also Ihr seid wieder zu Hause und laßt Euch die Äpfel gut schmecken, fein. Schade, daß das Winterobst erfroren ist. Was wäre das in diesem Jahr für eine gute Ernte geworden.
*Heute ist großer Festtag in der Kompanie, denn unser Kompanieführer ist heute mit dem Ritterkreuz ausgezeichnet worden. Ich freue mich ganz mächtig darüber, und wir alle sind stolz darauf. Verdient hat er es. Wenn jemand in unserer Division so hoch ausgezeichnet wird, hat er es bestimmt verdient. Ich schrieb Dir ja schon, wie gut mir dieser Offizier gefällt. Er war der, der damals an der Newa bei St. Petersburg, als ich mit meiner Gruppe zerschossen war, und der Russe einbrach, den Feind höchstpersönlich mit Handgranaten rausgejagt hat. Und hier hat er sich ein ähnliches Stück geleistet. Wenn Du sein Bild mal in **der** Zeitung findest, bewahre es mir auf, ja? Ansonsten geht es mir gut. Gestern habe ich wieder ein Päckchen mit Süßigkeiten abschicken können. Hoffentlich kommt es gut an.*
Ich warte nun sehr auf Bescheid von dem Gaupersonalamtsleiter. Mir wurde in Aussicht gestellt, nach dem Krieg einen Posten in der Stadtverwaltung Riga zu bekleiden. Damit die Angelegenheit vorwärts geht, werde ich Dir wahrscheinlich in den nächsten Tagen meinen offiziellen Verzicht auf alle Rechte des geistlichen Standes zuschicken. Du schickst dann das Schreiben über den Superintendenten nach Danzig, und wir berichten nach Königsberg an die Gauleitung unter Beifügung des Duplikates, daß es soweit ist. Oder soll ich damit noch etwas warten? Eigentlich sehe ich dafür keinen Grund mehr.
Innige Grüße und Küsse schickt Dir Dein Hans

Zu diesem schicksalhaften und einschneidenden Brief ist es nicht mehr gekommen, denn schon am nächsten Tag ist Hans gefallen. Sein Divisionsarzt und Freund schreibt am 16.8.43 an Charlotte.

Liebe Lotte!

Ich habe Dir heute eine ganz, ganz traurige Mitteilung zu machen. Unser lieber Hansel wird nicht mehr zu Euch zurückkommen. Am 12.8. hat er für unser Vaterland sein Leben hingeben müssen.

Liebe Lotte, ich habe nun in diesen vier Jahren Krieg so viel Elend gesehen, daß ich nicht zu betonen brauche, wie ich mit Dir fühle, und was einen bewegt, wenn ein Mensch von uns geht, der einem besonders nahe steht.

Dort, wo wir im Winter manche schöne Stunde zusammen verlebt haben, ruht Hans nun inmitten seiner Kameraden aus. Er ist am 13.8.43 von unserem Divisionspfarrer auf dem Heldenfriedhof Michailowski, 5 km östlich von Michailowski, südlich des Ladogasees, beerdigt worden. Daß ich alles daransetzen werde, Bilder von seinem Grab zu bekommen, ist selbstverständlich.

Liebe Lotte, dieser Brief verstößt vollkommen gegen bestehende Vorschriften, eigentlich darf nur die Truppe diese Mitteilung machen. Aber ich glaube doch, in Hansens Sinn gehandelt zu haben, wenn ich Dir diese traurige Nachricht sende. Nimm als Trost, daß er ein tapferer Soldat war. Sein Regimentskommandeur war gestern bei mir, es war eine tapfere Schar, sein Kompaniechef hat gerade das Ritterkreuz bekommen.

Wir werden unsere gefallenen Kameraden nie vergessen. Liebe Lotte, ich grüße Dich still und herzlich, Dein Hans-Dieter

Am 16.8. schreibt Hansens Kompanieführer:

Sehr geehrte Frau ... !

Es ist eine sehr schwere und für Sie kaum faßbare Nachricht, die ich Ihnen hiermit geben muß. Ihr lieber Gatte, der Unteroffizier Hans ..., ist am 12.8.1943 bei einem russischen Granatwerferfeuerüberfall auf die Stellung der Kompanie bei Gaittolowo gefallen. Er war sofort tot und hat nicht mehr gelitten.

So wie Ihnen diese Nachricht einen großen Schmerz bereiten wird, so waren auch wir tief beeindruckt von dem Heldentod Ihres Gatten, verlieren wir doch in ihm einen tapferen, stets einsatzbereiten Soldaten und einen lieben, treuen und guten Kameraden. Sein Andenken werden wir stets in unserem Herzen bewahren. Die Opfer, die dieser Krieg von uns fordert, sind schwer, wir aber wissen, daß wir sie für die Freiheit und Größe unseres schönen, deutschen Vaterlandes und für einen wirklichen, gerechten und langen Frieden bringen.

So übermittle ich Ihnen mein und der Kompanie herzlichstes Mitgefühl. Ihr Gatte ruht auf dem Heldenfriedhof in Michailowski, etwa 6 km nordostwärts des Bahnhofs Mga. Seine Nachlaßsachen lasse ich Ihnen in Kürze zugehen.
Kompanieführer

57 Jahre später wird Hansens nun schon ergraute Tochter Gudrun auf ein Buch stoßen. "Fiasko an der Newa" Augenzeugenbericht von Hasso G. Stachow. Und gerade über diesen 12. August 1943 liest sie folgenden Bericht über Hansens Frontabschnitt.
Zitat:
>   Unter dem 12. August lesen wir, wie der 132. ID: >Ein Gegenstoß zur Wiedergewinnung der Sandkaule blieb in schwerem Artilleriefeuer und direktem Beschuß durch zehn Feindpanzer liegen<,
>   Und um Mitternacht wird eingetragen: >Trotz der schweren, den ganzen Tag andauernden Angriffe von zehn Bataillonen, die von Artillerie, Panzern und Schlachtfliegern unterstützt wurden, war die HKL (Hauptkampflinie) bis auf einen 300 Meter tiefen und einen weiteren Einbruch fest in unserer Hand. 19 Panzer wurden vernichtet, davon neun im Nahkampf<
>   Auch ein besonders tapferer Mann wird erwähnt, >der im Nahkampf zwei Panzer vernichtete, nach Ausfall des Kompaniechefs die Führung übernahm und mit seinen Männern mehrfache, feindliche Durchbruchsversuche durch außergewöhnliche Tapferkeit zum Scheitern brachte.<
>   Später heißt es: >Da keine Reserven mehr zur Verfügung standen, war die Lage bedrohlich. Die Division unterstellte dem Regiment die inzwischen gesammelten Reste des Pionierbataillons 132 in Stärke von 1 Offizier, 2 Unteroffizieren und 50 Mann und führte sie mit Lkw beschleunigt zu<.
>   Die 132er verlieren wieder Hunderte von Männern. Viele können sie nicht einmal mehr bergen und bestatten. Der Stab eines Bataillons ist samt Kommandeur, Adjutant, Meldern, Funkern und Gerät unter den Trümmern seines Gefechtsstandes verschüttet. Hunderte werden verletzt und verstümmelt in Zeltbahnen und auf Tragen zum nächsten Verbandplatz gezerrt. Ein junger Funker kritzelt in diesen Tagen in sein Tagebuch: >Lange Züge von Landsern lösen sich aus den Staubschwaden, die jeder Einschlag neu aufwirbelt. Abendrot breitet einen violetten Schimmer über das gequälte Land. Die Soldaten stolpern dahin, mit zerfetzten, schmutzigen Uniformen, manche mit Verbänden. Die Verwundeten auf den Tragen stöhnen. Ein Armstumpf in einer schmutzigroten Mullbinde reckt sich zum Himmel, einer atmet stoßweise, betet dabei.<

Soweit das Zitat aus dem Buch.
Gudrun stockt der Atem und das Herz, als sie von diesen unsagbaren Schicksalen der Frontsoldaten, unter denen ihr Vater direkt gewesen sein muß, liest. Sie, die sonst keine Kriegsliteratur anrührt, sie liest diese Seite wieder und immer wieder. In ihrem Herzen sagt sie sich: das ist das Einzige, was ich für "Väterchen" tun kann, nämlich es auszuhalten, nur das Lesen aushalten, was für ihn damals tödliche Wirklichkeit war.

Eins weiß Gudrun von dieser Stunde an, sollte die Möglichkeit bestehen, einen Soldatenfriedhof in der Nähe des Ladogasee zu besuchen, sie wird diese Fahrt antreten und Blumen auf diese geschundene Erde legen.

Charlotte bekam damals ein kleines Feldpostpäckchen, welches den Nachlaß von Hans enthielt. Winzig war das Päckchen, so wenig besaß ein Frontsoldat. "Anspruchslose Infantrie" mußte Charlotte denken, während sie sich an das Gedicht auf der Feldpostkarte erinnerte.
Erst in der Abendstunde, als die Kinder schon schliefen, packte sie es aus: 1 Rasierapparat, 1 Taschenmesser, 1 Inf. Sturmabzeichen, 1 Ordensschnalle, 1 Feuerzeug, 1 Tabakspfeife, 1 Kleiderbürste, 1 Brille mit Behälter, 1 Dose Fettcreme, 1 Taschentuch, eine Brieftasche mit Fotos und Briefen, 25,- RM.
Hansens Ehering war nicht dabei. Charlotte hatte durch den Divisionsarzt erfahren, daß im Gefecht Hansens rechter Arm ausgerissen und fortgeschleudert worden war. Seine Kameraden hatten seine Schreie im Schlachtgetümmel gehört, doch als sie nach Stunden die Verwundeten und Toten bergen konnten, war Hans nicht mehr am Leben.
Charlotte nahm die einzelnen Dinge des Päckchens in die Hand, streichelte sie mit dem Gefühl, daß es die letzten Gegenstände waren, die Hans berührt hatte. Daß sie seinen Ehering, dieses Zeichen ihrer tiefsten Zusammengehörigkeit, nicht haben durfte, und ihn nicht als Doppelring, wie andere Kriegerwitwen es taten, tragen konnte, schmerzte sie besonders. Charlotte spürte eine Welle von abgrundtiefer Trauer in sich aufsteigen.
Doch sie gab sich einen Ruck und schluckte ihren Schmerz hinunter: "Nein, Hans, der Ring war nur ein äußeres Zeichen, wir werden uns durch solche Verluste nicht zerbrechen lassen."
Trotzdem brauchte Charlotte nach diesem einschneidenden Ereignis eine lange Zeit, fast 10 Monate, um das lederne Tagebuch weiterzuführen. Sie schrieb:

7. Mai 1944

Meine lieben Kinder! So viel, so unendlich viel hat sich in unserem Leben inzwischen verändert. Euer geliebtes Väterchen ruht nun schon seit dem 12. August 1943 in fremder Erde. In Gaitolowo am Ladogasee (südlich) ist er gefallen und in Michailowski auf dem Heldenfriedhof beerdigt. Der Friedhof ist jetzt nicht mehr in unserer Hand.

Unser liebes Väterchen!

Für mich wird die endgültige Trennung je länger je schwerer. Aber es kann uns keiner nachsagen, daß wir unseren Schmerz und Verlust nicht mit Haltung getragen hätten. Ich habe mich nur nicht früher überwinden können zu schreiben.

Unser liebes Väterchen ist den wahren und ganz bewußten Heldentod gestorben. Er hätte es, wie ich schon vorher schrieb, in der Hand gehabt, als Kriegspfarrer ein verhältnismäßig ruhiges Leben zu führen. Er war aber ein zu wahrer, aufrichtiger und anständiger Mensch. Er konnte sein Amt nicht mehr mit seinem Gewissen vereinigen und meldete sich fort, obgleich er genau wußte, daß er dann selbstverständlich in die vorderste Front kommen würde.

Ich habe mir oft überlegt, wie er sein Leben nun am folgerichtigsten fortführen würde. Ich habe wohl gehofft, er auch von ganzem Herzen, daß wir uns alle gemeinsam nach dem Kriege ein neues Leben, möglichst mit noch ein paar Kindern mehr, aufbauen könnten.

Aber so schwer es mir auch wird, ich muß zugeben, daß dieser, sein Heldentod, die Krönung seines Lebens und seiner Lehre gewesen ist. Und das ist es auch, was mich am wesentlichsten getröstet hat, zusammen mit dem Buch: "Briefe an eine Trauernde", von Friedrich Wilhelm Hymnen.

Ihr könnt unendlich stolz sein auf Euren Vater. Und wenn Ihr in Eurem Leben ihm nachzueifern strebt, wenn Ihr stets Leben und Reden so vereinigt - und wenn, bis zur letzten Vollkommenheit - dann könnt Ihr in Eurem Leben Euren Kopf stets hoch tragen. Väterchens Haltung im Leben und Sterben hat es auch bei mir vermocht, in der Todesanzeige von "stolzer Trauer" zu schreiben. Das ist keine Redensart. Ich will nur mir selbst und den Menschen zeigen, daß ich stolz sein kann. Ganz abgesehen von dem tiefen Schmerz, den uns der Verlust des geliebtesten Menschen auf Erden bereitet.

Ihr seid ja auch von meiner Art und werdet vielleicht auch nur einmal im Leben mit Eurer ganzen Inbrunst lieben. Dann denkt einmal an Eure Mutter, die sich schon nach so kurzer Zeit von ihrem geliebtesten Menschen trennen mußte.

Die äußeren Umstände bei der Todesnachricht waren etwa so: Es war an einem Sonnabend, der Großvater war gerade hier. Wir saßen über Mittag auf unseren beiden Sesseln, da ging das Telefon. Es meldete sich Königsberg. Die Omama war dran und sagte, sie und Tante Lara wollen uns am nächsten Tag besuchen. Da es hier am Sonntag mit der Busverbindung schwierig ist, sagte ich, sie sollten lieber Montag kommen. Da erzählte mir die Omama, daß unser Väterchen gefallen ist. Sie hatte die Nachricht von Väterchens Freund, der sein Kompaniearzt ist.

Ich ging zu Großvater zurück. Der war sehr traurig. Ihr beide wart in der Küche bei Deta und fingt furchtbar an zu weinen. Ich tröstete Euch, so gut ich konnte und wollte dann allein auf den Friedhof und in die Felder gehen. Als ich zurückkam, gingen wir läuten: Deta läutete die große Glocke, ich die mittlere und Du, Halo, die kleine. Natürlich liefen die Menschen zusammen, und die Nachricht verbreitete sich in Windeseile. Ich bin am Montag trotz allem in die Schule gegangen. Mittags kam dann die Verwandtschaft: Omama und Tante Lara, Onkel Ludwig und Tante Erna und Tante Anne mit Onkel Arno. Am Dienstag bekam ich noch einen Brief von meinem Väterchen und Ihr ein Päckchen mit Süßigkeiten, die er sich vom Munde abgespart hatte. Am Sonntag machten wir eine kurze Trauerfeier in der Kirche. So ziemlich die ganze Verwandtschaft war da. Onkel Ludwig hat wunderschön gesprochen von seinem "Bruder und Kameraden".

Und dann mußte sich das Leben wieder einrenken. Es hats getan. Die Welt bleibt durchaus nicht stehen, wenn ein kleiner Mensch für immer von ihr geht. Der Alltag hat sehr sein Recht. Auch ich bin viel zu sehr im Leben drin, als daß ich mich einer tatenlosen Trauer hingeben wollte und könnte. Ich kann auch durchaus sehr vergnügt sein, aber die Stunden des Schmerzes überwiegen. In den Kopf will es mir nicht, daß ich nun mit 34 Jahren ohne meinen Mann, Euren geliebten Vater, allein dastehe und bis an mein Lebensende allein bleiben soll. Ihr seid mein Lebensinhalt. Euch möchte ich in seinem Sinne erziehen.

Charlotte
(1943 – 1945)

Wie relativ normal es weiterging, zeigen weitere Kinderbriefe. Halo entdeckte nämlich, daß Korrespondenz Spaß macht, und daß Antwortbriefe etwas sehr Schönes sind.

8.9.1944

Liebe Großmutter, lieber Großvater!
Ich werde Euch mal wieder einen Brief schreiben. In der Schule haben wir schon unsere ersten drei Niederschriften geschrieben. Und dabei habe ich einmal sehr gut und die andern Male gut. Bei dem Aufsatz, den wir jetzt auch schon schreiben, da hab ich befriedigend.
Kommt Ihr zu Weihnachten wieder zu uns? Wir bangen uns schon so nach Euch. Seid herzlich gegrüßt und geküßt von Eurer Halo und Gulu.

Ja, dieses Weihnachten 1944.
Halo hatte im Jahr zuvor eine große Entdeckung gemacht. Als da nämlich der Weihnachtsmann mit seinem großen Sack gekommen war, hatte Halo weniger auf seine Worte und Geschenke geachtet, sondern fasziniert auf seine Schienbeine gestarrt, die unter dem Pelzmantel ein Stückchen hervorsahen. Schließlich konnte sie ihr Nachsinnen in Worte fassen: "Weihnachtsmann, Du hast genau solche Haare auf den Beinen, wie die Frau von nebenan." Damit war der Zauber geplatzt.
Ein wenig traurig war das schon, nicht mehr so absolut ein Kind zu sein. Gudrun weinte sogar heimlich ein wenig. Doch Halo, immer voller Fragen, bedrängte Charlotte: "Mutti, gibt es nun auch keinen lieben Gott?"
Charlotte geriet in Erklärungsnot, versuchte aber der großen Tochter den Unterschied zwischen Märchen und Religion zu deuten.
Nun also, zu diesem bevorstehenden Weihnachtsfest, war die Sache mit dem Weihnachtsmann geklärt, deswegen war aber die Spannung auf die Geschenke nicht geringer. Während Charlotte, nach dem Gefühl der Kinder, eine Ewigkeit brauchte, das Weihnachtszimmer für die Bescherung herzurichten, heizte Deta den im Entree wartenden Kindern die Spannung immer höher. Diese versuchten mit Fragen, sich an das kommende Geheimnis anzuschleichen: "Deta, ist es sooo groß?" Halo machte dabei eine weitausladende Bewegung.
"Nein, viel größer."
"Deta, ist es rot oder grün?"
"Es hat alle Farben."
"Deta, kann man es essen?"
"Nein, davon bekämst Du Bauchschmerzen."
Endlos war das Fragen. Hände und Füße konnten nicht mehr stillgehalten werden. Endlich erklang ganz zart das Läuten der kleinen Kristallglocke, und die

Tür öffnete sich. Da stand er, der Baum, mit vielen Lichtern, Lametta und silbernen Kugeln, unbeschreiblich schön!
Die große Schiebetür zum (geheizten!) Eßzimmer stand offen und Charlotte saß am Klavier. Mit vollen Akkorden und andächtigem Gesang begann sie das Lied: "Hohe Nacht der klaren Sterne"
Die Kinder und Deta fielen sofort in den Gesang ein "... die wie weite Brücken stehn. Über einer lichten Ferne, drüber unsre Herzen gehn."
Halo verband in ihrem Herzen diese "lichte Ferne" mit einem sehnsüchtigen Gedanken an Väterchen.
Als das Lied geendet hatte, las Charlotte das Weihnachtsevangelium, die Kinder hörten still zu. Danach trugen sie ihre auswendig gelernten Verse vor. Ein letztes Lied noch: "Stille Nacht, heilige Nacht..."
Und endlich die Bescherung! Vergessen waren alle bohrenden Fragen über Größe, Farbe und Gewicht. Die Wirklichkeit war viel großartiger. Nachdem die erste Aufregung sich gelegt hatte und das Paket der Großeltern auch ausgepackt war, machte Charlotte ein geheimnisvolles Gesicht: "Hier ist noch etwas, der Führer hat Euch ein Paket geschickt."
"Der Führer?" hauchten Halo und Gudrun zur gleichen Zeit, und Gudrun schickte einen verstohlenen Blick zu dem Hitlerbild über den Sesseln.
"Ja, der Führer. Alle Kinder, die ihren Vater im Krieg verloren haben, bekommen zu Weihnachten vom Führer ein Päckchen."
Jetzt schlug die Ehrfurcht in Eifer um. Nicht schnell genug konnte der Karton geöffnet werden. Für Halo war etwas zum Malen drin, für Gudrun eine Puppe mit einem Kopf aus Pappmachee und einem Balg, der mit Sägemehl gefüllt war. Den ersten Platz in Gudruns Herzen hatte jedoch schon der Teddy eingenommen, den Deta ihr geschenkt hatte. Doch die Puppe vom Führer, die selbstverständlich Adolfine hieß, fand auch noch ein Eckchen in Gudruns Herzen. Außerdem waren die Süßigkeiten, die zum Inhalt des Päckchens gehört hatten, sehr willkommen. Nach den Feiertagen waren die Dankesbriefe dran. Halo schreibt:

Liebe Großeltern!
Für die vielen, vielen Weihnachtsgeschenke danke ich Euch recht herzlich. Das Nadelkissen für Dich, liebe Großmutter, habe ich in Handarbeit gemacht. Einmal war ich bei Euch, und da machtest Du die Schublade von dem Nähtisch auf, und da lagen viele Stecknadeln drin, da sagte ich: "Großmutter, wo tust Du immer die Stecknadeln rein?" Und da sagtest Du: "Ja, mir fehlt ein Nadelkissen."
Viele Sachen haben wir zu Weihnachten bekommen. An Euch habe ich sehr viel gedacht. Heilig Abend durften wir so lange aufbleiben, bis wir müde waren. Unser Dackel Purzel war nicht mit im Weihnachtszimmer und auch nicht unsere Katze Mohrchen. Herzliche Grüße und Küsse, Eure Halo
Und auch Gudrun wagt sich an ihren ersten Brief heran:
Meine lieben Großeltern ich will euch einen Brief schreiben. Es hat bei uns geschneit und wir können schlidenfahren. Seit herzlich geküßt sendet euch eure Gulu

Charlotte setzt noch ein paar Zeilen dazu:

Meine lieben Eltern, heute ist Halos 9. Geburtstag, und wir waren mindestens 21 Personen, etliche auch zu Abendbrot. Wir haben das Eßzimmer geheizt und es ist schön warm. Für Euer unerwartetes Päckchen danke ich Euch. An meinem Geburtstag zu Neujahr saß ich urgemütlich mit einer Nachbarin beim Talglicht zusammen. Sie sperren uns jetzt das Licht ab. Viele herzliche Grüße von Eurer Lotte

Die Wehrmachtsberichte zu Anfang des Jahres 1945 waren immer noch siegesbewußt und optimistisch gefärbt, doch die Besorgnis der Menschen in West- und Ostpreußen wurde immer größer. Charlotte, Deta und Klara, die Hilfslehrerin aus Sachsen, hatten in den steinhart gefrorenen Boden im Garten ein großes, tiefes Loch gegraben. Das war Schwerstarbeit gewesen. Nun wollten sie eine Kiste voller Wertgegenstände drin versenken. Den Kindern wurde erlaubt, daß jeder sein liebstes Spielzeug in die Kiste tun dürfe, damit es gerettet werde.

Halo hatte sich entschlossen, sich von ihrer Schildkrötenpuppe Helga zu trennen. Helga war ein niedliches Puppenkind, und Charlotte hatte zu Halos Geburtstagen und zu Weihnachten immer ganz wunderschöne Kleidung für die Puppe genäht. Halo überlegte lange, was sie der Puppe für den Aufenthalt in der Kiste anziehen sollte. Sie entschied sich für das neuste Kleid, es war lang und aus blauer Spitze, mit einer hellblauen Satinschärpe. Darüber zog sie ihr ein Regencape, damit sie besser vor Feuchtigkeit geschützt würde.

Gudrun entschloß sich, ihren Teddy von Weihnachten in die Kiste zu legen. Deta hatte ihn eigenhändig in den BDM Abenden nach einem Schnittmuster angefertigt. Gudrun wickelte ihn in eine kleine Decke, schaute noch einmal in sein so liebes Gesicht, drückte ihn an sich und riß ihn sich dann vom Herzen. Deta verstaute ihn mit den anderen Sachen in der Kiste. Dann wurde das Loch zugeschaufelt.

In diesen letzten Januartagen des Jahres 1945 gingen West- und Ostpreußen unter. Die Menschen bekamen oft erst in der letzten Minute von der NS Ortsgruppenleitung die Erlaubnis, bzw. die Anordnung zur Flucht, so auch Charlottes Dorf. Sie brach mit ihren beiden Töchtern Hannalotte und Gudrun, dazu Deta und Hilfslehrerin Klara am 23.1.45 morgens um drei Uhr auf.

Klara war seit einem Jahr als junge Lehrerin in Charlottes Schule eingesetzt gewesen und hatte im Pfarrhaushalt mitgelebt. Sie stammte aus einer Kleinstadt bei Leipzig, und hatte in den letzten, immer kritischer werdenden Wochen, oft gesagt: "Wenn es hier brenzlig wird, fahren wir zu meinen Eltern. In unserem Haus ist Platz für uns alle."

Als Gudrun einen letzten Blick in das Wohnzimmer warf, saß die Katze Mohrchen auf der Sofalehne, ihrem Stammplatz. Gudrun wurde es plötzlich sehr bange zumute. "Mutti, was ist Flucht? Kommen wir wieder hierher zurück?"
"Doch, aber Ihr müßt Euch die Flucht vorstellen, wie eine ganz lange Reise, viel länger als alle Reisen, die wir bisher gemacht haben."

Und damit gingen sie in die eiskalte, dunkle Nacht. Die Treckwagen standen bei minus 20 Grad schon auf der Dorfstraße. Die fünf Personen aus dem Pfarrhaus, samt Dackel Purzel, kamen auf den Wagen eines Bauern, wo bereits eine Menge Gepäck und andere Leute untergebracht waren.
Die sich überschlagenden Ereignisse dieser Tage sind in Briefen festgehalten.

Omama, die davon wußte, daß Charlotte den Raum Leipzig anstreben würde, war die erste, die am 12.2.45 aus der Nähe von Rostock ein Lebenszeichen geben konnte.

Liebes Charlottchen!
Ob Du wohl bei dem Sturm, der über uns alle hergegangen ist, Dein Ziel bei Leipzig erreicht hast?
Wir sind am Montag, den 23.1.45 von Preußisch Holland/Westpr. in einem Militärauto fort. Mußten dies aber bei Elbing verlassen und in einen Luftschutzkeller gehen, da unsere Mannschaft von russischen Panzern z.T. erschossen wurde. Von dort sind wir dann nachts mit den Kindern (Anne und ihre vier Kleinen) gewandert, auch zeitweise gefahren bis Danzig. Von dort weiter mit Eisenbahn, mit Schiff auf Umwegen über Saßnitz, Stralsund, Damgarten bis wir hier von der Frau Rittmeister gastlich aufgenommen wurden. Gott sei Dank
Seit Sonnabend, den 3.2. sind wir hier, höchste Zeit für die Kinder, die alle noch krank sind. Doch wird hier rührend im Schloß für ungefähr 100 Ostpreußen gesorgt. Hast Du irgend eine Nachricht von Ludwig oder Ella? Ob sie noch in Mölln ist? Wir hoffen hier bleiben zu können, bis irgendwo Ruhe ist. Arno ist in Kurland, Martas Sohn war in Lötzen, wir sind ohne jede Verbindung.
Gott gebe, daß Du gut durchgekommen bist mit den Kindern. Unsere Sachen sind alle fort. In Liebe Deine Mutter.

Charlotte, die in der Kleinstadt bei Leipzig eine Nachricht ihrer Eltern aus Cottbus vorfand, schreibt am 23.2.45
Meine lieben Eltern!
Ihr wartet auf ein Lebenszeichen von uns, das tut mir ganz schrecklich leid. Ich war ja so froh, als wir vorigen Sonnabend hier ankamen, Nachricht von Euch vorzufinden, daß Ihr den Russen entronnen seid. Was ich ja im Stillen ganz fest gehofft hatte. Ich habe mir alle Mühe gegeben, Euch ein Lebenszeichen zu senden. Von Gotenhafen- (jetziges Gdingen) habe ich eine Karte an Euch geschickt, Klara auch eine an ihre Mutter. Die ist angekommen, und ihre Mutter hat Euch sofort benachrichtigt. Wahrscheinlich ist die Nachricht zu Euch in Cottbus in den Terrorangriff reingekommen. Als wir hier ankamen, schickten wir sofort einen Eilbrief und eine Karte an Euch. Telegramme gingen von nirgends. Und so sehr wir

uns auch den Kopf zerbrachen, eine andere Art der Benachrichtigung fanden wir nicht. Hoffentlich kriegt Ihr wenigstens diesen Brief.
Wollt Ihr nicht hierher ziehen? Die Menschen sind wirklich rührend nett und würden Euch bestimmt gut unterbringen.
Uns geht es so gut, wie wir es nach dem 3½-wöchigen Vegetieren nicht mehr für möglich gehalten haben; d.h. zunächst sind wir alle noch krank. Als wir ankamen hatten wir alle, außer Halo, die Ruhr. Die ist aber schnell vergangen. Deta hatte sich zuerst erholt. Ich bin noch etwas schwach. Und die Kinder haben beide zur Abwechslung Mittelohrentzündung. Wir werden aber gut betreut, und der Arzt kommt täglich
Die Flucht war schlimm. In der Nacht vom 23.-24.1. morgens drei Uhr ging es los mit dem Treck. Wir bei unserem Bauern mit drauf, 14 Personen auf einem Wagen, dazu Purzel und unser ganzes Gepäck, auch noch von den Bauern und anderen welches. Wir fuhren bis Schroop, weil wir bei Weißenberg über die Nogat wollten. Schroop hatten wir schon verlassen, da wollten wir Nachtquartier machen. Unser Bauer fuhr per Rad Erkundigungen einziehen und kam nach einer Stunde, weiß wie die Wand, wieder. Sofort weiter nach Marienburg, die Russen sind einen Kilometer entfernt. Also, wir im Trab los, wildes Geschieße um uns, 2 km vor Marienburg die Straße gesprengt, acht Kilometer Umleitung unter wilder Schießerei. Uns war allen etwas blümerant. Wir kamen dann am Galgenberg auf die Hauptstraße. Rings um uns wurde alles gesprengt. Nachts um 22 Uhr waren wir in Marienburg. Völlige Verstopfung. Da sind wir ausgestiegen und zu Fuß, nur mit dem Allernötigsten, über die Nogat gegangen und gleich weiter bis Dirschau.
Charlotte hielt im Schreiben inne und erinnerte sich bildhaft dieser furchtbaren Nacht. Zusätzlich zu allen Schrecken hatte der Dackel Purzel seine Nerven verloren und angefangen, wild um sich zu beißen. Dieses wollte Charlotte ihren Eltern nicht schreiben, es würde sie noch zusätzlich belasten.
Sie, Charlotte, hatte damals Purzel an die Leine genommen und war mit ihm hinter dem Wagen hergegangen. Das Tier war mit seinen kurzen Beinen im Schnee schlecht vorangekommen. Teilweise hatte Charlotte den Purzel getragen. In Dirschau waren sie beide am Ende ihrer Kraft gewesen. Da hatte Charlotte, als sie so lange auf den Treckwagen warten mußten, den Purzel genommen und war ein Stück abseits gegangen. Ob die Kinder den Schuß gehört hatten? - ? Aber geschossen wurde viel in dieser Nacht. Als Charlotte zu den Ihren zurückkam, hatte sie leere Hände: keine Leine, kein Hund.
"Wo ist denn Purzel?" hatten die Kinder gefragt.
Charlotte hatte sich zusammengerafft und gesagt: "Da waren Soldaten, die wollten ihn so gern behalten. Da habe ich ihnen unseren Purzel gegeben."
Ach, war ihr das schwergefallen, das mit Purzel, und auch, die Kinder anzulügen. Aber die schienen es zu glauben. Nun schrieb sie ihren Brief weiter:

Morgens waren wir über die Weichselbrücke gegangen. Unser Bauer und sein Sohn waren auf dem Treck geblieben. Jetzt standen wir 18 Stunden bei 18 Grad Kälte im Freien und warteten auf unseren Wagen, der dann auch am nächsten Vormittag erschien. Dazwischen hieß es immer wieder: weg, die Brücke wird gesprengt. Aber ich glaube, die steht heute noch.

Dann sind wir mit dem Treck bis in die nächste Nacht hinein gefahren, fanden Unterkunft in einem verlassenen Schloß bei guten Soldaten, die uns was zu Essen und zu Trinken und zu Schlafen gaben.

Am nächsten Tag ging es bis Preußisch Stargard. Da blieben wir zwei Tage. Wir versuchten mit Bahn oder mit Auto weiter ins Reich zu kommen, es wurde aber nichts draus. Dann fuhren wir wieder mit dem Treck und übernachteten die nächste Nacht bei Polen. Die Nacht darauf verbrachten wir in einem Gasthaussaal, auch noch eine weitere. Dann faßten wir fünf uns ein Herz und stiegen auf ein offenes Militärauto mit unserem nötigsten Handgepäck und fuhren bis Behrend.

Dort gingen wir gleich auf den Bahnhof und warteten auf dem Bahnsteig fünf Stunden auf einen Zug. Es kam auch wirklich einer, der uns zu unserem Leidwesen ostwärts nach Gotenhafen (heute Gdingen) brachte. Da kriegten wir ein ganz schönes Zimmer mit drei Betten und warteten ziemlich eine Woche auf eine Möglichkeit zum Weiterkommen. Da hieß es denn, es geht ein Dampfer. Mütter mit kleinen Kindern kommen zuerst dran, wir wurden auch mitgenommen.

An diese Dampferfahrt mit der "Essberger" werde ich Zeit meines Lebens denken. Wir hatten 1 ½ qm Raum für fünf Menschen. Es waren etliche Tausend drauf. Zu Essen gabs kaum etwas. Wir fuhren im Geleit, aber Minen- und Torpedogefahr bestand natürlich doch. Immer mußte man an die "Gustloff" denken, die wenige Tage zuvor auf dieser Strecke untergegangen war.

Unsere Seereise dauerte von Mittwoch bis Montag früh. Da waren wir in Swinemünde und kamen ins Sammellager in die Schule. In Gotenhafen waren uns übrigens unsere drei Koffer mit unseren sämtlichen Sachen weggekommen, so daß wir buchstäblich nichts besitzen.

In Swinemünde mußten wir noch drei Tage warten, dann ging ein Transportzug, der uns bis Lüneburg brachte. Dort machten wir uns selbständig und fuhren in zwei Nächten und einem Tag, bei beginnender Ruhr, über Göttingen, Bebra, Eisenach, Erfurt, Weimar, Naumburg, Leipzig hierher.

Gott sei Dank! Wir sind hier. Aufgenommen wurden wir rührend. Wir kriegten gleich heißen Tee, ein Bad, jeder ein frisch bezogenes Bett und einen Arzt und fangen so langsam wieder an, Menschen zu werden. Deta wirtschaftet nun schon, es wird schon gehen. Verhungert sind wir unterwegs nur deshalb nicht, weil wir unseren Freßkoffer hüteten wie unseren Augapfel, was ja auch dringend nötig war.

Ohne Hemd kann man zur Not leben, ohne Brot nicht. Was weiter wird? Du lieber Gott, es wird schon werden. Schön wäre es ja, wenn wir uns hier sehen könnten. Alarm ist viel, z.Z. auch erhebliche Schießerei, aber uns kann nicht mehr viel erschüttern.

So, meine lieben Eltern und liebe Elisabeth, zu erzählen wäre noch tagelang. Das Nötigste wißt Ihr jetzt. Wo ist mein Bruder Walter? Nun schreibt Ihr bitte ausführlich, oder kommt selbst. Seid von ganzem Herzen gegrüßt und umarmt vor, Eurer Lotte, Halo, Gulu, Deta und Klara.

Großmutter schreibt am 26.2.1945 aus Bad Liebenwerda.
Meine liebe Lotte!
War das heute eine Erlösung, als ich Deinen Brief in Händen hatte. Wie wir uns um Dich und die Kinder gesorgt haben, und wie wir um Euch gelitten haben, ist unbeschreiblich. Fünf Wochen lang keine Nachricht! Nicht wissen, ob Ihr fortgekommen seid. Wir sind fast eingegangen. Ich hatte nur den einen Wunsch, noch einmal einen Brief von Dir in Händen zu haben und wissen, wie es Euch geht. Wie gut, daß ich die Adresse von Klaras Eltern wußte, und mich in meiner Herzensnot an ihre Mutter wenden konnte. Ich bin ihr ja so dankbar, daß sie immer gleich antwortete. Wie groß wird auch ihre Freude gewesen sein, als sie ihre Tochter wiederhatte

Wir haben auf unserer Flüchtlingsfahrt noch allerlei erlebt. Aber so in Gefahr, wie Ihr, haben wir nicht geschwebt. Es tut mir ja so leid, was Du mein Töchterchen mit unseren beiden goldenen Enkelkindern für Ängste ausgestanden habt. Und Deta ist mit Euch gegangen und teilt weiter Freud und Leid mit Euch. Wo mögen all ihre Angehörigen sein? Ist das ein Leid und Elend!

Ob wir hier bleiben können, ist fraglich. Sollten wir fortmüssen, nehmen wir das freundliche Anerbieten Eurer Gastgeber gern an. Wir sind nun alle heimatlos und besitzen nur das, was wir auf dem Leibe tragen.

Nun wünschen wir noch, wir bekämen bald Nachricht von Walter. Wo mag er sein? Er wird sich auch um uns alle Sorgen machen, besonders nach dem Terrorangriff auf Cottbus. Alle haben wir vor Freude geweint, daß wir ein Lebenszeichen von Euch hatten.

Müßt Ihr dort oft in den Keller? Wir wünschen Euch, daß Ihr Euch von den Strapazen bald erholt, und wir sind so dankbar, daß Ihr dort so gut aufgenommen wurdet und einen Arzt habt.

Wir haben viel Freude an Elisabeths Söhnchen, besonders Vati hat er in sein Herz geschlossen. Er singt und tanzt mit ihm, was dem kleinen Kerl sehr gefällt. Grüße bitte Fräulein Klara, ihre Mutter und unsere Deta. Laßt Euch in meiner Liebe, Lotte, Du und die Kinder, umarmen und küssen von Eurer Großmutter.

Großvater schreibt mit gleicher Post an seine Tochter!

Meine liebe Lotte!

Soeben kam Dein Brief vom 23.2. hier an. Ich beeile mich, Dir weitere Nachricht zu geben. Wir haben vor Freude geweint, endlich von Dir und den Kindern ein Lebenszeichen zu erhalten. Es war eine furchtbare Zeit für uns. Wir haben uns unbeschreiblich Sorgen gemacht. Also kam Dein Brief für uns als Erlösung. Nun mag es sein, wie es will, noch leben wir und alles weitere wird sich finden. Ihr habt eine ganz abenteuerliche Fahrt hinter Euch; ich habe es mir gleich gedacht, daß es soweit kommen würde. Ihr seid wirklich sehr spät von Eurem Dorf aufgebrochen und könnt von Glück sagen, daß Ihr es noch geschafft habt. Aber nun seid Ihr ja in Sicherheit. Es wird alles wieder werden. Du hast uns ja ausführlich über Euer Ergehen berichtet. Wir wünschen nun nur, daß Ihr alle recht bald wieder ganz gesund sein möchtet.

Nun will ich Dir berichten, wie es uns ergangen ist. Am Sonnabend, den 20.1. wurde es bei uns in Allenstein sehr kritisch. Mutti wollte unter keinen Umständen mehr länger bleiben. Also packen. Am Tage hatten wir einen Luftangriff, auf dem Bahnhof 139 Tote, in der Stadt keine Schäden. Wir vereinbarten uns also mit zwei Familien und fuhren unser Gepäck nachts zwei Uhr zur Bahn, ließen den Wagen am Bahnhof stehen und verluden das Gepäck. Der Marienburger Zug, der um 5 Uhr 18 abfahren sollte, fuhr aber erst nach 7 Uhr, so landeten wir endlich Sonntag abends um 21 Uhr in Marienburg. Gefroren und gehungert. Alle Züge aus Ostpreußen überfüllt. Puffer, Tritte, Dächer, offene Güterwagen, alles bis auf das letzte Plätzchen besetzt. Unser Gepäck gab ich in Marienburg nach Cottbus auf, denn ich konnte es nicht mehr schleppen. Es ist bis heute nicht angekommen. Es wird wohl verloren sein. So stehen wir da und haben weiter nichts, als das, was wir auf dem Leibe haben.

Endlich, am Montag Nachmittag erreichten wir noch Platz in einem Zug nach Danzig, wo wir gegen Abend eintrafen. Übernachtung teils im Wartesaal, teils im Durchgang. Am Dienstag, den 23.1. früh um 5 Uhr mit großer Mühe Platz im Zug nach Stettin und abends dann um 20 Uhr dort gelandet. Übernachtung, und um 11 Uhr 15 weiter nach Frankfurt/Oder, wieder umsteigen nach Cottbus, wo wir abends etwa 20 Uhr eintrafen. Als wir die Haustür im Hotel Kaiseradler öffneten, kamen uns Elisabeth und Walter entgegen. Du weißt ja, wie herrlich dieses Hotel ist, und so waren wir froh, bei unserer Schwiegertochter so herzlich willkommen geheißen zu werden und eine Bleibe zu haben.

Sie wollten gerade zur Bahn, denn Walter hatte seinen 14-tägigen Urlaub beendet und mußte abfahren. Wir sprachen ihn nur drei Minuten, er war sonst frisch und munter. Er hoffte ja, noch eine Woche Urlaub zu bekommen, denn er mußte seinen

Urlaub aus dienstlichen Gründen abbrechen. Bis jetzt ist er noch nicht wiedergekommen. Wir wissen auch seine Adresse nicht.
In Cottbus haben wir drei Wochen einigermaßen ruhig gelebt. Abgesehen von dem häufigen Alarm. Am Donnerstag, den 15.2., hatten wir aber einen großen Terrorangriff, und einige Bomben fielen in unserer Nähe, so daß unser Luftschutzkeller schaukelte. Als wir wieder nach oben kamen, sahen wir die Bescherung. Alle Türen und Fenster herausgerissen, sehr viel Bruch und Scherben, es gab kein Wasser und kein Gas, so daß wir nichts mehr kochen konnten. Da blieb uns nichts weiter übrig, als auszuwandern. Es wurde wieder gepackt, und wir zogen ab.
Da der Bahnhof Cottbus völlig zerstört war, mußten wir zur Stadt und mußten mit einem offenen Lastwagen zur nächsten Bahnstation gefahren werden. Von dort fuhren wir etwa 10 Uhr 30 ab nach Falkenberg, stiegen dort um und landeten 16 Uhr 30 in Bad Liebenwerda. Hier fanden wir Quartier bei Elisabeths Tante. Nur schlafen tun wir ein paar Häuser weiter. Alle Menschen sind hier zu uns freundlich und hilfsbereit. Wir fühlen uns wohl und zunächst geborgen. Wir möchten unter keinen Umständen hier wieder weg, es sei denn, daß der Russe uns weiterjagt. Damit ist aber nach meiner Ansicht nicht zu rechnen, und so bleiben wir eben hier.
Vorm Reisen habe ich in letzter Zeit mehr als genug. Was wir alles auf unserer Reise bis hierher erlebt haben, spottet jeder Beschreibung. Mir hat man einen Nagel abgetreten. Das ist aber nicht so schlimm. Das wird schon wieder alles werden.
Wie mag es in der Heimat aussehen? Es wird wohl alles, was man in langen Jahren erworben hat, dahin sein. Das macht nichts, die Hauptsache ist, daß wir noch alle leben. Ich lasse mich trotz vieler Miesmacherei in meinem festen Glauben an unseren Endsieg nicht unterkriegen. Wenn es uns augenblicklich nicht gut geht, so wird doch der Tag kommen, an dem das Kriegsglück wieder auf unserer Seite sein wird, und wir die Feinde wieder aus dem Lande jagen. Behalte auch Du Deinen Mut und Deinen festen Glauben an eine bessere Zukunft und an Deutschlands Endsieg.
Ich habe Dir nun das Wichtigste von unserer Flucht mitgeteilt und werde Dir bald mehr schreiben. Sei vielmals gegrüßt und gib meinen beiden goldenen Mädelchen einen Kuß von ihrem Großvater.

Am 7.3.45 schreibt Großmutter ihren nächsten Brief:
Meine liebe Lotte!
Gott sei Dank, daß Du wieder gesund bist, und die Kinder auf dem Wege der Besserung sind. Mit Euch zusammen würden wir gern sein, doch ist der Entschluß so schwer. Die Flüchtlingsfahrt war zu anstrengend, besonders hat sich Vati mit dem Gepäck ganz zerschleppt. Wir beide sind sehr herunter, dazu das magere Essen. Alarm haben wir vor- und nachmittags und abends. Vorgestern rollten mehrere 100

Flüchtlinge über Liebenwerda, es war unheimlich. Von Leipzig steht auch nicht mehr viel? Die Terrorangriffe auf unsere Städte sind jetzt ohne Ende. Die armen Menschen, wie tun sie mir alle leid.

Eben stürzte hier mit lautem Getöse ein Flugzeug ab, kurz vorher gab es Vollalarm, dazu heulte die Sirene, daß wir glaubten, es wäre eine V2 Rakete. Man kommt aus den Aufregungen nicht mehr heraus.

Ich habe mit dem Leben abgeschlossen, mir ist alles gleich, ich sorge mich nur um Euch und um die Cottbuser. Für uns gibt es keine Freude mehr, es ist alles zu traurig. Werden wir je von unseren Verwandten und Bekannten etwas hören? Wie mag das Ende von Ehepaar Gnädiger gewesen sein? Ich glaube nicht, daß sie noch leben. Raus sind sie auf keinen Fall gekommen. Und ohne ihn wäre sie überhaupt nicht gegangen. Sie hatte einige Röhrchen Phanodorm-Schlaftabletten, die sie nehmen wollte, wenn die Russen auf den Fersen sind.

Ich glaube, die meisten Briefe liegen noch in Cottbus im Wehrmachtsheim. Wenn wir in Cottbus geblieben wären, hätte Dir Elisabeth doch mit manchem helfen können. Bei ihr im Hotel war es übrigens schön gemütlich, so manches Tröpfchen wurde abends geleert, warm und hell war es und zu essen hatten wir auch. So hätten wir es noch wochenlang ausgehalten. Aber durch den Terrorangriff auf Cottbus hatten wir kein Wasser, kein Gas und geheizt konnte nicht mehr werden, weil keine Brennung da war. Für Bübchen wurde auf dem Plätteisen gekocht, Scheiben und Türen waren raus, wir schliefen wie im Freien. Das Bild, als wir aus dem Keller kamen, werde ich im Leben nicht vergessen. Wir zitterten um Bübchen, das noch im Kinderheim war, ob es noch leben würde. Die Bomben waren dicht am Heim gefallen, alle Fenster waren kaputt, aber die Kinder lebten alle.

Um 15 Uhr sollte Elisabeth ihn nach Hause holen, um 12 Uhr 30 war der Angriff. Elisabeth kam mit ihm angekeucht, sie mußte große Umwege machen, weil die Straßen aufgerissen und überall große Bombentrichter waren. Mehrere Häuser waren in unserer Nähe eingestürzt, in ganz Cottbus waren die Fenster raus. Wir sind noch glücklich davongekommen, wenn es auch im Keller sehr gewackelt hat. Ob Cottbus verlorengehen wird? Ich glaube ja.

Möchte sich doch noch alles zum Guten wenden und uns unser Vaterland erhalten bleiben. Ich habe so wenig Hoffnung. Was würde Hans sagen? Er hat so tapfer für seine Heimat gekämpft und war immer so voll Vertrauen und hatte einen so starken Glauben. Ihm ist wohler als uns allen.

Laßt Euch herzlich grüßen und küssen von Eurer Großmutter.

Großvater fügt an:

Meine liebe Lotte, wir leben und befinden uns den Umständen nach. Ohne zwingenden Grund kommen wir nicht zu Euch nach Leipzig. Es geht nicht so leicht. Ich habe für weitere Reisen einfach keine Kraft. trotzdem hoffen wir auf ein baldiges Wiedersehen. Dir und den Kindern viele Grüße, Dein Vati.

Am 13.3.45 schreibt Großmutter wieder.
Meine liebe Lotte!
Ich möchte am liebsten zu Euch fliegen, um Euch wiederzusehen. Morgen will Vati nach Cottbus fahren, um noch Verschiedenes zu holen. Elisabeth hat alles aufgeschrieben, vielleicht ist auch etwas für Dich dabei. Wenn Du doch mal zu uns kommen könntest. Aber Du wirst die Kinder wohl nicht allein lassen wollen. Von Leipzig bis hier ist es wohl so weit, wie von Marienburg bis Allenstein. Und dann müßte kein Angriff auf Leipzig sein, wenn man unterwegs ist. Dann wäre alles zu ertragen.
Schreibe doch recht oft. Seid ihr alle wieder gesund?
Auf Vatis Anfrage bei der Gepäckabfertigung, ob unser Gepäck dort angekommen ist, erhielten wir heute den Bescheid, daß sämtliches, nach Cottbus abgefertigtes Flüchtlingsgepäck, nach Halle/Saale weitergesandt worden ist. Vati hat gleich nach Halle geschrieben und angefragt. Vielleicht haben wir doch noch Glück. Dann könnte ich Dir etwas abgeben von meinen Kleidern.
Habt Ihr viel Alarm? Die letzten Tage ging es hier. Wie verhält sich Halo bei Alarm? Sie war doch sehr ängstlich. Habt Ihr noch immer zu essen? Bei uns ist nichts zu haben, weder Obst, noch Gemüse, noch Marmelade. Ist Gudrun auch so ängstlich? Meine liebe Lotte, aus der Fahrt nach Cottbus ist nichts geworden, vielleicht später mal. Sei Du, mein Töchterchen, und die Kinder, herzlich gegrüßt und geküßt, Deine Mutter.

Brief von Charlotte an ihre Eltern am 26.3.1945
Meine lieben Eltern!
Nun soll aber mal wieder ein langer Brief folgen, sozusagen eine Generalbeichte. Eben kam Euer Brief an Halo, sie ist hell entzückt und wird hoffentlich wieder antworten. Wollen will sie ja, aber hier sind sehr viele Freunde und Freundinnen, daß die Ausführung auf sich warten läßt.
Und nun mal zunächst zu mir. Jetzt sollt Ihr über mich etwas Ausführliches hören. Ihr wißt ja, ich tue das nicht gern. Aber man hält mich hier allgemein für verpflichtet dazu. Ich muß etwas weiter ausholen.
Also, als ich im Winter von Onkel Georgs Begräbnis kam, fuhr ich nach Elbing zu einem Frauenarzt. Mir ist so, als ob ich Euch das schrieb. Was ich Euch aber bestimmt nicht geschrieben habe, war seine Diagnose, nämlich ein Gewächs im Unterleib, eventuell eine Stielgeschwulst vom Eierstock her, oder eine Wanderniere. Als ich ihn fragte, wie er das feststellen wolle, sagte er, aufklappen und

nachgucken. Da ich aber keine wesentlichen Beschwerden hatte, sollte ich zwecks Betrachtung nach zwei bis drei Monaten wiederkommen. Im übrigen verschrieb er mir Zäpfchen gegen etwaig auftretende Schmerzen.

Das habe ich Euch nicht geschrieben, um Euch nicht zu beunruhigen. Denn, daß uns eventuell stürmische Zeiten bevorstanden, wußten wir ja zu Mitte Januar schon. Und eine Operation im Augenblick erschien mir unmöglich. Sonst hätte ich sie sofort, und am liebsten in Elbing, machen lassen.

Kaum war ich zu Hause, gingen die Schmerzen los, abscheuliche Kreuzschmerzen mit Ausstrahlung in den ganzen Unterleib. Die Anfälle waren scheußlich, so daß ich einmal sogar den Arzt aus Christburg kommen ließ, der aber auch nichts Neues feststellte. Ich besorgte mir nun Gift (Betäubungsmittel), wo ich nur konnte. Und das war mein Glück. Am Donnerstag, bevor die Russen kamen, war meine Geduld zu Ende, und ich setzte mich hin und schrieb an Elisabeth nach Cottbus, ob ich mit Mann und Maus und Sack und Pack zwecks Operation zu ihr kommen könnte. Wahrscheinlich hat sie meinen Brief nicht mehr bekommen. Gerade als ich ihn schrieb, kam der Aufruf, es wäre Zeit zum Packen. Es folgte dann die Flucht. Vielleicht hätten wir am Sonnabend einen Zug bekommen, ich bildete mir aber ein, ich würde die Fahrt nicht überstehen. Man übersteht noch ganz was anderes. So zog ich also in der Nacht vom Dienstag zu Mittwoch, (in der Nacht 23.-24.1.45) mit dem Treck los. Ich glaube, Näheres vom Treck habe ich noch nicht geschrieben. Ich will mich aber nicht wiederholen und tue es erst, wenn Ihr danach fragt.

Meine Schmerzen, die sich täglich steigerten, versuchte ich dadurch zu vertreiben, daß ich am Tag meine 15 km und mehr, hinter dem Treckwagen herging und nachts Zäpfchen nahm. So quälte ich mich weiter, bis es eines Tages in einem polnischen Ort nicht mehr ging. Zum Glück wohnte der Arzt gerade gegenüber von unserem Lager. Und so ging ich hin und ließ mir eine Morphiumspritze geben.

Dann kamen wir so allmählich nach Gotenhafen, wo ich viel lag, was meinen Schmerzen aber gar nicht bekam. Im übrigen hamsterte ich weiter Zäpfchen und Pillen. Ich habe mich damit ohne ganz schlimme Anfälle durchgeschlagen bis Rostock. Unterwegs bekam ich im Zug noch immer Morphium.

Zum Glück hatten wir noch immer zu essen, da wir uns ja um keinen Preis von unserem "Freßkober" trennten, und unterwegs ab und zu mal Neues bekamen. Bis auf die letzten Tage der Flucht, habe ich mich noch einigermaßen ernährt. Als dann allerdings von Lüneburg an die Ruhr dazukam, wars ziemlich aus. Dem Umsinken nahe erreichte ich mit Müh und Not den Zufluchtsort. Der Arzt kurierte mir dann innerhalb drei Tagen die Ruhr weg. Dafür wurden die Schmerzen wieder um so schlimmer. Nach einer Woche hielt ich es nicht mehr aus und ging ins Krankenhaus; große Untersuchung, allgemeines Kopfschüttein, viel Abführerei, dann vier

Röntgenaufnahmen. Ergebnis: alles in Ordnung, die Wirbelsäule und Nieren tadellos. Also einzige Möglichkeit, aufschneiden und nachsehen. So wurde ich am 2. März operiert. Der Schnitt ist ziemlich lang, fängt gleich unterhalb des Magens an, geht bis zur Blase.

Aufgehoben war ich in dem uralten, unmodernsten Krankenhaus sehr gut. Der Chefarzt sehr tüchtig und sehr sympathisch. Das Essen, soweit ich welches bekam, ausgesprochen gut. Mit den Schwestern hatte ich mich gleich gutgestellt, so daß sie nett für mich sorgten.

Rausgeholt haben sie mir eine pfundgroße Geschwulst vom Gekröse. Das sitzt dicht an der Wirbelsäule und drückte immer darauf und verursachte die Schmerzen. Das Eingeschickte ist beim Terrorangriff auf Leipzig verlorengegangen.

Die Heilung verlief normal. Fieber hatte ich kaum. Die Schwäche war natürlich infolge alles Vorangegangenen sehr groß. Die ersten fünf Tage nach der Operation gräulich und die Rückenschmerzen durchweg ziemlich groß. Ich habe im Krankenhaus einen ziemlichen Verbrauch an betäubenden Spritzen gehabt.

Ich wäre gern noch ein Weilchen in der guten Pflege dort geblieben, konnte es aber des Alarms wegen nicht. Zu jedem Vollalarm erschienen Soldaten, die uns dann mühsam auf Bahren die 1½ langen Treppen in den Keller runtertrugen. Das Gefühl absoluter Hilflosigkeit und die Atmosphäre in dem ungenügenden Keller mit den vielen Kranken machte einen nur jedesmal kränker. Und doch weil, wie in meiner schlimmsten Zeit, wir mindestens einmal am Tag und einmal in der Nacht runterbefördert wurden, es dazu noch ganz gehörig rumste und wackelte, nahm ich meine Kräfte zusammen und ließ mich 12 Tage nach der Operation "nach Hause" befördern.

Wie Ihr aus dem Datum seht, bin ich soweit erst 24 Tage nach der Operation, 23, wenn man den Operationstag nicht mitzählt. Da könnt Ihr Euch ja vorstellen, daß so sehr viel noch nicht mit mir los ist. In den ersten acht Tagen hier stand ich nur für paar Stunden auf. Heute bin ich schon um 10 Uhr aufgestanden und werde vielleicht bis nach dem Abendalarm, etwa wieder um 10 Uhr, aufbleiben: d.h. ich liege viele Stunden angezogen auf der Chaiselongue auf der wundervollen, halbgeschlossenen Veranda.

Hier sind alle sehr nett zu mir. Ich litt an einer furchtbaren Appetitlosigkeit, hatte einfach keinen Speichel im Mund und kriegte nur rohes oder gekochtes Obst runter. Sowie nur einer hier in der Familie ein Weckglas aufmachte, brachten sie mir etwas davon. Doch rührend.

Seit etwa zwei Tagen ist die Appetitlosigkeit ins Gegenteil umgeschlagen. Sehr günstig, heutzutage. Wie ich meine 30 Pfund, die ich in sechs Wochen verloren habe, wieder raufbekommen soll, ist mir schleierhaft. Aber das Gewicht machts ja nicht. Wenn nur die Kräfte wiederkommen. Damit ists natürlich noch nicht weit her. Aber trotzdem habe ich schon drei recht hübsche Spaziergänge hinter mir. Morgen gehe ich ins Kino, meine Schmerzen sind leider durchaus nicht weg. Heute vor einer Woche mußte ich wieder den Arzt rufen lassen, zwecks Morphium.

Alle Ärzte versichern mir ja, das hört auf. Der Körper muß sich eben erst umstellen und innerlich die große Narbe längs der Wirbelsäule verheilen. Und seit einer Woche ist es ja auch mit Hilfe von nicht allzuviel Tabletten erträglich, z.T. recht gut. Vielleicht ist man immer noch zu anspruchsvoll.

Ich muß so viel an meine Blinddarmoperation denken vor genau der Hälfte meines Lebens. Wie hast Du doch da treu an meinem Bett gesessen, und wie habe ich mich diesmal danach gebangt. Obgleich ich hier in keiner Weise verlassen war. In der ersten Zeit wollte ich täglich nur einen sehen. Sie kamen dann alle abwechselnd, bis auf Halo, die ja immer noch mit ihren Ohren zu tun hat. Nachher erschienen sie dann reihenweise.

Wir wohnen also bei Klaras Eltern. Oben im Haus wohnen ihre Großeltern, nämlich der Herr Oberlehrer und seine Frau Gemahlin. Die alte Dame hat bei unserer Ankunft die Kinder gebadet, und der alte Herr geht mit ihnen spazieren. Wenn sie irgend ein gutes Häppchen haben, bringen sie es mir zum schmecken. Sie, Klaras Großmutter, hat von irgend einer Freundin für die Kinder alte Wäsche besorgt und von ihren Verwandten auch noch alte Sachen. So manches Plauderstündchen verbringt sie bei mir. Eben war sie bei mir und läßt unbekannterweise grüßen. Sie meinen es wirklich herzensgut. Er wird jetzt 71, sie 68 Jahre alt.

Die Kinder sind jetzt ganz gesund. Halo sehr lang und dünn und manchmal etwas blaß. In 14 Tagen schicke ich sie mal wieder zum Durchleuchten. Sie haben hier wunderbare Spielsachen von Klara und ihrem Bruder, eine herrliche Veranda und einen hübschen Garten mit verhältnismäßig viel Freiheit. Dazu eine Menge Freundinnen und ewigen Hunger. So zu Mittag pro Kind zehn Kartoffeln ist eine Kleinigkeit. Abends wieder, dazu gibts etwas Salz oder Zwiebeln und rohe Mohrrüben, die Klara und Deta per Rad vom Lande geholt haben. Man schlägt sich so durch. Kohlrabi und Kohl (weißen und roten) haben wir auch. Sonst ist es ärmlich aber reinlich in jeder Beziehung.

Deta und Klara haben mir auf der Flucht rührend beigestanden. Und jetzt schmeißt Deta den ganzen Laden. Ich kümmere mich im Augenblick weder um Marken noch um Geld, noch um Essen.

Klaras Mutter meint es herzlich gut mit mir. Neulich hatte sie eine Taube. Davon hat sie mir eine wunderschöne Suppe gekocht und die ganze Brust gegeben. Ist doch rührend! Und so ist es mit vielem. Sie ist in manchem viel großzügiger als ich es den Bombengeschädigten gegenüber war.

Übrigens haben sie hier das Gas ganz gesperrt. Gekocht wird in einer merkwürdigen Maschine, so ne Art Grudeofen, mit Briketts. Deta war anfangs dem Verzweifeln nahe, muß sich aber gewöhnen.

Nun noch vom Alarm, der gedeiht hier gut, 4-5 mal in 24 Stunden, immer davon gut die Hälfte Vollalarm. Die Flak schießt alle zwei bis drei Tage mal, und Bomben sind vielleicht drei bis vier mal gefallen. Wir sitzen nämlich mitten im Kohlenpott drin. In den Keller gehen wir erst, wenn die Flak schon ganz nah schießt. Heute waren wir auch. Es ist aber ganz in der Nähe nichts passiert. Sympathisch ist mir ja kein Alarm. Aber hier sind alle so vorbildlich ruhig, daß man angesteckt wird. Infolgedessen sind auch die Kinder ruhig, Gudrun mehr als Halo. Aber auch die kriegt es fertig, beim Voralarm einzuschlafen. Die Sirene rührt uns überhaupt nicht mehr, obgleich sie keine 100 Meter ab ist.

Als wir sie, Halo, neulich um 23 Uhr mal wecken mußten, schimpfte sie fürchterlich: "Die können sich auch nichts weiter ausdenken, als anständige Menschen im Schlaf zu stören." Halo ist überhaupt kein kleines Kind mehr, sondern eine große Tochter, ganz im Ernst. Auf der Flucht haben sich die Kinder vorbildlich benommen. Halo geht auch hier ganz allein zum Arzt. Er wohnt allerdings gleich gegenüber und ist sehr nett. Aber das ist doch allerhand von so 'nem neunjährigen Kind. Gudrun schläft wie ne Ratte in jeder Lebenslage und sieht auch sehr gesund aus. In acht Tagen sollen wir vom Land Spinat kriegen.

Nun noch eine Sache. Ich habe schon für Februar kein Lehrergehalt mehr bekommen, leider aber auch nicht meine Pension und meine Versorgungsbezüge. Die nötigen, energischen Schritte zu unternehmen, fühlte ich mich noch nicht stark genug. Auf mein Sparkassenbuch kriege ich einstweilen auch nichts raus, weil es hier keine Raiffeisenkassen gibt, und die hier bis jetzt auch noch nicht anerkannt sind. Nun werden wohl nächstens die Ärzterechnungen kommen, und meine Barmittel sind nicht mehr groß. Ich habe noch 100,- RM.

Könnt Ihr mir da eventuell aushelfen?

So, diesen langen Brief habe ich in drei Stunden in einer Tour geschrieben, doch eigentlich ein Zeichen, daß ich nicht mehr ganz schwach bin. Doch nun Schluß, ich werde versuchen, bald wieder zu schreiben. Schreibt Ihr mir doch bitte recht oft und seid alle von ganzem Herzen gegrüßt von Eurer Lotte, Halo und Gudrun.

Charlotte war froh, endlich den Eltern die Wahrheit gesagt zu haben. Zu sehr hatte sie sich vor deren Gram und Aufregung gefürchtet.
Ganz anders ging es ihr da Hansens Mutter gegenüber. In ihr spürte sie etwas von der Stärke, die sie selbst besaß. Darum war sie damals, als sie die Diagnose in Elbing erfahren hatte, kurzerhand nach Königsberg gefahren, um mit ihrer Schwiegermutter den Ernst der Lage zu besprechen.

Omama wohnte mit Lara zusammen, diese war alleinstehend und hatte eine jahrzehntelange tiefe Verbindung und auch verwandtschaftliche Beziehung zu Omamas Großfamilie. Mit diesen beiden Frauen konnte damals Charlotte sachlich und ohne Emotionen reden. Omama dachte überhaupt nicht mehr an die politischen Reibereien, die sie im Sommer mit Charlotte gehabt hatte. Jetzt war anderes wichtiger.

"Es wäre eine Beruhigung für mich", hatte Charlotte gesagt, "wenn Hansens ältester Bruder Ludwig die Vormundschaft für die Kinder übernehmen würde, Hans und Ludwig haben sich so gut verstanden und sind einander überhaupt sehr ähnlich." Charlotte schaute lange sinnend auf Lara: "Und Lara, würdest Du, ich meine, man muß in dieser Zeit doch an alles denken, würdest Du meine Kinder großziehen, falls das notwendig werden sollte?"

Lara mußte ihre Bewegung unterdrücken, sagte dann aber ganz fest: "Ja, Charlotte, dafür gebe ich Dir mein Wort."

Nach diesem Gespräch hatte sich Charlotte viel ruhiger gefühlt.

Gerade hatte Charlotte den Brief an ihre Eltern beendet, da bekam sie einen Brief von ihrer Schwiegermutter. Omama schreibt am 15.3.45 aus der Nähe von Rostock:

Mein liebes Charlottchen!

Gestern kam Dein so sehnlich erwarteter Brief, und brachte die Gewißheit, daß Du Dein vorgenommenes Ziel erreicht hast, aber wie?!

Es war für Anne schon schwer, wenige Wochen nach einer sehr häßlichen Fehlgeburt, mit den vier kleinen Kindern zu fliehen. Aber Du Armes hattest die Operation vor Dir und nahmst die ganzen Schmerzen mit. Wir haben 14 Tage gebraucht, und Du über drei Wochen!

Nun hoffe ich zunächst, daß du die Operation gut überstanden hast, im anderen Fall hätten wir wohl telegrafische Nachricht bekommen. Hoffentlich kannst Du nun schon an Erholung denken, soweit das unter den augenblicklichen Verhältnissen überhaupt möglich ist. Lara ist bei uns und würde in jedem Fall zu ihrem Wort stehen, das Sie Dir damals in Königsberg gab.

Unsere Familie besteht hier aus Anne mit den vier Kleinen, Marta mit ihren drei Kindern, Lara, und seit zwei Tagen Ludwigs beiden Töchtern und mir, also 13 Personen. Wir konnten, Gott sei Dank, trotz aller Schwierigkeiten, immer zusammen bleiben, und sind auch hier zusammen, trotz vieler anderer Flüchtlinge, sehr liebenswürdig aufgenommen, teilweise als persönliche Gäste.

Unsere Reise war wirklich nicht einfach und durch die kleinen Kinder, die einige Tage nachts kilometerweise zu Fuß marschieren mußten, während der Kleinste von uns getragen wurde, recht anstrengend, und doch müssen wir sagen, wir sind von Gott wunderbar geführt worden bis hierher. Die erste Strecke fuhren wir auch mit einem Granatwerferauto bis uns in Elbing die Mannschaft durch russische Panzer

abgeschossen wurde. Da hieß es zu Fuß weiter. Alles Gepäck, auch der Kinderwagen usw. blieb dort.
Übrigens müssen wir in Gotenhafen zu gleicher Zeit mit Euch gewesen sein. Wir sind mit dem Schiff bis Saßnitz, weiter über Stralsund und dann hierher. Später berichten wir genauer. Auch uns ging es so, daß wir alle krank wurden: Anne mit häßlicher Mandelentzündung, und schmerzenden Gelenken bis vor einigen Tagen, die Kinder Bronchitis, Mittelohrentzündung, Ausschlag usw. Bei dem Kleinsten gings dicht ums Leben, doch jetzt ist er ausgelassen.
Nun kämpfen wir um Lebensmittelkarten und Anne um ihren Wehrmachtsunterhalt, da doch Arno von seinem Posten entlassen, jetzt nur sein Leutnantsgehalt hat. Hoffentlich wird das irgendwie geklärt.
Du fragst nach so vielen Lieben. Da ist zuerst eine sehr schmerzliche Nachricht. Martas älteste Tochter ist nach neun Wochen doch dem Typhus, und zwar dem sehr bösen Rückfall, erlegen, am 12. Februar. Es war die erste Nachricht, die Marta hier traf. Ihre zweite Tochter ist mit ihrem Lager nach Halberstadt gekommen. Von Martas Sohn ist noch gar keine Nachricht, wie ja überhaupt von Lötzen und Lyck nichts zu hören ist.
Ludwigs Töchter sind zu Fuß nach langem Warten über die Fähre bei Gollnow gekommen, ihre Eltern mit den letzten Wagen viel später und im letzten Augenblick bei Stettin. Ob sie auch hierher finden?
Nun sind wir noch in Sorge um Ella und die Mädel und ihren Mann, ob sie gut von Groß Mölln fortgekommen sind, die Russen sind nicht weit von dort, und Stettin ist sehr bedroht
Hier auf der Begüterung sind etwa 500 Flüchtlinge, davon über 100 im Schloß, viele aus Neidenburg, jetzt mehr Pommern und Stettiner. Vielleicht müssen wir fort, um anderen Platz zu machen, doch will die Gräfin uns persönlich so lange behalten wie möglich, teils aus Freundschaft, teils auch, weil wir buchstäblich gar nichts haben und dadurch überall schlimm dran sind, während die meisten hier viel von ihren Sachen, mindestens Betten, Wäsche und Kleider mithaben. Wo wir weiter hinwollen oder sollen, weiß ich nicht, ich gebe Dir jedenfalls Nachricht.
Nun bitte ich Dich sehr, liebes Charlottchen, daß Du uns so bald als möglich Nachricht gibst, wie es Dir geht, und was der Grund zu der Geschwulst gewesen sein kann. Im Notfall schreibt vielleicht Klaras Mutter eine Karte, ich bitte, sie extra zu grüßen. Es ist sehr nett, daß sie Euch dort so lieb aufgenommen haben. Hoffentlich sind die Kinder schon ganz gesund, und hoffentlich hast Du Verbindung mit Deinen Eltern.
Hast Du Deine Papiere wenigstens gerettet? Von uns ist fast alles fort, da wir alles im Auto lassen mußten, als die Panzer uns beschossen. Zum Glück standen wir

direkt vor einem Luftschutzkeller. Doch nun für heute genug. Viele, viele Grüße von uns allen und die besten Wünsche für Deine Genesung.
Gott nehme Dich und die Kinder in seinen Schutz. In herzlicher Liebe, Deine Mutter.

Am 28.3.45 schreibt Charlottes Mutter, die den schwerwiegenden Brief ihrer Tochter noch nicht erhalten hat.
Meine liebe Lotte!
Heute endlich kam Deine Karte vom 14.3., herzlichen Dank. Es war eine Erlösung. Außer Halos Brief, den ich sofort beantwortet habe, war Dein letzter Brief vom 28.2. Wir machten uns wieder so große Sorgen um Euch wegen der vielen Angriffe. Manchen Tag hatten wir hier fünf mal Alarm. In den letzten Tagen waren es höchstens zwei von der Sorte.
Die Hauptsache ist für uns, daß Ihr wieder alle gesund seid und noch lebt. Wie wird es uns weiter ergehen? Es sieht sehr ernst aus. Vati, der so einen starken Glauben hatte, ist sehr enttäuscht, läßt aber den Mut nicht sinken. Der Bombenterror ist zu schrecklich. Ich denke an so viele liebe Menschen, und meine Gedanken sind Tag und Nacht bei Euch und bei Walter. Es kommt keine Post von ihm, Elisabeth ist schon ganz verzagt. Sie schreibt fast täglich an ihn.
Unsere Ernährung ist sehr schlecht, wir wissen nicht, was wir kochen sollen. Abends gab es Kartoffeln und Salz und Kaffee. Vati macht mir am meisten Sorge. Zum Arzt geht er nicht, weil er meint, es werde doch nichts geben.
Wohin sollen wir nur unsere Zuflucht nehmen. Am liebsten wäre ich ja mit Euch zusammen. Wie macht man es richtig? Auf alle Fälle müßten wir von Klaras Eltern etwas Schriftliches in Händen haben, wegen Unterkunft, sonst gibt es keine Reisegenehmigung. Werden wir hier von Angriffen verschont bleiben? Wie groß ist Euer Städtchen? Werdet Ihr dort bleiben können?
Durftet Ihr eigentlich nicht früher von Zuhause in Westpreußen fort.? Oder wart Ihr nicht im Bilde? Werden wir jemals unsere Wohnstätten wiedersehen? Ich glaube nicht. Für Euch ist es am traurigsten, wir beiden Alten werden mit unserem nur noch kurzen Leben schon fertig werden. Wenn wir nicht unterliegen, werdet Ihr ja weiterbestehen, und Euch wird geholfen werden. Bist Du so abgemagert durch die großen Strapazen? Oder war es daheim schon so? Die seelischen Aufregungen sprechen da hauptsächlich mit. Das merken wir ja an uns. Man kann doch innerlich nicht zur Ruhe kommen.
Unsere einzige Freude ist Bübchen. Er ist ein goldiges, sehr kluges Kerlchen, der alles versteht und aufnimmt. Gestern wollte er etwas haben, da sagte ich zu ihm, er solle erst "bitte, bitte" machen. Da setzt sich der kleine Kerl auf, auf Huckchen, und macht, wie immer unser Hund Scherri, mit beiden Händchen. Wir haben Tränen

gelacht. Er ist aber auch ein kleiner Wuthammel und bekommt von Elisabeth oft den Po voll.

Heute endlich kam ein langer Brief von Walter. Nun hat er die ganze Post von Elisabeth in Händen und ist glücklich und beruhigt darüber. Sein Dienst ist sehr schwer, sie beginnen schon wieder zu wandern, und zwar auf die Dörfer um Hannover zu. Sie sind jetzt dem OKH (Oberkommando des Heeres) zugeteilt und müssen feste schaffen. Er ist sehr zuversichtlich und meint, es wird bald anders werden, und bald wird er mit allen in Cottbus zusammen sein. Hier gibt es so viel Menschen, die das alles nicht begreifen können. Vielleicht kommen sie auch mal ran. Heute haben wir hier für drei Familien 15 Pfund Spinat bekommen. Alles ohne Karten. Morgen, am Karfreitag, werden wir uns laben. Die Eier denken wir uns dazu. Es sollte zu Ostern für jeden vier geben. Aber wir haben uns zu früh gefreut. An Osterkuchen ist überhaupt nicht zu denken. Das Mehl brauchen wir zur Suppe. Ich koche jeden Morgen von den Krusten Brotsuppe mit Wasser und dicke sie mit Weizenmehl an. Die Schwester von Frau Gnädiger ist von Allenstein zu Fuß nach Danzig geflüchtet unter unvorstellbaren Strapazen, Hunger und Kälte. Ihre noch mitgenommenen Sachen hat sie allmählich auf der Landstraße liegenlassen müssen, um nicht zusammenzubrechen. Mit ihr hat halb Allenstein zu Fuß die Stadt verlassen.

Nun für heute Schluß. Laßt Euch alle umarmen und küssen von Euren Großeltern.
Elisabeth fügt noch ein paar Zeilen an.

Liebe Lotte, endlich Post von Dir, wenn auch nur eine Karte. Täglich warten die Eltern. Es ist doch eigenartig, von Dir kommt die Post am schlechtesten durch. Ich staune, Du wiegst nur noch 110 Pfund! Na, wenn Du Dich dabei wohlfühlst, wird es Dir nur recht sein. Du hast ja oft genug Dein Übergewicht beanstandet. Man ist sich so nahe und kann sich doch nicht sehen. Schade! Nach Leipzig zu kommen, hätte ich keinen Mut, obwohl uns unsere Verwandten hier lieber heute als morgen loswürden. Es gibt eben Menschen, die noch nicht begriffen haben, um was es geht. Man hofft doch, daß die Lage sich recht bald zu unseren Gunsten ändert, und ich wünsche nur, bald nach Cottbus zurückzukönnen, dann würde ich Euch ein wenig helfen können, auch den Eltern. Ich hätte gern in jeder Beziehung geholfen. Deine großen Mädels werde ich wohl kaum wiedererkennen.

Unser Sohn gedeiht auch zu unserer aller Freude und ist ein richtige Junge, über den man sich die Haare raufen, aber auch Tränen lachen kann. Die Eltern haben viel Freude an ihm und vergessen für manche Augenblicke alles Schwere. Ich bin so froh, daß ich mit ihnen zusammen sein kann, und kann mir denken, wie sehr auch Du das wünscht.

Wollen wir auf eine baldige Besserung der Lage hoffen und auf ein gesundes Wiedersehen. Viele herzliche Grüße Dir, Halo, Gulu und Deta, Deine Elisabeth.

Brief von Großmutter an Charlotte am 3.4.45 aus Bad Liebenwerda

Meine liebe Lotte, mein armes Töchterchen!

Heute erhielten wir Deinen lieben, ausführlichen Brief, für den wir Dir herzlich Dank sagen. Als wir ihn lasen, haben wir einen großen Schreck gekriegt und können uns noch gar nicht beruhigen. Wir waren doch so nichtsahnend und glaubten Dich wieder ganz gesund. Du hast es sicher gut gemeint, uns nichts davon zu schreiben. Aber vielleicht wäre es doch besser gewesen. Elisabeth hat mir nichts davon verraten, erst heute erzählte sie mir davon.

Mein armes Töchterchen, was mußt Du alles durchgemacht haben. Du tust mir ja so leid, in dieser schweren Zeit bei Alarm und Gerumse nach einer schweren Operation im Krankenhaus zu liegen und so oft in den Keller zu müssen. Wie gerne wäre ich bei Dir gewesen, hätte an Deinem Bett gesessen und Dich gestreichelt. Schrecklich muß Deine Flüchtlingsfahrt gewesen sein. Wie hast Du das alles mit den großen Schmerzen ertragen? Dazu das Geschleppe und die Angst, die Du ausgestanden hast. Ich fühle so mit Dir und wünschte, ich könnte bei Dir sein und Dich umarmen und küssen. Schon Dich, solange Du nur kannst, dann wirst Du hoffentlich wieder ganz gesund werden.

Es ist sehr schade, daß das Eingeschickte durch den Terrorangriff auf Leipzig verlorenging. Dann wären wir alle noch beruhigter gewesen. Ich wünschte von Herzen, daß Du bald von Deinen Schmerzen befreit bist und allmählich Deine alte Kraft wiederlangst.

Die 500,-RM haben wir heute gleich an Dich abgeschickt. Wenn Du mehr brauchst, schreibe sofort. Vati bekommt zu jeder Zeit welches bei der Bahn, Du sollst des Geldes wegen keine Not leiden. Du bist ja unsere tapfere Lotte, die immer so rührend für uns gesorgt hat.

Wir möchten Dir so viel Gutes tun, wenn wir es könnten. Heute nur erst mal dieser kuze Brief, sonst hast Du so spät Post von uns. Werde nur recht bald gesund, mein Töchterchen, wenn Du auch nicht in dieser Zeit Dein altes Gewicht erlangen kannst. Sei mit den Kindern recht herzlich gegrüßt und geküßt von Deiner in Liebe an Dich denkenden und besorgten Mutter. Grüße auch die Deta sehr.

Großvater fügt noch ein paar Sätze an seine Tochter an:

Meine liebe, liebe Lotte, Deinen Brief heute erhalten. Er hat mich ganz erschüttert. Was mußt Du bloß alles aushalten. Es ist ja ganz furchtbar, und das noch alles in dieser leider so schlechten Zeit. Wie fühle ich mit Dir, und wie gerne möchte ich Dir helfen. Werde nur bald wieder gesund.

Charlotte schreibt an ihre Eltern am 3.4. 45

Meine lieben Eltern!

Es tut mir so sehr leid, daß Ihr so wenig Nachricht von uns bekommt. Ich schreibe ja nicht oft, was Ihr nach meinem letzten Brief vielleicht verstehen werdet. Deta hatte auch einen Brief geschrieben und ich mindestens zwei Karten.

Hier alles so weiter. Man sitzt nur und fragt sich, was werden soll. Natürlich wirkt diese ganze Zeit nicht gerade gesundheitsfördernd. Aber trotzdem denke ich, daß die Kräfte langsam, sehr langsam wiederkommen.

Heute war ich im Kino, mit Hindernissen. Während der Zeit hatten wir zwei mal Vollalarm, sind nach Hause gerannt und wieder zurück. Schließlich sahen wir doch das Stück zu Ende. Schmerzen habe ich sehr viel und sehr stark. Hoffentlich nimmt das mal ein Ende. Denn schön ist anders. Dazu habe ich am Daumen eine Nagelbettvereiterung, in den Schultern Rheumatismus, das Herz ist nervös und an meinen Knochen kann ich bald einen Hut aufhängen. In meinem zu großen Fell geht sehr wenig Lotte rum.

Sonst haben wir es hier sehr gut. Die Kinder wollen um keinen Preis der Welt hier mehr weg. So gut haben sies, ihrer Meinung nach, noch nie gehabt. Schule hat jedes Kind drei mal in der Woche. Augenblicklich sind Ferien. Halo hält man allgemein für sehr begabt. Sie ist auch Räuberhauptmann hier in der Straße und wurde heute von unserem Vis a Vis, dem Doktor, schon ernstlich zur Ruhe gerufen. Sie geht auch zum Turnen. Und in die Kinderschar gehen beide. Bei Alarm kommen sie trab, trab angerast, auch aus der Schule. Halo soll ja im Herbst hier auf der Oberschule anfangen. Wer weiß, was bis dahin schon ist.

Klaras Großeltern sind nach wie vor nett. An beiden Feiertagen habe ich von ihnen eingeweckte Früchte zum Nachtisch bekommen. Sie nehmen sich auch rührend der Kinder an.

Und nun einiges, was Ihr noch wissen wollt. Wenn Ihr noch kein Geld an mich abgeschickt habt, tut es bitte nicht. Die Sache fängt an sich zu regeln. Etwas habe ich schon bekommen und das andere läuft.

Zweitens wolltet Ihr etwas von meiner Schwiegermutter wissen. Sie sind ebenfalls in zweiwöchiger, abenteuerlicher Flucht, ohne alles, selbst ohne Papiere von Elbing bis Danzig zu Fuß, in Elbing von russischen Panzern beschossen, über Saßnitz nach Pommern gekommen und haben bei der Gräfin liebevolle Aufnahme gefunden. Dort befinden sich Omama und Teile der Großfamilie. Vielleicht haben sich inzwischen noch mehr hinzugefunden. Martas Tochter ist am 10.2. in Danzig an Typhus gestorben. Es ist ganz schrecklich.

Und nun noch eine erfreuliche Nachricht. Wir haben Information von unserem Bauern bekommen, von dem wir nie geglaubt hätten, daß er aus dem Hexenkessel herauskommen würde. Und zwar sind sie mit Treck raus und haben unsere

sämtlichen Sachen sichergestellt, und zwar bei dem Revierförster in Rheinsberg-Glienicke über Neuruppin. Nun ist nur die Frage, wie kriegen wir die Sachen her. Es handelt sich um meine ganze Aussteuer, einschließlich Betten (außer sämtlichen Winterkleidern und fast aller Leibwäsche, die in den Koffern in Gotenhafen blieb) und Netzen mit viel Schuhen und Mänteln. Die Sachen, die Ihr bei uns hattet, sind auch dabei, dazu welche von der Schwiegermutter und Marta. Es wäre ja nun wunderschön, wenn wir wenigstens etwas hier hätten, denn wir haben ja eben nichts. Bloß, wie herkriegen? Ich kann nicht fahren, und die beiden Mädels in die Weltgeschichte hinauslassen, wäre wohl auch Leichtsinn. Andrerseits fragt es sich auch sehr, ob es überhaupt angebracht ist, die Sachen herzuholen. Der vielen Bomben wegen, die hier von oben zu erwarten sind. Es ist möglich, daß die Sachen dort besser stehen. Was ist heutzutage überhaupt Sicherheit?! Das einzige wäre, daß Vati sich auf den Weg machen würde. Ich will Dir s aber auf keinen Fall zumuten. Würdest Du es aber doch unternehmen wollen, müßten wir uns vorher auf jeden Fall erst verständigen, eventuell in Leipzig treffen. Durch Beziehungen bekomme ich zur Not auch mal ein Telegramm an Euch durch. Ist das nicht eine rührende Treue von unserem Bauern? Wer anders hätte das nach unserer Erfahrung von unterwegs bestimmt nicht gemacht. Zumal er von 10 Pferden bis zum 13.3. schon vier verloren hatte. Leider kann ich ihm noch nicht mal antworten, weil er weitergezogen ist. Hoffentlich schreibt er später mal. Er hat nur ganz kurz geschrieben, daß sie alle am Leben sind.
So, nun aber Schluß, meine Briefe werden jetzt immer reichlich lang. Für Euch die allerherzlichsten Grüße und Küsse von Eurer Lotte

Omama an Charlotte am 4.4.45 aus Mecklenburg.
Liebes Charlottchen!
Gestern kam Deine Karte und brachte endlich Nachricht, daß Du die Operation glücklich überstanden hast und jetzt hoffentlich wieder bei Deinen Kindern bist, die Dich sicher mit großer Freude begrüßt haben.
Gott sei Dank ist der furchtbare Fliegerangriff auf Dresden wenigstens an Euch vorübergegangen. Martas Verwandte in Dresden sind wohl gerade noch herausgekommen, doch hat sie noch nichts Näheres erfahren.
Wir sind mittlerweile alle gesund und leben hier wie auf einer stillen Insel, an die das Weltgeschehen nur von Ferne, von Stralsund und Stettin, heranrührt.
Wir haben nun einige Male Nachricht von Ludwig mit Erna, die immer noch auf Wanderschaft sind. Vorläufig ungefähr Ludwigslust/Mecklenburg, und streben nach Schwerin. Sie haben den Plan, ihre Kinder hinkommen zu lassen.
Marta hatte vier Wochen nach dem Tod ihrer Tochter Nachricht von Frau Oberin, die auch schrieb, daß sie es dort unsäglich schwer hätten. Da sie keine Kranken

hatten aus Danzig herausbringen können, dazu viele Verwundete und Flüchtlinge. Ob die Russen Danzig genommen haben, wissen wir nicht, so ist Martas Tochter vielleicht vor sehr Schwerem bewahrt worden. Gott allein weiß es.
Von uns allen hier soll ich Dir besonders schreiben, wie sehr wir uns freuen, daß Du alles gut überstanden hast. Wo Deine Geschwulst nun gesessen hat, hast Du mir nicht geschrieben, auch nicht von welchem Organ.
Unsere Kinder haben sich sehr erholt. Besonders niedlich ist der Kleinste, er hat fünf Zähnchen und kriecht munter herum.
Nun viele, viele Grüße, mein Herz, von uns allen. Hast Du Nachricht von Deinen Eltern? Laß bald von Dir hören. In inniger Liebe, Deine Mutter.

Charlotte schreibt an ihre Eltern am 7.4.45
Meine lieben Eltern!
Heute habe ich Euch für drei Briefe zu danken. Mir geht es teils so, teils so. Eben habe ich gerade wieder 24 Stunden unter Morphium gelegen.
Nun aber zu Eurem Brief. Ob Ihr dort oder hier vor Angriffen sicher seid, kann ich nicht sagen. Wie es hier mit dem Alarm steht, habe ich Euch ja geschrieben. Ziel der Angriffe ist ja bis jetzt nicht unsere Stadt, sondern die Werke. In der Stadt sind nur wenig Bomben in der Werksnähe gefallen. Angenehm sind mir die Alarme nicht. Ich rege mich ziemlich auf darüber. Obgleich mir mein Verstand immer wieder sagt, das ist Unsinn. Hierbleiben tun wir auf jeden Fall. Wo sollen wir sonst hin?
Ob wir nicht früher von Daheim fort durften? Sicher durften wir, aber wie? Wir mußten doch auf den Treck warten. Und das kann man nur mündlich erzählen. Wiedersehen werden wir unsere Wohnstätten wohl mal, fragt sich bloß wie.
So, und nun an den Kern der Sache. Also, Ihr wollt herkommen. Ich kann Euch da natürlich weder zu- noch abraten. Wie sehr wir uns freuen würden, mit Euch zusammen zu sein, wißt Ihr ja. Klaras Mutter hat nun auch gleich Himmel und Hölle in Bewegung gesetzt und alle Formalitäten erledigt. Zunächst soll sie im Nachbarhaus bei einem kinderlosen Ehepaar ein Zimmer für Euch bekommen. Ein Bett ist da, ein zweites wird organisiert. Betten und Bettwäsche für das zweite Bett gibt es auch. Nun ist sie schleunigst zur NS- Parteistelle gerannt, die Reiseerlaubnis zu holen. Ich lege sie Euch bei und hoffe, Euch nun recht bald hier zu sehen. Nach allen diesen Vorbereitungen ist ein Zurückzocken Eurerseits eigentlich nicht mehr möglich. Keiner hat etwas dagegen, wenn Ihr bei uns eßt. Sonst, mit verschiedener Kartenwirtschaft, bekäme man ja graue Haare. Das Wirtschaften jetzt muß unheimlich schwer sein. Ich kümmere mich ja um nichts.
Faßt also einen heldenhaften Entschluß und fahrt nach Leipzig. Von dort gehen noch öfter Züge hierher, teils mit, teils ohne Umsteigen. Falls Ihr was zu tragen

habt, laßt es in der Gepäckaufbewahrung. Wir holen das dann später. Der Weg ist lang. Und wenn Ihr dann plötzlich vor uns steht - das wird eine Freude sein!
Übrigens, Gas gibt es hier schon lange nicht mehr. Wir kochen jetzt auch in zwei Parteien in einer unmöglichen Maschine. Faßt einen heldenhaften Entschluß und kommt schleunigst her, ehe alle Verbindungen zerstört sind.
Seid vielmals gegrüßt von dem ganzen Haufen hier, besonders aber von Eurer Lotte.

Nun brach das endgültige Chaos herein. Zuerst marschierten im Leipziger Raum die Amerikaner ein, deren Besatzung aber nur kurze Zeit dauerte. Danach kamen die Russen. Die Angst der Erwachsenen übertrug sich auf die Kinder, man lebte viel im Keller. Wenigstens hatten die Bombenangriffe nun aufgehört, dafür waren die Russen und die Furcht vor ihnen allgegenwärtig.
In Klaras Familie zog Schreck und unendliche Sorge ein, denn ihr eben erwachsener Bruder wurde von den Russen "abgeholt". Er war verdächtigt worden, dem "Wehrwolf"(extrem nationalsozialistische Jugendkampfgruppe) angehört zu haben, was aber nicht stimmte.
Am 8. Mai kam dann durch das Radio die Mitteilung von der Kapitulation Deutschlands. Charlotte hatte sich bis zu diesem Zeitpunkt noch aufrecht gehalten, hatte gehofft für Deutschland und auch für ihre Gesundheit. Aber nun zerbrach die tapfere Charlotte. Halo und Gudrun, die ihre Mutter noch nie hatten weinen sehen, nicht einmal bei Väterchens Tod, sie sahen nun Tränen bei ihr.
Für Charlotte zerbrach die Welt. Erst in diesem Augenblick sah sie die endgültige Sinnlosigkeit all der mit Überzeugung, Mut, Haltung und Tapferkeit gebrachten Opfer. Sinnlos der Tod ihres geliebten Mannes, sinnlos der Verlust der Heimat, sinnlos all die Lebensjahre, die sie dieser Idee geopfert hatte, sinnlos aller Fleiß, mit dem man sich etwas geschaffen hatte. Dazu noch die Trennung von ihren Eltern.
Charlotte hatte nichts mehr, der Krankheit entgegenzuhalten. Ja, ihr aufrechter Charakter und die Liebe und Sorge für ihre Kinder - aber das konnte den Krebs nicht aufhalten. Zum Glück gab es Deta, der Charlotte restlos vertraute. Deta, die den Haushalt bewältigte, Deta, von der Halo und Gudrun sich geliebt und verstanden wußten.
Deta, - sie erzählte den Kindern später, daß ihre Mutter sich in aller Zurückhaltung dem nahenden Tod gegenüber geäußert hatte: "Ach, Deta, anständig zu leben ist schon schwer, aber anständig zu sterben noch viel schwerer." Und - "Deta, sehen Sie zu, daß die Kinder nie von einander getrennt werden."
Charlotte stand noch jeden Tag auf, sie nahm ein wenig Teil am Leben, aber sie war ein verlöschendes Licht. Am Abend vor ihrem Tod kam der freundliche Arzt von gegenüber und brachte die ersten Frühkirschen mit, von denen sie ein paar aß. Dann bekam sie ihre Morphiumspritze zur Nacht. Sie schlief mit Deta in einem Doppelbett. Als Deta automatisch nachts zu ihr hinüberfaßte, war Charlotte schon kalt. Es war der 28. Juni 1945. Charlotte hatte ausgelitten.
Sie wurde im Flur des Hauses zu einer Aussegnung aufgebahrt. Die Kinder hatten Deta gebeten, ihr noch einen Abschiedskuß geben zu dürfen. Doch als

sie am offenen Sarg standen und diese schmale, entrückte Gestalt liegen sahen, ergriff sie eine große Scheu, und sie streichelten nur die kaltgewordenen Hände.
Gudrun hatte nach einem langen Blick in den Sarg die Erwachsenen erstaunt angesehen und gefragt: "Warum habt Ihr der Mutti ein Hemd aus Papier angezogen?" Man konnte es sich damals einfach nicht vorstellen, daß man ein Hemd aus Stoff übrig hätte. Charlotte wurde auf dem Friedhof bei Leipzig beerdigt. Sie war 35 Jahre alt, als sie starb, genauso alt wie Hans, als er 1943 fiel.
Deta war 25 Jahre alt, als sie mit den zwei Kindern allein in der Welt stand. Halo war neun und Gudrun acht Jahre alt, als sie Vollwaisen geworden waren.

In dem Chaos des Zusammenbruchs 1945 waren fast alle Verbindungen zwischen den Verwandten und Bekannten der Großfamilie abgerissen. Über fünf Monate gab es keine Briefe hin und her. Erst im August konnte Großmutter einer nach Leipzig reisenden Frau, nichtahnend, wie inzwischen der Tod zugegriffen hatte, eine Nachricht mitgeben. Sie schreibt am 23.8.45 aus Cottbus.

Meine liebe, gute Lotte, meine lieben, goldenen Enkelkinder!
Es ist kaum zu fassen, daß wir vielleicht doch noch mal voneinander hören. Ich hatte die Hoffnung schon gänzlich aufgegeben. Diese furchtbaren Wochen, die uns so viel Leid und Schmerz gebracht haben, sie sind nicht spurlos an uns vorübergegangen. Ich wollte gleich acht Tage nach dem Russeneinfall aus dem Leben scheiden und bat Vati so sehr, er möchte mich gehen lassen. Aber er wollte durchaus nicht und bat mich, bei ihm zu bleiben. Ich hatte mir schon einen Baum ausgesucht, dann tat mir Vati doch zu leid. Wer hätte ihn so treu gehegt und gepflegt, wie ich.
Wir sind beide nur noch ein Skelett und ganz kraftlos. Vati muß von 8-15 Uhr arbeiten (in den Tuchfabriken die Maschinen abmontieren), und nichts kann ich ihm zu essen mitgeben. Außerdem hat er nur seine Uniformhose von der Bahn, dazu den Rock, aber keine Kopfbedeckung. Ich habe mir ein Kleid erbettelt. Möchten wir doch den Winter nicht mehr erleben, nur von Euch möchten wir noch hören, Euch zu gern sprechen. Wir hätten uns ja so viel zu erzählen, mein Töchterchen.
Was mögt Ihr alles durchgemacht haben - wie grämen wir uns um Dich. Immer wieder bedauern wir, daß wir im April nicht zu Euch gekommen sind.
Kurz ehe die Russen kamen, sind wir alle hier, in Bad Liebenwerda untergeschlupft und hausten drei Wochen Tag und Nacht nur im Keller (12-15 Personen). In der Waschküche wurde gekocht und nur aufgepaßt, ob die Russen kommen. Nachts um uns schoß Artillerie, über uns hausten 20 Mann in der Wohnung und klauten, und im Garten standen Wagen, Pferde und Maschinengewehre, und wir wußten nicht,

was aus uns wird. Alle Augenblick Patrouillen, die mit furchtbarem Getöse reinkamen, Licht in zwei Minuten verlangten, Vati und Herrn Schmidt durchsuchten und ihnen alles aus den Taschen wegnahmen. Wie ist unser Hab und Gut zusammengeschmolzen, es ist nicht mal mehr ein Koffer voll. Und so geht es Tausenden, und auch Euch nicht anders.

Mußte alles so kommen? Hätte nicht früher Schluß gemacht werden können? Vielleicht wäre es dann nicht gar so hart geworden. Die Enttäuschung ist doch zu groß. Vati ist erschüttert, und wir alle können es nicht fassen, was aus uns geworden ist. Das Elend ist nicht auszudenken, besonders bei den Flüchtlingen, die zu Tausenden Cottbus durchziehen und umfallen, wie die Fliegen. Jede Woche starben 200 Menschen.

Bei Schmidts ist es uns eigentlich noch sehr gut gegangen, hauptsächlich mit der Verpflegung, zu hungern brauchten wir nicht, weil Frau Schmidt bei ihrer Freundin in der Fleischerei arbeitete, und wir dadurch viel Knochen und Suppe hatten, auch Grieben und Gehacktes, zu Pfingsten Schweinebraten mit Spargel, Fleisch natürlich immer nur ein Stückchen. Nachmittag gab es am ersten Feiertag sogar Bohnenkaffee und Kuchen.

Nur die Herzensangst, die wir um Elisabeth und die jungen Mädels ausstehen mußten, war nicht so einfach. Elisabeth ist verschont geblieben. In dieser Angst lebten wir fünf Wochen. Überhaupt in der ganzen Zeit zitterte mein Herz, und für Vati war es auch nicht so einfach. Herr Schmidt hatte immer sofort die Hosen gestrichen voll, und Vati mußte immer zuerst vorgehen und herhalten.

Nach diesen drei Wochen im Keller bezogen wir wieder oben unsere Schlafräume, aber auch da blieben wir vor den Russen nicht verschont. Das Mausen nahm kein Ende, und die Koffer wurden immer wieder durchsucht, und immer wurde es weniger. Sonst war es herrlich in diesem Haus, es hat eine Terrasse mit einem sonnigen Garten und einen grünen Rasen, auf dem Bübchen sich tummeln konnte.

Am 30. Mai befahl der Kommandant, alle Flüchtlinge müssen in kurzer Zeit raus, also machten wir uns fertig und zogen morgens mit dem Treck zu Fuß nach Finsterwalde. Am ersten Tag legten wir 21 km bei sengender Glut zurück. Ich konnte zum Schluß nicht mehr weiter, so daß unser Treck uns aus den Augen kam, und wir nicht wußten, wo sie geblieben sind. Unterwegs sprach ich ein männliches Wesen an, ob er nicht wüßte, wo man übernachten könnte. Er nahm uns alle mit (6 Personen) und meinte, er könne uns alle unterbringen. So war es auch. Seine Frau war ebenso nett, und wir wurden rührend aufgenommen. Zuerst gab es Apfelmost, wir durften uns alle von Kopf bis Fuß waschen, es uns bequem machen und unsere Stullen essen und Bohnenkaffee, den ich mithatte, trinken. Die Arbeiterfamilie mit eigenem Häuschen luden wir dazu ein. Der Tisch war mit gutem Porzellan gedeckt, und es schmeckte uns vorzüglich. Frau Schmidt hatte uns jedem eine Rauchwurst und eine Blutwurst für den Weg besorgt, und so waren wir einigermaßen ausgestattet. Hundemüde fielen wir in die Ehebetten, die sie uns überließen.

Am nächsten Morgen sollte um 6 Uhr aufgestanden werden, aber da es in Strömen goß, machten wir uns erst um 10 Uhr auf den Weg, denn wir hatten noch 11 km zu schaffen bis Finsterwalde. Mir taten die Hüftknochen so weh, daß ich nicht auftreten konnte. Vorher mußten wir in der nett gedeckten Wohnküche wieder von meinem Bohnenkaffee, dafür aber von ihrem Brot Marmelade und Sirup essen und gesüßten Kaffee trinken.

Gegen 13 Uhr waren wir in Finsterwalde, saßen auf Treppen und Bordsteinen und warteten auf ein Unterkommen. Nach vielem Befragen kamen wir in ein Massenlager in der Mittelschule. Dort blieben wir zwei Nächte und 1½ Tage, wurden dann in einer menschenunwürdigen Turnhalle untergebracht, das alles von Donnerstag bis Sonntag gegen Abend. Dann zogen wir auf gut Glück zur Bahn, durften da in einem Unterkunftsraum bis Mittwoch früh übernachten und auf einem eisernen Ofen kochen (15-20 Menschen), alles in einem kleinen Raum. Ich schlief auf dem Tisch, Elisabeth auf einer schmalen Bank, alle übrigen auf der Erde, Vati auf einer blutbefleckten Tragbahre. Was wir da alles erlebt haben, kann ich nicht schildern. Bei unverschlossenen Türen kamen die Russen fünf bis sechs mal in der Nacht rein und leuchteten uns ins Gesicht. Sonst ließen sie uns unbehelligt.

Ein Weiterkommen bis Cottbus war nur mit einem Güterzug möglich. Nach täglichem Versuch kamen wir endlich auf einen offenen, mit Schienen beladenen Güterwagen und waren selig, weiter zu kommen.

Bei geregeltem Verkehr würde die Fahrt bis Cottbus 1 ½ Stunden dauern, und wir hatten nach 13 Stunden Cottbus erreicht. In Kahlau, der halbe Weg nach hier, standen wir bei sengender Hitze 10 Stunden auf dem Bahnhof, weil hier große Verstopfung war. Endlich, um 21 ½ Uhr, fuhr der Zug hier auf dem Rangierbahnhof bei Gewitter, Regen und Schießen ein, wo wir bis zum Sonnenaufgang bleiben mußten. Es war unheimlich. Mit uns fuhren Ostpreußen aus den Orten Tilsit, Arges und Skaisgirren, wer weiß, wo die geblieben sind. Wir werden unser Ost- und Westpreußen nicht mehr wiedersehen.

Als der Morgen graute, zogen wir mit unserem bißchen Kram auf den Bahnsteig. Elisabeth ging erst mal Umschau halten, ob ihre Freundin Lotti noch ihre Wohnung hat, und ob sie lebt. Und tatsächlich konnte sie uns unterbringen.

Seit dem 7. Juni sind wir nun schon hier in Cottbus und sind gut untergebracht. Lotti sorgt rührend für uns, so gut sie kann, aber alle Vorräte nehmen mal ein Ende. Besonders ausgeholfen hat sie uns mit alten Kartoffeln, die nun aber auch alle sind. Nun heißt es auch mal hungrig ins Bett gehen und mittags nicht sattessen.

Vati muß von 8 - 18 Uhr arbeiten, allerdings sollen sie zusätzlich was zu essen bekommen. Vati wollte sich wieder zur Reichsbahn melden, daraus wird aber wohl nichts werden. Wenn wir nur erst mal Geld bekämen, wir haben nur noch 130,-RM. In letzter Zeit gab es viel Gurken. Da haben wir oft ein Eintopfgericht mit Kartoffeln gemacht. Brot haben wir fast 14 Tage nicht gehabt, mal eine Woche keine Kartoffeln, heute gab es seit drei Wochen 1/8 Pfund Butter, Fleisch anfangs ¼ Pfund jede Woche, dann 14 Tage nichts. Vati hat zwei Vormittage Kohlen abgeladen und bekam jedes mal ¼ Pfund Pferdefleisch. So sehen Vatis Ruhetage aus und meine auch. Ich bin von 6 Uhr früh bis abends 21 Uhr auf den Beinen.

Das Hotel Kaiseradler sieht wüst aus. Drin ist nichts mehr, nur Dreck und Brennholz. Zuletzt haben Russen und die hiesigen Einwohner darin gehaust. Elisabeth besitzt nun nichts mehr. Cottbus ist straßenweise sehr zugerichtet, nur die Bahnhofstraße, wo wir wohnen, ist ziemlich verschont geblieben.

Hast Du schon mal etwas aus Eurer westpreußischen Heimat gehört? Und von Deinen Bekannten? Wir hatten noch nie etwas von Allenstein erfahren. Mich interessiert aber hauptsächlich, wie es Euch ergangen ist. Ich warte mit Sehnsucht auf Nachricht von Euch, und hoffe, daß sie nicht zu schlecht ausfällt.

Möchte es doch mit diesem Brief klappen und er in Eure Hände gelangen. Die Überbringerin ist eine Cottbuserin, die gleich wieder zurückkommt.

Was macht Deta und Fräulein Klara? Müssen sie alle arbeiten? Sind sie gesund geblieben? Gehen die beiden Mädchen schon wieder in die Schule.

Hier hat noch keine begonnen. Man sieht von morgens bis abends nur Menschen mit Handwagen und Flüchtlinge, lange Trecks, endlose Kolonnen. Die Menschen fallen wie die Fliegen vor Entkräftung um, täglich etwa 70. Es ist ein so großes Elend, wie es größer nicht sein kann. Und dazu unsere armen Soldaten, zerlumpt und verhungert, ohne Unterkommen, so sieht man sie hier durchziehen.

Wie beruhigt bin ich, daß Dein Hans das alles nicht erlebt hat. Mußte es so kommen? War kein andrer Ausweg möglich? Wir sind erschüttert und werden nie drüber hinwegkommen.

Ich muß Schluß machen. Gebt uns, wenn es geht, gute Nachricht. Laßt Euch alle herzlich umarmen und küssen.

Mit innigsten Grüßen bin ich Eure, in Liebe an Euch denkende Großmutter.

Großvater setzt noch ein paar Zeilen dazu.
Meine liebe Lotte, meine lieben beiden Mädchen!
Ich will diese Gelegenheit auch nicht vorübergehen lassen und Euch viele herzliche Grüße senden. Wobei ich sehr hoffe, daß Ihr alle noch am Leben und wohl und munter seid.

Mutti wird Euch alles geschrieben haben, was wir in dieser furchtbaren Zeit erlebten, und wie es uns ergangen ist. Es war entsetzlich, und wir sind nur noch alte Wracks, bis zur Unkenntlichkeit verändert. Es tut uns doch sehr leid, daß wir nicht zusammensein können. Das Schicksal wollte es nicht. Vielleicht wäre es doch besser für uns beiden Alten gewesen, und es wäre uns manches erspart geblieben. Du, meine liebe Lotte, wirst mich verstehen. Ich selbst komme schon leichter über alles hinweg, aber unsere arme Mutti leidet furchtbar unter den Verhältnissen.
Doch genug der Klagen, es wird dadurch nichts besser. Aber es ist gut, wenn man noch einen Menschen auf der Welt hat, dem man einmal sein Herz ausschütten kann.
Denke Dir, liebe Lotte, die letzten beiden Untersuchungen auf Zucker ergaben bei mir ein völlig negatives Resultat, ist das nicht erstaunlich? Nun, wo nichts reinkommt, kann auch nichts rauskommen. Ich fühle mich aber so, daß ich die mir übertragenen Arbeiten ohne besonderen Kraftaufwand ausführen kann.
Augenblicklich bin ich mit noch anderen dazu eingeteilt, eine hiesige Tuchfabrik abzubauen und die Maschinen verladefertig nach Rußland zu machen. Dadurch hoffe ich so viel zu verdienen, daß wir beide davon leben können, denn unsere Geldmittel sind beinahe aufgebraucht. Und von der Reichsbahn ist vorläufig nichts zu erwarten.
Sag mal, liebe Lotte, hast Du die 500,-RM, die ich am 3.4. an Deine Adresse abschickte, noch erhalten, oder sind die auch verlorengegangen? Ich wollte eventuell einen Reklamationsversuch machen.
Nun mein liebes Kind, bitte ich Dich recht sehr, uns, wenn es irgend möglich ist, recht viel über Euer Ergehen und Befinden mitzuteilen. Besonders Dein körperliches Befinden macht mir viele Gedanken. Ich möchte darüber recht ausführlich hören. Nicht weniger interessiert mich das Ergehen und Befinden meiner beiden kleinen Mädchen und auch Detas. Über alle, auch Klaras Familie, möchte ich recht viel wissen.
Wie denkt Ihr Euch die Zukunft? Was soll aus uns allen werden? Ist unser aller Schicksal nicht furchtbar? Doch ja nicht den Mut sinken lassen. Mitarbeiten und mithelfen am Neuaufbau, solange die Kräfte reichen. Nur sehen möchten wir uns alle noch einmal. Das wäre der letzte Wunsch meines Lebens.
Lebt alle recht wohl. Ich wünsche Euch allen eine glückliche Zukunft und seid alle vielmals und recht innig und herzlich gegrüßt von Eurem Vati und Großvater.

Die Cottbuser Frau, die diesen Brief eigenhändig nach Leipzig brachte, nahm die traurige Nachricht mit zurück, daß Charlotte bereits acht Wochen in der Erde ruhte.

Die Großeltern konnten diese schwere Botschaft kaum verkraften. Großvater war stärker, aber auch verschlossener. Er sprach nicht viel über seinen Gram. Aber Großmutter konnte sich kaum fassen: "Hätte ich alte, 66 jährige Frau, nicht gehen können, damit den Kindern die Mutter erhalten geblieben wäre", war ihre verzweifelte Rede.

Dann rafften sie sich doch beide auf und fuhren nach Leipzig. Sie sahen, daß die Kinder durch Deta gut versorgt wurden, besser, als sie es selbst je hätten tun können. Lange blieben sie auf dem Friedhof an Charlottes Hügel. Dann fuhren sie zurück nach Cottbus, zwei geschlagene, gebrochene Menschen, denen jede Kraft und Möglichkeit fehlte, die verwaisten Enkelkinder zu sich zu nehmen.

Auch von der ebenfalls ahnungslosen Omama traf Post für Charlotte ein. Der Brief war am 24.8.45 in Ludwigslust / Mecklenburg eingesteckt worden.

Liebe Charlotte!

Ob es wohl möglich ist, Nachricht voneinander zu bekommen? Ich will es versuchen, Dir mitzuteilen, daß wir alle bei Ludwig sind, und auch hoffen, zunächst hierbleiben zu können.

Leider liegt Anne sehr krank mit drei von ihren Kindern im Krankenhaus, wo Ludwigs beide Töchter als Schwestern eingetreten sind, und wo auch Martas zweite Tochter eintreten will.

Wir haben viel an Dich gedacht, grüßen Dich alle und bitten um Nachricht.

In Liebe Deine Mutter.

Der Tod hielt auch hier in Mecklenburg in der Familie reiche Ernte:
Anne starb alsbald an Typhus und hinterließ vier kleine Kinder. Ihr Mann blieb vermißt. Lara konnte das Wort, das sie Charlotte gegeben hatte, nämlich deren Kinder großzuziehen, nicht halten, denn sie übernahm statt dessen die vier kleinen Kinder von Anne. Martas zweite Tochter, die als Diakonie-Schwester im Krankenhaus eingetreten war, starb, wie ihre ältere Schwester, auch an Typhus. Martas Mann war bereits 1942 gefallen und ihr ältester Sohn blieb vermißt.

Omamas Tochter Ella mit ihrer ganzen Familie hatten das Inferno zum Glück lebend überstanden, und auch Omamas jüngster Sohn kehrte aus englischer Gefangenschaft nach Deutschland zurück.

Deta
(1946)

Gudrun stand an der Waschkommode, Deta bemühte sich, aus ihrem spärlichen Haar zwei dünne Zöpfchen zu flechten. Gudrun merkte, daß ihr schwarz vor Augen wurde und hauchte mit letzter Kraft: "Deta, mir wird schl...". dann sackten ihr die Beine weg.
Deta hatte das Kind aufgefangen und auf das Bett getragen. "Wie leicht Gudrun nach dem Tod ihrer Mutter geworden ist", dachte sie besorgt. Halo hatte sich auf die Bettkante gesetzt. So, im Liegen, war es Gudrun schnell wieder besser geworden.
"Was war mit Dir?", fragte Halo.
"Ich glaube, ich hatte Hunger", sagte Gudrun nachdenklich.
"Bleib noch liegen", meinte Deta, "ich gehe in die Küche und mache Frühstück."
In der Speisekammer lag das Brot. Deta besah es sorgenvoll. Wenn sie die Scheiben noch ein wenig dünner schnitt, würde sie eventuell damit bis zum Ende der Lebensmittelkartendekade auskommen. Zum Glück gab es immer noch "Kathreiners Ersatzkaffee". Sie brühte eine Kanne Muckefuck davon auf. Trotzdem, sie wollte auch mit dem Kaffeeschrot sparsam umgehen, hatte sie doch ein gutes Rezept bekommen, wie man aus diesem Kaffeemehl einen schmackhaften Kuchen backen konnte. Die Kinder würden sich freuen.
Als Brotaufstrich hatte sie Marmeladenersatz gekocht. Die Kinder hatten in der Schule pro Kopf eine "Nährstange" erhalten. Das war eine dunkle, klebrige, süße Masse, die mal dicht bei Datteln gelegen haben mußte. Diese beiden Stangen hatte Deta zusammen mit reichlich Mohrrüben zu Brotaufstrich verkocht, der nicht einmal schlecht schmeckte.
Beim Frühstück war Gudrun wieder ganz munter, aber seit einiger Zeit lief ihr der helle Schweiß von der Stirn. Deta beobachtete dieses mit Sorge.
"Weißt Du", sagte sie während des Abräumens, "heute am Vormittag gehst Du mal bitte rüber zu Frau Link, und bringst ihr das Buch zurück, das ich mir von ihr geliehen hatte."
Gudrun nickte zustimmend, sie ging gern zu Frau Link, dort gab es meistens irgend etwas zu essen. Als ihr auf das Klingeln hin geöffnet wurde, kam ihr ein wunderbarer Duft nach Mittagessen entgegen.
"Was gibt es heute bei Ihnen?", entfuhr es ihr.
"Kartoffeln und Spinat. Weißt Du, wir haben Brennesseln und Melde gesammelt, das gibt ganz guten Spinat."
Gudrun schaute sehnsüchtig nach dem Kochtopf.
"Weißt Du was, wenn Du mir jetzt das Westpreußenlied vorsingst, bekommst Du anschließend eine Portion Essen von mir, ja?"
Gudrun war eigentlich nicht so gut im Singen, Halo konnte das viel besser. Darum hielt sie sich auch immer die Ohren zu, wenn Gudrun sang. Aber die Aussicht auf einen Teller Spinat ließ sie alle Scheu überwinden. So stand sie in der fremden Küche und sang:

Westpreußen, mein lieb Heimatland, wie bist du wunderschön,
Mein ganzes Herz dir zugewandt soll preisend dich erhöhn.
Im Weichselgau auf blumiger Au,
wo Korn und Obst der Flur entsprießt, wo Milch und Honig fließt.

"Das war schön", sagte Frau Link, die sich während des Gesanges auf einen Küchenstuhl gesetzt hatte, "komm Gudrun, hier ist Dein Essen. Und sieh mal, hier ist noch eine Tüte Kartoffelschalen, nimm die bitte mit rüber zu Deta. Die hat mich nämlich gebeten, nichts wegzuwerfen."

Nach dem Essen zog Gudrun sehr zufrieden mit den Kartoffelschalen ab. Deta freute sich darüber. Sie breitete die Schalen im Ofenrohr zum Trocknen aus. Wenn sie ganz kross geworden sein würden, würde sie sie durch die Kaffeemühle mahlen und als Mehl für Plätzchen verwenden. Sie hatte dafür ein neues Rezept. Ja, sie war zu einem phantasievollen Kochwunder aufgestiegen. Not machte eben erfinderisch in diesem Nachkriegsjahr 1946.

Im Spätsommer 1945 war sie mit den Kindern Ähren sammeln gegangen, im Herbst hatten sie Kartoffeln gestoppelt. Klara brachte vom Land Bindegarn von den Bauern mit. Deta hatte kunstvolle Pullover daraus gestrickt, die sehr ansehnlich waren. Auf ihren und Klaras gemeinsamen Hamstertouren hatten sie somit ganz schöne Tauschobjekte und kamen mit Möhren, Kohl, Kartoffeln oder Kohlrüben wieder heim. Wenn sie Glück hatten, bekamen sie auch mal ein Ei. So wirtschafteten sie von Mahlzeit zu Mahlzeit.

Halo sah ganz gut aus, aber Gudrun war merklich zusammengefallen nach Charlottes Tod. Sonst waren die Kinder eigentlich nicht aus ihrem seelischen Gleichgewicht geraten. Im Grunde hatte sich auch nicht viel für sie geändert, denn Charlotte hatte sich schon wochen- ja monatelang nicht mehr um Wirtschaft und Kindererziehung kümmern können.

Obwohl Deta die Kinder vom ersten Atemzug an kannte, bereitete es ihr doch Sorgen, wie es weitergehen sollte. Halo war im Januar bereits zehn Jahre geworden, Fragen der Schul- und Berufsausbildung würden bald eine wichtige Rolle spielen, die sie nicht allein entscheiden wollte.

Heute Nachmittag plante sie, um die Kinder von dem ständigen Hunger abzulenken, mit ihnen zu basteln. Nachdem sie mittags ihre "Funzelsuppe", auch so eine Erfindung der Not, aus rohen, geriebenen Kartoffeln, gegessen hatten, saßen sie zu dritt um den Tisch und bauten aus einem Pappkarton eine Puppenstube. Deta hatte kleine Fenster in die Wände geschnitten und niedliche Gardinen aus Stoffresten davorgehängt. Halo versuchte Möbel herzustellen, und Gulu tapezierte gerade die Wände mit selbstgemalter Tapete. Sie waren mit Feuereifer bei der Sache. Da klopfte es. Klara reichte einen Brief herein und sagte: "Die Post ist eben noch gekommen."

Deta öffnete und vertiefte sich in das Schreiben. Nach einigem Besinnen las sie aber den Kindern den Brief vor:

Liebe Hannalotte, liebe Gudrun!

Eine Mutter hat einen sehr lieben, guten Sohn gehabt, den sie herzlich lieb hatte. Da mußte ihr Junge in den Krieg ziehen und wurde erschossen. Die Mutti hat Tag und Nacht geweint um ihren Jungen, bis es dem lieben Gott leid getan hat, und er

zu der Mutti sagte: Bei Leipzig ist die Hannalotte und die Gudrun, die haben keine Mutti mehr. Und weil es liebe und brave Kinder sind, sollen sie wieder eine Mutti und einen Vati haben und ein schönes Elternhaus mit einem großen Garten, in dem viele schöne Beeren, Äpfel, Birnen und Pflaumen wachsen. Ein kleines Hundchen mit Namen Peter ist auch da und will mit Euch spielen.
Bald holt Euch die Mutti ab und nimmt auch die gute Deta mit. Eure Großmutter freut sich sehr, daß Ihr nun bald wieder liebe Eltern haben werdet.
Es grüßen Euch und Deta die neuen Eltern.
Halo und Gudrun waren im Moment sprachlos. Doch das Wichtigste, was im Brief stand, war der Satz: und nimmt auch die gute Deta mit. Wo Deta war, da war die Welt in Ordnung. So konnte ihnen nichts passieren.
Eines Tages fuhr ein Auto vor, und das Ehepaar Mutig stieg aus, um die Kinder nach Harzhausen zu holen. Mutigs waren etwa zehn Jahre älter als Hans und Charlotte es gewesen waren. Er war Rechtsanwalt und gefiel den Kindern. Von ihr ging eine gewisse Hektik und Strenge aus.
Vorerst waren Mutigs noch total mit der Trauer um ihren Sohn beschäftigt. Eben hatte er Abitur gemacht, da war er auch schon eingezogen worden, kurz darauf kam die Todesnachricht. Diese Wunde war bei den Eltern noch offen und schmerzte. Nun wollten sie gern in ihrem stillen, so großen Haus, wieder Kinder haben, wollten Leben spüren.
"Ihr müßt gleich Vati und Mutti zu uns sagen", meinten sie im Auto. Halo und Gudrun brachen sich fast die Zunge dabei ab. Es war schwer und tat so weh.
"Wir wollen Euch auch wieder etwas aufpäppeln, Ihr, besonders Gudrun, seid ja so dünn. Wir haben genug zu essen."
Das klang sehr angenehm in den Kinderohren und erleichterte die Fahrt in die Fremde. Mutigs bezweckten mit diesem Wunsch nach Kindern aber auch noch etwas anderes. Sie wollten dadurch verhindern, daß ihre schöne, große Villa von den Russen beschlagnahmt würde. Mit vorzeigbaren Waisen, (die Russen waren ja kinderlieb), hofften sie (wie sich zeigte mit Erfolg) in der Villa zu verbleiben. Das sagten sie aber nicht laut.
Bei den trauernden Eltern verklärte sich die Erinnerung an den Sohn immer mehr, was Halo und Gudrun bei jeder Gelegenheit zu spüren bekamen. Er hatte immer gute Zensuren gehabt, hatte nie genascht, sah gut aus, war nie ungezogen, immer sauber, kurzum, er hatte seinen Eltern nur Freude gemacht.
Halo und Gudrun dagegen waren manchmal ungezogen, was sie gar nicht wollten oder bemerkten. Sie tobten laut in Haus und Garten und machten sich und das Haus dabei schmutzig. Bei solchen Gelegenheiten zeigte Frau Mutig dünne Nerven und die Luft wurde zum Schneiden dick. Herrn Mutig taten solche Szenen leid, er kam dann ins Kinderzimmer, um mit den Mädchen zu reden oder einfach nur schöne Geschichten zu erzählen. In der Schule lief es bei beiden Kindern nicht so gut. Zu viel Ausfall und Wechsel lag in der Vergangenheit.
Dann passierte etwas. Die Kinder hatten im Garten ein hochstämmiges Stachelbeerbäumchen entdeckt, an dem dicke, reife Früchte hingen. Was sie

nicht wußten, war, daß dieses Bäumchen zum ersten mal trug, und daß seine Früchte liebevoll beobachtet und darum auch gezählt waren. Die Mädchen konnten der Versuchung nicht widerstehen und kosteten jedes eine Beere, was nach kurzer Zeit durch Nachzählen entdeckt wurde. Frau Mutig nannte diese Begebenheit ein "Drama" und machte eine furchtbare Szene. Deta wurde beauftragt, die Kinder zu schlagen. Sie nahm sich ihre Beiden vor und versuchte zu erklären, warum Mutigs so erzürnt waren. Halo und Gudrun weinten, da kamen auch der guten Deta die Tränen, denn sie dachte an die unbegrenzte Freiheit und die Liebe, die die Kinder bisher genossen hatten. Schläge gab sie natürlich nicht.

Im November erlitt Frau Mutig einen Nervenzusammenbruch, demzufolge die Kinder aus dem Haus gebracht werden mußten. Wer sorgt nun für sie?

Die Adresse von Onkel Ludwig (Väterchens ältestem Bruder) in Mecklenburg war bekannt. Er war auf Charlottes Wunsch auch der Vormund der Kinder. So war es das Nächstliegende, daß die beiden erst einmal in der eigenen Sippe untergebracht wurden.

Die Strecke hinauf nach Mecklenburg mußte in verspäteten und überfüllten Zügen zurückgelegt werden. Die Verhältnisse auf der Bahn waren Ende 1946 noch sehr chaotisch. Teilweise saßen sie in Russenabteilen, und die Kinder überkam ein Zittern aus Angst. Sie drängten sich an Deta, schutzsuchend und schützend zugleich. Zwei Tage waren sie unterwegs gewesen, als sie endlich in Ludwigslust den Zug verlassen konnten und auch noch Anschluß nach Grabow bekamen. Von dort mußten sie die letzten Kilometer zu Fuß zurücklegen. Dann hatten sie noch etwas Glück und konnten auf ein Rübenfuhrwerk aufsitzen. Bei Dunkelheit landeten sie im Pfarrhaus und in den Armen von Omama, Tante Erna und Onkel Ludwig. Sie hatten das warme und sichere Gefühl: jetzt sind wir zu Hause.

Nach einem Abendbrot, das den Kindern nahezu fürstlich vorkam, es gab Brot mit "Molkenhonig", wurden sie als Zusatzbelegung in die Betten der bereits schon schlafenden Cousins und Cousinen hineingesteckt.

Am anderen Morgen, als es noch dunkel war, erwachte Halo von leisen Geräuschen. Sie sah, wie Deta sich im Schein eines Hindenburglichtchens (Teelicht) ihr langes Haar vor einer Spiegelscherbe (richtige Spiegel besaß man nicht) frisierte. Halo verhielt sich ganz still, schaute aber unentwegt zu Deta hin. Als diese mit dem Kämmen fertig war, sprang Halo aus dem Bett und umschlang sehr heftig Detas Hals: "Deta!" Es hatte sich angehört wie ein kleiner Schrei.

Deta drückte das Kind an sich: "Halo, - Halochen, komm ich will Dir zum Abschied etwas schenken. Es ist ein kostbares Andenkenstück, von dem ich meine, daß es in Deinen Händen sein soll. Wenn es hell wird, kannst Du es Dir ansehen. Es ist einer von Muttis goldenen Ringen, Du weißt, der mit ihren Initialen. Mutti schenkte ihn mir kurze Zeit vor ihrem Tod. Wenn Du größer bist, wirst Du ihn tragen. Das "C" steht für Charlotte, bei dem "D" kannst Du ja an Deine Deta denken."

"Danke, Deta, aber - wir bleiben uns doch immer treu, ja?" Halos Stimme klang beschwörend.

"Ja, natürlich, Halochen, immer! Und nun grüß die Gulu wenn sie wach wird. - Auf Wiedersehen." Leise schloß Deta die Tür und Halo kletterte ins Bett zurück. Ihr Gesicht war naß. Waren es die eigenen Tränen, oder die von Deta? Neben dem Abschiedsschmerz von den Kindern war in deren Herzen aber auch etwas anderes. Zum Einen die große Erleichterung, daß sie die Verantwortung für die Mädchen hatte in die Familie zurückgeben können. Zum anderen war da in Harzhausen etwas ganz Zartes im Entstehen. "So fühlt sich Liebe an?", dachte Deta ungläubig.

Karl, der als Gärtner den großen Garten der Mutigschen Villa betreute, war immer sehr aufmerksam und nett gegen sie gewesen. Die Kinder hatten an ihm auch sehr gehangen. Deta erinnerte sich, als er die Birnen pflückte, da hatte er aus der Baumspitze gerufen: "Deta, Schürze aufhalten!" Und dann hatte er ihr das allerschönste Exemplar hineingeworfen. Halo hatte danebengestanden und altklug gemeint: "Deta, was sich neckt, das liebt sich." Karl hatte amüsiert genickt.

Für die Kinder begann nun das Leben in der Großfamilie. Onkel Ludwigs Pfarrhaus war zur Sammelstelle all derer geworden, die nach der Flucht wieder Anschluß an die Sippe gesucht hatten. Da war also Onkel Ludwig und seine Frau, die Tante Erna, dazu deren vier Kinder. Den absoluten Mittelpunkt der Familie bildete Omama, dazu Tante Lara, die die vier Kinder der verstorbenen Anne betreute. Tante Erna litt an Bronchialasthma, Omama an "Herzasthma" und Tante Lara lernte gerade wieder nach einem Schenkelhalsbruch das Laufen. Nun also noch Halo und Gudrun, so daß die Familie 14 Personen zählte.
Daneben waren zusätzlich noch 38 Personen von der Behörde in das Pfarrhaus eingewiesen worden, so daß es von insgesamt 52 Personen bewohnt wurde. Obwohl Halo und Gudrun die Last der Großfamilie vermehrten, es war ja nicht einmal genug Geschirr für 14 Personen vorhanden, bekamen sie davon nichts zu spüren.
Eines Tages kam Post von Mutigs. Sie, Frau Mutig, hatte sich soweit erholt, daß sie sich wieder belastbar fühlte. Doch zwei Kinder wären ihr zu viel, schrieb sie, vor allem die lebhafte Halo. Sie fragte deswegen an, ob sie die Kleinere, die Stillere, wiederhaben könnte, und damit meinte sie Gudrun.
Eine Trennung der Geschwister stand jedoch außerhalb jeder Diskussion. So erhielten Mutigs eine Absage. Nicht lange darauf kam ein Brief von Deta, in dem sie schrieb, daß Frau Mutig in den Freitod gegangen sei. Nicht, daß sie die Absage nicht habe verwinden können, sondern es hätten wohl echte, schwere Depressionen vorgelegen. Sie, Deta, würde Herrn Mutig den Haushalt weiterführen.
Und dann, am Schluß des Briefes stand: "Der Karl und ich werden nun bald heiraten."
Tante Lara beaufsichtigte und regierte, unterstützt von Omama, die Kinderschar. Halo und Gudrun konnten schon kleine Pflichten im Haushalt übernehmen: Fegen, Staub wischen, in der Küche helfen usw.
Obwohl so viele Verluste in der Familie zu verzeichnen waren, und noch so viel Ungewißheit über dem deutschen Land lag, herrschte in Onkel Ludwigs Haus

eine von stillem Glauben getragene Heiterkeit. Die Atmosphäre war so wohltuend, daß die sechs kleineren Kinder in späteren Jahren übereinstimmend sagten, es sei die schönste Zeit der Kindheit gewesen.
Onkel Ludwig erlebte eine ihn sehr treffende Demütigung, denn er mußte vor der Mecklenburgischen Kirchenleitung nochmals ein theologisches Examen ablegen. Diese Maßnahme gehörte zur Aufarbeitung vom Nationalsozialismus.
Bei Gudrun wurde eine Hilusdrüsen-Tbc festgestellt, so erklärte sich ihr Kräfteabfall und das viele Schwitzen. Es kam für sie erneut zu sehr viel Schulausfall. Dieser Mißstand konnte jedoch durch Nachhilfeunterricht innerhalb der Familie ausgeglichen werden. Bei Omama wurden Gesangbuchlieder auswendig gelernt, die auf diese Weise eine der wichtigen Lebensgrundlagen wurden.
Die Ernährung war noch sehr mangelhaft im Winter 1946. Womit sollten die 14 Mägen überhaupt gefüllt werden? Onkel Ludwig und seine Tochter rigolten den Garten um, der Acker brachte 1947 eine gute Ernte. Doch zuvor mußte der Winter überstanden werden. Im Keller lagen zwar einige Zentner Kartoffeln, aber sie erfroren und wurden dadurch schwer genießbar. Außerdem stand im Keller das Grundwasser, und Gudrun fürchtete sich unendlich vor eventuell darin schwimmenden Ratten.
Auch Salz war knapp. Als Ausweg hatte man einen Klumpen Steinsalz ergattert, der nun in der Speisekammer in einem Steinguttopf lag und mit Wasser überfüllt war. Von diesem Salzwasser wurde etwas über die glasig süßen, verfrorenen Pellkartoffeln gefüllt. Wenn man Glück hatte, gab es noch eine Kelle Magermilch darüber. Die ganze Mahlzeit wurde bei dem spärlichen Schein eines Hindenburglichtchens eingenommen. Nach dem Tischgebet sagte Omama aufmunternd: "Nun, Kinder, stellt Euch nicht so an."
Morgens gab es ein wenig Brot, auf der Herdplatte geröstet. Jeden Sonntag Abend wurde der beliebte Maispudding gekocht, eine Köstlichkeit, auf die sich die ganze Familie die Woche über freute. Der Mais wurde im Laufe der Woche auf einer Kaffeemühle gemahlen, einer nicht sehr leichten Handarbeit, weswegen sich die Familienmitglieder auch umschichtig abwechselten. Eine große Hilfe war, als die Familie eines Tages ein Fäßchen Heringslake erhielt. Diese salzige, fette Brühe eignete sich wunderbar zum Braten besagter Frostkartoffeln und zum Zubereiten anderer Gerichte. Auch ein Huhn namens Grauchen gehörte zur Familie. Grauchen war unendlich fleißig, doch erst wenn sie ununterbrochen zwei Wochen lang täglich gelegt hätte, würde jeder in der Familie ein Ei bekommen.
Geheizt wurde, aus Ermangelung an trockenen Vorräten, mit nassem Holz, welches Onkel Ludwig mit den größeren Kindern aus dem Wald holte. Das Holz wurde hinter dem Ofen gestapelt, um es etwas trockener zu bekommen. Der Erfolg war, daß sich eine durchgehende Nässe in den Räumen festmachte. Als die Familie an einem Winterabend beim Schein des winzigen Lichtchen um den Abendbrottisch saß, begann es so sonderbar zu rauschen. Das Gespräch brach sofort ab, alles lauschte auf dieses unbekannte Geräusch. Dann ging die Tapete in der gesamten Wandbreite nieder. Sie hatte sich vor Nässe gelöst. Am meisten erschrocken war Omamachen, denn sie hatte sich, im Dämmerschein

in der Sofaecke sitzend, aus dem allgemeinen Gespräch ausgeklinkt und einem Abendschläfchen hingegeben. Man grub die Erstaunte aus den Papierbahnen aus und lachte befreit und befreiend.

Ganz besonders schön war Weihnachten 1946. Es gab einen Tannenbaum, an dem aus Mangel an echten, selbstgegossene Lichter steckten, die in einer rasenden Geschwindigkeit niederbrannten. Sogar Zuckerkringel hingen in den Ästen! Immer mal verschwand eins von den kleinen Kindern unter den tiefen Zweigen des Baumes, um an den süßen Dingen zu nagen. Und es gab Geschenke!

Die waren mit unbeschreiblichem Eifer und Geschmack von den Erwachsenen gezaubert worden. Die größeren Cousinen hatten aus Maisstroh erstaunliche Dinge hergestellt. Zu dünnen oder dicken Zöpfen geflochten konnte man dieses Material in hübsche Handtaschen, Fußabtreter, Pantoffelsohlen, Untersätze oder Papierkörbe umarbeiten. Aus Sperrholz hatten sie kleine Puppenwiegen ausgesägt, in denen von Omama und Tante Lara gearbeitete Püppchen schlummerten. Onkel Ludwig hatte für die Buben einen ganzen Bauernhof geschnitzt, der alles das aufwies, was in dieser Zeit Mangel war: ein sehr dickes Schwein, eine Milchkuh, eine dralle Bäuerin und hübsches Federvieh. Für ihn selbst lagen "die betenden Hände" von Dürer auf dem Gabentisch. Heimlich fiel eine Träne von Onkel Ludwig darauf, war es doch das erste Stück Kultur, das wieder Einzug in die Wohnung hielt.

Und gesungen wurde: Macht hoch die Tür...., Es kommt ein Schiff geladen...., Ich steh an deiner Krippen hier...., Süßer die Glocken nie klingen....., Am Weihnachtsbaum die Lichter brennen..... Den Erwachsenen rannen bei den vertrauten Liedern die Tränen, aber die Kinder merkten nicht, daß die Großen Sorgen hatten und Trauer verspürten.

Auch Ostern wurde sehr liebevoll von den größeren Cousinen gestaltet. In Ermangelung an echten Eiern hatten die Erwachsenen leere Eierschalen gesammelt und diese gefüllt. Die Füllung bestand aus Sonnenblumenkernen, die sie in mühsamer Handarbeit gepult und dann in etwas Zucker auf der Pfanne zu Krokant geröstet hatten. Die Eierschalen waren unendlich schön bemalt worden, und zwar nach dem Märchen von Rotkäppchen in fortlaufenden Szenen. Diese kleinen Kunstwerke zu zerstören, war eigentlich viel zu schade, aber der süße Inhalt lockte gar so sehr.

Omama hatte ein Stück echte Seife geschenkt bekommen. Man verwendete ja sonst nur die im Laden kaufbare "Tonseife". Also, Omamas "echte" Seife wurde rationiert. Am Sonnabend Abend durften alle sechs Kinder der Reihe nach mit ihrem nassen Waschlappen an Omama vorbeimarschieren und einmal über die Seife streichen.

Im Garten durfte jedes Kind ein kleines Stückchen Gartenland, zumeist zwischen den Beerensträuchern gelegen, für eigene Wünsche bearbeiten. Mit großem Eifer warteten sie auf die ersten Erträge, galt doch allem Eßbaren das stärkste Interesse. Aber auch Blumen wurden eingesät, und die liebliche, bescheidene Kosmea gedieh auch unter ungeübten Kinderhänden. Der kleinste Bub trug jeden Morgen sein Nachttöpfchen in den Garten, um seine Blumen zu "dunken".

Die große Hausgemeinschaft lebte, so empfanden es die Kinder, recht friedlich beieinander. Eines Tages wurde Omama nach oben gerufen, weil eine der Einwohnerinnen ein Kind bekam. Die Kinder hatten die Schwangerschaft sehr selbstverständlich zur Kenntnis genommen. Aber nun schien dort oben doch etwas sehr besonderes vor sich zu gehen. Halo hörte einen Menschen schreien und danach das süße Geplärr eines Säuglings. Sie vergaß diesen Schrei nie wieder im Leben. Ihr war schlagartig klargeworden, daß eine Geburt etwas ganz anderes zu sein schien, als Geburtstag.

Halo und Gudrun sagten inzwischen zu Onkel Ludwig und Tante Erna "Vater" und "Mutter", so wie es deren leibliche Kinder auch taten.
Im Frühjahr 1948 wurden die beiden Mädchen zu einem Gespräch unter acht Augen ins große Zimmer gerufen. Dieser Unterredung waren, was die Kinder nicht wußten, lange, sorgenvolle und verantwortungsbewußte Gespräche innerhalb der Großfamilie vorausgegangen.
Da gäbe es, so berichtete Onkel Ludwig, ein Informationsblatt für Pfarrer. In diesem Blatt sei von dem Kinderreichtum in seinem Haushalt berichtet worden. Daraufhin hätte sich ein ostpreußisches Pfarrerehepaar gemeldet, die in der Nähe von Berlin wohnten und gern mehr Kinder hätten, da sonst ihre einzige Tochter allein aufwachsen müßte. Ob Halo und Gudrun dort wohl gern hinwollten?
Die beiden begannen sofort zu weinen, und Onkel Ludwig meinte, es müsse auch nicht gleich entschieden werden. Frau Koehler, so hießen diese Leute, wolle aber auf alle Fälle zu Besuch kommen. Eines Tages stand sie vor der Tür. Onkel Ludwig und Tante Erna waren eben weg, sie waren mit Pferd und Kutsche zu einer Hochzeit geholt worden. Omama, die zuerst mit Frau Koehler gesprochen hatte, rief dann die beiden Kinder.
"Aber Sie sehen unserer Mutti ähnlich", riefen die beiden Mädchen wie aus einem Munde, was tatsächlich auch der Fall war. Zwar war Frau Koehler viel kleiner als Charlotte es gewesen war, aber sie hatte auch dunkles, glatt zurückgekämmtes Haar, eine hohe, runde Stirn und schöne braune Augen.
Frau Koehler fühlte sich durch diese spontane Begrüßung in ihrem Vorhaben sehr bestärkt und sagte den Kindern, daß sie sie gern übernehmen würde. Zu Hause sei noch der Vati und die kleine Christiane, die so gern Geschwister hätte.
Halo und Gudrun brachen sofort wieder in Tränen aus. Daraufhin lud Frau Koehler sie ein, doch wenigstens die großen Ferien bei ihnen zu verleben. Was von den Kindern nun doch mit Freude angenommen wurde.
Frau Koehler war glücklich, die offene und fröhliche Halo hatte ihr sofort gefallen, die schüchterne und etwas magere Gudrun würde sie gerne als kleine Zugabe ansehen.

Anyta und Lukas
(1948)

Der Beginn der großen Ferien war schnell heran. Für die beiden Mädchen wurde eingepackt, was für einen sechs- bis achtwöchigen Aufenthalt gebraucht würde. Am Reisetag nahmen Onkel Ludwig und seine älteste Tochter das Gepäck auf den Rücken, um mit den Kindern zum Bahnhof Grabow zu wandern. Auf diesem Weg wurde nicht viel gesprochen, allen war schwer ums Herz. Umsteigen in Ludwigslust, dann ein durchgehender Zug bis Berlin. Die Kinder waren erstmalig auf sich selbst gestellt. Doch sie waren unbesorgt, wollte doch Frau Koehler in Berlin auf dem Bahnsteig stehen, um sie in Empfang zu nehmen. Als der Zug an der Endstation hielt, und die Menschenmenge sich verlaufen hatte, standen nur noch die beiden Mädchen auf dem Bahnsteig, niemand hatte sie abgeholt. Gudrun fing sofort an zu weinen, und Halo rutschte erstmalig ganz sichtbar in die Position der Beschützerin: "Nu heul man nicht, Frau Koehler hat gesagt, sie holt uns ab, und da warten wir eben noch eine Weile."

Tatsächlich, nach etwa einer halben Stunde tauchte der den Mädchen schon vertraute Kopf hinter der Sperre auf: "Was seid Ihr nur für liebe Kinder, daß Ihr nicht weggelaufen seid. Ich war schon so in Sorge um Euch. Der Zug hatte Verspätung. Und nun kommt, der Vati und Christiane stehen schon auf dem S-Bahnsteig."

Mit diesem Wort wurde bei Gudrun eine neue Angst ausgelöst, denn sogar im fernen Mecklenburg hatte sie davon gehört, daß bei der S-Bahn die Türen allein zugehen. Was nun, wenn Halo schon eingestiegen sein wird, und sie steht noch auf dem Bahnsteig, und der Zug fährt ab. Würde sie Halo dann je wiedersehen? Unter diesen Sorgen fuhren sie die Rolltreppe hinauf, die so kurz nach dem Krieg im Sommer 1948, schon wieder funktionierte. Oben an der Treppe sahen sie ein süßes Mädchen stehen. Ein Kind in einem Kleidchen aus rosa Blümchengardine, das unten mit einem Streifen aus rotem Fahnenstoff auf die richtige Länge gebracht war. Über die Schulter hing ihr ein rotes, gehäkeltes Täschchen, auf dem Rücken lagen zwei lange, goldblonde, unten etwas gelockte Zöpfe. Rundum hatte die Neunjährige noch etwas Babyspeck, ganz im Gegensatz zu Halo und Gudrun. Im Gesicht strahlten zwei Augen vom schönsten Blau, mit dichten, dunklen Wimpern an den Lidern. Das war Christiane.

Neben ihr stand Herr Dr. Koehler, sehr schmal, sehr ernst, mit faszinierenden blauen Augen. Seine Sprache klang scharf, denn er sprach das sp und st wie die Hamburger, die über den s-pitzen S-tein s-tolpern.

Gegen alle Befürchtungen von Gudrun kamen sie gut in die S-Bahn hinein und hatten auch Sitzplätze. Als die S-Bahn voller wurde, sagte Herr Dr. Koehler zu seiner Tochter: "S-pätzchen, s-teh auf." Halo und Gudrun notierten für sich: "S-pätzchen nennt er sie".

In Hoppegarten endete die S-Bahn. Es ging mit dem Dampfzug weiter. In Strausberg nochmals umsteigen in den Fernzug nach Müncheberg. Nach einer Station stiegen sie aus und wurden von der Haustochter des Pfarrhauses erwartet, die einen Handwagen mitgebracht hatte. Ein fragender Blick ging auf die Füße der Kinder: "Wenn das Eure einzigen Schuhe sind, zieht sie lieber aus, damit sie geschont werden. Der Weg ist noch weit," sagte Frau Koehler.

Nun wurde alles Gepäck und die Schuhe auf dem Handwagen verstaut, und die kleine Schar zockelte los. 2½ km staubigen Sandweg hatten sie vor sich, erst dann würde das Dorf in Sicht kommen. Die Kinder erhielten die Erlaubnis, schon voraus zu gehen, da sie ohne Gepäck schneller voran kamen als die Erwachsenen.

Christiane öffnete nun ihr rotes Umhängetäschchen, in dem sie all das aufbewahrt hatte, was sie sich vom Munde abgespart hatte, seit sie wußte, daß die beiden Mädchen kommen. Das waren Köstlichkeiten: zwei Schokoladenplätzchen mit buntem Streuzucker, einige Plätzchen Vivil, drei Fenchelbonbon usw. Halo und Gudrun griffen gerührt und begierig zu. Endlich kam das breitgelagerte Pfarrhaus in Sicht, vor dem majestätisch eine riesige, uralte Linde stand. Dicht dabei, von einer Mauer aus Feldsteinen umgeben, die alte Dorfkirche, an deren Sakristeitür ein Stein mit der Jahreszahl 1498 eingelassen war.

Christiane führte die beiden Mädchen in ihr zukünftiges Schlafzimmer, bei dessen Vorbereitung sie wahrscheinlich sehr mitgeholfen hatte. "Sucht Euch aus, wo Ihr schlafen wollt, ob unter dem grünen, oder unter dem roten Spruch". Sie meinte zwei Bibelsprüche auf roter und grüner Pappe.

Auf einem Bücherregal lagen zwei Vogelnester aus Kletten, auf dem je ein Vögelchen aus Pappe brütete. Alles von Christiane angefertigt. Die Vögel brüteten auf Pfennigen und Groschen, den gesamten Ersparnissen des Kindes. Davor lag ein Zettelchen: "Für den schönsten Tag meines Lebens", stand darauf geschrieben.

Inzwischen waren die Erwachsenen mit dem Handwagen eingetroffen. Dann wurde der Abendbrottisch gedeckt. Während des Essens begann Gudrun zu weinen. Gewiß war es die Fremdheit und die Angst vor dem Neuen. Halo machte sich zur Sprecherin: "Gulu weint schnell, wir kennen das an ihr."

Ehe das Pfarrhaus zur Ruhe ging, kam Frau Koehler zu Halo und Gudrun ans Bett und sprach mit ihnen das Abendgebet. Die Mädchen beteten Verse wie "Müde bin ich, geh zur Ruh..." oder "Breit aus die Flügel beide...". Frau Koehler aber sprach ganz anders das Abendgebet. Sie redete mit Gott, als säße er mit in der Stube, und sie ließ noch einmal den Tag an ihm verüberziehen und bedankte sich bei ihm für alles.

Am nächsten Morgen sprangen Halo und Gudrun frisch aus dem Bett, wuschen sich in einer Waschschüssel, die auf einer zersprungenen Marmorplatte stand und in die man Wasser goß, das man zuvor mit einem Krug von der Pumpe holen mußte.

Am Frühstückstisch saß dann eine kleine Runde, mit der Haustochter waren es sechs Personen. Vor Beginn der Mahlzeit wurde das "Losungsbüchlein" aufgeschlagen. Neben der geistlichen Erbauung war dieses der reizvolle

Gedankenfrühsport für den Vater. Die Mutter las lediglich den Text, und er versuchte aus dem Kopf die Bibelstelle zu sagen, möglichst mit Kapitel und Versangabe. Wenn er stärker nachdenken mußte, legte er seine schmalen Gelehrtenhände vors Gesicht, schloß die Augen, murmelte den Text auf hebräisch oder griechisch und konnte dann in den meisten Fällen treffsicher die Angaben machen.

Nach dem Frühstück zog Christiane die beiden Mädchen hinaus ins Freie, um ihnen Hof und Garten zu zeigen. Der ländliche Pfarrhof war ein von Zäunen und Gebäuden eingerahmtes Viereck. Der Lebensquell, und darum wohl auch Mittelpunkt, war die Pumpe. Hier holten alle Hausbewohner mit Eimern ihr Trinkwasser und Gebrauchswasser. Von dieser Pumpe aus wurde der große Garten gießkannenweise gewässert, von hier wurde das Wasser in den Waschkessel getragen, an großen Waschtagen. In der warmen Jahreszeit wurde die Wäsche in großen Wannen gleich an der Pumpe gespült. Von dieser Pumpe aus wurden die Tiere getränkt, und für die Gänse stand dort auch eine alte Zinkwanne, damit sie planschen konnten.

Linker Hand am Hofrand stand eine in sich zusammen gesunkene Scheune aus Fachwerk, in ihr wucherten bereits Ahorn, Holunder und Brennesseln. Im rechten Winkel dazu stand ein kleines Stallgebäude, die Wohnung der Ziege, genannt Lorchen. Da sie sehr prächtige Hörner hatte und unten am Hals zwei Glöckchen, sah sie majestätisch aus, der Vater nannte sie "Eleonore von Boxhorn". Außerdem wohnten im Stall noch die Kaninchen, Last und Freude und Fleischspender zugleich. Die Kinder mußten nämlich immer das Grünfutter sammeln, was in hochsommerlichen Trockenzeiten nicht einfach war.

Über den Kaninchen hausten die Hühner. Sie waren durchweg Persönlichkeiten mit eigenen Namen. Bevor morgens der Stall geöffnet wurde, stieg die Mutter auf einer krummen Leiter zwei Stufen zu den Hühnern hinauf, um sie zu "tasten." Dieses Tasten geschah mit dem bloßen Finger in den hinteren Eingang des Huhns, wo das für den Tag geplante Ei schon in Wartestellung lag. Nach einer Strichliste wurde dann eingetragen, von wem und wieviel Eier insgesamt zu erwarten waren. Die Mutter kannte nach Form und Farbe jedes Ei und die dazugehörige Henne. Abends sammelte sie persönlich die Eier ein und stellte anhand der Liste fest, ob sie vollzählig waren. Falls die Zahl nicht stimmte, stand eine Henne in Verdacht, wegzulegen, um später heimlich ins Brutgeschäft zu kommen. Da die Mutter lieber selber den Hühnernachwuchs unter Kontrolle hatte, entwickelte sie nun einen nahezu kriminalistischen Sinn, um die Henne und ihr Eierversteck zu entdecken. Sie hatte immer Erfolg.

Setzte sie aber eine Glucke an, so erhielt diese, auf dem Hausboden sitzend, bevorzugte Einzelbehandlung. Sie wurde separat gefüttert, getränkt und ihre "Häufchen" wurden beseitigt. Zu einem bestimmten Zeitpunkt wurden die bebrüteten Eier vor einer Glühlampe "durchleuchtet". Man konnte dann schon die Konturen des kleinen Küken erkennen. Klare Eier, also unbefruchtete, konnten so aussortiert werden. Wenn der Tag des Schlüpfens kam, nahm sich die Mutter viel Zeit, damit den neuen Kleinen nichts geschah. Wenn die Küken trocken waren, erschienen sie wie kleine Wunderwerke der Schöpfung und rissen die Kinder zu Zärtlichkeit und Begeisterung hin. Jedes neue Küken mußte

nun auch einen Namen bekommen. Der Vater fand "Grauchen, Rotkämmchen, Federfuß oder Doppelring" höchst langweilig. und meinte: "Nennt sie doch einmal nach den Propheten der Bibel." Und so liefen im Jahr darauf auf Pfarrers Hof "Habakuk, Haggai, Maleachi und Zephanja" herum.
Auf der Hinterseite des Stallgebäudes befand sie das Plumpsklo für alle. Praktischerweise war das Sitzbrett als Duo eingerichtet, getrennt durch eine Bretterwand. So konnte man diesen unwirtlichen Ort doch wenigstens zu zweit aufsuchen und dort lange Gespräche führen.
Im rechten Winkel zu dem Stall schlossen sich Schuppen und die Waschküche an. Die Waschküche war nicht nur der Ort emsigen Treibens bei der vier- bis sechswöchigen großen Wäsche, sondern in dem großen Kupferkessel wurde im Herbst auch das Pflaumenmus und der Zuckerrübensirup gekocht. Ein- bis maximal zweimal im Jahr wurde der Kessel auch nur so mit Wasser gefüllt und angeheizt für ein Reinigungsbad der Kinder. Meistens vor der Konfirmation, damit sie nicht nur innerlich, sondern auch äußerlich rein seien.
Durch eine brüchige Pforte betrat man den Garten, man müßte eher sagen, eine Gartenlandschaft, denn die Fläche war vier Morgen groß und schloß eine liebliche Bodenwelle ein. Der Garten reichte für die Ernährung der Pfarrfamilie und deren Tiere, und sie verlangte die ganze Arbeitskraft der gesamten Familie. Für die Ackerflächen sprach der Vater bei den Bauern vor, die dann mit Pferd und Geräten erschienen, um das Land für Weizen, Gerste und Kartoffeln vorzubereiten. Die kleineren Flächen mußten per Hand besorgt werden.
Christiane zeigte den beiden Mädchen auch ihr eigenes, kleines Stück Garten, welches sie unter Anleitung der Mutter bearbeitet hatte: "Ihr bekommt auch jeder ein Stückchen Land, damit Ihr Eure eigene Ernte habt," meinte sie aufmunternd.
"Wenn Erntezeit ist", sagte Halo, "dann sind wir doch gar nicht mehr hier."
Christiane ließ nicht erkennen, wie sehr sie dieser Satz erschreckte. Sie hätte auch nicht in Worte fassen können, was in diesem Augenblick in ihr vor sich ging. Im Dorf und in der Schule hatte sie keine Freundinnen. Das elitäre, fromme Elternhaus hatte sie zur Außenseiterin werden lassen. Ihre sanfte, dabei sehr intelligente und nicht auf Verteidigung angelegte Natur war rasch von den Schulkameraden zur Angriffsfläche genommen worden. Sie wurde gehänselt, geneckt und auch drangsaliert. Darum wünschte sie sich nichts sehnlicher als Geschwister.
"Wirst Du dann auch alles teilen wollen?", hatte man sie gefragt.
Da war sie erstmalig im Leben richtig wütend geworden. Was sollte diese Frage? Wußte denn niemand, wie einsam sie sich fühlte? Sie hatte es sich so schön ausgemalt, wie es sein würde, wenn Geschwister da sein werden, mit denen man spielen, reden, lachen konnte. Ob sie alle diese Träume begraben mußte?
Inzwischen hatten die Drei die Gartenbesichtigung fortgesetzt. Hier wuchs eine reiche Palette von Obst und Beeren, beginnend im Frühjahr, endend im Spätherbst. Sogar eine kleine Spargelkultur war angelegt worden. Blumenrabatten, Staudenbeete und blühende Sträucher und Hecken gaben dem Garten einen paradiesischen Rahmen.

Frau Koehler war eine phantasievolle und begabte Köchin, die eine gesunde, deftig- ostpreußische Kost auf den Tisch brachte: Kartoffelkeilchen, Birnen und Speck, grüne Bohnen mit Hering in Sahne, Himmel und Erde, Sauerampfersuppe, Rote Bete mit Rindfleisch usw.
Zum Abendbrot wurde Roggenschrot in Wasser ausgequollen, mit Zucker bestreut und mit Ziegenmilch übergossen. Unter dieser Kost füllten sich die mageren Mädchen bald auf und wirkten frisch und gesund.
Der Rundgang durch den Garten war nun beendet, doch warteten in der Küche noch weitere Freuden auf die Kinder. Unter dem nichtfunktionierenden Elektroherd stand ein Pappkarton, die Wohnung der Katze. Zwei übermütige, graugetigerte Kätzchen verspielten hier ihre Kindheit. Die Röhre der großen Kochmaschine diente nicht nur zum Backen und Braten, sondern hier wurden die Gösselchen (Gänseküken) großgezogen, auch mal ein krankes Kaninchen gepflegt oder die frischgeschlüpften Hühnerküken gewärmt.
In der Küche spielte sich im Sommer die Hauptgeschäftigkeit der Familie ab. Im Winter wurde, aus Mangel an Brennstoffen, nur das "kleine Zimmer" geheizt, ein zentral gelegener Raum des Hauses. Hier arbeitete der Vater über seiner Bibelübersetzung, hier stand auch der Schreibtisch der Mutter, hier machten die Kinder Schularbeiten, hier wurden Kartoffeln und Gemüse für das Essen vorbereitet, hier wurde die große Wäsche gelegt, gebügelt, gestopft, hier wurde zu Zeiten der Stromsperre Maisstroh geflochten, Bindfäden aufgeknotet, Erbsen und Bohnen ausgepult, Mais von den Kolben abgerieffelt und bei all den Arbeiten viel gesungen. Der Vater nahm seine Mädel auch gern auf das Sofa und erzählte ihnen biblische Geschichte, oder von bedeutenden Persönlichkeiten der Kirchengeschichte, Literatur oder von historischen Begebenheiten.
Daß in diesem kleinen Raum strengste Disziplin zu herrschen hatte, versteht sich von selbst. Das große, lichte Eßzimmer, in welchem auch das Klavier stand, wurde nur zu Weihnachten geheizt. Dann konnte die Tür zum kleinen Zimmer offen stehen, soweit dieses den Vater nicht störte, und man hatte den Eindruck, in die Großzügigkeit des westpreußischen Pfarrhauses zurückgekehrt zu sein.

Doch zurück zu der Ankunft der Kinder. Nachdem sie fünf Tage im Hause waren und sich gut eingelebt hatten, ging Frau Koehler zum Gemeindeamt, um sie besuchsweise anzumelden. 1948 war der Aufenthalt außerhalb des eingetragenen Wohnsitzes noch meldepflichtig. Man händigte ihr Formulare aus, die sie erst einmal so einsteckte, weil sie sie zu Hause ausfüllen wollte. Daheim stellte sich dann heraus, daß ein Wunder passiert war, man hatte ihr nicht Formulare für besuchsweisen Aufenthalt gegeben, sondern Papiere für Zuzug.
Zuzug in den Raum Berlin war damals sozusagen unmöglich. Und sie hatte diese Papiere ohne (?) Zutun erhalten. Was macht man mit solch einem Wunder?
Das Ehepaar Koehler rief die beiden Mädchen zu einem Gespräch ins kleine Zimmer. Hier wurde den Kindern dieser Tatbestand unterbreitet, und sie wurden gefragt, ob sie bleiben wollten, wo doch der liebe Gott alle Wege so geebnet

hatte. Es konnte nicht anders sein, die beiden brachen wieder in Tränen aus, hatten aber der Regierung von OBEN nichts entgegen zu setzen. Ja, sie wollten bleiben. Da wurde die Tür geöffnet, und Christiane kam herein. Man hatte ihr eine Tafel Schokolade in die Hand gedrückt. Diese Köstlichkeit wurde nun gemeinsam verspeist. Halo und Gudrun hatten nun neue Eltern, und Christiane ihre Geschwister, die sie sich so sehr gewünscht hatte.

Die beiden Mädchen setzten sich hin und schrieben an Onkel Ludwig und Tante Erna, wie sie sich entschieden hätten. Nicht lange danach kamen Onkel Ludwig und seine älteste Tochter und brachten den Kindern ihre restlichen Sachen. Bei dieser Gelegenheit übergaben sie den zukünftigen Eltern einen kleinen Lederkoffer. Dieses kleine Gepäckstück hatte Charlotte während der Flucht und den turbulenten Zeiten danach, nie aus der Hand gelassen, enthielt es doch wichtige Familienunterlagen, Dokumente und Briefe der Familie. Besonderen Wert hatte sie auch auf die Rettung des Tagebuches gelegt, welches sie seinerzeit bei Halos Geburt begonnen hatte, mit der Vorstellung, es dieser zur Konfirmation zwecks Weiterführung zu überreichen. Die Kinder hatten von dem Inhalt dieses Koffers keine Ahnung.

Onkel Ludwig besprach nun mit Koehlers die Adoption und fuhr, nicht ohne bohrende Fragen im Herzen zu haben, zurück nach Mecklenburg.

Koehlers öffneten in einer ruhigen Stunde den kleinen Koffer und lasen - sie lasen mit Erschrecken, aus welchem politischen Milieu diese beiden Kinder, die sie lieben wollten wie eigene, hervorgegangen waren. Ein Sendungsgefühl, eine starke Überzeugung, dazu berufen zu sein, diese Kinder zu retten, ja vor allem Bösen zu retten und zu bewahren, bemächtigte sich ihrer. So begannen sie ihre neue Aufgabe.

Wer waren sie eigentlich, die neuen Eltern?
Lukas war der mittelste von sieben Kindern. Sein Vater war Prediger, seine Mutter eine sprachbegabte Tschechin. Die Ehe seiner Eltern wurde in Prag geschlossen. Lukas, die sieben Kinder hatten alle biblische Namen, war 1910 geboren worden. Unter seinen Geschwistern war er der verträumteste und weltfremdeste. Aus seiner Kindheit wurde berichtet, daß er als Fünfjähriger bereits fließend lesen konnte. Und was las er? Die Bibel.

In sehr frühem Alter verfaßte er sein erstes Gedicht:
> Geier fliegen in der Luft
> ich setze mich in eine Gruft
> und lese Gottes Wort

Anyta war 1912 als erstes von drei Kindern geboren worden. Ihr Vater, Pfarrer in Ostpreußen, hatte sich zuerst einen Sohn gewünscht. Als es nun eine Tochter war, hatte er seiner Enttäuschung deutlichen Ausdruck gegeben. Überhaupt hatte der sonst sehr geniale Vater die derzeit übliche Anschauung über Kindererziehung: Wer seine Kinder liebt, der züchtigt sie. So hatte er des öfteren mit und ohne Grund seine Kinder gestraft. Von daher war Anyta hart im Nehmen, hart und konsequent aber auch nun selber in Fragen der Kindererziehung.

Anyta, mit dem Mangel n u r ein Mädchen zu sein, hatte dieses durch Fleiß und hervorragende Leistungen wettzumachen versucht. So war sie nicht nur das einzige Mädchen, sondern auch die Schülerin mit den besten Noten in der Abiturklasse. Auch an der Universität in Königsberg war sie eine der wenigen Frauen, die Theologie studierte. Für die späteren Semester ging sie nach Marburg, wo sie Lukas begegnete, der in all seiner weltfernen Gelehrsamkeit doch in Anyta rasch die ganz ungewöhnliche Frau erkannte, die einzig mögliche, die an seiner Seite würde leben können.

Lukas wurde 1936 nach Abschluß seines Theologiestudiums und nach seiner Promotion als Hilfsprediger der Bekennenden Kirche (im Widerstand zum Nationalsozialismus lebende illegale Kirche) in einem Dorf in Masuren/Ostpreußen eingesetzt. Anyta arbeitete ehrenamtlich in seiner Gemeinde mit. 1939 wurde die kleine Christiane geboren. Zwei Jahre nach der Geburt ihrer kleinen Tochter durfte Anyta auf ein zweites Kind hoffen, doch kam es nach einem Sturz auf der Kellertreppe zu einer Fehlgeburt. Im Krankenhaus sagte ihr dann die behandelnde Ärztin, daß sie auf keine weiteren Kinder mehr hoffen könne. Anyta weinte viel und hatte deswegen mit schweren Depressionen zu kämpfen. Nur die Gemeindearbeit und die Freude an Christiane lenkten sie von ihrem Gram ab. Außerdem fand sie Trost in dem Gedanken, daß sie nach dem Krieg, wenn sie ihn heil überstehen würde, einem Kriegswaisenkind ein neues Zuhause und Elternliebe schenken könnte.

Anyta und Lukas gingen sehr bewußt den kritischen Weg gegen den Nationalsozialismus. Wenn sie dadurch wirtschaftlich auch schlechter gestellt waren, als die Pfarrer der Deutschen Christen, so brachten sie dieses Opfer gern.

Lukas wurde wegen seiner totalen Unsportlichkeit und schwachen körperlichen Verfassung, wegen der er als frontuntauglich galt, sehr spät zum Wehrdienst eingezogen. Zunächst hatte er russische Kriegsgefangene, unweit der Heimat, zu bewachen. Von Anfang an stand für ihn fest, er würde nie auf einen Menschen schießen. Sein Schießvermögen war ohnehin gering. Und Granaten konnte er nur so weit, beziehungsweise so nah werfen, daß es ihn selbst, aber nicht den Feind getroffen hätte. Motorfahrzeugtauglich war er auch nicht.

Recht bald wurde er in kurzen Abständen zwei mal verwundet und kam von Ungarn her in ein Lazarett in Bayern. Dort erlebte er das Kriegsende. Er trug einen Dauerschaden an der Hüfte und eine Teillähmung des linken Armes davon. Er haßte den Krieg und seine Verursacher und fühlte sich von seiner Einstellung her auf der Seite der Gerechten. Anyta dachte und empfand genauso wie er. Als Lukas eingezogen worden war, hatte sie den Dienst in ihrer Pfarrgemeinde allein übernommen.

Als Anfang 1945 die Front immer näher rückte, wollte sie ihre Gemeinde nicht verlassen. "Ein guter Hirte verläßt seine Schafe nicht", stand in der Bibel. Buchstäblich im letzten Moment tauchte in all den wirren Zuständen ihr Vater auf und drängte sie zur Flucht. Er, der strenge, er bestand nun aus lauter Fürsorge. Anytas Gewissen jedoch klopfte hart den Befehl: "Bleibe!"

"Dann rette wenigstens das Kind", flehte der Vater und Großvater. Anyta gab nach. Ihr Vater drängte sie in den letzten Zug, dann auf das letzte Schiff. Anyta

und das Kind blieben am Leben und erreichten nach mühsamer Fahrt Mecklenburg.
Ihr Vater jedoch ging zurück, dorthin, wo er meinte, Verantwortung tragen zu müssen. Dort kamen er und seine Frau um. Anyta war voller Dankbarkeit für die eigene Rettung, doch den Verlust der geliebten Eltern und der ostpreußischen Heimat sah sie als gerechte Strafe Gottes für den "wahnsinnigen Übermut des deutschen Volkes", wie sie sagte. Schuldbewußt (für ihr Volk) beugte sie den Rücken darunter. So blieb sie auch sehr bewußt im Osten Deutschlands, obwohl Lukas immer noch in Bayern im Lazarett lag und obwohl vorauszusehen war, daß der westliche Teil Deutschlands sich schneller vom Krieg erholen würde.
Die Mecklenburgische Landeskirche übertrug ihr, der Frau aus der Bekennenden Kirche, die Pfarramtsführung eines dörflichen Sprengels. Anyta zog mit Christiane in das dortige Pfarrhaus, welches von einer mecklenburgischen Pfarrersfamilie bewohnt war. Der Pfarrer selbst war aus dem Krieg noch nicht zurückgekehrt.
Jetzt, im April 1945 ging der grausame Krieg verlustreich zu Ende und in Mecklenburg marschierten die Russen ein. Es begann eine besonders kritische Zeit für die Frauen des Dorfes. Die ansässige Pfarrfrau trat an Anyta mit der Frage heran, ob sie sich, wenn die Russen kommen und sagen: "Frau komm", wohl opfern würde, da sie doch nicht mehr schwanger werden könnte. So erlebte und durchlitt Anyta russische Vergewaltigung. Das Trauma dieses Geschehens steckte wie eine tiefe Demütigung in ihr, über die sie später nur andeutungsweise sprechen konnte.

1946, Lukas war bereits aus dem Lazarett entlassen, erhielt er ein Pfarramt in der Nähe von Berlin. Ganz rasch holte er Frau und Kind zu sich. Er widmete sich neben dem Pfarramt weiterhin den wissenschaftlichen Studien der Bibel und einem theologischen Lehramt in Berlin. Und nun, 1948, setzten sie ihren Wunsch nach mehr Kindern in die Tat um. Hatten sie dabei Bedenken in diesen Zeiten des Mangels? Nein, überhaupt nicht. Gott würde helfen.
Halo und Gudrun kamen durch die Adoption in ein total anderes Milieu, als sie es bisher gewohnt waren. Hatten sie daheim in Westpreußen und später in der Großfamilie, trotz der harten Schicksalsschläge, eine nahezu unbeschnittene Freiheit und einen mit wenig Worten benannten, aber doch sehr gelebten Glauben kennengelernt, so war das Leben im neuen Elternhaus nun sehr geprägt von der einerseits elitären Bildung und andrerseits von der fundamentalen Frömmigkeit des Vaters und der sehr praktischen, hochbegabten, unendlich strengen und tiefgläubigen Art der Mutter. Die Ungewöhnlichkeit und Einmaligkeit dieser beiden Menschen äußerte sich in verschiedenen Lebensbereichen so ganz anders, als Halo und Gudrun das bisher kannten. Am meisten würden sie in Zukunft die heitere Leichtigkeit aus Onkel Ludwigs Umfeld vermissen.
Wie sah das tägliche Leben der neuen Eltern aus?:
Anyta lebte die Grundprinzipien eines Naturmenschen. Kosmetika waren für sie ein überflüssig Ding. Eine Schüssel mit Wasser und Seife deckten

diesbezüglich ihre Bedürfnisse. Duschen und Baden? - dafür mangelte es an jeglicher sanitärer Einrichtung. Doch bis ins Alter ließ sie fast kein offenes Wasser zum Schwimmen aus, nicht etwa, weil sie es so sehr liebte, sondern weil sie hier der Kälte wegen Mut beweisen und "den alten Adam" ertränken konnte.

So waren ihr auch Fragen der Mode nicht nur egal, sondern sie protestierte dagegen. Bei ihr war es wichtig, daß Kleidung nicht zu teuer wurde, daß sie sauber und zweckmäßig war. So bescheiden Anyta nach außen wirkte, so unbescheiden war sie in manchen Äußerungen: "Was bin ich froh, daß ich so intelligent bin", war ein Satz, den sie nicht selten sprach.

Lukas blieb immer schwächlich. In seiner Studienzeit wurde er der knappen Finanzen wegen, ein wahrer Hungerkünstler. Infolgedessen lagen seine Nerven oft "blank". Auch wurde ein "Herzfehler" bei ihm festgestellt, dessentwegen er untauglich wurde für Dienste in der äußeren Mission, wohin er eine innere Berufung empfand. Nur allmählich gelang es Anytas guter Küche, ihm ein wenig Stabilität anzufüttern.

Er ging stets im dunklen Anzug, mit weißem Hemd und meistens auch mit Schlips. Ihn sich in einem buntkarierten Hemd vorzustellen, war eine Unmöglichkeit. Für seine eigene Person hatte er privilegierte Anspruchsvorstellungen, so waren z.B. Wartezeiten in Arztpraxen für ihn eine Marter. Zu dünn waren die Nerven, zu viel Wissenschaftliches in seinem Kopf.

Anyta lebte "in der herrlichen Freiheit der Kinder Gottes" wie sie als echte Protestantin oft glücklich sagte. Ihr größtes Lebensbedürfnis war es, mit der Bibel zu arbeiten und im Verkündigungsdienst zu stehen. Sie konnte eben noch sehr müde dasitzen, wurde sie aber um ihr Wort gebeten, so blühte sie vor den Augen der Menschen auf. Es war, als gewänne sie sogar an körperlicher Größe, ihr Gesicht leuchtete, ihre Augen strahlten. Sie hatte eine ausgesprochene Gabe zum Reden. Ihre Verkündigung war dem Evangelium getreu, logisch, überzeugend, werbend und bemessen. Sie übersetzte sich die Neutestamentlichen Texte aus dem Griechischen selbst, wenn sie über der Predigt brütete. Ihrem Mann gegenüber vertrat sie einen recht selbständigen theologischen Standpunkt.

Lukas, obwohl er den kritischen Theologieprofessor Bultmann im Studium gehört hatte, war selbst von pietistischer Frömmigkeit geprägt. Obwohl er vom Alten Testament her, in dem er voll aufging, große und geniale Bögen zum Neuen Testament spannen konnte, war seiner Verkündigung eine gewisse Enge eigen. Dinge des Lebens wie: Tanz, Kino, Bier, Wein fielen unter den Begriff Sünde. Er konnte in seinen langen Predigten, immer ohne schriftliches Konzept, schrecklich wettern. Einmal riß er sich dabei temperamentvoll den Talarärmel aus der Naht.

Als Gemeindepfarrer war er unermüdlich fleißig. Neben Gottesdiensten in drei Dörfern, Bibelstunden, Amtshandlungen und Konfirmandenunterricht fand er, daß dem Hausbesuch der Hauptaugenmerk zu geben war. So war er ständig mit dem Fahrrad unterwegs, um seine Gemeindeglieder zu besuchen. Außerdem reiste er jahrelang in Ostdeutschland von Ort zu Ort, um gutbesuchte Evangelisationen zu halten und arbeitete an einer eigenen Bibelübersetzung. Er veröffentlichte im Laufe der Jahre eine Reihe theologischer und erbaulicher Schriften.

Anyta war neben ihrer geistlichen Arbeit ein ungemein praktischer Mensch. Der Garten wurde geradezu systematisch bearbeitet mit Fruchtfolge und Errechnen von Düngemittelmengen usw. Ebenso war sie jedem handwerklichen Problem auf der Spur, war auch an der Nähmaschine nicht unbegabt, kochte und buk ausgezeichnet und hatte eine gute Hand für Pflanzen und Tiere.

Sie konnte mit leichten Herzen teilen, schenken und helfen. Nie hatte sie Sorge, dadurch selber Mangel zu leiden. Für die eigene Familie jedoch galten strenge Gesichtspunkte in Richtung: Maßhalten, Einteilen, Disziplin, Gehorsam, Pünktlichkeit, und Wahrhaftigkeit. (Letzteres bis an die Schmerzgrenze gehend.)

Sie liebte es zu improvisieren. Ein Stück Bindfaden oder Draht löste manches Problem, dabei arbeitete sie nicht nach ästhetischen Gesichtspunkten. Der Perfektionismus, wie sie ihn später im Westen erlebte, erdrückte sie und beraubte sie ihrer Kreativität.

Lukas dagegen war unpraktisch. Faßte er bei der Kartoffelernte doch einmal einen Korb an, war jeder versucht zu rufen: laß stehen. Nie legte er Hand im Haushalt mit an. Er sagte, die Kunst des Lebens sei, Menschen für die Arbeiten zu finden, die man selbst nicht leiste. Vor Schmutz hatte er große Scheu, die soweit ging, daß er keine Türklinken anfaßte, sondern sie mit dem Ellenbogen öffnete. Er war Ästhet durch und durch. In dem, was er für sich selbst akzeptierte, legte er allerhöchste Maßstäbe an. Seine bevorzugten Dichter waren: Dante, Homer und Shakespeare. Über Architektur und Malerei besaß er herrliche Kunstbände, wie auch seine Bücherschränke eine breite Fach- und Weltliteratur bargen. In der Musik hatte er ganz rasch die Langspielplatte und den Plattenspieler entdeckt und sich eine überraschend umfangreiche Sammlung klassischer und sakraler Musik zugelegt. Während seiner Arbeiten am Schreibtisch ließ er die Platten mit den schönsten Konzerten laufen.

Geld, Geldsorgen, Geldknappheit - das war kein Thema. Sie legten das wirklich kleine Pfarrergehalt in eine Schublade, und beide nahmen davon, was sie brauchten. Anyta war ein kleines Wirtschaftswunder. Den Kindern brachte sie Respekt vor Geld bei, gab kaum oder wenig Taschengeld und verlangte dafür eine korrekte Buchführung.

Lukas hatte eine ungemein gute Hand mit Geld umzugehen. Immer stimmten seine Kirchenkassen, seine Kollektenbücher, dabei fand er noch Gelegenheit viel Gutes zu tun. Er konnte die Menschen zu Opfern bewegen und finanzierte im Laufe seines Lebens erstaunliche Projekte.

So unterschiedlich Anyta und Lukas waren, oder vielleicht gerade deswegen, so einheitlich wurden sie von der Umwelt empfunden. Auch ohne Demonstration von Zärtlichkeiten spürte man ihre tiefe Liebe und Verbundenheit miteinander. Nie hörten die Kinder, daß die Eltern sich stritten, fast nie waren sie unterschiedlicher Auffassung in Erziehungsfragen. Was sie in Abwesenheit der Kinder miteinander austrugen, blieb denen jedenfalls verborgen.

Stets standen sie, vor allem Anyta, im Konflikt, wem der Vorrang an Zeit und Aufmerksamkeit zu gelten hatte: der Gemeinde, Haus und Garten oder den Kindern. Immer entschied sie diesen Konflikt zu Gunsten der Gemeindearbeit, wie die Kinder oft traurig feststellten. Dennoch fanden sie Zeit, auch mit den Kindern zu spielen, schöne Stunden mit dem Volksliederalbum am Klavier zu verbringen, Radtouren zu machen oder in die Felder zu wandern. Vor allem vermittelten sie ihnen einen ganz unabhängigen, auch vom sozialistischen Staat unabhängigen, Standpunkt. Sie forderten die Kinder nicht zum Widerstand in Schule und DDR-Gesellschaft auf, aber sie gaben ihnen das Rüstzeug und den Rückhalt zum Andersdenken.

Ständig versuchten sie, den Kindern den Horizont weit zu machen. "Lest doch ein gutes Buch", war die stete Rede des Vaters, und dabei gab er ihnen Literatur in die Hand, die das Fassungsvermögen der Kinder weit überstieg. Hatte er selbst doch schon mit 12 Jahren Kloppstocks "Messias" auswendig gekonnt.

Berlin mit all seinen Angeboten von Konzerten, Ausstellungen, kirchlichen Großveranstaltungen, Galerien, Museen und Bühnen lag "vor der Tür". So wurden nicht Zeit, Geld oder Anstrengung gescheut, diese Besuche den Kindern zu ermöglichen.

Anyta und Lukas hatten sich vorgenommen, die drei Mädel gleichwertig zu erziehen. Es gelang ihnen in erstaunlichem Maße, keinen Unterschied zu machen, weder in der Liebe, noch im Geben. Es herrschte der Grundsatz: wer etwas braucht, der bekommt es. Da wurde nicht ausgerechnet, ob die Zuwendungen immer gleich teuer waren. In der Kindheit funktionierte dieser Grundsatz hervorragend, erst in späteren Jahren kam es zu Differenzierungen. Die Kinder fühlten sich gerecht behandelt und kannten bis ins Erwachsenenalter keine Rivalitäten untereinander.

Wie im Hitlerreich das junge Pfarrerehepaar seine klare, politische Haltung durch die Zugehörigkeit zur "Bekennenden Kirche" zum Ausdruck gebracht hatte, so auch in der DDR. Die Kinder gehörten nicht den "Jungen Pionieren" an, waren nicht Mitglied der FDJ, sondern wurden konfirmiert. Wurden die Kinder in der Schule wegen ihrer kirchlichen Einbindung benachteiligt, konnte sich Vater Lukas kämpferisch für sie einsetzen, bis eine Gleichbehandlung sichergestellt war. So durften die Kinder, obgleich aus einem Pfarrhaus kommend, die Oberschule besuchen.

Lukas konnte ein geteiltes Deutschland innerlich nicht akzeptieren. Die westlichen Politiker waren auch seine Politiker, die deutsche Kultur eine gesamtdeutsche, der Kölner Dom war auch sein Dom, die Alpen auch sein Gebirge. Nie hörte er auf, gesamtdeutsch zu denken und zu empfinden. Dieses vermittelte er seinen Kindern.

Anyta beugte sich unter das schwere Leben im Osten. Sie fand es wichtig, dieses mit den anderen Menschen zu tragen. Sie litt unsagbar mit den Ungarn, als deren Aufstand 1956 niedergeschlagen wurde, und sie weinte 1968 mit den Tschechen nach dem "Prager Frühling". Sie machte nie einen Hehl daraus, daß ihr der atheistische DDR Staat in seiner Grundhaltung zuwider war. Daß aber

unter diesen Bedingungen Christen wirklich Christen sein wollten, gab der kirchlichen Arbeit ein großes öffentliches Gewicht.
Als Anyta später im Westen lebte, seufzte sie sehr über die Flachheit der Christen dort. Und so seufzte sie eigentlich ihr Leben lang und verglich sich gern (auch hier war sie nicht bescheiden) mit den großen Propheten der Bibel, die auch das schwere Amt des Mahnens haben tragen müssen.

Nach den großen Ferien begann für die drei Mädchen der geregelte Schulbetrieb an der örtlichen Zentralschule, die etwa drei Kilometer entfernt lag. Halo besuchte die 8., Gudrun die 6. und Christiane die 5. Klasse. Der Schulweg wurde selbstverständlich zu Fuß zurückgelegt. Christiane und Gudrun schlossen sich auf diesen langen Wegen eng aneinander an. Die 11-jährige Gudrun, die der zurückliegenden Umstände wegen in allem etwas verzögert schien, paßte ganz wunderbar zu der 9-jährigen Christiane. Halo dagegen war in jeder Beziehung den beiden voraus. So kam sie in eine Lebensphase, in der sie sich sehr allein fühlte.
Während Gudrun sich dem neuen Elternhaus gut anpassen konnte und recht bald zu den Eltern, vor allem zur Mutter, ein nahes, emotionales Verhältnis aufbaute, hatte Halo viel mehr Schwierigkeiten mit dem Einleben. Sie sehnte sich nach Deta, nach Onkel Ludwig und Tante Erna, vor allem aber nach Charlotte, ihrer Mutter. Bei vielen Anlässen fragte sie sich im Stillen: was hätte unsere Mutti dazu gesagt, wie hätte sie entschieden?
Sie wurde teilweise traurig und unausgeglichen. Das Schlimmste war, daß sie mit Gudrun nicht mehr in der gewohnten Weise ihre Gedanken austauschen konnte, denn diese fand eine weitgehende Übereinstimmung mit der kleineren Schwester. Christiane und Gudrun bemerkten aber nicht, daß sie ihre ältere Schwester allein ließen. Und wenn sie es gemerkt hätten? Sie hätten die Reife noch nicht gehabt, Halo zu verstehen.
Eine Möglichkeit aus dieser inneren Einsamkeit herauszukommen war für Halo das Schreiben von Briefen. Sie wandte sich nicht nur an Onkel Ludwig und Tante Erna, an Deta und Tante Lara, sondern sie schrieb vor allem an die Großeltern in Cottbus.

Christiane hatte keine Großeltern mehr. So war es für sie ein besonderes Erlebnis, mit ihren beiden Schwestern auch neue Großeltern bekommen zu haben. Diese beiden, vom Leben so gebeugten Menschen, die immer noch in Cottbus lebten, obgleich Elisabeth mit Bübchen in den Westen zu Walter gezogen war, empfanden es als ein Stück Neubeginn, nun ins dörfliche Pfarrhaus zu Besuch kommen zu können. Sie liebten das neue Enkeltöchterchen, und sie nannten die Mutter liebevoll Anytchen. Auch die Begegnung mit dem Vater war freundlich, doch lebten sie in sehr unterschiedlichen inneren Welten.
Die Großmutter faßte im ländlichen Haushalt mit zu, und Großvater machte sich in Hof und Garten nützlich, wo er nur konnte. Da er selbst sehr geschickte Hände hatte, imponierte ihm die praktische Anyta. Gemeinsam tüftelten die

beiden aus, wie man dies oder das reparieren könnte. Die Großeltern genossen Anytas ländliche, gute Küche.

Großvater liebte das Frühstück im Familienkreise. Zuerst ließ er fünf bis sechs Süßstofftabletten in seinen Kaffee fallen, worüber Mutter Anyta im Stillen seufzte. War sie doch in allen Dingen dafür, sich zu mäßigen. Dann schnitt Großvater die Krusten vom Brot, bestrich die Stulle mit dem Butter-Margarine-Gemisch, tauchte sie in den süßen Kaffee und kniff beim ersten Happen genüßlich die Augen zu. Später stand er dann mit seinen Krusten auf dem Hof und fütterte einzeln und per Hand die Gänse damit. Diese machten lange Hälse, schnatterten säuselnd, und Großvater erzählte ihnen allerlei Liebenswürdiges. In solchen Momenten sah er total glücklich und gelöst aus und war es wohl auch.

Großmutter mußte miterleben, daß es bei der strengen Kindererziehung auch Tränen gab, und dieses schmerzte sie sehr. So bestand z.B. von Vaters Seite her das Verbot, die Schultasche während der Hausaufgaben auf den Fußboden zu stellen. Die Kinder sollten sich einen zweiten Stuhl neben ihren stellen und die Tasche darauf tun. Somit sollte vermieden werden, daß die Tasche durch Anstoßen der Füße Schaden leidet und schmutzig wird. Aber immer wieder passierte es, daß sein Gebot nicht gehalten wurde. So erfolgte eines Tages das Strafgericht im Beisein der Großmutter. Diese mischte sich nicht ein. Aber abends brauchte sie eine Wärmflasche für die Galle. Mutter Anyta sagte: "Ja, die Großmutter ist eben ein bißchen wehleidig."

So war das erste Weihnachtsfest im neuen Elternhaus herangekommen. In der Adventszeit, die Stromsperren waren sehr förderlich für diese abendliche Gemütlichkeit, wurde beim Adventskranz viel gesungen. Aus der Küche kamen nicht nur herrliche Düfte, sondern auch schon die ersten Plätzchen und andere Leckereien.

Die Mutter aber saß am Schreibtisch und eilte sich, das Krippenspiel fertigzustellen, welches sie jedes Jahr neu dichtete, um es dann mit den Kindergottesdienstkindern, Katechumenen, Konfirmanden, Kindern aus der Christenlehre und geeigneten jungen Leuten aus der "Jungen Gemeinde" einzuüben. Diese Proben waren ein mühsames Unterfangen, und der Pfarrfrau als Regisseurin wurde viel abverlangt.

Das Fest erhielt seinen ersten Glanz, wenn Trautchen, Mutters um neun Jahre jüngere Schwester, aus dem Westen anreiste. Sie war unendlich liebenswert, Halo und Gudrun nannten sie ganz schnell zusammen mit Christiane "die liebste Tante".

Trautchen konnte perlend lachen, oft so sehr, daß sie sich die Tränen aus den Augenwinkeln wischen mußte. Sie duftete vornehm, sie trank nach einer guten Mahlzeit einen Steinhäger, den sie eigens dazu mitbrachte, da es im Pfarrhaus keine Alkoholika gab. Sie spielte herrlich Klavier und sang gut und gern dazu. Sie war einfach schön und elegant, dazu liebevoll und kameradschaftlich den Kindern gegenüber.

Ihre liebste Aufgabe war es, die Weihnachtstanne zu schmücken. Der Baum reichte immer vom Fußboden bis zur Decke. Trautchen hängte unzählige Fäden

Bleilametta einzeln auf, dazu steckte sie große Mengen echter Wachslichter auf. Der Baum sah für die Kinder aus wie ein silberner Traum. Unter dem Baum wurde die schöne, große Krippe aufgebaut.

Am Heiligen Abend, der Flur zeigte noch ein wenig Nässe von den letzten Auswirkungen des weihnachtlichen Hausputzes, kamen die Unmengen von Engelscharen, Hirten, Königen und Ansagern, die für das Krippenspiel angezogen werden mußten. Es war für alle Kinder sehr aufregend, bis die Kronen richtig saßen, die Goldbänder um die Stirnen der Engel gebunden waren und Hirtenstäbe und Laternen in den jeweils richtigen Händen steckten. Dann begann der Gottesdienst in der überfüllten Dorfkirche.

In diesem Jahr hatte die Mutter einen besonderen Einfall ins Krippenspiel eingebracht. Während auf der Empore der Kirchenchor "Maria durch ein Dornwald ging..." sang, kam Maria, von Christiane dargestellt, zum Hauptportal herein und schritt langsam durch den Mittelgang. Um den mittelalterlichen Gemälden ähnlich zu sein, war sie angetan mit einem blauen Umhang (einem Bettinlett), darüber lag ihren ganzen Rücken bedeckend, die Fülle ihres Goldhaares. Lieblich über Kopf und Schultern war Mutters weiße Stola gelegt worden. So schritt sie dahin, ernst und andächtig.

Als der dritte Vers des Liedes begann "Da haben die Dornen Rosen getragen, als das Kindlein durch den Wald getragen...", war Maria am Ende der Bankreihen angekommen. In diesem Moment kamen die weißgewandeten Kinder, die später die himmlischen Heerscharen darstellen sollten, und steckten in die Stola viele Alpenveilchenblüten mit ein wenig Asparagus. Eine so schöne Maria gab es nicht zuvor und nicht wieder danach.

Halo spielte einen Hirten. Sie sah sehr zünftig aus und kniete, als sie an der Reihe war, an der Krippe nieder und sang zum ersten mal in ihrem Leben solo "Ich steh an deiner Krippen hier, o Jesu, du mein Leben." Noch nie hat wohl ein Hirt eine so glockenreine Mädchenstimme gehabt. Gudrun, die ihrer Hölzernkeit wegen nur zu einem Ansager taugte, mußte aus Rührung über Halo eine Träne wegwischen. Alles war gar so feierlich. Unter Glockengeläut und Händeschütteln leerte sich die Kirche. Die Welt machte den Eindruck, als sei sie inzwischen neu geworden.

Im Kinderzimmer flogen derweil all die Verkleidungen auf die Betten und Stühle, denn die Engelscharen und Hirten wollten nun rasch nach Hause zur Bescherung.

Es war schon recht später Abend, wenn auch Anyta und Lukas nach all ihren weiteren Gemeindediensten daheim ankamen und sehr erschöpft wirkten. Bei einem recht festlichen Abendbrot, Kartoffelsalat und Würstchen, kamen sie wieder etwas zu Kräften, so daß dann auch noch das familiäre Weihnachten gefeiert werden konnte. Das wurde wirklich ein Höhepunkt. Der silberne Baum, die warme Stube, das friedliche Beisammensein, die vielen schönen Weihnachtslieder und nicht zuletzt Möpchen, der Kater, der so starke Familienanbindung hatte.

Die Kinder hatten sich Gedanken gemacht, wie sie die Eltern erfreuen könnten und hatten ein zweistimmiges Lied eingeübt. Dann spielte Halo etwas auf dem Klavier vor, denn die Mutter hatte, Halos Begabung erkennend, sofort mit

Klavierunterricht begonnen. Ob die Eltern sich über die Darbietungen freuten? Sie taten jedenfalls so.

Dann endlich war die Bescherung. Der Gabentisch war voller Überraschungen. Es gab für jedes Kind eine Blockflöte, dazu Noten und Notenständer, und für alle drei Mädchen je eine hübsche Handtasche. Nein, das hatten sie von der spartanischen Mutter nicht erwartet. Trautchen hatte für jeden etwas Gutes zu Lesen mitgebracht. Dann der bunte Teller! Dazu noch die Ankündigung, daß er zu Sylvester nachgefüllt würde. Der ganze Abend vermittelte den Kindern, besonders Halo und Gudrun, das Gefühl, als sei alles so wie damals in der frühen Kindheit im verlorenen Westpreußen. Als das Weihnachtsliederbuch fast durchgesungen war, sagte die Mutter: "Halo und Gudrun, nun wünscht ihr Euch mal ein Weihnachtslied, das Ihr besonders liebt."

"Hohe Nacht der klaren Sterne...", kam es von Halo wie aus der Pistole geschossen. Dieses Lied war damals in Westpreußen der Höhepunkt des Heiligen Abend gewesen. Charlotte hatte am Klavier gesessen, Deta und Klara waren dabeigewesen und draußen konnte man sich bei klirrender Kälte den schwarzen, feierlichen Sternenhimmel vorstellen und in der "lichten Ferne" Väterchen. Die Feierlichkeit dieses Augenblicks schwang in Halos Erinnerung.

Anyta und Lukas jedoch starrten einen Augenblick verwirrt in Halos Gesicht. Dann suchten sie nach Worten: "Nein, dieses nichtchristliche Lied wurde noch nie in unserem Haus gesungen. Es war das Weihnachtslied der Nazis."

Halos Herz erstarrte unter diesen Worten, alles Sichgeborgenfühlen zerplatzte wie eine Seifenblase. Hatte sie etwas preisgegeben? Hatte sie ihre geliebten Eltern etwa verraten? Waren das Nazis?

Auch Gudrun war innerlich zusammengezuckt. War an ihren Eltern, an dem tapferen Väterchen und der starken Charlotte, ein Makel? Ohne die Sache miteinander bereden zu können spürten Halo und Gudrun, daß sie in Zukunft peinlichst solche Situationen würden meiden müssen, oder zumindest, versuchen müssen zu meiden.

Anyta, die genau merkte, daß eine Beklemmung aufgestiegen war, versuchte, die Lage zu entspannen: "Nun, Gudrun, welches Lied wünscht Du Dir denn?"

"Süßer die Glocken nie klingen", sagte Gudrun und hoffte, nicht auch ein Lied des Anstoßes genannt zu haben.

Doch auch ihr Lied rief eine verlegene Ablehnung hervor: "Schau Gudrun", sagte Mutter Anyta liebevoll, "dieses Lied hat mit der echten Weihnachtsbotschaft nichts zu tun. Außerdem ist es Kitsch. Ach Kind, als ich so alt war wie Du, da dachte ich, Kitsch ist eigentlich doch wunderschön. Und echte Kunst ist oft so häßlich. Glaub mir aber Kind, Du lernst es noch, Kitsch und Kunst von einander zu unterscheiden."

Gudrun konnte die Tränen nicht mehr zurückhalten. Aber zum Glück sah das keiner, denn die Lichter am Baum waren am Verlöschen. Still saß die Familie und betrachtete die Schattenspiele, die die letzten blauen Flämmchen an die Decke zauberten.

Unbemerkt von allen war Halo aus dem Zimmer geschlichen. Sie war ins eiskalte Kinderzimmer geflüchtet, wo die Königsmäntel, Engelgewänder und Hirtenstäbe nach der Kirche eilig abgelegt worden waren. Dieses kalte, wirre

Zimmer entsprach völlig der Verfassung ihres Herzens: "Ob sie mich dort im warmen Weihnachtszimmer überhaupt vermissen?" Ihre Seele jammerte echolos: "Mutti, ich kann so schwer ohne Dich leben."
Am nächsten Tag schien die Welt wieder heil zu sein. Die Eltern hatten zwar viele Dienste, die der erste Weihnachtsfeiertag mit sich bringt, aber zum Mittag gab es pünktlich einen knusprigen Gänsebraten, nach einer Mittagsruhe wurde ein langer Spaziergang gemacht, dann gab es Kaffee und Kuchen, was erstaunlicherweise schon wieder schmeckte. Danach konnte jeder in einer Sofa- oder Sesselecke versinken und die Bücher vom Gabentisch zur Hand nehmen. Halo hatte von Trautchen "Und ewig singen die Wälder" von Trygve Gulbransen geschenkt bekommen. Erst zum Abendbrot tauchte sie aus der Welt des alten Dag und der schönen Adelheid wieder auf und mußte sich in der Wirklichkeit erst zurechtfinden.
Sylvester kam, man sang Liedverse von Jochen Klepper, das mitternächtliche Glockengeläut erklang, ein heißer Punsch aus Fruchtsaft wurde gereicht, alles war sehr schön und besinnlich. Dann reiste Trautchen ab, und der Glanz dieser Tage war erloschen.

Zurückgeblieben war ihnen, Halo und Gudrun, eine neue Erfahrung. Sie hatten nicht nur gespürt, daß die unbeschwerte Kindheit vorbei war, sondern sie hatten auch wahrnehmen müssen, daß das Leben ein Stück politische Gesellschaft bedeutet.
Bereits in ihrer traumhaft schönen Kindheit in Westpreußen hatte dieser politische Prozeß begonnen. Ahnungslos, so erfuhren sie nun, hatte das Schicksal sie hineinverstrickt in das Schuldigwerden des deutschen Volkes, in das Elend der anderen Völker, die in den Krieg hineingezogen worden sind, und in die unvorstellbaren Leiden des jüdischen Volkes und der Zigeuner in Konzentrationslagern und Vergasungsöfen. Hier, in ihrem neuen Elternhaus, hörten Halo und Gudrun zum ersten mal von dieser deutschen Schuld, die auch eine ganz persönliche Schuld zu sein schien.

Sie hatten in den zurückliegenden Monaten eine Ahnung davon bekommen, was es nun in der Gegenwart bedeutete, Teil eines politischen Ganzen zu sein und Mitverantwortung zu tragen. Die Sowjetunion hatte im Jahre 1948 die "Blockade" über Westberlin verhängt; d.h., diese Enklave des Westens sollte ausgehungert werden. Die Zufahrtswege in die Stadt wurden blockiert, Dinge des täglichen Bedarfs erreichten den "Inselstaat Westberlin" nicht mehr.
Der Vater, der nebenberuflich Dozent an einer Hochschule in Westberlin war, dachte voller Sorge an seine hungernden Studenten. So führte er eine Sammelaktion bei den Bauern seines Kirchspiels durch, die freigiebig und solidarisch von ihren Erträgen aus der Landwirtschaft, trotz des hohen Solls, das sie zu erfüllen hatten, Nahrungsmittel ins Pfarrhaus brachten. Die Eltern fanden es selbstverständlich, daß die Kinder sich an der Aktion beteiligten, diese Lebensmittel nach Westberlin zu schaffen.
Die Organe der Ostzone hatten vorsorglich eine strenge Kontrolle durch "Vopos", wie die Volkspolizisten genannt wurden, an den Endstationen des

Berliner S-Bahn Netzes eingesetzt, um das Gepäck der Reisenden strengstens zu kontrollieren, damit auch auf diesem Wege die Einfuhr von Lebensmitteln nach Westberlin unterbunden wurde.

Lukas trug eine Tasche voller Möhren, obenauf lagen gelehrte, hebräische Schriften. Anyta hatte in ihrer Einkaufstasche einen Beutel Kartoffeln, die unter allerlei Hausrat verborgen lagen. Christiane transportierte in ihrem roten Umhängetäschchen ein Stück Speck. Gudrun trug einen zugeschnürten Schuhkarton, der das kostbarste Gut enthielt, nämlich die von den Bauern gespendeten Eier. Halo schließlich tat so, als würden die vier Tüten Mehl in ihrer Tasche gar nicht vorhanden sein.

Als sich die Pfarrfamilie der Sperre des S-Bahnhofes näherte, drängten sich dort bereits 300 - 500 Personen, die wahrscheinlich in ähnlicher Mission unterwegs waren. Hatte doch fast jeder Mensch des Berliner Umlandes Familienangehörige oder Freunde in Westberlin.

Gudrun wurde in der Menschenmenge bald von den Ihren abgedrängt und erreichte ein gut Teil eher die Sperre, als die Eltern mit Christiane und Halo. Arglos und bei aller aufklärenden Information doch so ahnungslos, stand sie nun furchtsam vor dem Volkspolizisten und wußte nichts anderes zu tun, als ihm vertrauensvoll ihren Schuhkarton hinzuhalten. Der Vopo nahm Gudrun bei der Schulter und schob sie durch die Sperre. Etwas verloren, und noch gar nicht fassen könnend, daß die Kontrolle schon vorüber war, blieb sie auf dem Bahnsteig stehen und wartete auf die Eltern. Auch die hatten ihre kostbare Fracht gut durch die Kontrolle gebracht und drängten nun mit Gudrun in die bereits recht überfüllten S-Bahn Wagen.

"Kind", sagte die Mutter erregt, "mir ist fast das Herz stehengeblieben, wie Du dem Vopo die Eierkiste hingehalten hast. Wie kann man nur so naiv sein! Aber der liebe Gott hat Deine Unbedarftheit wieder einmal zum Segen werden lassen. Und dafür wollen wir ihm danken. Aber Du? Wann wirst Du wohl richtig wach werden?"

Gudrun fühlte sich beschämt, unverstanden und kämpfte mit den Tränen.

Amerika richtete die "Luftbrücke" ein, d.h. Westberlin wurde durch Flugzeuge aus der Luft versorgt. Der Plan der Sowjetunion ging nicht auf. Die Stadt blieb am Leben und somit ein Stachel in der Politik des Ostens. Der kalte Krieg ging weiter.

Für Halo ging es mit Riesenschritten auf das Ende der Grundschulzeit zu. Der sozialistische DDR Staat bot, und das war das Neue und Gute am Sozialismus, den Arbeiter- und Bauernkindern die Möglichkeit zum Abitur. Aber eben nur und ausschließlich den Arbeiter- und Bauernkindern. Die Kinder aus akademischen Häusern, noch schlimmer, aus kirchlich-akademischen Häusern, erhielten keine Zulassung zur Oberschule.

Doch Vater Lukas hatte sich nicht mundtot machen lassen. Die Leistungen eines Kindes seien doch wohl auch ein Maßstab, und die waren bei Halo oberschulreif. Er schaffte es bei der Schulbehörde, für Halo einen Oberschulplatz zu sichern.

Doch zuvor, zu Pfingsten, wurde Halo konfirmiert. Sie schrieb darüber.

10.7.49

Liebe, gute Deta!

Zwei so liebe Briefe habe ich von Dir zur Einsegnung bekommen, und ich komme erst heute dazu, Dir ein allerliebstes "Dankeschön" zu sagen.

Ich habe mich sehr getröstet, weil Du ja doch einmal nach Berlin fährst und dann zu uns kommst. Du bist herzlich bei uns eingeladen! Über Deine Briefe habe ich mich sehr gefreut.

Die Einsegnung war ein wunderschöner Tag. Die Kirchzeit war das Allerschönste. Ich hatte ein weißes Kleid an, weiße Strümpfe, schwarze Schuhe und weiße Schleifen in den Zöpfen. Du wirst mich ja auf dem Bild sehen, das ich beilege.

Mein Vers, den ich am Altar sprach, war so:

Herr, du bists, den ich erwähle, als ein Kind im Fremdlingsland.
Fröhlich leg ich meine Seele heut in deine Liebeshand.
Möcht ichs allezeit dir danken, daß du mich geführt so treu.
Laß mich nimmer von dir wanken, daß ich ganz dein Eigen sei.
Gott, du Vater in der Höhe, halte mich, dein schwaches Kind,
daß ich alle Tage stehe fest auf deine Kraft gegründt.

Der Spruch, den Vati mir sagte, denn Vati hat mich ja eingesegnet, steht Joh. 14 Vers 23.

Ich habe sehr viel geschenkt bekommen: Eine lederne Briefmappe mit Inhalt, eine silberne Schale, (denk mal, diese Schale hat unsere Mutti ihrer Tante einst zur Hochzeit geschenkt, jetzt überraschten sie mich damit),eine wundervolle Bibel, einen Füllfederhalter, eine Tafel Schokolade, ein Stück Seife, eine selbstgearbeitete Briefmappe, eine Garnitur, Schmuckzeug, die Sprüche aufgeschrieben, ein Bild, drei Bücher, eine Serviette, ein Taschentuch, ein Paar seidene Strümpfe, ein Paar Schlüpfer usw. Das geht bis in die Unendlichkeit. Die lieben Großeltern waren zu Besuch. Es war ein herrlicher Festtag.

Jetzt beginnen bald unsere Sommerferien. Ich werde jetzt aus der Volksschule entlassen und komme auf die Oberschule. Nun komme recht bald zu uns. Wir haben ein niedliches Kätzchen. Es grüßt Dich herzlich Deine Halo.

Während Halo nun täglich die 12 km zur Oberschule bei Wind und Wetter mit dem Fahrrad zurücklegte, versponnen sich Christiane und Gudrun weiter in tiefe Kindheitsträume und Spiele. Sie entwickelten sogar eine Geheimsprache, die nur sie beide verstanden. Zwar empfanden sie es durchaus als Störung, wenn der Vater ihre Spiele mit dem Satz unterbrach: "Kinder, lest doch mal ein gutes Buch", und ihnen dabei "Die Pilgerreise" oder "Ben Hur" hinlegte, doch besaßen sie die kindliche Fähigkeit, ganz rasch in ihre eigene Welt zurückzukehren. Gehorsam, das war ja oberstes Gebot, lasen sie zwar die vom Vater gebrachte

Lektüre, aber sie verstanden noch sehr wenig vom wahren Inhalt dieser Bücher. Ihnen fehlte es einfach noch an Alter und Reife.

Christiane war ein durch und durch gutes und liebes Kind. Die strenge Anyta hatte ihr vom Kleinkindalter an Wohlverhalten anerzogen. So wich Christiane nicht nur äußerlich, sondern vor allem innerlich nie vom rechten Wege ab.

Halo und Gudrun nahmen dieses staunend zur Kenntnis, war ihnen beiden selbst doch schon recht oft, wenn auch ungewollt, ein Fehler passiert, der dann mit schmerzhaften Strafen gesühnt werden mußte. Am empfindlichsten reagierten die Eltern, wenn die Kinder etwas versäumten, was das Pfarramt betraf. So hatte Halo einmal vergessen den Eltern auszurichten, daß eine Frau am Nachmittag den Herrn Pfarrer sprechen wollte. Diese Verletzung des Amtes, wie es der Vater bezeichnete, zeugte in seinen Augen von größter Oberflächlichkeit und wurde mit Liebesentzug bestraft.

Gudruns Hauptfehler war ihr schwaches Gedächtnis. Aus diesem Mangel entwickelten sich ernsthafte Pannen. Die überaus korrekte Anyta stand ohne jedes Begreifen vor solcher Vergeßlichkeit. Sie kam zu der Überzeugung, diesem Mangel an Konzentration könne man nur durch harte Strafen beikommen. Der Erfolg war, daß Gudrun aus Angst vor den Strafen mit Notlügen versuchte, ihre Vergeßlichkeit zu vertuschen. Diese Lügen wiederum lösten bei der bis ans Fanatische grenzenden Wahrheitsliebe von Anyta ein geradezu panikartiges Verhalten aus. Ein lügendes Kind! Was macht man damit?

Man muß es so hart strafen, daß ihm ein für alle mal das Lügen vergeht. Gudrun sollte, so hatte sich die Mutter das ausgedacht, drei Tage lang nicht als Kind des Hauses angesehen werden. Ihr Bettzeug wurde in ein Bodenkämmerchen gebracht, dazu eine Kerze, Streichhölzer, eine Bibel und ein Zettel mit Bibelstellen, die Gudrun nun verinnerlichen sollte.

Soweit ihre Tränen es erlaubten, las sie auch die verordneten Bußübungen. Da war der Psalm, den David gebetet hatte, nachdem er seinen Ehebruch mit Bathseba bereut hatte. Da war die Geschichte von der Vertreibung aus dem Paradies. Und da war im Neuen Testament das Gleichnis vom verlorenen Sohn. Gudrun war inzwischen zu der Überzeugung gekommen, daß keine Gnade Gottes sie je würde retten können. Da tat sich die Tür des Kämmerchens auf, und Anyta im Nachthemd und übergezogenem Morgenrock erschien. Auch sie weinte: "Kind, komm runter, wir halten das beide nicht länger aus."

Halo und Christiane reckten die Köpfe aus den Kissen, als Gudrun mitten in der Nacht ins Zimmer kam. Sie konnten nichts sagen, zu groß war die Angst vor eigenen Strafen, und zu stark war der Glaube an die Unfehlbarkeit und Machtbefugnis der Erwachsenen.

Eines Tages wurde Gudrun aus dem Land der Kindheit und der Träume gerissen und auf den Boden der Tatsachen gestellt. Sie war inzwischen 13 Jahre alt. Mutter Anyta, die Wahrheitsliebende, sagte eines Tages zu Gudrun, als diese gerade ein Sommerkleid anpaßte: "Gulu, Du bist ja nun mal kein

schönes Mädchen. Aber sei deswegen nicht traurig, aus dem häßlichen Entlein wurde am Ende noch ein Schwan."
Gudrun war sprachlos. Bisher hatte sie ihrem Spiegelbild total unkritisch gegenüber gestanden. Nun suchte sie einen ungestörten Augenblick, um mit sich und ihrem Abbild allein zu sein. Erstaunt schaute sie in das silberne Glas. Tatsächlich! Stockhäßlich!! Wie hatte sie das bis jetzt nur übersehen können?
Das war ein Schock. Gudrun war so traumatisiert, daß sie weder mit der vertrauten Christiane, noch mit der starken Halo darüber reden konnte. Eines aber wurde ihr blitzartig klar: Sie würde, häßlich wie sie war, nie einen Mann finden. Was sollte aus ihrem Leben werden?
Die Eltern stellten immer wieder die Frage: welchen Beruf wollt Ihr einmal ergreifen?
Christiane sah ihren Lebensweg deutlich vor sich. Sie würde Theologie studieren, ganz wie ihre Eltern.
Halo hatte keine genauen Vorstellungen, doch am liebsten hätte sie Gesang studiert. Aber der Vater hatte sie des öfteren gefoppt, sie sähe sich wohl schon als Opernstar auf der Bühne stehen. Da hatte sie angefangen, über diesen Wunsch zu schweigen. Aber ein Beruf mit Musik, das wäre schon schön. Für den Vater stand fest, daß es dann nur Kirchenmusik seien könne.
Gudrun fand aus ihrer quälenden Lebensfrage einen Ausweg, als sie etwas über Diakonissen-Mutterhäuser und Diakonissen hörte. Krankenpflege, ein Leben im Dienst für andere, ja, das konnte sie sich vorstellen. Und das andere, das herzabdrückende Problem über ihr Aussehen, es löste sich dadurch automatisch. Diakonissen brauchten nicht schön zu sein, sie leben ehelos. Welch eine geniale Lösung.
Die Eltern waren zufrieden mit den Berufswünschen ihrer Töchter. Strahlend meinte der Vater: "Mit meinen Kindern kann ich eine ganze Gemeinde versorgen. Christiane wird die Pastorin, Halo die Kirchenmusikerin und Gudrun die Gemeindeschwester."
Zunächst schaffte es der Vater wieder mit seiner ganzen Durchsetzungskraft, auch für seine beiden anderen Töchter Plätze an erweiterten Schulen bewilligt zu bekommen. Ab 1.9.1952 gingen alle drei Mädchen auf eine Oberschule in der Märkischen Schweiz. Diese Schule hatte, was die Eltern nicht wissen konnten, ein besonders "fortschrittliches" Konzept. Hätte sie den Namen "Kaderschmiede" oder "politische Lehranstalt" geführt, so wäre das sehr zutreffend gewesen.
Die Schulzeit wurde für die drei Mädchen eine Zeit der schweren Bedrängnis und Bedrückung, aber auch eine Zeit, in der sie ihren christlichen Standpunkt der sozialistischen und so bewußt atheistischen Gesellschaft gegenüber sehr aufrecht vertreten konnten. Die Kirche wurde in der DDR als Staatsfeind angesehen, und Kinder aus Pfarrhäusern waren somit von vornherein suspekt.
Es tat sich für die Drei ein zermürbender Kleinkrieg auf, den sie nur bewältigten durch die Stärke des Elternhauses. Sie waren weiterhin nicht in der FDJ, sie gelobten bei den morgendlichen Fahnenappellen nicht mit erhobener Hand unverbrüchliche Freundschaft mit der Sowjetunion, sie gaben im März 1953, zu Stalins Tod, nicht die Verpflichtung ab, mit aller Kraft in seinem Sinne gegen

den Imperialismus, ebenso die Kirche und deren "Junge Gemeinde" zu kämpfen.
Diese Haltung wurde von der Schulleitung mit scharfem Auge registriert. Halo mußte in einem Klassenaufsatz das Thema bearbeiten: Luther, der Verräter der Bauern. - Sie gab ein leeres Blatt ab. Die Liste, die gegen das Verhalten der drei Geschwister an der Schule sprach, wurde täglich länger. Schließlich kam es zum Eklat.
Alle Drei wurden von den eigenen Klassenkameraden der Schule verwiesen. Mit strahlenden Gesichtern trafen sie daheim ein: "Wir haben ewige Ferien", jubelten sie.
Im Elternhaus wurde die Haltung der Kinder mit Dankbarkeit notiert, dennoch war vorerst eine gewisse Ratlosigkeit vorhanden. Würde die dörfliche LPG (Landwirtschaftliche Produktionsgenossenschaft) nicht ganz schnell die freigewordenen Arbeitskräfte anfordern?
Die Eltern wurden sehr aktiv, um diesem Zugriff vorzubeugen.
Für Halo tat sich die Möglichkeit auf, im Notfall sogar mitten im Schuljahr, eine kirchenmusikalische Ausbildung zu beginnen.
Für Gudrun wurde das schönste Diakonissen-Mutterhaus gesucht. Der Vater fand es bei Potsdam, wo ein vorläufiges Gespräch sehr positiv verlief. Gudrun konnte ihre Probezeit dort zu jedem Zeitpunkt beginnen.
Christiane konnte die 9. Klasse nochmals beginnen, diesmal in Westberlin. Der Senat von Westberlin richtete eigens für die vielen, in der DDR von den Schulen verwiesenen Kinder, solche Lehranstalten ein. Christiane machte von diesem Angebot sofort Gebrauch.
So hatte sich für alle drei Mädchen ein Weg aufgetan.

Die wirtschaftliche Lage in der jungen DDR war noch sehr schlecht. Während im Westen Deutschlands der Marshall-Plan anfing zu greifen, und das allgemeine Wirtschaftswunder ein Aufblühen des zerstörten Landes bewirkte, zahlte der Osten an den Reparationen an die Sowjetunion. In der DDR wurden gerade erst die Lebensmittelmarken abgeschafft. Nichts, außer den Grundnahrungsmitteln, war in den Geschäften zu bekommen. Die Ortschaften trugen noch deutliche Spuren des Krieges. Die Bauern wurden in die LPG gezwungen.
Aber der ehrgeizige, junge, sozialistische Staat wollte voran kommen. So wurden die Normen der Arbeiter drastisch erhöht. Hennecke durchbrach die Norm und wurde übermäßig gefeiert. Die Aktivisten der ersten Stunde wurden benannt und mit Medaillen geschmückt.
Doch die Menschen seufzten unter den hohen Normen, und am 17. Juni 1953 kochte die Volksseele über. Es kam zu dem historischen Arbeiteraufstand, der von russischen Panzern dann niedergeschlagen wurde.
Lukas, Anyta und die Kinder hatten atemlos am Radio über den RIAS (Rundfunk im amerikanischen Sektor) Berichte über die Aufstände verfolgt. Es war so viel Hoffnung in ihnen. Als der Bericht über die Zerschlagung durch die russischen Panzern kam, weinte Anyta.

Dennoch, der DDR Staat hatte eine Lehre erhalten. Die zu schweren Lebensbedingungen der Menschen wurden etwas gelockert, auch normalisierte sich das Verhältnis zwischen Staat und Kirche ein wenig.

In diesem Zuge erhielt der Vater einen Brief aus der Schule in der Märkischen Schweiz, in dem stand, daß er seine drei Töchter bitte wieder zum Unterricht schicken möchte. Halo nahm das Angebot dankbar an, hatte sie doch nur noch ein Jahr bis zum Abitur. Gudrun kehrte schweren Herzens für die restlichen Wochen des Schuljahrs in ihre Klasse zurück. Zu sehr fühlte sie sich von allen abgelehnt. Mit der Versetzung in die 11. Klasse ging sie von der Schule ab. Ihr war der politische Betrieb verhaßt geworden. Christiane besuchte bereits in Westberlin die Schule. Die Woche über wohnte sie bei Freunden in Berlin-Tempelhof, nur an den Wochenenden war sie kurz daheim. So war die innige Kindheit zwischen Gudrun und Christiane abrupt beendet worden.

Ein Jahr später fiel Halo durch das Abitur in den Fächern Staatsbürgerkunde und Geschichte. Wenn dieses nichtbestandene Abitur auch politisch zu deuten war, so war Halo doch sehr beschämt und niedergeschlagen. Doch ihr Weg in die Kirchenmusik war deswegen nicht versperrt, und so begann am 1.9.54 ihre Ausbildung an der Musikschule.

Halo
(1954)

Halo war inzwischen mit ihren 18 Jahren zu einer Schönheit herangewachsen. Zwar waren ihre ausdrucksvollen Augen hinter Brillengläsern verschwunden, doch hatte sie eine pfirsichzarte Haut, die nie die kleinste Unreinheit zeigte. Ihr Haar trug sie zu Zöpfen geflochten und als Kranz um den Kopf gesteckt. Figurmäßig war sie recht weiblich geworden, ihre schmalen Hüften und sehr wohlgeformten Beine unterstrichen das Anziehende ihrer Erscheinung. Ganz ungewöhnlich schön waren ihre Hände, richtige Klavierhände, schmal und dennoch kräftig. Das war ein Erbteil von Charlotte.
Das mißglückte Abitur, die zerrissene Kindheit, das fremde, religiöse Milieu des Adoptivelternhauses - all das hatte aus Halo einen innerlich frierenden, verletzbaren Menschen gemacht.
Dennoch besaß sie ja ihre guten Anlagen von Hans und Charlotte, mittels derer sie ihre innere Verletzlichkeit überspielte und eine betonte Burschikosität an den Tag legte. Bei jeder passenden Gelegenheit hatte sie einen flotten Spruch zur Hand, mit dem sie ihr Umfeld zum Lachen brachte. Ihre Führungsnatur und Freude am Organisieren ließen sie immer ganz schnell in den Mittelpunkt rücken. Außerdem liebte sie, wie fast alle Jugendlichen dieses Alters, das Leben in der Gruppe. So kam ihr das Internatsleben in den alten Gemäuern der Musikschule in dem ehemaligen Bischofsitzes sehr gelegen.
Geleitet wurde das Seminar vom Kirchenmusikdirektor, den die Seminaristen liebe- und ehrfurchtsvoll "Meister" nannten. Die Familie des Meisters, seine Frau und sein 16 jähriger Sohn Martin, lebten ganz eng mit den Seminaristen zusammen.
Neben dem theoretischen Unterricht gab es die praktischen Fächer: Stimmbildung und Atemtechnik, Chorsingen und Orgelstunden, später die Unterrichtsstunden für Christenlehre und Konfirmandenunterricht.
Die Übungsstunden an der herrlichen Domorgel waren für die Seminaristen nach einem strengen Tagesplan eingeteilt, den jeder verpflichtet war, einzuhalten. Für Fingergeläufigkeit standen mehrere Klaviere zur Verfügung. Die Stunden an der Orgel liebte Halo sehr, doch war ihr das gemeinsame Singen auch wichtig. In der gezielten Stimmbildung spürte sie, daß ihre Stimme in ihrem Körper eine tiefe Resonanz fand. Der Meister verstand es, die Stimme zu formen. Halo erreichte einen großen Stimmumfang und gute Sicherheit im Blattsingen. Manchmal lauschte sie auf die Töne ihrer eigenen Kehle wie auf ein neues Instrument.
Der Meister sang mit den Seminaristen die schönen Bach Kantaten, die großen Oratorien und wunderbare alte Choräle. Er sang aber auch mit ihnen schöne Volkslieder. An lauen Abenden stand der Chor an der alten Mauer, die den Dom umgab und sang seine Weisen hinein in die liebliche Flußlandschaft. Unterhalb des Domes lag die Altstadt. Mit dem Blick in das verträumte Städtchen und

zugleich in die Weite, verschmolz für Halo Musik und Landschaft zu einer Einheit.
Heute saß Halo auf der Orgelbank. Um dieses große Instrument kennenzulernen, seine Manuale und das Pedal und vor allem die vielen Register, hatte sie sich das Largo von Händel auf das Notenpult gestellt und probierte nun die verschiedenen Möglichkeiten der Registratur. Voll griff sie in die Tasten und erfreute sich an dem gewaltigen Klang, den sie aus der Orgel hervorzaubern konnte.
Bei diesem Dröhnen hatte sie nicht gemerkt, daß Schritte die Treppe hinaufgekommen waren. Sie schrak ordentlich zusammen, als sie einen Schatten hinter sich spürte. Brüsk drehte sie sich um: "Ach, Martin, Du bist es. Hu, hast Du mich erschreckt."
Martin hatte das nicht beabsichtigt. Er sagte, daß er im Vorbeigehen das Largo gehört hätte, und daß es schon recht gut gespielt worden sei. Und da hätte er nur mal nachsehen wollen, wer an der Orgel sitzt. "Halo, soll ich mal für Dich die Register ziehen?", fragte er.
"Ja, wenn Du kannst und magst?"
"Was heißt können. Ich registriere doch auch dem Vater, wenn er seine großen Orgelkonzerte gibt."
"Na, denn mal los."
Halo begann das Largo von vorn und Martin ließ über die Register die Orgel singen. Mal ganz zart und schmelzend und dann wieder in voller Kraft aus allen Pfeifen. --
Halo hob die Hände von den Tasten: "Martin, das war schön. Das hat richtig Freude gemacht. Aber guck mal hier, an dieser Stelle komme ich immer ins Stolpern. Hier muß ich noch üben."
Martin schob seine Hand über Halos Finger und sagte: "Sieh mal, wenn Du diesen Fingersatz nimmst, hast Du mehr Geläufigkeit."
Halo erstarrte. Woran erinnerte sie nur diese Hand über ihrer eigenen? Ja, jetzt fiel es ihr ein, 15 oder 16 Jahre mußte das schon her sein, damals in Westpreußen. Alles war noch heil. Halo, mit etwa vier Jahren, hatte abends schon im Bett gelegen. Eisigkalt war es im ungeheizten Schlafzimmer, dort im winterlichen Westpreußen. Sie hatte sich fast bis zur Nasenspitze unter die Decke gekuschelt. Nun war Mutter Charlotte ans Bett gekommen, um mit ihr zu beten. Es kostete die kleine Halo große Überwindung, die Arme aus der Wärme hervorzuholen und die gefalteten Hände auf das kalte Zudeck zu legen. Da hatte Charlotte ihre warmen Hände wie ein schützendes Dach darübergehalten. Ein unendliches Gefühl von Beschütztsein, Geborgenheit und Liebe hatte Halo dabei empfunden.
Diese kleine Episode war eben in Teilen von Sekunden vor ihrem inneren Augen abgelaufen und große Sehnsucht, bzw. ein ungläubiger Vergleich mit jener Situation stellte sich ein durch Martins Hand. Plötzlich stieg es in Halos Augen feucht auf, die Tränen liefen unter der Brille durch. Ihr war das sehr peinlich. Noch nie zählte sie zu den Heulsusen. Und nun dies!
Martin warf einen Seitenblick zu Halo, weil sie so still geworden war, und sah ihre Tränen: "Mensch, Halo, ich wollte Dich doch nicht beleidigen."

"Hast Du auch nicht."
"Und ... und warum weinst Du denn?" fragte Martin verunsichert.
"Ach, laß nur. Meine Übungsstunde ist sowieso gleich um. Ist schon gut."
Martin erhob sich bedrückt, stand noch ein wenig unschlüssig hinter der Orgelbank und ging dann. Halo wischte die Tränen weg und klappte das Notenbuch zu. Sie machte ihren Rücken gerade. Man sollte ihr nichts ansehen drüben beim Essen.
In ihrer nächsten Übungsstunde an der Orgel schlug sie wieder das Largo auf und versuchte, die Register so zu ziehen, wie sie es bei Martin gesehen hatte. Es dauerte gar nicht lange, da war er wieder hinter ihr, der Schatten. Diesmal schrak sie nicht zusammen. Hatte sie ihn heimlich herbeigewünscht?
"Halo, soll ich wieder registrieren?", fragte Martin.
"Ja, gern."
Sie spielten gemeinsam. Halo kam auch über ihre Stolperstelle mit dem neuen Fingersatz besser hinweg. Zufrieden lauschten sie beide den letzten Tönen nach.
"Das war gut, Halo. Aber weißt Du, eigentlich war das Registrieren nur ein Vorwand. Ich war noch so bedrückt wegen letztens. Was war denn bloß mit Dir? So kennt man Dich doch gar nicht. Du bist immer so stark."
Halo war froh, daß er auf die Angelegenheit zurückkam: "Ich kenne mich doch auch nicht so. Aber weißt Du, Deine Hand, als Du mir den Fingersatz zeigen wolltest, hat mich ganz aus der Fassung gebracht. Sie erinnerte mich plötzlich an die Hand meiner Mutter. Meine Eltern leben beide nicht mehr, ich vermisse sie aber oft so doll. Das war es wohl."
"Das habe ich gar nicht gewußt. Du erzählst doch öfter von Zuhause, und fährst doch auch hin", meinte Martin.
"Ja, das ist mein Adoptivelternhaus, und die sind auch in Ordnung die Eltern. Aber..."
"Was ist aber? Halo, erzähl mir doch davon."
Martin setzte sich neben sie auf die Orgelbank.
Aus Halo kam plötzlich alles heraus, wie ein Sturzbach brach es hervor. Alles, die schöne Kindheit in Westpreußen, Väterchens Tod, die Gulu, die Deta, die Flucht, Muttis Tod, die Zeit in Harzhausen, die Oase bei Onkel Ludwig, die Adoptiveltern, das ungerechte und verunglückte Abitur, alles alles. Martin hatte still zugehört. Plötzlich legte er seinen Arm um Halos Schulter: "Du, das ist eine Menge. Ich hatte keine Ahnung, daß Du es so schwer hattest. Du bist doch immer so lustig."
"Das kann ich zum Glück auch sein. Aber manchmal ist es auch nur Maske."
"Weißt Du, Halo, ich hatte immer ein bißchen Angst vor Deinen flotten Sprüchen. Du wirkst auch sonst so fertig, so ... so erwachsen, möchte ich sagen. Und nun habe ich gemerkt, daß Du wie ein hilfloses Vögelchen bist und eigentlich noch beschützt werden müßtest."
"Martin, ich habe noch nie zu einem Menschen so geredet, wie heute zu Dir. Und weißt Du, es hat mir richtig gut getan. Es ist so schön, daß Du heute raufgekommen bist."

"Ich werde wohl auch wiederkommen, wenn Du magst. Das Largo ist nun unsere Melodie. Halo, ich gehe jetzt."
Halo saß noch eine Weile still auf der Orgelbank. Die Seite, an der Martin gesessen hatte, war ganz warm. Und als er ging, hatte er da ganz leise mit den Lippen ihr Haar berührt? Ihr war es so. Immer wieder versuchte sie, sich diesen leisen Hauch vorzustellen. Sie hatte noch nie einen Kuß von einem Jungen bekommen. Ob das einer war? Oder war es Einbildung? Ein unbeschreibliches Wärmegefühl durchzog sie. Aber gleichzeitig blinkte ein inneres Warnsignal in ihr auf: "Martin ist noch so jung, erst 16 Jahre!"
Trotz dieser vernünftigen Einwände ihres Gewissens lauschte sie bei der nächsten Übungsstunde an der Orgel auf Martins Schritt. Verhalten hatte sie das Largo gespielt. Sie hoffte nicht vergebens.
"Halo, ich habe immerzu an Dich gedacht und auf das Largo gewartet. Ich konnte kaum die Zeit abwarten. Halo, ich liebe Dich."
"Martin, mir geht es genauso."
Während dieses Gesprächs hatte Martin unverwandt in Halos Gesicht geschaut. Ohne Übergang sagte er: "Halo, Du hast ja dunkelgrüne Augen!"
"Im Personalausweis steht graublau."
"Ja, aber wenn man genau hinschaut, sind sie dunkelgrün, glaub es mir."
"Und weißt Du, was ich in Deinen Augen sehe?"
"Da bin ich gespannt. Sag es."
"In Deinen Augen spiegelt sich die Orgel. Martin, Du hast eine ganz großartige Orgel in den Augen."
"Halo, in mir ist auch alles voller Musik. Und mein Lied heißt: Halo-luja, Halo-luja."
Plötzlich spürte Halo etwas Weiches, Warmes auf ihren Lippen. Alles drehte sich um sie, sie dachte: "Erde, geh nicht unter, Himmel fall nicht ein. Halo halte Dich fest!"
Und sie hielt sich fest - an Martin.

In Halos Herz zog für die nächste Zeit ein ganz großer Friede ein. Zum ersten mal im Leben hatte sie eine tiefe Resonanz in einem anderen Menschen gefunden. Die 24 Stunden eines Tages waren fortan angefüllt mit Gedanken an Martin. Jede Melodie schien für ihn geschrieben zu sein, jedes Lied an ihn adressiert, jeder Orgelton für ihn gespielt. Die Sehnsucht nach ihm begann bereits, wenn er sich eben nach einem Treffen zur Trennung anschickte. Ihre Begegnungen mußten absolut geheim bleiben. Weder die anderen Seminaristen, noch gar Martins Eltern durften etwas von ihrer Liebe erfahren. Nur die Orgel war ihre Mitwisserin, ihre Vertraute. Die schmale Orgelbank bot ihnen den bescheidenen Platz, eng umschlungen die Nähe des anderen spüren zu können.

Der Meister ging über den Domplatz und empfand ungewohnte Stille. Er vermißte etwas, vermißte das gewohnte Orgelspiel nach dem festgelegten Stundenplan. Gerade die Stille war es, die ihn aufmerken ließ. Was war los an der Orgel? Das große Portal war nicht verschlossen, also mußte jemand im

Dom sein. Er betrat das ehrwürdige, romanische Kirchenschiff. Alles still. Mit leisen, raschen Schritten stieg er zur Orgelempore hinauf. Was bot sich hier seinen Augen?! Sein Sohn Martin und Halo saßen eng aneinandergeschmiegt auf der Orgelbank und hatten die Welt um sich her vergessen. Sie hatten die Schritte des Meisters nicht gehört.
"Halo, warum üben Sie nicht?", brachte der Lehrer und Vater mühsam hervor.
Martin und Halo fuhren erschreckt auseinander.
"Wir... ich...", Halo wußte nichts zu sagen.
"Martin, Du gehst bitte hinüber zur Mutter".
Martin wollte etwas sagen, aber der Vater hieß ihn mit einem strengen Blick schweigen. Halo war von der Orgelbank aufgestanden.
"Wie lange geht das schon?" fragte der Meister.
"Ein paar Wochen."
"Das hat natürlich ab sofort ein Ende. Ich werde Ihren Vater benachrichtigen, der wird Sie von hier abholen."
Halo nahm wie betäubt ihre Noten an sich. Was sollte sie nun nur machen?
Noch am gleichen Tag traf im Pfarrhaus ein Telegramm ein, der Vater möge sofort seine Tochter aus der Musikschule abholen. Umgehend machte er sich auf den Weg und kam vor Empörung schnaubend in der Schule an. Zuerst kam es zur Begegnung der beiden Väter. Wenn der Meister gedacht hatte, das Problem ließe sich folgendermaßen lösen: "Hier, bitte, hier ist ihre Tochter. Sie hat sich auf meinen minderjährigen Sohn eingelassen. Nehmen Sie sie mit nach Hause", dann hatte er vorbeigedacht, denn Vater Lukas setzte wieder einmal mit Nachdruck seine ganze Persönlichkeit ein: "Meine Tochter werde ich nicht mitnehmen. Meine Tochter wird hier weiter die Musikschule besuchen und hier ihre Prüfung machen und auch bestehen."
Lukas sagte dieses so energisch, daß der Meister sich geschlagen gab. Damit war der erste Teil des Unternehmens gut gelaufen, es folgte der zweite Teil, die Unterredung mit der Tochter.
Halo war voller Zerknirschung auf vieles gefaßt gewesen, nicht aber darauf, daß der Vater neben seinem Ärger auch gütig war. Zwar betonte er mit allem Nachdruck, daß die Liebelei ab sofort beendet sei, zwar stellte er Fragen, die Halo erst Jahre später verstand, zwar verlangte er absoluten Fleiß und Gehorsam, doch entzog er ihr seine Vaterliebe nicht, nahm sie sogar zart in den Arm und redete ihr gut zu, stark zu sein. Halo atmete auf.

Für Vater Lukas gab es noch einen dritten Teil, nämlich die Heimkehr und das gemeinsame Sorgengespräch mit seiner Frau Anyta. War ihnen Halo gar so schnell entwachsen? Sie hatten in ihrer Strenge und einst selbstgelebten Disziplin so gar keinen Zugang zu dem "oberflächlichen Charakter", wie sie Halos Wesen nannten. Gramvoll seufzte Mutter Anyta: "Dieser Kuckuck paßt nicht in unser Grasmückennest."
Gudrun, die diesen Satz hörte, zuckte zusammen und wälzte lange die Worte in ihrem Kopf hin und her. Das Gesagte der Mutter löste bei ihr die Frage aus: wer bin denn ich in dieser Familie?

"Grasmücken", ja, so waren die Eltern: liebevoll, emsig, aufopfernd. Oft gerieten sie dabei an den Rand der Erschöpfung. Gleichwohl, Anyta und Lukas ließen bei aller Last, die sie trugen, spüren, daß sie gern Eltern waren.
"Grasmückennest" - genauso empfand Gudrun das Zuhause. Geborgenheit, Wärme und auch eine gewisse Enge, grad wie in einem Nest. Bei aller Zartheit dieses Nestes war es zugleich ein Bollwerk gegen die große Welt.
"Grasmückenkinder" - Christiane, ja, sie ist eine kleine Grasmücke, das Abbild ihrer Eltern.
Gudrun stutzte. Ist ein Kuckuck im fremden Nest etwas Schlechtes? Sie wehrte sich innerlich instinktiv gegen einen etwa aufkommenden Familienkonflikt, sie brauchte eine heile Welt, sie benötigte Harmonie.
Kuckuck - Gudrun wußte, daß Kuckuckseltern keine eigenen Brutstätten bauen, sondern ihre Eier in fremde Nester legen, z.B. auch in Grasmückennester. Wie ist das eigentlich bei den Vögeln? Ob sie je merken, daß sie einen fremden Vogel großziehen? Können sie ihn akzeptieren? Auf alle Fälle ist der Kuckuck sehr beliebt bei den Menschen. In diesem Gedanken lag ein großer Trost.
Und sie selbst? Sah die Mutter in ihr eine kleine Grasmücke, oder ebenfalls einen Kuckuck? Gudrun fühlte sich eher als kleine Grasmücke, und sie fühlte sich wohl dabei. Wie kann das sein? Ich stamme doch aus demselben westpreußischen Nest wie Halo. Müßte ich nicht auch ein Kuckuck sein? Niemandem fühle ich mich so nah verwandt wie dem Kuckuck Halo.

Mit diesen Grübeleien war Gudrun ganz abgekommen von Halos aktuellen Problemen. Wie sollte es in der Musikschule weitergehen?
Dort wußte sich der Meister zu helfen. Am nächsten Tag war Martin abgereist. Er und Halo hatten nicht einmal ein Wort des Abschiedes zu einander sagen können. Er war zu einer Tante geschickt worden, um dort weiter die Schule zu besuchen.
So trostlos traurig war Halo bisher noch nicht gewesen. Wie sollte sie sich jetzt auf den Lernstoff konzentrieren, wie überhaupt singen? Ein dicker Klumpen ungeweinter Tränen saß in ihrem Hals. Und immer die Frage, wie mochte Martin sich fühlen? Was werden seine Eltern nur alles zu ihm gesagt haben?
Halo schrieb einen Brief an ihn, sie meinte aus Gesprächen, sich der Adresse dieser Tante zu erinnern. Ihre Liebe durfte nicht kaputtgemacht werden. Martin und sie, sie brauchten einander doch so sehr!
Wenige Tage später rief der Meister Halo zu sich: "Halo, Sie haben meinem Sohn geschrieben. Wir sagen Ihnen ganz offen, daß der Brief abgefangen wurde. Wir wünschen diesen Kontakt nicht. Auch Martin hat versucht, Ihnen zu schreiben. Auch ihm ist erklärt worden, daß das keinen Zweck hat. Also, Halo, bitte finden Sie sich damit ab."
Der Meister stand auf und öffnete Halo die Tür. Sie ging aus dem Raum, als hätte sie eine große Leere um sich.
Wenn sie schon nicht per Post die Briefe an Martin abschicken konnte, so wollte sie doch jeden Abend an ihn schreiben und ihm sagen, wie sehr sie ihn liebt. Vielleicht würde er etwas spüren, wenn sie sich mit aller Kraft auf seine Seele

konzentrierte. So schrieb sie allabendlich - das Schreiben half ihr ein wenig über den Trennungsschmerz.

Wochen und Monate vergingen. Inzwischen war die Ausbildungszeit weit vorangeschritten. Die Abschlußprüfungen standen bevor. Halo saß an der Orgel und übte. Sie hatte gute Fortschritte gemacht.
Unten im Dom waren Handwerker zu Gange. Schäden am Mauerwerk wurden verputzt. Halo hörte, wie die Maurer Sand und Kalk im Tubben mischten. Es knirschte sandig unter den Holzpantinen der Männer.
Halos Zeit an der Orgel war gleich beendet. Nun noch das Largo, dachte sie, eine Zeit des Spielens, in der sie sich Martin besonders nahe fühlte. Da war er plötzlich wieder hinter ihr, der Schatten. Halo drehte sich um: "Martin!"
Sie schlang ihre Arme um seinen Hals, er atmete ganz dicht an ihrem Ohr.
"Martin, wie kommst Du hierher?"
"Es sind Ferien. Ich bin einen Zug eher gekommen, meine Eltern wissen es nicht. Ich hoffte, daß Du an der Orgel bist. Dann hörte ich das Largo. Also hast Du mich gerufen. - Ach, Halo...!"
"Martin, ich habe jeden Tag an Dich geschrieben. Ich trage die Briefe immer bei mir, damit sie niemand findet. Magst Du sie?"
"Halo, auch ich habe Dir täglich geschrieben. Auch ich trage die Briefe mit mir herum. Halo, wie soll es nur weitergehen mit uns?"
Tonlos fragte sie: "Hast Du noch Hoffnung?"
"Nein. - Du?"
"Ich auch nicht."
Sie lehnten Stirn an Stirn und hatten die Augen geschlossen.

Jetzt wurde Halo gewahr, daß es im Dom ganz still geworden war. Die Handwerker waren zur Mittagspause gegangen. "Martin, was machen wir mit unseren Briefen?"
"Komm, Halo, ich weiß was."
Martin zog Halo die Treppe hinunter ins Kirchenschiff. Da stand der Maurertubben mit Mörtel. Gleich würden die Handwerker wiederkommen und weiterarbeiten. Martin sah eine tiefe Mauernische, einen Zwischenraum in der gewaltigen Außenmauer des Domes. In diese Nische schob er seinen Packen Briefe und nickte dann Halo auffordernd zu. Da nahm auch sie ihre Briefe, all die lieben, lieben Worte, die Martin noch nicht und nie mehr lesen konnte, und schob sie ebenfalls tief hinein in den Zwischenraum der Mauer. Dann gingen sie schweigend auf die Empore zurück.
In dem Moment war die Mittagspause der Männer beendet. Ein Maurer setzte einen Stein vor die Öffnung der Nische und verstrich die Fugen mit Mörtel. Dann glättete er den Putz rundum. Halo und Martin hatten Hand in Hand von oben zugesehen. Ihnen war zu Mute wie bei einer Beerdigung. Dann drückte Martin Halo noch einmal und verließ den Dom, um zu seinen Eltern zu gehen.
Einen Monat später bestand Halo die Organisten C-Prüfung und die Grundausbildung der Katechetik. Sie konnte nun packen und das Seminar verlassen. Die erste Stufe auf der Berufsleiter war erklommen.

Noch einmal ging sie in den Dom. An der Orgel saß jemand und übte. Halo wendete sich etwas schüchtern der Stelle zu, wo letztens die Handwerker einen Schaden im Gemäuer repariert hatten. Alles war betrocknet, die Wunde in der uralten Wand war geschlossen. Aber die Wunde in Halos Herzen war noch offen:
"Ach, Martin, was hat man uns nur angetan?! Ich habe das Gefühl, als ob ich mich nie davon erholen werde. So viel eingemauerte Liebe, so viel unerfüllte Liebe! Was mich besonders kränkt, Martin, ist, daß die Erwachsenen ganz andere Vorstellungen von unserer Beziehung hatten, als sie in Wirklichkeit war. Was haben die alles in uns hineininterpretiert!! Du und ich, wir waren doch ganz am Anfang. Außerdem war uns immer bewußt: wir sind in dem ehrwürdigen Dom, direkt unter Gottes Augen. Warum glaubten uns unsere Eltern nicht, daß uns das mit Ehrfurcht erfüllte? Warum dachten sie, wir haben uns alles, aber auch alles genommen? Das ist so ungerecht.
Martin, ich danke Dir, daß es eine so feine Liebe war. Ich danke Dir, daß Du mich in Dein Herz hineingelassen hast. Und Du, Du bleibst für immer in meinem.
Martin, wenn unsere Liebe auch eingemauert ist, laß unsere Herzen deswegen nicht zu Stein werden. Martin, ob unsere Wege sich je wieder kreuzen? Martin, das Largo, es bleibt unsere Melodie. Martin....."
Halo drehte sich um und ging.

Gudrun
(1955)

Der Wunsch, Diakonisse zu werden, hatte sich in Gudrun mehr und mehr vertieft. Nicht nur, daß sie darin eine Lösung ihres Problems mit der "Häßlichkeit" sah, nein, ihre religiöse Natur wurde immer stärker davon angesprochen, das eigene Leben in den Dienst für Gott zu stellen. Für Hilfsbedürftige da sein zu können, sich ganz in diesem Dienst zu verströmen, das schwebte ihr vor. Darauf lebte sie hin.
Die Eltern dachten bei aller Bejahung vorerst aber ganz praktisch: "Gudrun, mach noch etwas Positives aus Deiner Zeit. Dein Eintritt muß nicht vor dem 18. Lebensjahr erfolgen. Du darfst auf keinen Fall weltfremd werden."
Gudrun ließ sich beraten. Tatsächlich konnte in die Monate nach Beendigung der 10. Klasse noch viel hineingepackt werden. Zuerst wurde sie im Herbst 1953 zu einer Schneidermeisterin vermittelt und erlernte nicht nur Begriffe der Weißnäherei, sondern auch das Zuschneiden und das Nähen von Oberbekleidung. Das machte ihr viel Freude.
Als nächstes wurde eine längere Reise geplant. Gudrun kannte sie erst vom Namen her, die große Verwandtschaft der Adoptiveltern. Ein beantragter Reisepaß bei den Behörden der DDR wurde tatsächlich bewilligt, und so machte Gudrun sich auf große Fahrt in den "goldenen Westen". Dabei war ihr von vornherein klar, sie würde die bewilligte Reisedauer weitaus überziehen. Ein viertel Jahr wollte sie wegbleiben.
In den von den westlichen Alliierten besetzten Zonen Deutschlands hatte bereits der Marshall-Plan gegriffen und ließ das Wirtschaftswunder entstehen. Im Gegensatz zur DDR, die sich immer noch mühte, die Lebensmittelmarken ganz abzuschaffen, gab es im Westen fast alles zu kaufen. Jedenfalls hatte ein DDR Bürger dieses Empfinden.
Mit Neugier betrat Gudrun diese fremde Welt. Dennoch mußte sie auch ihre Scheu sehr überwinden, nun an fremde Türen zu klopfen und zu sagen: "Hier bin ich, Eure neue Nichte." Doch ihre Scheu durfte schnell verfliegen, denn sie wurde überall herzlich und mit offenen Armen aufgenommen. Dieses Auf-Reisen-Schicken durch die Eltern sollte sich als weitsichtig erweisen, denn es war für viele, viele Jahre der einzige persönliche Kontakt, den Gudrun mit der neuen Verwandtschaft schließen konnte.
Selbstverständlich war auch ein Besuch bei Omama eingeplant, die nun im Bergischen Land einen Teil der Großfamilie um sich gesammelt hatte.
Einen besonders eindrücklichen Abschluß fand ihre Reise in Bethel, wo Gudrun einen diakonischen Arbeitseinsatz leistete. Die behinderten Kinder fanden schnell Zugang zu ihr. Eigentlich fühlte sie sich dort genau am rechten Platz. So wurde es wohl auch vom Vorstand des dortigen Mutterhauses empfunden, denn Gudrun wurde zu einem Gespräch zur Oberin bestellt: "Wir möchten Ihnen nur sagen, daß wir Ihre Eignung für diesen Beruf spüren, und wir bieten Ihnen an, in unsere Schwesternschaft einzutreten."

Gudrun geriet nicht eine Sekunde ins Wanken: "Danke für Ihr Angebot, aber ich möchte zurück in die DDR."
"Warum denn?"
"Erstens habe ich dort schon Kontakt zu einem Mutterhaus aufgenommen, und zweitens käme mein Hierbleiben einer Republikflucht gleich. Und diese würde das Amt meines Vaters beschädigen. Das möchte ich ihm nicht antun."
"Gäbe es denn die Möglichkeit einer legalen Ausreise?"
"Eventuell ja, aber ich lebe sehr bewußt in der DDR, in diesem atheistischen Staat. Da ist es doch wichtig, daß die Christen bleiben. Ich finde, man hat dort als Christ seine Verantwortung."
"Das ist natürlich ein Standpunkt, gegen den wir nichts sagen mögen. Danke für Ihren Einsatz hier."
Gudrun reiste voll Freude wieder heim zu den Eltern. Für wenige Wochen füllte sie dort noch den Platz aus, den sonst alle drei Geschwister inne gehabt hatten. Christiane lebte weiterhin in Westberlin und arbeitete auf das Abitur hin. Nur an den Wochenenden kam sie nach Hause. Für Halo sollte nach der kirchenmusikalischen Ausbildung ein erweiterndes Seminar in Potsdam folgen.

Gudrun packte ihre Sachen, um in das Diakonissenleben einzutreten. Es wurde gar nicht viel benötigt. Wäsche besaß sie nicht viel, etwas für den Sommer, einiges für den Winter, das paßte alles in einen Koffer. Zivile Oberbekleidung würde sie bald gar nicht mehr brauchen, sie würde ja Tracht tragen. Was muß noch eingepackt werden? Ein paar Bücher, die Bibel, Schreibzeug und Schuhe und der Nähkasten. Das Gepäck stand bereit.
Noch einmal Weihnachten daheim, noch einmal die Geschwister und das liebe Trautchen, - alles war so heimelig, und dennoch spürte sie schon eine unsichtbare Trennungswand. Gudruns Herz war bereits abgereist. Dies hier alles galt ihr wie ein letzter Zipfel Vergangenheit. Leicht löste sie sich davon, sie lebte innerlich bereits in der neuen Form der Gemeinschaft. Mit von der Zukunft erfülltem Herzen nahm sie Abschied von ihrer Kirchgemeinde. Sie hatte den Diakonissenspruch von Wilhelm Löhe für diesen Abendgottesdienst auswendig gelernt "Was will ich? Dienen will ich. Wem will ich dienen? Dem HERRN in seinen Elenden und Armen. Und was ist mein Lohn? Ich diene weder um Lohn noch um Dank, sondern aus Dank und Liebe. Mein Lohn ist, daß ich darf. Und wenn ich dabei umkomme? Komme ich um, so komme ich um....." Gudrun hegte keine Zweifel, daß ihre Hingabe für diese Sache ein ganzes Leben reichen würde.
Anyta ließ es sich nicht nehmen, dieses ihr so ans Herz gewachsene Kind selber in ihr neues Leben zu begleiten. In der S-Bahn nach Potsdam saßen sie einander gegenüber, als Anyta ihre Überlegungen in Worte faßte: "Mir geht es heute wie der alttestamentlichen Hanna, die Gott so sehr um ein Kind angefleht und auch endlich ihren Samuel bekommen hatte. Aber immer spürte sie, daß sie ihn nur auf Zeit um sich haben dürfte. Eines Tages würde der Anspruch Gottes kommen, mit dem er Samuel in seinen Dienst rufen würde. Und dann mußte sie, Hanna, dieses heißgeliebte Kind hinbringen zu dem Hohenpriester Eli in den Tempel."

Anytas Stimme zitterte ein wenig: "Kind, ich bin heute Hanna. Ich kann dieses Opfer, Dich sozusagen im "Tempel" abzugeben, nur bringen, weil ich Gott damit danken kann, Dich damals bekommen zu haben."
Anyta wischte sich eine Träne weg, und auch Gudrun war dem Weinen nahe: "Danke, Muttichen, aber wir sehen uns doch immer wieder!"
"Ja, Kind, darauf freue ich mich jetzt schon. Aber Du solltest wissen, wie es heute in meinem Herzen aussieht."
Vater Lukas hatte in den zurückliegenden Wochen Gudrun darüber informiert, wie die Organisation eines Diakonissen-Mutterhauses aufgebaut ist: "Dort besteht eine demokratische Grundordnung. Ich freue mich besonders, daß Du auf diese Weise kennenlernst, was Demokratie ist," hatte der Vater gesagt. "Die Leitung des Hauses liegt in der Verantwortung zweier Menschen, in der der Oberin und der des Pastors. Für die Erziehung der jungen Schwestern, also in Zukunft auch für Deine, ist die Probemeisterin verantwortlich. Sie ist somit eine hochgestellte Persönlichkeit in der Schwesternschaft und vertritt die Oberin in Zeiten deren Abwesenheit.
Um der Schwesternschaft auch Stimme zu geben, wird ein Schwesternrat gewählt. Er besteht meistens aus ca. acht Personen des Vertrauens.
Allem übergeordnet waltet ein Kuratorium. Dieses wird zusammengesetzt aus möglichst einflußreichen Persönlichkeiten: Juristen, Theologen, Verwaltungsmenschen und Pädagogen. Das Kuratorium ist das Verbindungsorgan zu staatlichen und kirchlichen Behörden, es hat beratende Funktion, es lenkt Vermögensfragen und stellt Satzungen auf."
Gudrun war durch diese Information gut vorbereitet auf die bestehende Ordnung in ihrer neuen Welt.

Im Mutterhaus wurden sie beide von der Probemeisterin in Empfang genommen. Vorerst wurde Gudrun in den Schlafsaal gebracht, wo ihr eine Kabine zugewiesen wurde. Gudrun schaute sich um. Alles wirkte sauber, frisch und einladend. Der Saal war durch weiße Vorhänge, die an blinkenden Messingringen hingen und auf Stangen gezogen waren, in sieben Kabinen eingeteilt. Im Mittelgang lag ein spiegelblanker Linoleumläufer. Jede Kabine wies die gleiche Möblierung auf: ein weißes Metallbett, ein weißer Stuhl, ein weißer Waschtisch, ein weißer Kleiderschrank, ein grüner Emailleeimer, ein Bettvorleger. Gudrun hatte nun Platz und Zeit, ihre Sachen auszupacken.
Anyta und die Probemeisterin hatten noch einiges miteinander zu bereden und gingen. Gudrun hatte beim Auspacken ihrer Sachen sehr die abwartenden Blicke der jungen Schwestern im Schlafsaal gespürt. Ein wenig Beklemmung ging davon aus. Evchen, ihre Kabinennachbarin, fand als erste ein Wort: "Du kannst mal in meinen Schrank gucken, wie ich mir alles eingerichtet habe." Damit öffnete sie die Schranktür. Überwältigt von der Ordnung, Duftigkeit und Fülle des fremden Schrankes, schaute Gudrun darauf, wie spärlich und nüchtern ihre eigene kleine Aussteuer beschaffen war.
"Da läßt sich aber was machen", meinte Evchen hilfsbereit, "hier ein Schleifchen, dort ein Wäschebrettchen, dazu ein wenig Duft, Du sollst sehen, wie hübsch das wird."

Gudrun empfand Dankbarkeit für diese ersten Gesten und fühlte sich gleich wohler.
Dann noch einmal neben der Mutter beim Mittagessen im Speisesaal sitzen, aber doch nun schon zu der großen Schwesternschar gehörend, danach Mutters Umarmung: "Gott sei mit Dir, Kind". Anyta strebte mit festem Schritt dem Bahnhof zu, um ihr nun still gewordenes Pfarrhaus wieder zu erreichen.
Gudrun hatte sich ein Diakonissenhaus von innen ganz anders vorgestellt. Armut, Ehelosigkeit und Gehorsam sollten ja fortan die Überschriften ihres Lebens sein. Doch die Runde im Schlafsaal mit den fünf jungen Schwestern entwickelte sich zu einer fröhlichen, hilfsbereiten und fast behaglichen Wohnatmosphäre, die in einem erfreulichen Gegensatz zu der Situation an der politischen Oberschule stand, die sie so sehr gequält hatte. Schon nach kurzer Zeit fühlte sich Gudrun zutiefst geborgen und gut aufgehoben.
Die Probemeisterin verstand es, die diakonischen Grundwerte in angemessener Weise in den praktischen Alltag zu integrieren. So entstand sehr viel ernsthaftes Bemühen um den Dienst für Gott, aber auch unbeschwerte, fast ausgelassene Fröhlichkeit wurde gelebt.
Wie im Adoptivelternhaus, so nun auch im Mutterhaus, gestaltete sich das Leben um das Kirchenjahr herum. Gudruns Eintritt war in die Epiphaniaszeit, in das Fest der Heiligen Drei Könige, gefallen. Über dieser Zeit lag noch ein wenig Glanz von Weihnachten her.
Dann traten sie in die Vorpassion und Passionszeit ein. Jeden Donnerstag um 20 Uhr 15 war Passionsandacht, in der sie sich in Christi Leiden versenkten. Am Gründonnerstag versammelte die Probemeisterin die jungen Schwestern um sich, um das Gewissen zu erforschen, denn sie wollten gemeinsam zum "Tisch des Herrn" gehen. Der Karfreitag verlief sehr still. Auch die Kirchenglocken schwiegen, auf dem Altar fehlte jeder Blumenschmuck, nur Kerzen brannten. Gudrun sang im Chor mit. All die Verse zur Passion Christi ergriffen sie erneut. Am Nachmittag um 14 Uhr fand eine Andacht zur Sterbestunde Jesu statt. In totalem Schweigen und in schwarzen Kleidern wurde der Weg zur Kirche zurückgelegt. Der Pfarrer las den biblischen Bericht über den Tod Jesu: "... und er verschied."
"Wenn ich einmal soll scheiden..." sang der Schwesternchor getragen als Antwort.
In der Abendstunde klang aus allen Zimmern des Mutterhauses Passionsmusik. Jede Schwester hörte in ihrem Radio noch die Übertragung der großen Bach-Passionen aus der Thomaskirche Leipzig. Auch der Sonnabend verlief in betonter Stille, abends fanden sich alle zu einer Andacht zur Grablegung Jesu ein.
Am Ostersonntag hieß es früh aufstehen. Der Schwesternchor ging über die Krankenstationen und Häuser des Diakonischen Werkes und sang: "Christ ist erstanden" und andere Osterlieder voller Jubel. Um 6 Uhr wurde ihr Gesang unterstützt von dem vollen Geläut der Kirchenglocken. Die nachösterliche Zeit stand unter dem Namen der jeweiligen Kirchensonntage: Kantate - singet, Jubilate - jauchzet, Rogate - betet.

Zu Pfingsten wurde das Haus mit Birkengrün geschmückt, die Pfingstlieder erklangen. Dann folgte die lange Trinitatiszeit über den Sommer und den beginnenden Herbst. Sie wurde unterbrochen durch Jahresfeste oder Sternfahrten zu anderen Mutterhäusern. Aber auch der persönliche Urlaub oder die Urlaubsvertretungen fielen in diese Zeit.
Dann wurde es erneut ernst durch den Ewigkeitssonntag. Wieder erklang aus allen Schwesternzimmern die gleiche Musik. Dieses mal hörten sie das Requiem von Brahms.
Zum ersten Advent wurde das Haus geschmückt. Mit der "Erwartung der Ankunft des HERRN" begann auch das Kirchenjahr. Auf jeder Etage des Mutterhauses und auf den Stationen des Krankenhauses leuchtete ein Herrnhuter Adventsstern. Dazu waren Adventskränze aufgehängt, Tannensträuße mit Strohsternen aufgestellt, Krippen aufgebaut und Kerzen über Kerzen verteilt. Am ersten Advent in der Frühe ging der Schwesterchor wieder über die Stationen. Alle Chorsängerinnen hatten eine weiße Schürze umgebunden und trugen ein brennendes Licht: "Wie soll ich dich empfangen...". Die Türen der Krankenzimmer waren geöffnet, überall hatte der Nachtdienst die Kerzen angezündet.
"...und wie begegn ich dir...", die singenden Schwestern zogen die Korridore entlang.
"...das schreib dir in dein Herze..." nun blieb der Chor stehen.
"...ach komm, ach komm, o Sonne...", dann zogen sie weiter.
Am Nachmittag feierte die ca. 150 Personen zählende Schwesternschar bei von der Küchenschwester hausgebackenem Mohn - und Streuselkuchen und Kaffee im von Kerzen erhellten Speisesaal. Das gemeinsame Singen der Adventslieder vereinte sie alle in tiefem Glauben.
Den Höhepunkt dieser Festzeit bildete der Heilige Abend, der mit Gottesdienst, Chorgesang, festlicher Bescherung und traditionellen Speisen einen glänzenden Abschluß der Adventszeit bot. Noch einmal mit allen Kerzen, aber voll tiefer Besinnung, wurde Sylvester begangen. Die Schwesternschaft blieb singend bis Mitternacht beieinander und zog dann schweigend in die von Kerzen erleuchtete Kirche.
"Ach bleib mit deiner Gnade...", sangen sie voll Zuversicht.
Dann las der Pfarrer die Losung des neuen Jahres und alle sprachen das Vaterunser.
"Jesu geh voran auf der Lebensbahn...", die Schwestern hatten sich erhoben. Nun setzte das Geläut ein. Unter dem Dröhnen der Glocken waren sie aus der Kirche getreten und wünschten einander "Gottes Segen für das neue Jahr". Dann strebten sie ihren Zimmern zu um in der verkürzten Nacht noch etwas Kraft für den Dienst zu schöpfen.
Die Arbeit begann für alle, an welchem Platz sie auch tätig waren, um 6 Uhr. Vor Dienstantritt versammelte die Probemeisterin ihre Schar zu einer Morgenandacht. Dann strömten die jungen Schwestern aus an ihre Arbeitsplätze. Um 7 Uhr 30 wurde zur allgemeinen Morgenandacht geläutet, anschließend gab es Frühstück. Die Arbeit wurde wieder aufgenommen und

erst unterbrochen, wenn es um 12 Uhr 30 zum Mittag gongte. Nach dem Essen wurde eine kurze Betrachtung gelesen und ein Liedvers gesungen.

Es schloß sich eine Mittagspause von etwa zwei Stunden an. Um 15 Uhr begann die Arbeit des Nachmittags, die um 18 Uhr 30 vom Abendbrot und einer anschließenden Andacht unterbrochen wurde. Auf den Stationen wurden danach die Patienten für die Nacht versorgt, und um 20 Uhr konnten die Schwestern den Arbeitstag beschließen. Es folgte allabendlich um 20 Uhr 15 eine Veranstaltung innerhalb der Schwesterngemeinschaft: Chorsingen, Bibelstunde, Fürbittengebet, Leseabend, Informationsabend, Wochenschlußandacht.

Die Schwestern erhielten anfänglich 20,-M Taschengeld monatlich, was sich im Laufe der Jahre auf 70,-M steigerte. Gudrun, die kaum Taschengeld kannte, freute sich über diesen Reichtum.

Sie absolvierte vorerst alle Abteilungen der Hauswirtschaft: Raumpflege, Wäscherei, Speisesaal, Nähstube, Küche. Diese Dienste versah sie im Kleid der Diakonissenschülerin. In einem halben Jahr, am 18. Geburtstag, sollte die Einkleidung zur Probeschwester vorgenommen werden. Auf dieses Datum lebte Gudrun hin.

Ein nahezu unaussprechliches Glück bedeutete Halos Nähe in deren Potsdamer Seminar. Nur 45 Fahrradminuten waren die beiden Geschwister voneinander entfernt. Halo fand schnell Kontakt zu der Schlafsaalrunde. Die Probemeisterin erlaubte es sogar, daß Halo an freien Wochenenden neben Gudrun in der Gästekabine übernachten konnte. Wenn abends um 22 Uhr das Licht gelöscht wurde, schoben Halo und Gudrun den Kabinenvorhang bei Seite und redeten stundenlang, oft bis in die Nacht, miteinander. Sie holten in diesen Nachtstunden die unterbliebenen Gespräche der verflossenen Zeit nach.

Unaufhaltsam rieselten die Wochen dahin, es nahte für Gudrun der Tag der Einkleidung, Mutter Anyta wollte dazu anreisen. Am Morgen ihres 18. Geburtstags hatte es Gudrun nicht lange im Bett gehalten. Bereits am Vorabend hatte sie von der Probemeisterin drei blau-blau gedruckte Kleider und das feierliche schwarze überreicht bekommen. Eben knöpfte sie sich bei diesem die letzten Knöpfe zu, als die Probemeisterin den Saal betrat, um Gudrun die Haube aufzusetzen. Mit einem feierlich-mütterlichen Kuß auf die Stirn und anschließendem Gebet in der Schlafsaalrunde endete die Ernennung zur Probeschwester. Es wurde herzlich gratuliert und in froher Runde gefrühstückt. Heimlich schaute Gudrun zur Uhr, bald würde die Mutter hier sein, auf die sie sich so freute.

Doch vorerst Andacht im Speisesaal und das unglaublich gute Gefühl, nun eine von all diesen Schwestern zu sein, die hier im gleichen Kleid, mit derselben Haube, mit dem in Dienstbereitschaft für Gott schlagenden Herzen miteinander sangen und beteten.

Dann schaute er zur Tür herein, der dunkle Kopf von Anyta. Gudrun eilte ihrer Mutter entgegen. Voll Bewegung nahm Anyta dieses fast entrückt wirkende, durch das schwarze Kleid noch schlanker erscheinende Geschöpf mit der weißen Haube in den Arm und wünschte ihm Gottes Segen. Leise endete sie

ihre Gratulation: "Kind, ich habe es immer gewußt, aus dem häßlichen Entlein wird ein Schwan." Gudrun schluckte, nie würde sie an den Schwan glauben, aber das sagte sie nicht laut.
Vom nächsten Tag an wurde Gudrun zum Dienst im Krankenhaus eingeteilt.

Bald nahte mit Riesenschritten der Termin, an dem für Gudrun und Evchen die Ausbildung beginnen sollte. Da zu dem eigenen Mutterhaus keine Krankenpflegeschule gehörte, mußten die beiden in eine nahegelegene Kleinstadt, in deren Kreiskrankenhaus eine kleine Diakonissen-Schwesternschaft wirkte. Hier würden sie im Internat leben. All ihr Hab und Gut hatten sie in wenigen Gepäckstücken verstaut und saßen sich nun im Zug gegenüber, der sie in den neuen Lebensabschnitt brachte.
"Hoffentlich muß ich nicht auf die Entbindungsstation", sagte Evchen sorgenvoll, "mir ist das ganze Gebiet ein bißchen peinlich."
"Mir ist es eigentlich egal, wo ich eingesetzt werde, ich lebe mich überall schwer ein", meinte Gudrun dazu.
Das Dachgeschoß des Krankenhauses wurde nun ihre neue Wohnstätte. Sie teilten ihr Zimmer mit noch zwei weiteren Schwesternschülerinnen, die eben dabei waren, ihre Sachen auszupacken. Am nächsten Morgen begann der Ernst des Lebens: zuerst Vollversammlung auf der großen Dachterrasse, dann die Lesung aus dem Losungsbüchlein, ein Liedvers, Luthers Morgensegen - und dann wurde die Schar der Schülerinnen eingeteilt.
Evchen kam auf die Entbindungsstation und zog bedrückt den Kopf zwischen die Schultern. Gudrun sollte ein Zimmer mit sieben ernährungsgestörten Säuglingen übernehmen. Sie unterdrückte ihre Ängstlichkeit und suchte die ihr zugewiesene Station auf, die von einer Diakonisse geleitet wurde. Als Seitenschwester arbeitete dort eine Schülerin aus dem zweiten Lehrjahr. Auch alle übrigen Arbeiten wurden von Schülerinnen versehen. In etwa so sah auch die personelle Besetzung der anderen Stationen aus, lediglich auf den großen chirurgischen Stationen waren die Stellen der stellvertretenden Stationsschwestern auch noch mit Diakonissen besetzt. Dazu jeweils das nötige Reinigungspersonal.
Gudrun hatte noch nie ein Neugeborenes im Arm gehabt und fürchtete sich vor der Zerbrechlichkeit ihrer kleinen Patienten. Doch die Stationsschwester zeigte ihr jeden Handgriff und ließ sie dann unter Aufsicht den ersten Säugling baden. Danach blieb Gudrun mit den sieben Kleinen allein, jedoch mit der Auflage, nach jedem neu gebadeten Kind die Stationsschwester zu rufen.
Gudrun geriet in Schweiß. Wenn sie auch nur pro Kind 20 Minuten aufwenden würde, so hätte sie allein mit dem morgendlichen Baden 2 ½ Stunden zu tun. Doch längst war es an der Zeit, die Fläschchen warm zu machen, denn die Mahlzeit für die Kleinen war fällig. Im Eiltempo mußte die angefallene Schmutzwäsche gezählt und in die Waschküche gebracht, der Fußboden gereinigt und die unzähligen Fläschchen des vorangegangenen Tages gespült werden. Manche der Winzlinge brauchten im Zweistundenrhythmus Nahrung, so daß Gudrun bereits an die nächste Mahlzeit denken mußte. Schon am ersten Tag wurde ihr klar, daß ihr eine große und schwere Aufgabe übertragen worden

war. Abgehetzt traf sie zum Mittagessen im Speisesaal mit Evchen zusammen: "Wie ging es Dir?" fragte Gudrun.
"Besser als gedacht", sagte Evchen mit frohen Augen. "Wir haben heute Vormittag ein Kind bekommen. Es hat mich noch nichts im Leben so berührt, wie diese Geburt."
Nach dem Essen begann der Unterricht. Er würde nun an allen Tagen in der Mittagsstunde stattfinden, damit die Schülerinnen für die Arbeit des Nachmittags wieder in den Einsatz konnten. Gudrun hatte nach mehreren Tagen der Arbeit mit den Säuglingen ein wenig Sicherheit gewonnen und freute sich schon am Morgen auf ihre sieben Kleinen. Doch oft hatte sie auch den Eindruck, die Stunden reichten nicht aus, für die viele Arbeit, die zu erledigen war.

An einem Tag wurde ein neuer Säugling eingewiesen, der bei der Nachmittagsvisite vom Oberarzt gründlich untersucht wurde. Die Stationsschwester hatte danach das Kind nur in ein Badetuch gehüllt und in sein Bettchen gelegt und zugedeckt. So hatte Gudrun das Kind vorgefunden. Darum nahm sie es aus dem Bettchen, um es anzuziehen. In diesem Moment hörte sie den Gong, der alle Schwestern zum Abendbrot rief. Es gehörte zur Pflicht, in den Speisesaal zu gehen. Nur die Stations- und Seitenschwester durften auf der Station essen. Gudrun geriet in inneren Konflikt. Sollte sie das halbangezogene Kind zurück ins Bettchen legen? Nein, bestimmt war es viel wichtiger, das Kleine sorgfältig und gewissenhaft zu betreuen. Leider konnte sie nicht fragen, denn die Stationsschwester befand sich noch in der Oberarztvisite.
Einige Zeit später deckte die Seitenschwester den Tisch für das Abendbrot in der Stationsküche und legte drei Gedecke auf. Die Stationsschwester fragte erstaunt: "Warum decken Sie für drei?"
"Schwester Gudrun ist heute nicht in den Speisesaal gegangen, sie hat erst das Kind fertig angezogen."
Empört drehte die Stationsschwester sich um und öffnete mit Betonung das Säuglingszimmer: "Schwester Gudrun, was fällt Ihnen eigentlich ein, eigenmächtig die Hausordnung zu ändern. Es steht Ihnen überhaupt nicht zu, hier zu entscheiden, wann und wo Sie essen wollen. Sie sind Schülerin des ersten Lehrjahres und gehören zum Abendbrot in den Speisesaal."
Gudrun wollte nur erklären, warum sie nicht gegangen sei, doch da hatte die Stationsschwester die Tür schon hörbar von außen geschlossen. Bedrückt ging Gudrun in den Spülraum, um Windeln zu säubern und zu zählen. Sie hatte die Arbeit eben erst aufgenommen, als die Stationsschwester erneut erschien: "Sagen Sie mal, Schwester Gudrun, brauchen Sie eine Extraeinladung für das Abendbrot?"
"Ach, das war vorhin die Einladung zum Essen?" brachte Gudrun mühsam hervor und wußte sofort, daß sie sich im Ton vergriffen hatte. Sie spülte sich die Hände ab und schlich zur Küche. Die Stations- und Seitenschwester saßen wortlos am Tisch, sie hatten mit dem Essen noch nicht angefangen. Gudrun setzte sich. Da sagte die Stationsschwester: "Es bete jeder für sich allein. Ich kann in dieser Situation kein Gebet sprechen."

Alle drei hielten einen Moment die Köpfe gesenkt, dann hörte man das Klappern des Bestecks. Gudrun bekam nichts herunter, zu sehr drückten die Tränen im Hals.
"Und nun auch noch fasten, damit es später heißt, auf der Säuglingsstation werden alle Schwestern elend," sagte die Stationsschwester gereizt und verließ die Küche.
Gudrun beendete die Arbeiten des Tages, schaute noch einmal nach ihren schlafenden Kindern und meldete um 20 Uhr bei der Stationsschwester, daß alles fertig sei. Mit einem kühlen "Gute Nacht" konnte sie gehen. Im Internatszimmer angekommen, brach sie in Tränen aus. Sie konnte sich erst beruhigen, als sie Evchen alles erzählt hatte.
"Ach, Gudrun, wie tut mir das leid. Und welch ein Glück habe ich selbst. Mit gefällt meine Arbeit und die Stimmung auf meiner Station von Tag zu Tag besser."
"Wie schön für Dich", sagte Gudrun und setzte sich hin, um einen langen Brief an die Eltern zu schreiben. So vieles hatte sich in ihr angestaut, zu den Eltern konnte sie von allem reden. Doch Vater Lukas geriet über ihre Mitteilungen in aufbrausenden Zorn und schrieb an den zuständigen Pfarrer einen bösen Brief. Was Gudrun auf alle Fälle hatte vermeiden wollen, traf nun ein. Die voll Vertrauen an die Eltern geschilderten Reibereien wurden eine Sache offizieller Aussprachen. Die Stationsschwester mußte bei dem Pfarrer erscheinen. Was da gesprochen wurde, erfuhr Gudrun nicht. Aber von einer Entspannung der Lage konnte danach auch nicht die Rede sein.
Erst nach sieben Monaten wurde Gudrun "gewechselt", das hieß, sie kam in den Operationssaal. Wieder stand sie vor völlig neuen Aufgaben. Die Leitung dieses Traktes unterstand einer Diakonisse, ansonsten waren auch hier für alle Arbeiten Schülerinnen eingesetzt. Der Chef war ein guter Operateur. Oft sagte die Op-Schwester voller Bewunderung: "Unser Chef hat goldene Hände." Ihm gelangen komplizierte Operationen, doch sein cholerisches Temperament flößte Gudrun Angst ein. Neben dem Chef arbeiteten zwei junge, nette Assistenzärzte im Op. und auf den Stationen. Einer dieser jungen Ärzte wurde für Gudrun ein schweres Problem. Seine so freundliche Art in der angespannten Lage im Operationssaal tröstete sie sehr. Gudrun wurde schlagartig von einer heißen Welle getroffen, die sich sehr in ihrem Herzen einnistete. Mit Schrecken gestand sie sich ein: ich habe mich in ihn verliebt.
Kompliziert wurde die Sache für sie dadurch, daß dieses Gefühl von dem jungen Arzt anscheinend erwidert wurde. Den ersten, fast umwerfenden Eindruck von ihm hatte Gudrun an einem Sonnabend Abend, an dem er sich ganz schlicht auf die Stationen stellte und den Kranken mit seiner schönen Tenorstimme Abendlieder sang. Da war Gudruns Herz aufgegangen. Später wurde sie von ihm in seinen, im Krankenhaus gelegenen, Wohnbereich geladen, um mit ihm Musik zu hören. Er besaß eine ausgewählt gute Sammlung von Schallplatten. Wahrend sie den Tönen lauschten, stritten sich in Gudruns in Verwirrung geratenem Herzen die Liebe mit der Berufung zum Diakonissenamt. Total verkrampft und wortlos saß sie dem Menschen gegenüber, für den sie so viel empfand. Noch schlimmer erging es ihr bei einer Einladung von ihm nach

Berlin zur H-moll Messe von J. S. Bach. Wie hätte sie die Bahnfahrt mit ihm, und vor allem das Konzert, genießen können. Aber ständig mußte sie ihrem aufgeregten Herzen mitteilen, daß der Weg der Liebe verboten ist. Der junge Arzt spürte in diesen Monaten, daß seine Werbung nicht angenommen wurde, und langsam zog er sich zurück. Dieses Zurückziehen bereitete Gudrun erneuten Schmerz, aber auch Zweifel. Hatte sie richtig gehandelt? Wäre er nicht der absolut richtige Partner fürs Leben gewesen?
Die Probemeisterin hatte ihnen immer wieder gesagt: "die Ehe, vor allem die Mutterschaft, ist die höchste Berufung der Frau, - und gleichwertig ist das Diakonissenamt."
Wozu bin ich nun berufen, fragte sich Gudrun voll Quälerei. Es gab niemanden, mit dem sie diese Frage hätte besprechen können. Nicht einmal Halo und Evchen gegenüber konnte sie sich öffnen.
Manchmal zweifelte sie wegen all der Schwierigkeiten nicht nur an sich selbst, sondern wegen der unterdrückten Liebe auch an ihrem eingeschlagenen Weg. Immer wieder sagte sie sich im Stillen den Diakonissenspruch auf: was will ich? Dienen will ich.... und was ist mein Lohn? Ich diene weder um Lohn noch um Dank, sondern aus Dank und Liebe, mein Lohn ist, daß ich darf. Wahrscheinlich gehörten diese Anfechtungen und Stolpersteine zur Läuterung der Seele. Vielleicht würde sie eines Tages sogar dankbar dafür sein?

Ein Lichtblick tauchte in dieser Dunkelheit für Gudrun auf. Er kam aus einer ungeahnten Richtung. Der in dieser Schwesternschaft zur Zeit vakante Posten der Oberin sollte neu besetzt werden. Es fiel der Name: Schwester Luise.
Als Gudrun zur Kenntnis nahm, daß es sich gerade um die Schwester Luise handelte, die sie schon aus den Tagen einer Kinderkur-Verschickung kannte, wurde ihr ganz warm ums Herz. Schwester Luise hatte damals die Gruppe geleitet, der Gudrun zugeteilt worden war. Sie konnte sich noch sehr genau darauf besinnen, welch nachhaltigen Eindruck diese zarte Frau auf sie gemacht hatte. Vor allem waren es wohl die rehartigen, sanften, braunen Augen, mit denen Schwester Luise ihre Kinderschar zu leiten verstand. Diese Augen traurig zu sehen, wollte jedes Kind vermeiden. Viel schöner war es damals, wenn Schwester Luise mit ihnen lachte. Aber am schönsten war es, wenn sie biblische Geschichte erzählte. Gudrun hatte in der Rückerinnerung manchmal gedacht, daß es wohl Schwester Luise gewesen sei, die ihr die "Liebe zum Herrn Jesus" ins Herz gepflanzt hatte. Und nicht nur das, sie galt für Gudrun auch als das anzustrebende Ideal einer Diakonisse.
Diese großartige Frau sollte nun hier den Oberinnenposten besetzen. Festlich wurde sie empfangen und in ihr Amt eingeführt. Gudrun freute sich auf die erste Begegnung mit ihr, stammten sie nebenbei noch aus dem selben Mutterhaus.
"Gudrun, daß Du hier bist, das ist für mich ein Trost, wenn ich an meine große, neue Aufgabe denke", hatte Schwester Luise gesagte, und viel Wärme leuchtete bei diesem ersten Gespräch aus ihren Augen. Gudrun fühlte sich davon beschenkt. Mit einem gewissen inneren Abstand nahm sie aber wahr, wie die gesamten Schülerinnen in eine nahezu schwärmerische Verehrung für Schwester Luise gerieten. Nach 20 Uhr stellten sie sich unter deren Fenster und

sangen ihr ein paar Abendlieder. Gudrun fand das übertrieben und machte nicht mit. Aber gerade i h r Fehlen wurde von Schwester Luise schmerzlich entdeckt: "Wo warst Du?" Trauer lag in ihren braunen Augen.
Gudrun mochte nicht sagen, daß sie sich an diesem Personenkult nicht beteiligen wollte und brachte einige belanglose Entschuldigungen hervor. Schwester Luise überbrückte: "Wir können ja mal zusammen einen Tee trinken. Dann kannst Du mir erzählen, wie es Dir bisher hier ergangen ist. Komm doch bitte am Sonntag Nachmittag zu mir."
Gudrun fühlte sich menschlich angenommen, das tat ihr wohl. Nebenbei aber, und dieses gestand sie sich ehrlich ein, schmeichelte ihr diese Einladung auch. Als sie sonntags dann ihren Tee tranken, war es nicht nur Gudrun, die von ihren Sorgen erzählte, sondern auch Schwester Luise erzählte freimütig, mit wieviel Hindernissen sie sich hier abplagen mußte. Vor allem aber, so klagte sie, war es das eigene Mutterhaus, das ihr bei dieser schwierigen Amtsübernahme hier so gar keine Unterstützung gab.
Plötzlich hatte Schwester Luise einen Einfall: "Gudrun, vielleicht kannst Du ein kleiner Friedensbote für mich sein. Du könntest doch im Mutterhaus berichten, wie vieles in dieser kurzen Zeit hier schon anders geworden ist."
Gudrun stimmte dieser, ihrer Mission, begeistert zu. Es drängte sie sehr, nun bald ins Mutterhaus zu fahren. Die Gelegenheit ergab sich bereits am nächsten Wochenende. Rasch brachte sie der Zug in Richtung Potsdam. Ach, wieder einmal Schlafsaalluft schnuppern und abends in gemütlicher Runde bei der Probemeisterin sitzen! Als die anderen jungen Schwestern sich zur Nacht verabschiedet hatten, fand sich endlich die Gelegenheit für Gudruns Friedensmission: "Seit Schwester Luise in der Krankenpflegeschule Oberin ist, ist vieles erträglicher geworden."
"Was meinst Du mit erträglich?" fragte die Probemeisterin schroff, "Lehrjahre sind keine Herrenjahre. Das haben schon unsere Vorfahren gewußt."
"Ja, aber die neue Oberin, Schwester Luise, kümmert sich sehr um die Jugend. Alle sind auch so begeistert von ihr. Abends singen sie ihr sogar ein Ständchen."
"Ja, ja, ich kenne Schwester Luise aus unserer Schwesternschaft. Sie hat sich schon immer gern anschwärmen lassen. Deswegen war unser Schwesternrat auch gar nicht dafür, daß sie dort das Amt der Oberin bekleiden soll."
Gudrun erschrak. Ihre Friedensmission schien genau das Gegenteil zu bewirken. Ungeschickt versuchte sie dem Gespräch eine bessere Richtung zu geben: "Mich hat sie auch schon einmal zum Tee eingeladen."
"Solche Sachen sollte sie lieber bleiben lassen, das gibt nur Cliquenwirtschaft." Die Probemeisterin schien das Gespräch beenden zu wollen. Gudrun verabschiedete sich unzufrieden.
Am nächsten Tag fuhr sie zurück. Am Bahnhof der Kleinstadt wurde sie von Schwester Luise erwartet: "Weißt Du, Gudrun, ich hatte ein ganz ungutes Gefühl an diesem Wochenende."
"Das war auch berechtigt. Ich bin mit meiner Friedensmission total verkehrt gelandet."
"Ja, wieso denn?" fragte die Oberin aufhorchend.

"Die Probemeisterin hat überhaupt nicht verstanden, was ich sagen wollte, sondern von Anschwärmenlassen und Cliquenwirtschaft gesprochen."
"Gudrun, das kann doch nicht wahr sein!"
"Doch! Sie hat auch noch gesagt, daß der Schwesternrat eigentlich gerade aus diesen Gründen gegen das Oberinnenamt von Ihnen war."
"Aber Gudrun..." Schwester Luise verstummte vor Betroffenheit.
Als die Oberin dann allein in ihrem Zimmer weilte, griff sie zu ihren Schreibutensilien und verfaßte einen Brief an eine ihr vertraute Mitschwester aus dem Schwesternrat daheim. Unter anderem schrieb sie: "....Ich bin sehr erstaunt, was die Probemeisterin an Details aus dem Schwesternrat den jungen Schwestern erzählt."
Die Briefempfängerin meinte aus Verantwortungsgefühl, hier eingreifen zu müssen. Mit dem Bogen in der Hand lief sie zur Probemeisterin, die nun wiederum ihrerseits in helle Aufregung geriet, zum Telefon lief und ihren sofortigen Besuch bei Schwester Luise ankündigte.
Während die Probemeisterin im Zug der kleinen Kreisstadt entgegenratterte, wurde die ahnungslose Gudrun zu einem Notfall in den OP gerufen. Es handelte sich um einen akuten Blinddarm, die Operation sollte sofort durchgeführt werden. Draußen dunkelte es bereits, als Gudrun die Scheuerarbeiten nach Beendigung der Operation abschließen konnte. Gerade wollte sie die Seifenlauge weggießen, als Frau Oberin am OP-Trakt vorbeikam: "Gudrun, gut daß ich Dich sehe. Wenn Du fertig bist, komm doch bitte zu mir."
Gudrun fühlte sich verunsichert. Irgend etwas hatte in Schwester Luises Blick gelegen, das sie nicht zu deuten verstand. Sie beeilte sich, recht bald an die Oberinnentür klopfen zu können.
"Komm herein, Gudrun, Du weißt noch gar nicht, daß Deine Probemeisterin hier gewesen ist. Sie ist bereits wieder abgereist."
"Hja?" hauchte Gudrun ahnungsvoll.
"Nun, Gudrun, es hat sich in dem Gespräch mit der Probemeisterin ergeben, daß sie überhaupt nicht mit Dir über mich gesprochen hat. Du mußt Dir das alles ausgedacht haben."
"Das kann doch nicht sein. Die Tatsachen, ich meine die Sache mit dem Schwesternrat, beweisen doch, daß sie mit mir geredet haben muß! Woher soll ich denn sonst so etwas wissen?"
"Ich weiß auch nicht, Gudrun, mit wem Du geredet hast. Jedenfalls ist die Probemeisterin eine langjährige Vertrauensperson. Es steht mir nicht zu, ihre Aussage anzuzweifeln."
Gudrun fühlte sich total benommen. Sollte das hier eben heißen, daß sie selbst gelogen haben soll? Nein, nein, sie hatte die Wahrheit gesagt! Was sie sich jedoch im Stillen selbst vorwarf war, daß sie hätte überhaupt nicht reden dürfen. Eigentlich hatten ja in ihr kleine Warnsignale aufgeleuchtet. Doch sie hatte sich sehr wichtig genommen, ihre Rolle hatte ihr gefallen. Nun hatte sie als Friedensbotin menschlich versagt. Das war bitter. Dennoch konnte sie nur schwer die Enttäuschung verkraften, die ihr eben diese beiden Frauen, die ihre Vorbilder sein sollten, zugefügt hatten. Die beiden hatten sich selbst gerettet

und sie, Gudrun, stand als Lügnerin da. Niedergeschlagen ging sie auf ihr Zimmer.
Inzwischen wohnten sie nicht mehr zu viert, sondern, seit sie der "Oberkurs" waren, hatten sie ein Zweibettzimmer bekommen. Evchen hatte sie damals ganz bescheiden gefragt: "Magst Du denn mit mir in einem Zimmer leben?"
"Ja, warum nicht?" hatte Gudrun verwundert gefragt.
"Ich bin nämlich lesbisch", hatte Evchen zur Antwort gegeben.
"Was ist denn das?" hatte Gudrun erschrocken zurückgefragt, denn sie hatte das Gefühl, Evchen spräche von einer schweren, ansteckenden Krankheit.
"Ach Gudrun, ich glaube, Du verstehst davon nicht viel. - Als ich noch in die Schule ging, lauerte mir immer ein Mann auf, - und ich ging mit. Unsere Gemeindeschwester hat das beobachtet und mir, weil sie mir helfen wollte, vorgeschlagen, ins Mutterhaus zu gehen. Darum bin ich überhaupt Diakonissenschülerin geworden. Seit diesem Erleben habe ich Angst vor Männern, ich ekle mich sogar vor ihnen. Aber gleichzeitig sehne ich mich nach Liebe und Zärtlichkeit, darum zieht es mich mehr zu Frauen hin."
"Weiß man im Mutterhaus davon?" fragte Gudrun teilnahmsvoll.
"Ja, weil es mich so bedrückte und ich auch ganz ehrlich sein wollte, habe ich mich der Probemeisterin anvertraut."
"Und was hat die gesagt? hatte Gudrun gespannt gefragt.
"Sie hat gesagt, sie wolle mit Frau Oberin darüber sprechen. Es dauerte dann gar nicht lange, da wurde ich ins Krankenhaus in die Psychiatrie eingewiesen. Du weißt doch, daß ich drei Wochen weg war."
"Ja, aber uns hatte man gesagt, Du seiest in der orthopädischen Abteilung wegen Deines Hohlkreuzes."
Evchen hatte gelächelt: "Das war mit mir so abgesprochen. Was sollte dieses, mein ganz intimes Thema, denn in der Schlafsaalrunde?"
"Ist ja richtig", hatte Gudrun gemeint, "aber was haben sie im Krankenhaus mit Dir gemacht?"
"Nun, ich wurde untersucht. Dann meinte der Arzt, er wolle mich drei Wochen "beobachten". Ich wurde in der Zeit voll und ganz zur Arbeit auf der Station eingesetzt. Das hat mir viel Freude gemacht. Oft habe ich gar nicht daran gedacht, daß ich eigentlich Patientin bin. Am Ende der Zeit hat der Arzt mich zu einem Abschlußgespräch in sein Zimmer gerufen. Er sagte mir, daß sie nichts Krankhaftes haben an mir feststellen können. Und so wurde ich entlassen."
Hier eröffneten sich tatsächlich Welten, von denen Gudrun keine Ahnung hatte. Aber sie empfand ganz deutlich, daß Evchen jetzt ein Signal des Vertrauens brauchte: "Evchen, ich mag sehr gern mit Dir zusammen wohnen. Ich finde sogar, in all dem Streß hier bist Du die einzig Anständige."
"Danke", hatte Evchen gesagt.
Auch jetzt in der schwierigen Lage mit Schwester Luise und der Probemeisterin bedeutete Evchen und das Gespräch zu zweit eine große seelische Entlastung für Gudrun. Für sie stand fest, sie würde vorerst Fahrten ins Mutterhaus vermeiden. Wie sollten in Zukunft die Begegnungen mit der Probemeisterin aussehen? Gudrun fürchtete sich davor. Doch sie hatte mit dem wachen Auge

der Oberin des eigenen Mutterhauses nicht gerechnet. "Warum haben wir Dich hier so lange nicht gesehen?" schrieb diese besorgt.
"Sie werden es von der Probemeisterin erfahren haben", schrieb Gudrun zurück.
"Nein, ich weiß nichts, bin aber sehr beunruhigt. Bitte, komm ins Mutterhaus," hieß es drängend.
Gudrun nahm ihren Mut zusammen und fuhr. Zum Glück konnte sie im Mutterhaus ungesehen an die Tür der Oberin gelangen. Es war schon Abend.
"Bitte, komm herein, Gudrun. Und nun erzähle mir, um was es geht."
Gudrun berichtete von allem, von dem Streß auf den Stationen und vor allem von der verunglückten Friedensmission für Schwester Luise. Die Oberin hatte still zugehört: "Gudrun, ich will Dir offen meine Meinung sagen. Du bist hier auf ganz dumme Weise ein Spielball der Erwachsenen geworden. Der Erwachsenen, die klüger und weiser hätten sein sollen, als sie sich hier erwiesen haben. Wo Du selbst Unrecht getan hast, Gudrun, das spürst Du allein. Man erzählt einfach nicht weiter, was einem anvertraut wurde. Das hast Du jetzt schmerzlich lernen müssen. Für mich ist damit die Angelegenheit erledigt. Mit der Probemeisterin mußt Du aber allein fertig werden. Geh mit Gott, mein Kind."
Damit war Gudrun entlassen. Inzwischen ging das Mutterhaus bereits zur Ruhe. Gudrun klopfte auf dem dunklen Flur an die Tür der Probemeisterin. Diese öffnete ahnungslos. Als sie Gudrun erblickte, wollte sie sogleich ihre Türe wieder zuziehen.
"Frau Oberin schickt mich", sagte Gudrun, und damit war sie eingelassen.
Die Probemeisterin geriet jedoch sogleich in Rage: "Gudrun, was Du da für Märchen über mich verbreitet hast, ist unbeschreiblich. Ich kann mich nicht erinnern, mit Dir überhaupt gesprochen zu haben."
"Doch, wir haben miteinander geredet, es ging um die Cliquenwirtschaft bei Schwester Luise und die Meinung des Schwesternrates."
"Gudrun, ich weiß nicht, was in Dich gefahren ist, daß Du so lügst. Komm, wir wollen uns auf die Knie werfen und Gott bitten, daß er Dein Herz zur Wahrheit führe."
Die Probemeisterin hatte sich an ihrer Liege hingekniet und Gudrun suchte mit innerem Widerstreben einen Stuhl, vor dem sie niederkniete. Trotz der angespannten Situation stellte sie fest, daß unter dem Stuhl ein grüner Emailleeimer stand, in dem die Probemeisterin ihre Wäsche eingeweicht hatte. Gudrun fand dieses Arrangement recht würdelos für ein Gespräch mit Gott.
Die Probemeisterin legte dem HERRN nun inbrünstig den Sachverhalt dar, den ER in seiner großen Weisheit ohnehin wußte: "Amen", sagte sie dann, "lieber HERR, DU allein kannst in Gudruns Herz der Wahrheit zum Sieg verhelfen."
Beide erhoben sich von den Knien.
"Gudrun, bist Du zur Einsicht gekommen?"
"Ich kann nur wiederholen, daß ich nicht gelogen habe. Außerdem sprechen doch auch die Tatsachen für die Richtigkeit dessen, was ich gesagt habe."
"So etwas Verstocktes habe ich noch nicht erlebt. Komm, wir wollen noch einmal auf die Knie."

Gudrun fügte sich und hörte die nahezu himmelstürmende Eindringlichkeit aus dem Gebet der Probemeisterin: "Lieber HERR, verlaß uns nicht. Amen", endete sie und erhob sich ächzend. Gudrun stand bereits.
"Nun, Gudrun, kannst Du jetzt bereuen und Deine Schuld zugeben?"
"Ich habe nicht gelogen."
"Dann wollen wir noch einmal beten."
Gudrun hörte die Mühe der alten Gelenke, als sie sich vor Gott beugten. Sie selbst kniete auch wieder vor dem Stuhl mit dem Wäscheeimer, aber sie hörte kaum, was die Probemeisterin in diesem, ihrem dritten Gebet, zu Gott sprach. Sie war mit Gott in ein eigenes Gespräch vertieft: "HERR, DU weißt alle Dinge, DU weißt auch, wie verwirrt und vergeßlich wir sein können. Aber, lieber, lieber GOTT, ich kann mich doch so genau an dieses Abendgespräch erinnern, und es ist mir ein Trost, daß DU dabei warst. Die Probemeisterin hat doch wirklich mit mir gesprochen und all diese Dinge gesagt. Kannst DU nicht Macht über ihr Herz gewinnen, damit sie eigene Schuld einsieht? Lieber GOTT, ich traue DIR zu, daß DU so viel Kraft und Macht hast. Aber ich bitte DICH auch, vergib mir meine Schwatzhaftigkeit, denn an dem Punkt lag meine echte Schuld. Amen."
Sie erhoben sich: "Gudrun, was hast Du zu sagen?"
"Ich habe nicht gelogen. Aber ich habe einen Trost gefunden. Gott wird es dereinst, am Ende aller Tage, zwischen uns klarstellen."
"Gudrun, geh schlafen, Du bist total durcheinander!"
Gudrun ging. Im Schlafsaal herrschte Stille, ihre jungen Mitschwestern schliefen längst. Gudrun legt sich leise hin und faltete die Hände: "Dennoch, lieber HERR, dennoch bleibe ich an DIR."
Nach kurzer Nachtruhe strebte sie, so zeitig wie möglich, dem Bahnhof zu, um zurück in die Krankenpflegeschule zu fahren. Erstaunlicherweise stand Schwester Luise am Zug. Sie konnte ihre innere Unruhe kaum verbergen und fragte: "Gudrun, wie ging es Dir?"
"Es ist alles in Ordnung", sagte Gudrun einsilbig und distanziert.

Nur noch wenige Wochen blieben bis zu den Abschlußprüfungen. Nach 13 Monaten OP-Zeit sollte Gudrun die chirurgischen Stationen noch kennenlernen. In dem alten Gemäuer des Krankenhauses gab es 1959 noch keine Wasseranschlüsse in den Patientenzimmern. Das Waschwasser für alle Patienten mußte also morgens von den Schülerinnen eimerweise herangetragen werden. Da, wo Hilfestellung nötig war, wurden die Patienten gewaschen. Danach, tempo-tempo, mußte das Wasser wieder hinausgetragen, die Betten mit Wäschewechsel gerichtet, die Blumen auf die Nachttische der Patienten und die Stühle auf die Tische gestellt werden, denn auch die Reinigung der Fußböden oblag den Schülerinnen. Alles mußte sehr schnell geschafft werden, denn auf dem Flur hörte man bereits die Geräusche des Frühstückwagens. Ganz nach Appetit, Diätverordnung und Wunsch wurde das Frühstück gereicht und das Geschirr so rasch wie möglich wieder eingesammelt. Um 7 Uhr 30 betrat nämlich der Chefarzt die Station. Er erwartete, daß zu diesem Zeitpunkt die Morgenarbeit beendet und das Personal

der Station, einschließlich Sekretärin und Schülerinnen, bereitstand, damit er jeden einzelnen mit Handschlag begrüßen konnte.
"Gudrun, beeil Dich", rief eine Mitschülerin, "es ist gleich 7 Uhr 30."
"Ja", rief Gudrun in Hektik, "ich bin sofort fertig, ich muß nur noch in zwei Zimmern die Verbände abwickeln. Du weißt doch, wie ungeduldig der Chef wird, wenn wir damit erst während der Visite anfangen."
Mit fliegenden Händen erledigte sie noch diese Arbeit und rannte dann, verschwitzt, aber doch zufrieden, wieder alles geschafft zu haben, zu der Gruppe, die bereits auf den Chef wartete.
"Schwester Gudrun, mit dieser zerdrückten Schürze können Sie nicht den Chef begrüßen", sagte die Stationsschwester.
Selbstverständlich, die Schürze hatte heute Morgen schon stark gelitten, das sah Gudrun nun auch. Darum jagte sie das Treppenhaus hinauf, eilte in ihr Internatszimmer, riß eine neue Schürze aus dem Schrank, knöpfte sie, während sie in langen Sprüngen die Treppe hinuntereilte, zu und erreichte genau in dem Moment ihre Station wieder, als sie an der Reihe war, vom Chef begrüßt zu werden. Dieser blieb bei ihr stehen: "Sie merken sich mal eins", sagte er, "Sie als kleinster Popel haben als erste hier zu stehen und auf mich zu warten."
Damit war die Begrüßung beendet.
Gudrun fühlte sich gekränkt und ungerecht behandelt. Dieses Gefühl tiefster Herabsetzung empfand sie im Moment nicht nur für ihre eigene Person, sondern für alle Schülerinnen. Wie Menschen zweiter Klasse wurden sie behandelt. Nie ließ man sie spüren, daß sie wichtige kleine Rädchen im Werk das Krankenhausapparates waren, ohne die eigentlich nichts lief. "Wir müßten einmal streiken", dachte sie. "Dann würden sie schon merken, daß es ohne uns nicht geht."
Aber im gleichen Moment rief Gudrun sich innerlich zur Ordnung: "Wo bleibt Deine Demut, Gudrun. Denk an den Diakonissenspruch: Was will ich? Dienen will ich.... Ach, Gudrun, Du bist noch weit weg vom wahren Diakonissenstand."

Nun stand er endgültig fest, der Termin für das Abschlußexamen. Jede Schülerin mußte bei einem Schwerkranken eine Sitzwache übernehmen und darüber einen Bericht schreiben. Gudrun wachte bei einem Mann, der frisch am Magen operiert war.
Evchen durfte als Abschluß allein eine Frau von ihrem Kind entbinden. Die Hebamme leistete ihr lediglich Assistenz. Evchen leuchtete. Sie hatte einem gesunden Mädchen auf die Welt geholfen.
Am Ende der mündlichen und praktischen Prüfungen erhielten die Schülerinnen ihr Zertifikat. Evchen und Gudrun hatten mit "Auszeichnung" bestanden. Nun konnten sie einpacken, die Abreise stand bevor. Evchen, die eben noch einmal auf die Entbindungsstation gerannt war, trat nun mit einem Köfferchen an Gudrun heran: "Bist Du so gut und gibst den im Mutterhaus ab. Es ist meine Tracht drin. Ich fahre nicht mit zurück. Ich habe im Mutterhaus gekündigt. Gib bitte diesen Brief der Probemeisterin."
Sprachlos schaute Gudrun Evchen an und langsam stiegen ihr die Tränen in die Augen: "Du hast doch vorher gar nichts gesagt!"

"Ach, Gudrun, das war bis jetzt auch noch nicht sicher. Aber eben auf der Station haben sie mir einen neuen Lehrvertrag gegeben, den ich sofort unterschrieben habe. Ich muß, ich muß Hebamme werden!"
Jetzt schlug Gudruns Erstarrung in Mitfreude um: "Du, ich gratuliere Dir!"
"Weißt Du, Gudrun, Hebamme-Sein hat etwas mit dem Schöpfer zu tun. Man hat das Gefühl, sein Handlanger zu sein. Aber am liebsten möchte ich selbst einmal ein Kind bekommen. Ich glaube, wenn ich den rechten Menschen träfe, ich könnte heil werden. Du weißt schon, was ich meine."
"Ja, ich weiß. - Aber, daß wir uns heute trennen müssen, das fällt mir sehr schwer. Ich will Dir danken, daß wir diese Zeit hier zusammen durchstehen konnten. Du warst so wichtig für mich."
"Du für mich in all Deiner, oder vielleicht gerade wegen Deiner Naivität, auch."
"Evchen, ich wünsche Dir eine gute zweite Lehre. Ich wünsche Dir, daß der Richtige Deinen Weg kreuzt, und daß Du ein eigenes Kind haben wirst."
"Peter würde ich ihn nennen. Leb wohl, Gudrun."
Allein und mit berechtigten Ängsten vor dem Wiedersehen mit der Probemeisterin traf Gudrun in ihrem Mutterhaus wieder ein. Statt einer Gratulation zum Examen sagte die Probemeisterin: "Auf diese Krankenpflegeschule, in der Du solche Märchen über mich verbreitet hast, können wir keine weiteren jungen Schwestern schicken. Wir müssen völlig neue Wege finden." Das Zusammenleben mit der Probemeisterin regelte sich fortan in kühler Distanz.
Gudrun konnte nun vollverantwortlich auf den Stationen des Krankenhauses eingesetzt werden. Traurig empfand sie die Leere, die durch Halos derweilen erfolgte Abreise entstanden war. Diese hatte in Potsdam ihre Ausbildung mit einer Prüfung abgeschlossen und hätte sich nun in einer Kirchengemeinde als Katechetin und Organistin bewerben können. Doch der Vater hielt mehr von ihrer Begabung und hatte eine erweiterte musikalische Ausbildung in Berlin organisiert. Voll Freude nahm Halo die Möglichkeit zum weiteren Studium an. Sie wollte auf die Organisten-B-Prüfung hinarbeiten und auch Gesangstunden nehmen. So wurde Halo nun Studentin in Westberlin, obwohl sie polizeilich immer noch im Osten gemeldet war.
Christiane dagegen hatte in Westberlin ihr Abitur bestanden und war zum Studium der Theologie in den Osten Berlins zurückgekehrt.
Gudrun blieb für beide Schwestern durch die S-Bahn erreichbar.

Die Mauer
(1961)

Gudruns Seele hatte in der gewohnten Atmosphäre ihres Mutterhauses wieder zur Ruhe gefunden, wobei die Lehrzeit doch merkliche Spuren hinterlassen hatte. Die Unbefangenheit und zu Ausgelassenheit neigende Fröhlichkeit war gedämpft. Besonders das Verhältnis zur Probemeisterin blieb gespannt. Gudrun begann jetzt vieles zu hinterfragen.
Halo, studierte in Westberlin. Über ihr Studium und ihre Gedanken über das Leben schrieb sie an Deta am 20.11.1959:

Liebe Deta!

Es wird Zeit, daß Du wieder einmal Post von mir bekommst. Sooft ich meine Kinderbilder ansehe, und das tue ich sehr oft und gern, sehe ich Dich auf den Fotos. Du hängst ja mit meiner Kindheit zusammen wie meine leiblichen Eltern. Und darum bin ich oft so traurig, daß ich Dich nicht erreichen kann.

Weißt Du, ich habe neue Eltern, sehr, sehr liebe Eltern, denen ich Unrecht täte, sie nicht wie Eltern lieb zu haben; aber ich war halt schon zu alt (13 Jahre), um mich wieder an neue Eltern zu gewöhnen. Je älter ich werde, ich bin jetzt 23 Jahre alt, desto mehr merke ich, wie anders ich bin, und wie anders ich mein Leben einrichten werde, als das meiner jetzigen Eltern ist.

Deshalb gab es früher oft Meinungsverschiedenheiten mit den Eltern, aber jetzt machen sie mir nie Vorwürfe, sie raten mir nur sehr liebevoll, weil sie eingesehen haben, daß der Weg, den ich gehe, auch kein schlechter ist.

Gulu ist da ganz anders. Ich weiß nicht, ob Dir bekannt ist, daß sie auf dem Wege ist, Diakonisse zu werden. Sie machte im März schon ihr Krankenpflegeexamen. Sie ist das Lieblingskind der Eltern, trotz der eigenen Tochter.

Ich selber bin hier in Westberlin an der Musikschule, studiere jetzt im 6. Semester, mache im Sommer Examen und gehe dann an die Universität hier in Berlin, um Gesang zu studieren. Damit werde ich aller Voraussicht nach am meisten erreichen. Im Gesang liegt meine Stärke, während das Klavierüben mir einige Mühe macht, die Orgel ist mir dagegen schon etwas vertrauter.

In einem der nächsten Jahre werde ich wohl heiraten, vielleicht schon sogar im nächsten Sommer. Der Mann, den ich heiraten werde, ist ein ostpreußischer Pastorensohn. Wir studieren hier schon seit einem Jahr zusammen. Die Eltern kennen ihn, aber zu wenig, um ihn beurteilen zu können. Sie meinen aber, wir würden gut zusammenpassen, was auch zweifellos der Fall ist. Wir werden uns unsere Existenz ganz anders aufbauen, als meine jetzigen Eltern es taten. Sie werden nicht mit allem einverstanden sein, sind aber zu klug, um uns irgendwie

dreinzureden. Otmar ist 26 Jahre, also 3 ½ Jahre älter als ich. Ich glaube, meinen leiblichen Eltern würde er gut gefallen und auch richtig in das westpreußische Elternhaus passen.
Weißt Du, ich freue mich so sehr, daß ich in Westpreußen eine so sehr schöne Kindheit hatte. Das macht sich so bemerkbar. Meinen eigenen Kindern wünsche ich auch einmal eine so schöne Kindheit.
Die Großmutter wird im Sommer schon 80 Jahre alt. Nach dem Examen will ich sie besuchen, am liebsten mit Otmar zusammen, aber der muß sehr arbeiten, weil er auf die Universität will, und deshalb eine ganz fürchterliche Prüfung machen muß.
Omama lebt inmitten der anderen Verwandtschaft im Bergischen Land, sie schreibt noch eifrig Briefe und hält die Familie zusammen.
Ob Du mal Zeit und Lust hast, mir zu schreiben? Ich wüßte so gern, wie es Dir und Deiner Familie geht. Dein kleiner Sohn muß doch längst zur Schule gehen. Schreib mir doch mal von ihm. Ich grüße Dich sehr, sehr herzlich, Deine Halo

Doch jetzt hatte sie es sich in den Kopf gesetzt, einmal eine ganze Nacht mit Gudrun zusammen Nachtdienst zu machen. Diese Dienste wurden immer für einen gesamten Monat einer Schwester zugeteilt. Gudrun freute sich sehr über Halos Ansinnen, sie holte die Erlaubnisse der Stationsärztin und leitenden Schwester dafür ein. Halo traf pünktlich zum Dienstantritt um 20 Uhr ein. Sie erhielt einen weißen Kittel und gegen die erste Müdigkeit gleich einmal eine Tasse Kaffee.
Das Arbeitspensum, das nachts erledigt werden mußte, erforderte Fleiß und Konzentration. Gudrun beeilte sich mit allem, um mit Halo wenigstens vor dem Beginn der Morgenarbeiten eine Tasse Tee trinken zu können. Zum Glück verhielten sich die Patienten in dieser Nacht ruhig. Endlich, als sie vor ihren dampfenden Teetassen saßen, meinte Halo: "Du, Gulu, so hätte ich mir einen Nachtdienst nicht vorgestellt. Du hast ja unentwegt zu tun. Ich dachte, man sitzt und wartet, daß ein Patient klingelt und macht dabei Handarbeiten."
Gudrun mußte lachen und sagte mit Nachdruck: "Du, dabei ist der heutige Dienst fast eine Erholung. Es gibt Nächte, da denkt man, man schafft die Arbeit nicht. Aber erzähl mir ein bißchen von Dir."
Halo wurde nachdenklich und ernst: "Weißt Du, Gulu, ich habe ganz schön daran zu knabbern, daß ich zur B-Prüfung nicht zugelassen werde. Ich bin einfach noch nicht so weit und weiß überhaupt nicht, ob ich so weit komme. Es wird viel verlangt. Und eigentlich liegt meine größere Begabung, wenn ich so ein Wort in den Mund nehmen darf, im Gesang."
"Hast Du den Eindruck, daß Du es den Eltern schuldig bist, die Organisten B-Prüfung zu machen?"
"Ja, ihre Erwartungshaltung setzt mich ganz schön unter Druck. Wenn ich Gesang studieren könnte, würde ich die B-Prüfung verschmerzen. Aber ich glaube, das ist für die Eltern kein Thema."
"Und noch ein oder zwei Semester anhängen, würde das etwas bringen?"

"Das geht leider nicht, weil ich schon ab nächstem Semester kein Stipendium mehr bekomme. Ich bin dann zu alt dazu."
"O Schreck, ich wußte nicht, daß es solche Begrenzungen gibt. Was machst Du nun?" Gudruns Stimme klang ratlos.
"Es wäre das beste, wir heiraten. Otmar steckt jetzt in der B-Prüfung und hat gute Aussichten, sie zu bestehen."
"Das wäre ja ein Ausweg", meinte Gudrun sehr nachdenklich. Sie hatte Otmar zwar oberflächlich kennengelernt, aber keine drei Worte mit ihm gewechselt. Irgendwie fand Gudrun diese Situation aber alarmierend. Sieht so eine Frau aus, die gleich glücklich als Braut vor dem Altar stehen will?
Nun hatte auch sie noch etwas auf der Seele: "Halo, sieh mal, ich habe hier am rechten Ellenbogen einen Knubbel. Ich denke, das ist ein entzündeter Schleimbeutel. So etwas bekommt man vom vielen Putzen. "Scheuerfrauenkrankheit" sagten sie in der Krankenpflegeschule dazu. Ich meine, das Ding müßte raus. Was meinst Du, soll ich meine freien Tage nach dem Nachtdienst dazu nutzen?"
Halo hatte voller Interesse auf Gudruns Arm geschaut: "Ich weiß nicht, Gulu, hast Du die Beule schon mal einem Arzt gezeigt?"
"Nein, ich hielt es nicht für so wichtig."
Der Zufall wollte es, daß die diensthabende Ärztin gerade auf der Station erschien. Halo nahm die Gelegenheit beim Schopfe und meinte: "Meine Schwester möchte ihnen etwas zeigen", und deutete auf Gudruns Arm.
Die Ärztin betastete verwundert die Beule: "Wie kommen Sie auf Schleimbeutel? Nein, das wollen wir einmal röntgen."
In den darauffolgenden Tagen lief eine Automatik ab, die Gudrun nicht mehr aufhalten konnte. Das Röntgenbild hatte fünf kleinere und auch größere Tumore im rechten Ober- und Unterarmknochen ergeben. Gudrun hatte bei der Röntgenuntersuchung erstmals gemerkt, daß das Ellenbogengelenk bereits teilweise versteift war. Es erfolgte die sofortige Einweisung in eine orthopädische Klinik und nach drei Tagen die erste Operation.

Gudrun erwachte durch starke Schmerzen im rechten Arm. Als sie die Augen öffnete, hing rechts neben ihr ein weißes Ding, das oberhalb des Bettes an einem Galgen befestigt war. In diesem weißen Gebilde bohrte der Schmerz. War das ihr Arm? Gudrun wollte dieses genauer ergründen, doch in diesem Moment trat der Cheforthopäde an ihr Bett.
"Na, Schwester Gudrun, sind Sie wieder wach? Gewiß möchten Sie erfahren, was wir an Ihrem Arm gemacht haben. Nun, wir haben den größten der fünf Tumore freigelegt und eine schwärzliche Knochenmasse vorgefunden. Wir haben sie herausgekratzt und Proben davon an zwei verschiedene Pathologische Institute geschickt. Die Höhle, die im Knochen entstanden ist, haben wir mit Kalbsspongiosa ausgefüllt. Nun warten wir auf die Untersuchungsergebnisse."
"Wie lange wird das dauern?" fragte Gudrun, die trotz Narkoseeinwirkung hellwach den Ausführungen des Arztes gefolgt war.
"Wir rechnen mit drei Wochen."

"Und dann, wie geht es dann weiter?" fragte Gudrun zögernd.
"Wenn wir ein gutes Ergebnis bekommen, dann müssen wir im Moment weiter gar nichts tun, sondern nur hoffen, daß Ihr Körper den Kalbsknochen annimmt."
"Und wenn es anders ausfällt?"
"Dann müssen wir im schlimmsten Fall den Arm abnehmen."
Es entstand ein bedrückender Moment der Stille. Dann fragte Gudrun: "Kann ich etwas gegen Schmerzen bekommen?"
"Ja, Sie bekommen jetzt eine Spritze."
Langsam zog sich nach der Injektion der grimmige Schmerz zurück. Gudrun ließ das Arztgespräch noch einmal an sich vorüberziehen. "Schlimmstenfalls müssen wir den Arm abnehmen."
Gudrun wußte, wieviel Ungesagtes hinter diesen Worten stand, nämlich: Knochenkrebs!!!
Bedeutet Knochenkrebs Sterben? Sollte dieses Leben schon zu Ende sein? Sie war doch erst 23 Jahre alt! Vor erst 15 Jahren hatte für ihre Mutter Charlotte "Krebs" den Tod bedeutet. Trug sie, Gudrun, den Keim bösartiger Krankheit als Erbe in sich? Wie lange würde solch Knochenkrebs brauchen, den Menschen zu vernichten? Würde sie viele Schmerzen aushalten müssen? Hatte sie genug Seelenstärke gegen Schmerzen? Würde sie ein Pflegefall werden?
Sterben!? Plötzlich wurde ihr ganz leicht ums Herz. Sie hatte ihren Lauf auf dieser Erde also bald vollendet. Sie durfte heimkehren zu Gott. O, wie leicht würde sie sich von der Erde lösen. Sie hatte keinen Besitz, kein Geld, keinen Mann, kein Kind, nichts würde sie festhalten. Auf der Erde wurde man automatisch in Schuld und Schuldigwerden hineingezogen. Das würde sie hinter sich lassen dürfen.
Die Eltern und Christiane? Zuerst wären die bestimmt traurig. Aber dann würden sie ein Ja dazu finden, nun schon ein Kind, bzw. eine Schwester im Himmel zu haben. Dort würden sie aufeinander warten. Dort würde sie, Gudrun, auch Väterchen und Mutter Charlotte wiederfinden. Nein, nein, dieses versprach die Bibel nicht. Aber sie alle zusammen, sie wären aufgehoben bei Gott.
Und Halo? Gudruns Herz kehrte von der Himmelsseligkeit zurück in die Gegenwart. Halo, - die wäre traurig, so traurig wie noch nie. Und sie selbst, Gudrun, konnte sie sich eine Trennung von Halo vorstellen? Nein, Halo, ich will noch nicht sterben, ich möchte leben, ich möchte wieder gesund werden. Halo.....leise hatte der schmerzfreie Schlaf Gudrun davongetragen.
Es folgten drei Wochen gespannten Wartens und starker Schmerzen. Anyta brachte eine kleine Reiseschreibmaschine, damit Gudrun linkshändig schreiben konnte. Gleichzeitig sagte sie ihr ein paar gute Verse aus dem Gesangbuch, damit Gudrun das Wort "Leiden" buchstabieren lernte:
    "Leiden bringt empörte Glieder endlich zum Gehorsam wieder..."
    "Leiden sammelt unsre Sinne...."
    "Leiden stimmt des Herzens Saiten für den Psalm der Ewigkeiten..."
    "Leiden macht das Wort verständlich, Leiden macht in allem gründlich..."
    "Leiden, wer ist deiner wert?..."
Soll, kann man es auch so sehen?

Die Tür des Krankenzimmers tat sich auf und die große Visite strömte herein.
"Schwester Gudrun, beide Befunde sind gekommen, und beide stimmen überein. Das ist für uns sehr wichtig. Der Befund ist gutartig, es handelt sich um eine Ostitis fibrosa."
Gudrun meinte, man müßte das Rumpeln ihrer davonrollenden Sorgensteine hören. Auch den Ärzten war Erleichterung anzumerken.
"Wie geht die Behandlung nun weiter?" wollte Gudrun wissen.
"Wie wir durch die letzte Röntgenkontrolle festgestellt haben, ist Ihr Knochen dabei, die eingepflanzte Kalbssubstanz einzubauen. Bei einer Stabilisierung des ersten Herdes können wir dann die anderen Tumore in Angriff nehmen."
"Wann wird das erfolgen?"
"Zuerst bekommen sie eine Ledermanschette für den ganzen Arm angefertigt und können damit nach Hause gehen. Daheim können Sie auch leichte Arbeiten verrichten. Aber wir müssen Ihnen noch etwas sagen. Die Ursache dieser Knochenerkrankung liegt in der Schilddrüse und der Nebenschilddrüse. Sie werden um eine Strumaoperation nicht herumkommen. Erst dadurch wird der Prozeß im Arm zum Stillstand kommen. Und noch eins: Ihr Arm wird für immer steif bleiben."
Die Visite entfernte sich, und Gudrun blieb mit all den Neuigkeiten allein. Ich werde leben, dachte sie überrascht. Mit leiser Wehmut nahm sie in dieser Stunde Abschied von ihrer Sehnsucht nach dem Jenseits und richtete ihre Gedankenwelt auf das Diesseits.

Zwischen, vor und nach den verschiedenen Operationsterminen gab es einige größere Ereignisse zu feiern. Halo und Otmar heirateten. Halo wurde dadurch ganz legal Bürgerin von Westberlin. Die Eltern feierten Silberhochzeit, und das größte Fest betraf sie selbst. Gudrun, und mit ihr noch zwei weitere junge Schwestern, wurden zur Diakonisse eingesegnet.
Für 14 Tage waren sie aus der Arbeit herausgenommen und durch Stunden der Besinnung und Vertiefung auf diesen großen Tag vorbereitet worden. Armut, Ehelosigkeit und Gehorsam um des Dienstes für Gott willen - jetzt würden sie am Altar dafür ein Gelöbnis ablegen, ein Gelöbnis, welches bindend für das weitere Leben sein sollte. Gudrun lauschte in sich hinein. Lebte sie noch im Einklang mit dem, was sie jetzt versprechen wollte? Sie fand ein ehrliches Ja, meinte sie doch, in den zurückliegenden sieben Jahren genügend Erfahrung und Festigkeit gesammelt zu haben. Sie glaubte zwar nicht, daß die Zukunft ohne "innere Anfechtungen" verlaufen würde, aber sie war bereit, den Kampf mit den "Versuchungen" aufzunehmen.
Den Tag der Einsegnung feierte das ganze Mutterhaus mit. Am Morgen des Tages hängte ihnen die Oberin ein mit Myrthen geschmücktes, silbernes Kreuz um den Hals, welches sie nun täglich tragen würden. Das Kernstück des Tages war der Gottesdienst am Vormittag. Als Gudrun am Altar kniete, gab ihr der Pfarrer den Spruch, "Ich will dich segnen, und du sollst ein Segen sein", als weiteres Leitmotiv für ihr Leben mit.

Der Chor sang mit besonderer Innigkeit das Lied der Diakonisse Eva v. Thiele-Winkler:

> Es hat mich einst gerufen die höchste Majestät,
> als vor des Thrones Stufen ich weilte im Gebet.
> Und zitternd klangs wie: Amen, HERR, deine Magd ist hie.
> Da rief er mich mit Namen: "Ancilla domini."
>
> Seitdem bin ich gebunden, die Magd des HERRN zu sein,
> und alle Tag und Stunden, mich seinem Dienst zu weihn.
> In Freuden und in Schmerzen, in Arbeit und in Müh,
> tönts froh in meinem Herzen: "Ancilla domini."
>
> Wird einst der Tag auch kommen, da niemand wirken kann,
> wird mir der Dienst genommen, den ich so gern getan,
> ja ruhen auch die Hände, mein HERR entläßt mich nie.
> Ihm dien ich ohne Ende: "Ancilla domini."

Zu diesem Fest kamen Onkel Ludwig, Trautchen und natürlich die Eltern und Christiane. Halo konnte nicht kommen, sie lag nach einer schweren Fehlgeburt im Krankenhaus. Auffallend war für Gudrun bei diesem Fest Christianes stilles, inneres Leuchten. Eine ganz neue Lieblichkeit hatte sich über ihre Gesichtszüge und ihr Wesen gelegt.

Nach dem sehr festlichen Mittagessen gingen die beiden Schwestern ein wenig spazieren. Nun drängte es aus Christiane heraus: "Ach Gudrun, in all den Jahren des Studiums war ich allein. Der eine, den ich mir so wünschte, der zeigte sich nicht. Und nun ist er doch gekommen. Ganz viel kann ich Dir davon noch nicht sagen. Er heißt Gunter und stammt aus dem Westen. Die letzten Theologiesemester wollte er in Berlin studieren. Wir sind uns an der Uni begegnet. Irgendwie können wir es beide noch nicht fassen, daß unsere Wege sich gekreuzt haben."

Gudrun freute sich für Christiane gerade an diesem Tag, an dem sie selbst so glücklich war.

Lange hatte die operationsfreie Phase nicht gewährt, es wurde Zeit, den zweiten großen Herd im Oberarmknochen zu sanieren. So zog Gudrun im August 1961 wieder in die orthopädische Klinik ein. Sie teilte das Zimmer mit einer netten, älteren Dame.

Die ersten, mit Schmerzen verbundenen Tage nach der Operation waren für Gudrun bereits vorüber. Heute feierten sie Sonntag, das hieß, sie durften etwas länger schlafen. Die Bettnachbarin schaltete das Radio ein, es liefen die Nachrichten. Mit einem Ruck saßen die beiden Patientinnen senkrecht im Bett und trauten ihren Ohren nicht. Der Sprecher sagte mit nüchterner Stimme, daß die DDR über Nacht eine Mauer um Westberlin errichtet hatte. "Antifaschistischer Schutzwall" wurde dieses Bauwerk genannt. Da konnten die beiden in ihrem Krankenzimmer nur höhnisch auflachen. Als ob ihnen vom Westen her Gefahr gedroht hätte, vor der sie beschützt werden mußten!

Ja, den Kindern wurde das in der Schule so beigebracht. Der Westen war gleichzusetzen mit dem Klassenfeind, gegen den man gerüstet sein mußte. In Wirklichkeit war es doch ganz anders. Täglich flüchteten die Menschen zu Tausenden in den Westen, weil sie den sozialistischen Staat nicht mehr aushielten, weil sie sich auch nach einem besseren Leben sehnten. Man sollte doch ehrlich sein. Die Regierung im Osten wollte durch die Mauer sicherstellen, daß nicht das ganze Volk wegläuft.

Nun hörten die beiden Frauen weiter: Alle Grenzübergänge werden mit starkem Aufgebot der Volksarmee abgeriegelt und geschützt. Kein DDR-Bürger kann mehr den Ostteil der Stadt Berlin in Richtung Westen verlassen. Ebenso kann kein Bürger Westberlins mehr den Ostteil der Stadt betreten, hieß es.

Die Bettnachbarin erwachte als erste aus ihrer Erstarrung und brach in Tränen aus. Unter heftigem Schluchzen erzählte sie Gudrun: "Jetzt ist es aus mit uns. Meine Tochter und ich wollten uns auch in den Westen absetzen. Während all der Wochen, die ich hier im Krankenhaus zugebracht habe, hat meine Tochter unsere Wohnung leergeräumt und aktentaschenweise nach Westberlin gebracht. Wir besitzen hier nichts mehr, auch unser ganzes Geld ist schon drüben. Wir haben dort sogar schon eine kleine Wohnung. Wenn ich in den nächsten Tagen entlassen werden sollte, wollten wir vom Krankenhaus direkt zur S-Bahn gehen und rüberfahren. Was machen wir jetzt nur?!?"

Gudrun fühlte tief mit ihrer Bettnachbarin. Auch sie selbst konnte die neue Situation kaum erfassen. Die weltweite Auswirkung des Mauerbaus fiel im Moment noch gar nicht in ihren Gesichtskreis. Auch begriff sie noch nicht, daß die Welt nun wie durch einen eisernen Vorhang sichtbar in zwei Lager geteilt war.

Ihre Gedanken gingen zuerst zu Halo nach Westberlin. Diese Nacht zum 13.8.1961 hatte alles verändert. Daß sie nun beide getrennt leben mußten, traf sie wie ein Fausthieb. Gerade im letzten Brief hatte Halo ihr mitgeteilt, daß sie im Dezember ein Kind erwarte, und daß dieses mal die Schwangerschaft erfolgreich zu verlaufen schien. "Die Leute in der Straßenbahn stehen schon für mich auf, damit ich sitzen kann", hatte sie glücklich als Nachsatz an den Brief angehängt. Gudrun hatte schon Pläne gemacht und wollte für den Geburtstermin Urlaub nehmen, um Halo im Haushalt etwas zu entlasten. Halo und Otmar hatten eine, in Gudruns Augen, großartige Altbauwohnung, sogar mit Stuck an den Decken. Otmar setzte seine Fähigkeiten als B-Musiker voll ein und war oft nicht daheim. Halo verdiente durch Aushilfsarbeiten in einer Kirchgemeinde etwas Geld dazu.

Zur Besuchszeit zog sich Gudruns Bettnachbarin an und verließ das Zimmer, ehe es deren Tochter hatte betreten können. Erst gegen Abend erschien sie wieder mit immer noch vom Weinen geröteten Augen: "Schwester Gudrun, bitte versprechen Sie mir eins: wir haben nie über gewisse Pläne miteinander gesprochen, Sie kennen den Namen meiner Tochter nicht, Sie wissen auch nicht, wo wir wohnen."

"Ich habe bereits alles vergessen."

"Danke, Sie sind ein guter Mensch."

Am nächsten Tag ging die Dame auf eigenen Wunsch nach Hause. Gudrun wagte es nicht, noch irgend eine Frage zu stellen.
Sie selbst war auch sehr bedrückt und traurig. Großmutter und Omama waren nun so alt. Durch den Mauerbau würde sie wohl beide nicht wiedersehen. Und all die anderen vielen, lieben Verwandten in der BRD? Briefe würden hoffentlich doch weiter durchgehen? Und hier im Osten? Wieviel von der Familie waren noch erreichbar? Onkel Ludwig und Tante Erna in Mecklenburg und deren älteste Tochter, dann noch ein Cousin mit seiner Frau in der Prignitz und natürlich die Eltern und Christiane.
Christiane - wie und wo wird sie diese Nacht verbracht haben? Wie stand es zwischen ihr und Gunter? Hatten sie gemeinsame Zukunftspläne? Und würden sie nun durch die Mauer für immer getrennt sei, Gunter im Westen und Christiane im Osten?

Als Gudrun bereits ein paar Tage später aus dem Krankenhaus entlassen wurde, wählte sie einen ruhigen Nachmittag, um nach Potsdam zu fahren. Sehr wohl konnte sie sich an den Namen ihrer Bettnachbarin und deren Tochter erinnern, auch an deren Adresse mit Straße und Hausnummer.
Sie hatte sich vorgenommen, nur einmal als ganz normaler Passant durch diese Straße zu gehen, wollte wie zufällig an besagtem Haus hinaufsehen, ob dort wohl noch an den Fenstern Gardinen hängen. Auch wollte sie an der Haustür stehenbleiben und die Namen der Bewohner lesen. Vielleicht könnte sie auf diese Weise etwas über das Schicksal ihrer Bettnachbarin erfahren, ebenso über deren Tochter.
Doch als sie die Straße erreicht hatte, fühlte sie sich regelrecht bedroht von unsichtbaren Blicken. Sie spürte es beinahe körperlich, daß forschende Augen die ganze Straße kontrollierten. Sie wagte es nicht, nach den Fenstern zu sehen, sie versuchte es auch gar nicht, an der Türe stehen zu bleiben. Mit gesenktem Kopf eilte sie um die nächste Ecke und erreichte nach hastigen Schritten die Bahn, die sie zurück ins Diakonissenhaus brachte. Ein Zittern hatte sie befallen und Angst, als sei sie eben dem drohenden Zuchthaus entronnen.

Irgendwie ging alles weiter. Die Menschen des Ostens gewöhnten sich daran, ein eingesperrtes Volk zu sein. Überall stießen sie an Grenzen. Wenigstens der Lebensstandart besserte sich nun allmählich.
Die Menschen in Westberlin litten unter den Beschränkungen ihrer Reisemöglichkeiten. Sie waren tatsächlich eingemauert. Ein Ring aus Beton und Stacheldraht, verstärkt durch "die bewaffneten Organe der DDR", hatte sich um die Stadt gelegt. All ihre Straßen und Bahnlinien endeten an Barrieren. Die Regierung der Bundesrepublik zahlte den Menschen eine "Berlinzulage", damit sich die Stadt nicht entvölkerte. Immerhin blieb ihnen der Luftweg, um nach Westdeutschland zu gelangen.

Am 6. Dezember dieses schicksalhaften Jahres traf bei Gudrun ein Telegramm ein: "Gottfried geboren, sehr glücklich, Halo."

Gottfried hatten sie ihr Kind genannt. Welch ein schöner Name! Hatten die Eltern damit ihre tiefe Sehnsucht nach einer befriedeten Welt ausdrücken wollen? Gudrun fühlte sich beschenkt. Hatte dieses Bübchen sie doch zur Tante gemacht.

Es dauerte viele Monate, bis sich an der deutsch-deutschen Grenze etwas bewegte. Die ersten, die die stark gesicherten Grenzen und deren "bewaffnete Organe" passieren durften, waren Bürger der Bundesrepublik. Nein, die Leute aus Westberlin durften nicht durch diese Grenzsperren gehen. Nur wer einen Paß der BRD besaß, durfte einen Passierschein beantragen.
So beeilte sich Gunter, eins dieser kostbaren Formulare zu ergattern, denn durch den Zufall, daß er einen Paß aus Süddeutschland besaß, konnte er in den Ostteil der Stadt Berlin gelangen. Christiane erwartete ihn auf der östlichen Seite der Mauer. Voll tiefer Bewegung gingen diese jungen Menschen, die in so viel Ungewißheit getrennt gelebt hatten, aufeinander zu. Es wurde ihnen in dieser Minute zur Gewißheit: Wir gehören zusammen. Wie sie aber auf Dauer zusammensein könnten, stand für sie noch völlig im Unklaren. Sie wollten miteinander einen Weg suchen und finden.
Gudrun wäre zu gern einmal zu Halo gefahren und hätte ihren kleinen Neffen auf den Arm genommen. Wie lebte Halo jetzt überhaupt? Wie sollte man sie sich als Hausfrau vorstellen, wie als junge Mutter? Wie lebte sie eigentlich mit Otmar? Davon stand so wenig in den Briefen. Nur immer: "Otmar hat viel zu tun als Musiker und ist viel weg." Geld war bei ihnen wohl immer knapp, das spürte Gudrun durch die Briefe hindurch. Seltsam, dachte sie, denn von ihren eigenen 20,-DM Taschengeld konnte sie immer noch etwas sparen.

Gunter wurde inzwischen zu einem der "treusten" Grenzgänger. Unzählige Male beantragte er einen Passierschein und besuchte Christiane in Ostberlin. Natürlich ventilierten sie bei diesen Zusammentreffen alle Fragen und Möglichkeiten einer gemeinsamen Zukunft. Eine legale Ausreise für Christiane aus dem Osten war unter den derzeitig herrschenden Bedingungen einfach eine Illusion. Eine Flucht? Nach kurzem Hin und Her wurde dieser Gedanke ein für alle mal verworfen. Christianes Nerven taugten nicht für ein solches Wagnis. Wie auch sollte eine Flucht durchführbar sein? Gunter wäre nie wieder froh geworden, wenn ein solches Unternehmen mißglückt wäre. Wieviel Tote hatte es bereits an der deutsch-deutschen Grenze gegeben! Nein, es mußte ein dritter Weg gefunden werden. Und diesen dritten Weg gab es auch, nur mußte er erst einmal in den Köpfen und Herzen der Beteiligten Fuß fassen. Die einzige Möglichkeit, ein gemeinsames Leben aufbauen zu können, war Gunters Übersiedlung in den Osten.
"Kannst Du das?" fragte Christiane bange.
"Ja, freilich", sagte er mit seinem jungenhaften Lachen.
Doch wie schwer fiel es Gunter, diesen Plan, seinen in Süddeutschland lebenden Eltern zu eröffnen. Hatten sie, besonders seine Mutter, doch in diesem Augenblick das Gefühl, ihren Sohn für alle Zeiten an "den Russen" zu verlieren. Was bedeutete ihnen die so angenehm geschilderte

Schwiegertochter? Sie kannten sie ja nicht einmal und hatten vorerst auch keine Gelegenheit, sie kennenzulernen.

Vater Lukas und Mutter Anyta teilten natürlich das Glück ihres Kindes. Dieser Schwiegersohn erfüllte alle ihre Vorstellungen.

Und wenn sich auch Halo sonst durch die Mauer von der Familie abgeschnitten fühlte, so konnte sie ihren zukünftigen Schwager Gunter doch wenigstens in Westberlin kennenlernen. Voll Begeisterung schrieb sie an Gudrun: "Christiane bekommt einen wunderbaren Mann. Ich habe den Eindruck, mit Gunter könnte man Pferde stehlen gehen."

Gottfried wuchs inzwischen zu einem niedlichen Buben heran. Vor gut zwei Monaten war sein zweiter Geburtstag gefeiert worden, Halo ließ Gudrun, so gut wie man es im Brief schildern konnte, an seiner Entwicklung teilnehmen. Doch ihr heutiger Brief hatte noch einen anderen Grund. Sie schrieb am 17.1.64 aus Westberlin:

Meine liebe Gulu!

Gestern kam Dein lieber Brief, vielen Dank.

Ich bin so traurig, daß Du keine Reisepapiere zu Omamas Beerdigung bekommen hast. Nicht einmal Onkel Ludwig mit seinen 71 Jahren, als Sohn, durfte aus Mecklenburg anreisen. Ich selbst bin hingefahren, die Interzonenzüge fahren ja ohne Anhalten durch Euer Land. Mir tut dabei immer das Herz weh, ich habe doch früher auch dort gewohnt.

Doch nun will ich Dir von der Beerdigung im Bergischen Land erzählen.

Omama ist mit ihren 91 Jahren noch jeden Tag aufgestanden, obwohl sie nicht nur in den Füßen, sondern zuletzt auch in den Händen schon Wasser hatte. Sylvester wußte sie, daß es ihr letztes sein würde. Sie wollte noch alles Spielzeug sehen, das auf ihr Geheiß für die Urenkel zu Weihnachten gekauft worden war. An jeden hatte sie gedacht. Ihr letzter Gedanke galt ihrem 20sten Urenkelchen, dessen Geburt kurz bevor stand.

Als sie starb, war die ganze Familie um sie. Omama blieb im Schlafzimmer aufgebahrt mit Blumen, Kerzen und schönen Liedern.

Ich kam Sonnabend früh an, war die ganze Nacht gefahren. Bis 12 Uhr hatte sich die Großfamilie und der Freundeskreis versammelt. Sie lassen Dich übrigens alle sehr grüßen. Nach dem gemeinsamen Mittagessen war um 13 Uhr Aussegnung in der Wohnung, und dann trugen fünf Enkel und ein Urenkel den Sarg hinunter zum Auto, das dann zur Kirche fuhr. Dort war mit der Gemeinde um 14 Uhr ein Trauergottesdienst, sehr schön. Ich wollte, daß es etwas Besonderes sei und sang: "Ich weiß, daß mein Erlöser lebt." von Händel. Dann fuhren alle zum Friedhof. Es war furchtbar kalt. Als der Sarg in der Erde war, löste sich die Spannung ein wenig. Danach war dann im großen Gemeinderaum Kaffeetrinken, ich glaube, so 40 - 50 Personen. Dieses, und auch das Abendbrot, war im Restaurant bestellt. Überall standen herrliche Blumen. Alles erwärmte sich allmählich, und die Beisetzung gestaltete sich wie ein west-ostpreußischer Familientag. Jeder freute sich über jeden. Es ist ja unwahrscheinlich, was diese Familie in der neuen Heimat für ein Zusammengehörigkeitsgefühl entwickelt. Omama war der Ring, der alles zusammenhielt, und ein wenig waren wir alle mit der Frage beschäftigt, ob durch ihren Tod dieser Ring nun zerbrochen sei.

Nach etwa zwei Stunden löste sich die Kaffeetafel auf. Dann wurde Tante Lara ans Telefon gerufen. Es war etwas Freudiges: Omamas 20. Urenkelchen war geboren. Um dieses Telefonat hat wohl jeder von uns an diesem Tag gebetet. Er kam - wie schön. Der Ring hatte sich geschlossen. Es wird sich also nichts ändern durch Omamas Tod.

Aus dieser warmherzigen Atmosphäre fiel es mir schwer, zurück in meine Berliner Wohnung zu fahren. Beglückte uns doch schon seit acht Wochen meine Schwiegermutter mit ihrer Anwesenheit. Gerechterweise muß ich sagen, daß ich sonst zur Beerdigung nicht hätte fahren können. Sie hat den Frieder, so wird Gottfried inzwischen gerufen, gut versorgt. Außerdem konnte ich in der Zeit manchen Orgeldienst übernehmen, was mir ein wenig Wirtschaftsgeld einbrachte.

Und Otmar? Ach laß mich von ihm schweigen.

Frieder ist dafür um so süßer. Ich werde Dir bald einen ausführlichen Brief über den kleinen Schelm schreiben. Ganz liebe Grüße, Deine Halo.

P.S. Das Wichtigste hätte ich beinahe vergessen: Vor meiner Abreise im Bergischen Land ergab es sich, daß Tante Lara und ich eine Weile alleine blieben. Sie druckste zuerst etwas herum, dann aber kam es aus ihr heraus, daß sie sich all die Jahre furchtbar gequält hat wegen ihres nicht eingehaltenen Versprechens damals an unsere Mutter Charlotte in Königsberg und nach der Flucht noch einmal, nämlich, daß sie uns großziehen würde. Sie könne innerlich einfach nicht zur Ruhe kommen, daß die Großfamilie uns zur Adoption in eine andere Familie freigegeben hat. Es war gut für uns alle, daß sie dieses so ausspracht.

Aber nun endgültig Schluß. Alles Liebe, Deine Halo.

Daß Omama nun nicht mehr als Mittelpunkt dort im Bergischen Land an Gudrun schrieb und den Kontakt über die Grenze hinweg aufrecht erhielt, bedeutete einen rechten Verlust. Doch riß der Faden nie ab, weil Tante Marta das Amt des Briefschreibens übernommen hatte.

Aber auch die andere Großmutter, die mittlerweile in Schleswig Holstein lebte, hatte das hohe Alter von 87 Jahren erreicht.

1959, kurz nach ihrer legalen Ausreise von Cottbus in den Westen zu ihrem Sohn Walter mit Schwiegertochter Elisabeth, war Großvater sehr plötzlich einem Darmverschluß erlegen. Schon damals hatten die Reiseformalitäten mit den östlichen Behörden so lange gedauert, daß Gudrun bei der Großmutter erst

eintraf, als Großvater bereits unter der Erde lag. Aber sie konnten damals doch ein paar Tage beisammen sein, was Großmutter viel Trost bedeutete.
Nun schien auch sie ihre Kraft zu verlassen. Gudrun merkte das an der letzten Karte, die zwar immer noch mit Bilderbuchhandschrift geschrieben war, aber inhaltlich deutliche Signale abgab. Großmutter dachte an ihre letzte Reise. Schon der erste Satz war so anders. Noch nie hatte Großmutter in dieser Art ihre Post begonnen:

Gott behüte Dich!
Mein liebes Guluchen!
Herzlich danke ich Dir für Deine liebe Karte. Ich habe mich gefreut, daß Du die Operation gut überstanden hast. Du bist ein tapferes Mädel. Gott gebe Dir Kraft für Deinen weiteren Lebensweg. Ich bitte ihn jeden Tag darum.
Ich habe nicht mehr viel Kraft. Mein Herz wird bald aufhören zu schlagen.
In Liebe grüßt Dich Deine Großmutter.
P.S. Grüße bitte mein Anytchen. Sie war immer sehr gut zu mir. Ich danke ihr dafür.

Nach dieser Karte dauerte es nicht lange, bis die Todesanzeige bei Gudrun eintraf. An eine Reiseerlaubnis zur Beerdigung durfte sie überhaupt nicht denken. Mit großer Traurigkeit und auch einer gewissen Verbitterung nahm Gudrun das Schicksal, das alle DDR Bürger trugen, auf sich.

Christianes Zukunftspläne gingen einer Regelung entgegen. Gunter hatte alle Unterlagen, die zu einer Übersiedlung in den Osten nötig waren, eingereicht. Ihm wurde aber ein Aufenthalt im Aufnahmelager nicht erspart. Er wurde von den Behörden der DDR auf Herz und Nieren überprüft, ob er würdig sei, ein Bürger dieses sozialistischen Staates zu werden. Doch ihn konnte so leicht nichts aus der Ruhe bringen. Mit Überlegenheit und einem Anflug von Humor überstand er die Wochen im Lager. Dann wurden ihm seine Rechte als Bürger der Bundesrepublik Deutschland abgesprochen und sein Status als DDR Bürger zugesprochen.
Christiane holte ihn ab. Der Hochzeitstermin stand bereits fest, hatten sie doch nun fast drei Jahre aufeinander gewartet. Im Mai 1964 wollten sie sich in Ostberlin trauen lassen. Ostberlin, weil es so günstig lag für die große, westliche Verwandtschaft. Eine bunte Gesellschaft reiste an, Christianes und Gunters Onkel und Tanten, Cousins und Cousinen und mancherlei Freunde. Vor allem nahmen Gunters Eltern die Gelegenheit wahr, seine Frau kennenzulernen, sein schwer erkämpftes Glück mit ihm zu feiern.
Wer weiß, wann man wieder beieinander sein kann? Wer weiß, was die DDR Behörden sich noch einfallen lassen?
Mutter Anyta, die für die kulinarischen Genüsse gesorgt hatte, ein Meisterwerk der Logistik, wenn man bedenkt, daß sie fernab auf dem Dorf lebte und alles herrichten und antransportieren mußte, präsentierte nun auch eine Hochzeitszeitung, die ein Glanzstück des Verseschmiedens war.

Gudrun, die bald nach Christianes Hochzeit wieder eine der vielen Operationen über sich ergehen lassen mußte, erhielt im Krankenhaus einen lieben Brief von Halo:

Berlin, den 2.2.64

Meine liebe Gulu!

Du bist sicher schon operiert und hast hoffentlich nicht zu viele Schmerzen. Du weißt ja, daß ich sehr an Dich denke. Und bedauert werden willst Du nicht. Du sollst aber wissen, daß Du getragen wirst von vielen guten Wünschen und Gebeten. Nun will ich Dir ein wenig von hier erzählen. Frieder sieht sich gerade Dein Bilderbuch an.

Gestern wollte ich ihn auf den Topf setzen, er wollte aber nicht und meinte: "Töpfi Ecke." Wenn er nicht will, dann will er nicht. Im Allgemeinen weiß er aber schon, daß er sich vorläufig nach meinem Willen richten muß.

Neulich las ich, Kinder müssen gehorchen, müssen aber auch merken, daß man ihren Willen respektiert. Wenn man ihnen den Willen bricht, braucht man sich nicht zu wundern, wenn sie dann später keinen eigenen Willen haben, sondern einen Ersatzwillen entwickeln, den Trotz. Das leuchtet mir ein, Frieder ist ja nicht dumm. Man kann schon an seinen Verstand appellieren.

Weißt Du noch, Mutti mit ihrem: "Strafe muß sein."

Man hatte längst eingesehen, was man verbockt hatte, kroch schon auf dem Zahnfleisch vor lauter Reue und Einsicht. Aber nein, das genügte nicht. Es mußte Strafe sein, die weh tut. „Der liebe Gott straft auch", sagte sie. Die Strafe stand ja meist in keinem Zusammenhang zur Untat, sondern war phantastisch geplant, einem wehe zu tun Ich denke doch, Gott läßt es oft bei der Reue bewenden, sonst käme er aus dem Strafen nicht heraus.

Ob Mutti immer noch so denkt? Ich müßte sie mal fragen. Man kann sich ja nun schön über alles so was mit ihr unterhalten. Ich glaube, ich mache in der Kindererziehung nun vieles anders. Natürlich darf Frieder nicht ungehorsam sein, und Hiebe gibt es auch mal. Aber er soll nicht Angst vor Strafe haben und nur aus diesem Grund gehorsam sein.

So, ich muß Schluß machen. Laß Dich lieb und herzlich grüßen von Deiner Halo

Inzwischen hatten sich die Menschen an die Mauer gewöhnt. Am S-Bahnhof Friedrichstraße stand neuerdings eine Halle aus Glas und Stahl, von den schlagfertigen Berlinern "Tränenpalast" genannt. Durch diese Halle reisten nämlich die Bürger der BRD, die per Tagesvisum in Ostberlin geweilt hatten, wieder aus, und wurden von ihren, in den meisten Fällen in Tränen ausbrechenden, östlichen Verwandten, verabschiedet. Streng abgeteilt durch Glaswände und Seile, durften die Leute aus dem Osten wenigstens unten in der

Bahnhofshalle stehen und auf ihre einreisenden westdeutschen Angehörigen warten.
Westberliner durften immer noch nicht einreisen. Halo hatte sich deswegen bei Verwandten in Westdeutschland polizeilich gemeldet. So konnte sie nun, nach mehr als drei Jahren Trennung, erstmalig an ein Treffen mit den Eltern und Geschwistern denken.
Freunde in Ostberlin hatten ihr Wohnzimmer für dieses Wiedersehen zur Verfügung gestellt. Doch vorerst standen Vater Lukas und Mutter Anyta, dazu Christiane und Gudrun in der Bahnhofshalle Friedrichstraße und hofften, Halo würde die Grenzkontrolle bald hinter sich haben.
Und dann, Gudrun meinte im ersten Augenblick, sich verguckt zu haben, kam da eine junge Frau, an der einen Hand einen kleinen Buben, in der anderen eine mittelschwere Tasche. Das mußte Halo sein. Die junge Frau lächelte ihnen ja auch schon entgegen. Welche Veränderungen waren mit Halo vor sich gegangen! Was ihnen da entgegenkam, war eine sehr schlanke Frau in einem anthrazitfarbenen, enganliegenden Kleid, das ihre Figur aufs Aparteste betonte. Der eigentlich weite Ausschnitt ging in eine den Hals hoch und eng umschließende schwarze Spitze über. Halos sonst naturbraunes Haar leuchtete in rotblond. Die sehr gepflegten Fingernägel glänzten von Lack. Die schlanken Beine steckten in schwarzen Strümpfen mit Zierferse. Der Fuß wirkte besonders schmal in einem eleganten, schwarzen Pumps. Wäre da nicht Halos Stimme gewesen und die liebe Umarmung, Gudrun hätte sich nicht sogleich zurechtgefunden.
Und das Bübchen hier war also Frieder. Wortlos stand er in dieser Wiedersehensfreude. Halo hatte ihn besonders sorgfältig angezogen. Wie ein kleiner Herr sah er aus: lange Hosen aus Pepitastoff mit Bügelfalten, ein schwarzes Westchen und ein weißes Oberhemd, das am Halsausschnitt mit einer kleinen, schwarzen Fliege geziert wurde. Alle wollten den Buben begrüßen, doch mit einem heulenden "Mami, Mami!" flüchtete er an Halos Hand.
Der Weg zur Wohnung der hilfreichen, gastgebenden Freunde hatte Gelegenheit gegeben für die ersten Fragen und Antworten. Dann konnten sich alle im netten Wohnzimmer an den Kaffeetisch setzen, den Mutter Anyta zuvor gedeckt und auch den selbstgebackenen Kuchen schon aufgeschnitten hatte.
Während Vater Lukas immer wieder einen ablehnenden Blick über Halos elegante Erscheinung gleiten ließ, hatte sich Gudrun einigermaßen an dieses neue Outfit gewöhnt. Doch Halo konnte sich vorerst mit wenig Ruhe an den Gesprächen beteiligen, denn Frieder hatte sich schreiend auf den Fußboden geworfen und hämmerte mit Händen und Füßen auf die Diele. Halo knirschte ein wenig mit den Zähnen, riß ihn dann schroff vom Boden hoch und gab ihm einen Klaps. Sein böses Schreien ging in hilfesuchendes Jammern über. Halo, die eben noch so grimmig erschien, nahm ihn heftig in die Arme, küßte ihn stürmisch und sagte viele, liebe Worte in sein Ohr.
Nein, das war nicht Halo. Das hier war eine gereizte Tigerin. Gudrun sah besorgt Halos blankliegende Nerven. Nachdem Frieder durch Spielzeug abgelenkt werden konnte, begann am Tisch das wirkliche Gespräch.

"Kind, erzähl von Deinem Leben. Wollte Otmar nicht mitkommen?" leitete Mutter Anyta ein.
"Ich will überhaupt nicht drum rum reden, Otmar und ich, wir wollen uns scheiden lassen."
"Aber Kind", sagte Anyta erschrocken, "Ihr seid doch gerade erst drei Jahre verheiratet."
"Drei Jahre haben auch gereicht, ich kann nicht mehr."
Jetzt schaltete Vater Lukas sich ein: "Eine Ehescheidung hat es in unserer nahen und weiteren Familie noch nicht gegeben. Halo, ich kann das nicht akzeptieren."
"Ich glaube, daß Euch der Gedanke schwerfällt, und es tut mir auch leid, Euch diesen Kummer zu machen. Aber einen anderen Weg, als die Scheidung, gibt es nicht."
"Halo, Du stammst aus einem evangelischen Pfarrhaus! Du arbeitest in einer Kirchgemeinde! Wo bleibt für die Menschen das Vorbild?", sagte Lukas beschwörend.
"Vati, es ist mir klar, daß es Dir nicht einleuchtet, aber es ist mein Leben," Halo hatte die Betonung auf mein gelegt.
Anyta hatte inzwischen seufzend den Kaffeetisch abgedeckt. Halo hatte die vom Vater heiß geliebte Ananas in Büchsen und dazu zwei Flaschen Schlagsahne mitgebracht. Mit erfreutem "Ah und Oh" setzte sich die Familie dazu erneut an den Tisch, obwohl durch das Scheidungsthema die Stimmung gelitten hatte.
Lukas wollte sich gerade genüßlich einen Löffel Ananas mit Sahne in den Mund schieben, als Halo sagte: "Vati, ich habe noch eine Bitte und Frage an Dich. Kannst Du mir mit 300,- Mark West aushelfen?"
Des Vaters Hand blieb in der Luft stehen: "Was willst Du? 300,- Mark West?! Wozu brauchst Du die?"
"Ja, Vati, eigentlich brauche ich sie, um mein Leben zu bewältigen. Ich habe in einem Autohandel für Altwagen einen VW Käfer für 300,- Mark stehen sehen. Wenn ich den hätte, könnte ich vielleicht alles schaffen: meine Termine in der Gemeinde, den Frieder, den Haushalt und meine Weiterbildung."
"Weiterbildung?"
"Ja, Vati, ich möchte im Burkhardt-Haus die Ausbildung zur Gemeindehelferin machen. Ich habe mich schon angemeldet."
"Und dazu brauchst Du ein Auto?"
"Ja, Vati, sonst schaffe ich nicht alles. Von Otmar werde ich nach der Scheidung nicht viel Geld bekommen. Ich muß zusehen, eine gute Qualifizierung zu erlangen, damit ich besser verdiene."
Lukas schwieg eine Weile mit vors Gesicht gelegten Händen. Dann schaute er Halo in die Augen: "Halo, Du bittest mich um 300,- Mark West. Weißt Du, was das für einen DDR Pfarrer bedeutet? Ich weiß, Du denkst an die Bruderhilfe, die wir von der Westkirche bekommen. Und tatsächlich, ich könnte Dir die 300,- Mark geben. Aber aus erzieherischen Gründen werde ich es nicht tun. Erstens konntest Du noch nie gut mit Geld umgehen. Zweitens, Halo, als ich Geld zum Studium brauchte, habe ich es mir im Bergbau verdient. Und drittens, Halo, ich

fahre bis heute mit dem Fahrrad. Mich fragt auch keiner, wie ich meinen Dienst ohne Auto schaffe."
Halo stöhnte leise auf. Es hatte keinen Zweck, mehr zu sagen. Die leergegessenen Teller wurden abgeräumt. Halo sagte zu Frieder: "Räum Dein Spielzeug bitte zusammen, wir müssen fahren."
Mutter Anyta umarmte Halo: "Ach, Kind, liebes...", mehr brachte sie nicht heraus.
Gudrun ging das Stück zur S-Bahn noch mit Halo zusammen. Als sie an einem Müllkorb vorbeikamen, warf Halo mit flotter Hand die beiden leeren Sahneflaschen hinein. Gudrun stutzte: "Halo, wenn Du so das Geld wegwirfst, dann kannst Du finanziell nicht vorankommen. Bei uns bekäme man pro Flasche 20 Pfennig, also insgesamt 40. Damit könnte man fast die S-Bahn Fahrkarte bezahlen."
"Bei uns bekommst Du aber kein Geld mehr dafür, Gulu. Wir leben in einer Wegwerfgesellschaft. Unsere Welten haben sich in diesen drei Jahren der Trennung sehr verändert. Wir müssen aufpassen, daß wir uns nicht auseinanderleben."
So erreichten sie den Tränenpalast und nahmen sich zum Abschied in die Arme: "Halo, das darf uns nicht passieren, daß wir uns auseinanderleben."
"Nein, Gulu, nie. Dafür gehören wir zu sehr zusammen."
"Gute Nacht, Männlein", sagte Gudrun, und Frieder sträubte sich nicht gegen eine leichte Umarmung.
"Lieber, lieber Kuckuck", dachte Gudrun, als sie der S-Bahn zustrebte, "lieber, armer Kuckuck."
Ein halbes Jahr später, also im Frühling 1965, beurkundete das Landgericht Berlin die vollzogene Scheidung von Halo und Otmar. Frieder, dessen Sorgerecht selbstverständlich Halo zugesprochen worden war, näßte von diesem Zeitpunkt an wieder das Bett und nagte an den Fingernägeln. Halo, eine schöne, begabte, junge Frau, stand mit 29 Jahren als Alleinkämpferin im Leben.
Christiane und Gunter zogen in ihr erstes Pfarramt.
Gudrun wurde für ihr Krankenhaus als Oberschwester eingesetzt.

Jo
(1967 – 1968)

Zwei Jahre lebte Halo nun schon allein in West-Berlin mit ihrem kleinen Sohn Frieder. Es war das Jahr 1967. Sie richtete sich mit allem ein, so gut es eben ging. Nach dem Auszug von Otmar hatte sie zwei Zimmer an Studenten untervermietet. Trotzdem deckte ihr Einkommen kaum die Unkosten des Alltags. Auf ihrer Dienststelle hatte sie seinerzeit Vorschuß genommen, um doch den alten VW Käfer kaufen zu können. Immer wieder bestätigte sich dieser Kauf als richtig. Wie sollte sie ohne das Auto sonst alles schaffen. All die Termine ihres Berufslebens, die oft auch den Abend belegten, die festen Stunden für Unterricht, die Hausbesuche und nebenbei auch noch die Weiterbildung im Burkhardt-Haus. Frieder nahm sie auf vielen Fahrten mit, er sollte so wenig wie möglich den Eindruck bekommen, er sei ein Kind, das man abgibt. Er hatte ohnehin durch die Scheidung Schaden genommen.
Um Schulden abzahlen zu können, schrieb Halo in den Abendstunden Noten ab, eine aufwendige Arbeit, die schlecht bezahlt wurde.
Zu Halos Aufgabengebiet gehörte es außerdem, in einer katholischen Einrichtung Christenlehreunterricht für dort lebende evangelische Kinder zu geben. Hier begegnete sie Pater Joseph. Wie ein Blitz durchzuckte es Halo von den Haarwurzeln bis in die Fußsohlen bei diesem Aufeinandertreffen: sie stand dem e i n e n, dem e i n z i g e n Menschen gegenüber, der in ihrem Leben eine Rolle spielen sollte. Sie wußte es genau.
Pater Joseph wirkte als Kaplan in einer katholischen Kirchgemeinde Westberlins. Er führte eine sehr lebendige, unkonventionelle, werbende, moderne, vom Glauben durchleuchtete, für Halo sehr neuartige, Gemeindearbeit durch.
Halo faszinierte seine Ausstrahlung als Priester und als Mann. So sah sie ihn: Mit einem gewinnenden Lächeln ging er auf die Menschen seiner Gemeinde zu. Als würde die Sonne scheinen, so erwärmend war dieses Lächeln. Aus seinen blauen Augen blickte Güte und Liebe, ja fast Mütterlichkeit. Seine hohe Stirn beeindruckte Halo besonders. Dahinter wurde ganz anders gedacht, als Halo es bisher gewohnt war. Und dann seine Haare! Unmengen blonder Wellen. "Wie mögen die sich anfassen?" Wie kann ein Priester nur so schön und anziehend sein und es anscheinend gar nicht wissen! Arglos und fast harmlos verschenkte er sein Lächeln, von dem Halo sich wünschte, es möge einmal ihr allein und ganz persönlich gelten.
Pater Joseph schien solche Wünsche überhaupt nicht zu spüren. Halo gab sich viel Mühe, seine Aufmerksamkeit zu wecken. Doch diese Versuche erreichten ihn in seinem gelebten Priestertum nicht. Schließlich bat Halo ihn um ein theologisches Buch, das sie für eine Klausurarbeit im Burkhardt-Haus zu brauchen meinte. Dadurch, endlich, kam es zu einem persönliches Gespräch. Dieses sollte der Anfang eines neuartigen Kennenlernens sein. Doch die Arbeitszeit in Berlin ging für Pater Joseph gerade zu Ende, und die eben

aufkeimende Freundschaft zwischen ihm und Halo mußte in Zukunft durch Briefe und gelegentliche Besuche gepflegt werden.

Joseph an Hannalotte

Westdeutschland, 9.4.67

Hannalotte, liebe Schwester!
Darf ich Dir erst einmal einen gesegneten Sonntag wünschen. Gerade habe ich mein Zimmer aufgeräumt, Bett gemacht, gemoppt und Staub geputzt. Und nun sollst Du Dich über ein paar Zeilen freuen. Meine erste Heilige Messe heute Morgen habe ich bereits hinter mir. Wenn ich jetzt morgens die Heilige Messe feiere, dann bist Du immer ganz eng dabei "Herr, segne Hannalotte und Frieder und ihre Schwester, die Diakonisse".
Deine Schwester taucht immer stärker in meiner Vorstellung auf. Sie hat ein so ausgewogenes Gesicht auf dem Foto. Wir wollen sie in unsere Freundschaft mit hineinnehmen. Ich würde sie ja gern einmal kennen lernen.
Mit noch größerem Nachdruck bete ich jetzt in der Liturgie die Stelle: "... daß Du Deine Kirche vereinen und leiten wollest"
Jetzt habe ich Freude daran, wenn ich bedenke, daß Du an der Orgel sitzt oder den Kindergottesdienst gestaltest. Ganz zutiefst tun wir ja doch dasselbe. Und das ist schön. Beim Aufräumen habe ich den mittelalterlichen Spruch über das Priestertum gefunden. Als Junge habe ich bereits einmal davor gestanden. Er wird uns ein wenig weiterhelfen.

> *Ein Priester muß sein*
> *Ganz groß und ganz klein*
> *Vornehmen Sinns wie aus Königsgeschlecht*
> *Einfach und schlicht wie ein Bauernknecht;*
> *Ein Held, der sich selbst bezwungen,*
> *Ein Mensch, der mit Gott gerungen;*
> *Ein Quell von heiligem Leben,*
> *Ein Sünder, dem Gott vergeben-,*
> *Ein Herr dem eignen Verlangen,*
> *Ein Diener den Schwachen und Bangen;*
> *Vor keinem Großen sich beugend;*
> *Zu dem Geringsten sich neigend,*
> *Ein Schüler von seinem Meister*
> *Ein Führer im Kampf der Geister;*
> *Ein Bettler mit flehenden Händen,*
> *Ein Herold mit goldenen Spenden;*
> *Ein Mann auf den Kampfesstätten,*

Ein Weib an den Krankenbetten;
Ein Greis im Schauen,
Ein Kind im Trauen;
Nach Höchstem trachtend,
Das Kleinste achtend;
Bestimmt zur Freude,
Vertraut dem Leide;
Weitab vom Neide;
Im Denken klar,
Im Reden wahr;
Des Friedens Freund,
Der Trägheit Feind;
Feststehend in sich. -------- Ganz anders als ich.

Hannalotte, Du wirst mir helfen, ein guter Priester zu sein.
In brüderlicher Liebe, Dein Joseph

Hannalotte an Joseph

Berlin, 11.4.67

Lieber Joseph!
Ich sitze am Schreibtisch, um Dir zu schreiben. Es ist 0:15 Uhr. Du schläfst sicher schon.
Mir wird so allmählich klar, was das alles für mich bedeutet, und ich komme mir vor, wie, ein kleines Mädchen, das unerwartet ein großes Geschenk bekommt, das es auch sehr gerne haben möchte, aber nicht weiß, was es damit machen soll. Vor allem hat das kleine Mädchen Angst, Angst, daß das Geschenk kaputt geht, und Angst, daß man es ihm wieder wegnimmt, denn es hat noch nie so etwas geschenkt bekommen.
Je mehr Du mir die Angst nimmst, desto eher kann ich alles aufarbeiten, wie Du es so schön sagst. Und deshalb schreibe ich Dir so spät in der Nacht, weil ich Dir sagen will, daß ich jetzt den Ansatzpunkt begriffen habe. Wie schön, daß Du mir so überlegen bist. Ich schäme mich, daß ich das erst jetzt alles begreife.
Welche Liebe muß gegen all die vielen Jahre Angst gesetzt werden. Ich danke Gott, daß er Dich geschaffen hat. Halo

Joseph an Hannalotte

Westdeutschland, 19.04.67

Liebe Hannalotte!
Ein großes Dankeschön für Deine Liebe, Deine Treue, Deine Tapferkeit. Für die Tapferkeit ganz besonders. Weißt Du, ich meine, wir zwei sind von Gott

zusammengeführt worden, um einfach mal eine ganz große Liebe vorzuleben, damit wir beide in unserer Seelsorgeaufgabe sagen können: So geht das, das ist wahre Liebe. Natürlich ist das auch für uns schmerzhaft. Aber sollen wir nicht Gott alles das hinreichen, was wehtut, und ihn bitten, um unserer Tapferkeit willen, die seine Gnade in uns wirkt, auch anderen Menschen zu helfen. Macht es Dich nicht auch etwas stolz zu wissen: Ich weiß, wie man richtig liebt, ich habe gefunden, wonach Tausende vielleicht vergeblich suchen.
Sei ganz herzlich gegrüßt von Deinem Freund Joseph

Hannalotte an Joseph

Berlin, 20.04.67

Joseph, Du lieber, kluger, überlegener Freund!
Wie habe ich mich immer bemüht, meine ganze Unsicherheit zu verbergen. Was daraus wurde, ist die "resolute Erscheinung", wie Du sie registriertest. Ich habe immer gedacht, daß man den Menschen nie zeigen darf, daß man auch liebgehabt werden möchte. Und diese ganze Fassade hast Du lächelnd weggeputzt. Einesteils nagt es ein wenig an meinem Stolz, andrerseits bin ich ja so glücklich.
Das Bild mit dem Geschenk läßt mich so schnell noch nicht los. Es ist ein großes Geschenk, daß ich allein es gar nicht tragen kann.
Als Du neulich erzähltest, Konzert und Theater bedeuten Dir nicht viel, Du würdest lieber Bücher lesen, da konnte ich nicht so ganz mit. Ich war aber sicher, es irgendwann zu begreifen, bzw. zu akzeptieren. Jetzt weiß ich, wo andere sich ablenken, da denkst Du! Ich hätte in meinem Leben wohl immer etwas mehr nachdenken solle. Von jetzt an hilfst Du mir bitte, ja?
Bin ich undankbar? Ich wage trotz allem nicht, mir Deiner ganz sicher zu sein. Ob ich es noch lerne? Dieser Gedanke, "es nicht nötig zu haben, es schon allein zu schaffen, man wird ja doch nur betrogen" hat sich dermaßen in mir festgesetzt, daß es sehr schlimm ist. Jetzt merke ich erst, daß "Vertrauen" und "Treue" sehr große Worte sind, die in meinem Leben noch keine große Rolle gespielt haben. Aber Du sollst nicht denken, daß ich mich bemitleide. Dazu habe ich im Moment absolut keinen Grund. Ich denke nur nach, warum es in mir ein wenig nagt. Aber ich denke lächelnd darüber nach. Man wird ja nicht gerne durchschaut, das ist es wohl.
Du machst mich glücklich, indem Du mich von mir selber löst, aber ich muß wissen, daß auch Du beschenkt bist. Ich danke Dir, daß Du mich lieb hast. Deine Halo

Joseph an Hannalotte

Westdeutschland, 22.04.67

Halo, Du liebster und vertrautester Mensch!

Halo, -Halo, -Halo, -Halo --So tönt es den ganzen Morgen in mir, besonders bei der heiligen Messe, da bist Du mir so nah. Nicht daß der Gedanke "Halo" mich ablenken würde. Nein, so ganz leise, so ganz selbstverständlich gibst Du meinem Leben eine bestimmte Tönung, wie der Untergrund eines Bildes.

Nicht aber, als wenn ich andauernd gut wäre in meinen Gedanken an Dich. Es gibt auch unfeines Sinnen: Aber das glättet sich dann auch wieder. Niemals möchte ich begehrend vor Dir sein, nur schenkend, gütig, wärmend, Dich annehmen. Zeichen der Liebe - das Du annehmen kannst.

Danke! Dieses Wörtchen ist so klein, und doch muß es so viel tragen, soll all mein Herz zu Dir bringen, soll all den stillen Jubel einfangen, soll all die Zuversicht und das Vertrauen künden, das zwischen uns lebt. Danke. Für tausend Augenblicke: danke.

Du als Geschenk an mich ist so groß, so ausfallend, so beseligend!

Halo, gemeinsam stehen wir vor Gott, genauso ungeschützt wie vor einander. Bleiben wir treu, vertrauend, schenkend, tapfer. Ich danke Dir, daß Du mir eine Wohnstätte schenkst in Dir. Und Du darfst bei mir geborgen sein. Gemeinsam: Halo und Joseph

Hannalotte an Joseph

Berlin, 24.04.67

Mein Joseph, von ganzem Herzen mein Jo!

Dein Brief - ich mußte weinen. Der Gedanke, daß dieser Mann mich so liebt und annimmt, überwältigt mich. Ob es wohl eine größere menschliche Liebe gibt, als unsere? Ich mußte erst 24 Stunden warten, ehe ich Dir schreibe, aber ich kann nichts anderes denken als: Jo. Wenn mich Einsamkeit, Sehnsucht und Ratlosigkeit packen, werde ich Deinen Brief lesen.

600 km trennen uns - für liebende Gedanken spielen sie keine Rolle. Na, der Satz war wohl etwas voreilig, ich überschätze im Moment wohl meine Tapferkeit.

Dein "unfeines Sinnen" sieht in meinen Augen anders aus. Es gehört zum Sichschenken und Angenommenwerden. Das sollst Du wissen. Ich liebe Dich so, wie Du bist, mit der ganzen Vielfalt Deiner Gesichter. Und es ist keines darunter, dessen Du Dich schämen müßtest.

In mir singt es: Du – Jo - Du. Daß Du da bist, ist 31 Lebensjahre wert. Ich liebe Dich immer, Deine Halo.

Hannalotte an Joseph

Berlin, 30.04.67

Mein lieber Jo!
Auf der Orgelbank schreibt es sich schlecht. Unten wird gerade ein Kind getauft. Heute ist so ein herrlicher Sonntag. Jo, mein Lieber, ich fühle mich, wie wenn ich glücklich verheiratet wäre. Mein Mann ist zwar in beruflichen Dingen verreist, aber in mir jederzeit gegenwärtig. Heute Abend wolltest Du bei Deinen Eltern sein. Hast Du ihnen etwas von uns erzählt?
Du kannst so glücklich machen. Berlin ist leer ohne Dich. Wenn Du einmal in Berlin bei mir zu Besuch sein wirst, singe ich Dir das Beethoven-Lied vor:

> *Ich liebe Dich, so wie Du mich,*
> *am Abend und am Morgen.*
> *Noch war kein Tag, wo Du und ich*
> *nicht teilten unsre Sorgen.*
> *Auch waren sie für Dich und mich*
> *geteilt leicht zu ertragen,*
> *Du tröstetest im Kummer mich,*
> *ich weint in Deine Klagen.*
> *Drum Gottes Segen über Dir,*
> *Du meines Lebens Freude.*
> *Gott schütze Dich, erhalt Dich mir,*
> *schütz und erhalt uns beide.*

Von ganzem Herzen und immer bin ich Deine Halo.

Joseph an Hannalotte

Westdeutschland, 30.04.67

Mein liebe Halo!
Dein Bild steht vor mir an die Tischlampe gelehnt. Die Leute hier sitzen im Gemeinschaftszimmer bei Bier und Wein. Eine halbe Stunde war ich unten bei ihnen, dann bin ich auf mein Zimmer gegangen. Ich muß mit Dir allein sein. Halo! Den ganzen Tag hämmert es in mir: Halo, Halo, Halo.
Mein Zimmer hier ist nicht sehr gemütlich, wenn Du es sehen könntest, wärest Du sehr enttäuscht. Halo, was tue ich? Ich fliehe zu Dir. Dein Bild ist mir ein gewaltiger Trost. An zwei Wesen klammere ich mich: an Gott und an Dich. Jetzt brauche ich Deine Kraft.
Hier sitzen so viele Priester und wissen nicht, was sie tun sollen. Die Krise unseres Ordens. Keine Tätigkeitsfelder mehr. - Nicht wissen, was man tun soll. Wenn ich nun an unser fruchtbares Arbeiten in Berlin denke!

Halo, ich klammere mich an Dich fest mit beiden Händen. Du wirst stark sein und mich halten. Halo, ich will kein mittelmäßiger Mensch werden. Ich will meine innere Freiheit haben. Du wirst nicht zulassen, daß ich absacke. Wann werden sie hier merken, daß ich anders sein möchte? Wie wird alles werden? Man bildet uns hier aus und hat dann keine Aufgaben für uns. Du spürst meine Besorgnis, meine Angst aus diesen Zeilen. Aber Du hast mir versprochen, an meiner Seite zu bleiben. Du wirst alles mit mir tragen. Dank.

Halo, ich habe zu Hause die ganze Zeit von Dir geschwätzt. Wes das Herz voll ist...

Halo, nimm diesen Brief nicht zu absolut, andere werden anders klingen.

Halo, ich verzichte auf die Gegenwart Deiner Liebe - aber es ist schwer. Es ist ein Opfer, das Gott in Segen umwandeln möge. Es denkt an Dich und Frieder Dein Jo

Hannalotte an Joseph

Berlin, 01.05.67

Mein lieber Jo!
Eben habe ich mein Pensum an Notenschreiben erfüllt. Stell Dir vor, mit Notenschreiben und Organisten-Vertretung habe ich von Sonnabend bis heute 141,00 Mark verdient. Gut, nicht? Das müßte so weitergehen. Jetzt muß ich aber noch in die Bücher gucken, denn Freitag ist ja die Kursus-Abschluß-Prüfung.
Wenn Gebete und liebende Gedanken beschützen könnten, müßtest Du eine dicke Schutzmauer um Dich haben, Dir müßte es gut gehen, und es dürfte nichts passieren.
Ich habe mir im Atlas besehen, wo Du bist. Ich denke aber, wenn Gott will, daß wir beieinander sind, schafft er uns auch die Möglichkeit. Wir haben unsere Liebe, unsere Erinnerungen und nicht zuletzt unsere Aufgaben. In diesem, unserem Sinne, Deine Halo
Aber, Sehnsucht habe ich doch.

Joseph an Hannalotte

Westdeutschland, 01.05.67

Halo, Liebe!
Allmählich gewinnt die Welt hier Gestalt. Mein Zimmer ist schon nett wohnlich geworden. Darf ich mir von Dir die Gardine für mein Fenster wünschen?
Heute Morgen war Aufstehen 05:20 Uhr. Eine halbe Stunde später 30 Minuten Meditation. Davon habe ich 25 Minuten nur auf Sehnsucht gemacht, tiefe, niederdrückende Sehnsucht. Ich habe still in mich hineingeweint. "Der Herr nehme in Gnaden dieses Opfer an", hieß es gerade in der Liturgie. Halo, wir zwei sind die lebendigen Opfergaben. Herr, nimm unser wahnsinnig schweres Opfer an. Herr, Du

hast uns zusammengeführt in der ganzen Tiefe, um uns wieder auseinander zu führen. Herr, nimm an unser Opfer, das auf uns lastet bis zur Grenze des Erträglichen. Stärke Halo, laß sie nicht alleine sein in ihrem Herzen. Du weißt Herr, daß ich keinen Menschen liebe wie sie, und daß mich niemand so liebt, wie Halo. Besänftige unsere Herzen. Amen.
10:56 Uhr. Halo, gerade habe ich mir einige Tränen aus den Augen gewischt. Mir wurde Dein Brief hereingereicht. Als das Beethovenlied kam, fing ich an zu weinen. Entschuldige, Halo, daß ich innerlich so wenig fest bin, aber der Abschied hat mir so eine Wunde aufgerissen, die erst langsam heilen wird. Wie bin ich glücklich, daß Du froh und stark bist.
Dein Mann auf Dienstreise. Ja, so soll es sein. Und ich will mich bemühen, nicht so ein quengeliger Mann zu sein. Wie habe ich auf Deinen Brief gewartet!
Soll ich Dir überhaupt solche Stimmungen von mir berichten, die Dich traurig machen? Aber wichtig ist doch, daß man sich in den Briefen wirklich hat, mit allem Schmerz und aller Sehnsucht und den ganz kleinen Schritten zum wieder Normalwerden.
Dein Brief klang so nach Dur, in mir ist alles in Moll.
Wie oft in 24 Stunden sich unsere Gedanken wohl kreuzen? Ich kann es Dir genau sagen: "Weißt Du, wie viel Sternlein stehen, an dem hohen Himmelszelt?" so oft.
Ja, Halo, wenn wir uns begegnen, dann soll es sein ein Dank- und Fürbittgebet. Mir geht es darum, ehrlich zu sein. Aus ganzem weiten Herzen Priester zu sein und zugleich ganz die Liebe mit Dir zu leben. Dazu brauche ich Zeit und immer wieder Dein volles Verstehen und Deine helfende Kraft. Kein Mensch auf der Welt kann so in mich hineinsehen wie Du. Kein Mensch auf der Welt behütet mein Innerstes auch wie Du. Den schönen Liedtext habe ich mir auf eine Briefkarte getippt. Er wird mich trösten. Halo Dank, Dein Jo.

Hannalotte an Joseph

Berlin, 02.05.67

Jo, mein Liebster!
Eben mit der Mittagspost kam Dein Brief. Ja, ich denke an Dich. Jo, mein Jo, was soll werden. Haben wir unsere Kraft überschätzt? Ich weiß es nicht, ich weiß nur, daß ich wie im Traum lebe, im Traum mit Dir. Dabei bin ich viel besser dran, als Du.
Wieviel Kraft mußt Du aufbringen, um Deine innere Freiheit zu behalten. Bald wird man dort merken, daß Du kein Mittelmaß bist. Wenn Du Dich wenigstens entfalten könntest.
Je mehr Liebe Du brauchst, desto mehr liebe ich Dich. Diese Liebe zu opfern, kostet unendlich viel Kraft. Wir brauchen uns darüber nichts vorzumachen. Gott hat uns

diese Liebe geschenkt, und er verlangt sie zurück. Den Preis wissen wir beide. Du wirst es immer schwer haben, weil Du kein Mittelmaß bist. Gott allein weiß, was er mit Dir vor hat.
Er behüte Dich, uns beide, uns drei. Deine Halo

Joseph an Hannalotte

Westdeutschland, 02.05.67

Meine liebe Halo!
Jetzt ist alles ganz ruhig und sicher in mir. Es ist alles so eindeutig und klar zwischen uns. Du wartest in liebender Treue auf mich und ich auf Dich. Halo, unsere Gedanken- und Lebensgleichheit ist für mich das achte Weltwunder. Halo, ich kann wieder lachen.
Jetzt noch etwas Brevier beten, dann ein Bier trinken und dann ins Bett. Schlaf Du gut.
Dein Jo
21:26 Uhr - ich kann nicht einschlafen. Heute zeigte ich meinem Vorgänger Dein Bild. "Ist das nicht die, die da manchmal Orgel spielt?" Ja, sie ist es. Unvorstellbar, daß ich Dich einmal nur unter dieser Funktion kannte. Jetzt spielt es in mir Orgel, wenn ich an Dich denke mit allen Registern.
Ich freue mich über Deinen Fleiß. Wenn nur erst einmal alle Schulden abgezahlt sind! Übrigens habe ich noch nie einen evangelischen Menschen getroffen, mit dem ich annähernd in gleicher Weise im Gebet verbunden gewesen wäre, wie mit Dir. Der liebende Gott ist die Brücke zwischen Dir und mir. Noch ein Gedanke: Müssen wir nicht ab und zu auch unsere Stimme hören? Vielleicht alle 14 Tage. Jo
Nachtrag:
Bei der Morgenmeditation von 5:55 Uhr bis 6:55 Uhr sinne ich unablässig betend nach über das Verhältnis: Priestertum und Dein Gatte sein. Ich sage lieber "Gatte" als Mann, weil mir das ehrfürchtiger zu sein scheint, in meiner Vorstellung alles Sexuelle ausschließt und nur das behütend Liebende betont. Ein Freilassen von der Sehnsucht, von der Begierde, vom Habenwollen.
Oder ein Freilassen im Priestertum? Ein gedankenloses Nachvollziehen, Mitlaufen. Ich muß in freier Selbstbestimmung in der Liebe Christi leben. Es darf weder die Klosterwelt noch Du Gewalt über mich erlangen. Es ist ein schmaler Grat, auf dem ich wandere, Abrutschen ist leichter, als sich zu halten. Ich versuch's gar nicht erst, sondern gebe mich gleich in die Hände unseres göttlichen Freundes.
Unser Leben ist nicht leichter geworden durch unsere Begegnung, Halo. Verantwortung ist dazu gekommen. Meine Verantwortung für Dich, Deine Verantwortung für mich, den priesterlichen Freund. Aber das Leben ist dadurch auch reifer, inhaltsvoller geworden.

Wir können uns in aller Offenheit in die Augen sehen, keine Scham braucht den Blick trüben, meine Halo. Dein Jo

Hannalotte an Joseph

Berlin, 03.05.67

Mein Jo!
Bevor ich mich an die Arbeit mache, will ich Dir für drei Briefe danken.
Denkst Du, Frieder könne Deine Gegenwart ersetzen? Der bringt ganz andere Saiten in mir zum Klingen. Die Sehnsucht nach Dir ist immer dieselbe.
In der Tiefe des Betenkönnens bist Du mir doch sehr über. Ich kann es nachvollziehen, wenn Du solch Gebet im Brief formulierst. Doch oftmals durchzuckt mich eine große Resignation mit der Frage: Was soll das alles. Dann bin ich verbittert. Nimmst Du mich auch so an? Das Gebet in Deinem Brief beschämt mich sehr, ich werde es oft lesen. Doch der Gedanke: "Wie schön wäre es, wenn..." ist immer da. So lebe ich mit Dir, in Dir. Ich liebe Deine Moll-Stimmungen, sie gehören zu Dir und mir, und da habe ich Gelegenheit, Dich zu trösten. Ich liebe Dich so, wie Du bist, und nicht so, wie Du meinst, sein zu müssen.
Ich muß noch sehr lernen, nicht egoistisch zu sein. Ich möchte noch zu viel haben, dabei zeige ich Dir meine größte Liebe doch erst, wenn ich Dich ganz Priester sein lasse, auch in Gedanken. Und das ist so unendlich schwer.
21:30 Uhr. Ich sitze und lerne Bibelsprüche auswendig. Hab ich ein Gedächtnis, schrecklich. Wir treffen uns morgen in Berlin mit Ostzonen-Verwandten. Vielleicht ist Gulu auch da. Ach, oft knirsche ich mit den Zähnen vor Sehnsucht nach Dir. Wenn Frieder groß ist, darf er Deine Briefe lesen. Er muß viel von Dir lernen. Ich bin glücklich, daß ich für immer mit Dir rechnen kann.
22 Uhr 20. So, Jetzt bin ich bis auf die dicksten Brocken: Kirchengeschichte, Römerbrief und Johannes Evangelium, durch. Der Rest kommt morgen. In Liebe Deine Halo.

Joseph an Hannalotte

Westdeutschland, den 3.5.67

Meine ganz liebe Halo!
Heute dachte ich: "Hau doch ab aus dem Kloster, was soll denn das Ganze. Nur Halo zählt, bei ihr findest Du Deine Erfüllung, da kannst Du "du selbst" sein. Was soll das rauhe, unpersönliche Kloster. Hier läufst Du dauernd mit Deinem Priestergesicht herum."
Viel Erfolg bei der morgigen Prüfung. Rufst Du mich mal an? Dein Jo

Hannalotte an Joseph

Berlin, 05.05.67

Du mein Lieber!
Es ist geschafft, es ist geschafft! Mir fallen fast die Augen zu, am Telefon werde ich Dir ausführlich berichten. Nur so viel: Ich kam mit den drei Bekenntnisschriften dran, im Alten Testament, Geschichte Israels und dann Psalmen. Im Neuen Testament Römerbrief Kap. 3 und 6. In der Gruppenpädagogik, dem eigentlich interessantesten Thema, ging es ins Auge, weil die Fragen so schlecht gestellt wurden. Zum Schluß kam die Dogmatik, die Zweinaturen Lehre.
Sehr müde und aller Sorgen ledig fuhr ich schnell nach Hause. Hier fand ich, wie erwartet, Deinen Brief.
Was haben Deine Eltern eigentlich zu unserer Liebe gesagt? Bei den Vorbereitungen für die Prüfung hätte ich mir doch sehr gewünscht, Dich hier zu haben. Du hättest mir manchen Text entschlüsseln können. Jetzt beginne ich zu ahnen, was es für meine Eltern bedeutet, wenn sie zusammen in hebräischen Bibeln lesen. Ich greife mich an den Kopf, wenn ich bedenke, worauf ich meine Ehe mit Otmar aufgebaut hatte: Auf nichts! Du und ich, wir beide können zusammen beten, wir könnten zusammen leben, das ist gewiß. Jo, glaubst Du, daß die Menschen in der Seelsorge es uns abnehmen, wenn wir es ihnen erzählen?
In Deiner Liebe geborgen fühlt sich Deine Halo

Joseph an Hannalotte

Westdeutschland, Himmelfahrt 67

Liebes!
Der Nachmittag war gut. Du hast recht. Alles in Sehnsucht-Machen ist sinnlos. Wir wollen zwei starke Menschen sein. Nüchtern wollen wir sehen, daß der andere an seinem Platz das Beste leistet. Damit hast Du mir, Halo, viel Boden unter die Füße gegeben.
Ich möchte dich bitten Halo, daß Du mir einmal klipp und klar schreibst, daß Du einfach hin von mir erwartest, ja verlangst, daß ich ein guter, ruhiger, in sich stehender Priester sein soll. Du mußt mir das mal sagen, denn Du weißt, daß ich Dir jeden Wunsch erfüllen möchte. Für Dich werde ich mich schon zusammenreißen können.
11:30 Uhr. Dein Brief kam heute Morgen in eine sehr nüchterne Phase bei mir. Das ist auch gut so, einer soll ja immer stark sein. Über Sehnsucht und Erinnerung und ach, wenn doch... habe ich genug geschrieben. Wenn ich mich lange auf meine lateinischen Texte konzentriere, bin ich sehr sachlich. Mit Wehmut im Herzen kann man nicht übersetzen.

Überhaupt: Ich brauche alle seelischen Energien für meine Aufgabe. Du fragst, worin diese Aufgabe bestünde. In einem Satz: Die Öffnung der Kirche zu Toleranz und Dialog in den Gemeinden zu verwirklichen. Wir sind gleichsam eine fliegende Truppe, die den Geist, wie ich ihn versuchte lebendig werden zu lassen, übers Land hin verbreiten will. Wir wollen ernst machen mit einer brüderlichen, dienenden, anspruchslosen Kirche, die das Zeichen Gottes in der Welt sein kann.
Du verstehst, Halo, daß das nicht nur mit einem ruhigen Kopf sondern mit einem ruhigen Herzen geschehen muß. Alles Ach und Wenn ist Aufweichung, feiges Aus - dem Wege - gehen, Illusion. Ich bin fest davon überzeugt, daß wir die Kraft haben.
Ich habe mein Leben lang geliebt und keine Erfüllung gefunden. Meine Freundin Gisela mußte ich 1959 hergeben durch den Eintritt in den Orden.
Und nun Halo, eine Liebe, die nicht überbietbar ist. Ein Mensch auf der Welt, der mich wirklich versteht, der weiß, wie mein Herz sucht, der nicht an der Oberfläche bleibt. Ein Mensch, der sein ganzes Schicksal auf mich setzt. Mit wehen Händen, fast ohne Haut, halte ich Dich. Ich, ein Mensch, den sie herauswerfen wollten aus dem Orden, ein Mensch, den sie von Berlin weggebissen haben. Ein Mensch, der den andern so gleichgültig, so überflüssig ist.
Zehnmal habe ich heute Abend schon mein Priestertum aufgegeben - zehnmal bin ich zurückgekehrt - ganz, ganz klein demütig. Heiland, du siehst jetzt meine stillen Tränen, dir war noch viel elender zu Mute. Die Welt wird wohl doch nicht durch die donnernden Predigten gerettet, sondern durch die Liebe weinender Herzen. Halo, auch Du darfst Deine Tränen an meiner Schulter weinen. So stark bin ich noch.
Halo, ich habe grenzenloses Vertrauen zu Dir - und - ich liebe Dich und mit Dir gemeinsam Gott. In Hingabe, Dein Jo.

Hannalotte an Joseph

Berlin, 06.05.67

Mein Jo, Du Geschenk Gottes an mich!
Bei uns ist heute Goldene Konfirmation. Gleich nachher muß ich am Altar die 51 Goldenen Konfirmanden ordnen, daß sie tischweise zum Abendmahl gehen. Zum Schluß gehe ich auch. Neben mir kniest Du. Manchmal überlege ich mir, ob du das wirklich tun würdest, mit mir zum Tisch des HERRN gehen? Du würdest es tun, aber ob Du es tun dürftest?
Du weißt, es ist vier Wochen her... Gegen die Schmerzen habe ich Tabletten geschluckt und bin deshalb etwas umnebelt Wenn ich Dein Gesicht vor mir sehe, kann ich meine Bauchschmerzen etwas vergessen.
In Deiner Liebe ist glücklich Deine Halo.

P.S. Übrigens, mir flüstert der Teufel auch manchmal was zu.
Was, das sage ich Dir aber erst, wenn ich ihm einen 100%igen Fußtritt gegeben habe.

Joseph an Hannalotte
Westdeutschland, 08.05.67

Halo, Liebe!
Heute bitte ich Dich um Dein Verständnis. Du hast oft gesagt, ich möchte die Führung bei uns übernehmen.
Wir stehen in einem wunderbaren Gleichklang. Wir haben uns alles Erlaubte an Offenheit und Vertrauen geschenkt. Ganz spontan waren die täglichen Briefe ein Zeichen der Liebe über Entfernung hin. Aber wir wollen achtsam sein, wir laufen beide Gefahr, uns ins Briefschreiben auszugießen.
Wir müssen reifen, um als echte, starke Freunde füreinander dazusein. Das verlangt noch einmal den Verzicht auf das tägliche "Du". Bitte, nimm es als Zeichen verantwortlicher Liebe, wenn meine Briefe seltener werden. Ich vermute, daß Du ganz tief innen das gleiche denkst. In treuer Liebe und Verantwortung für uns drei, Dein Freund Jo

Hannalotte an Joseph
Berlin, 09.05.67

Jo, Lieber!
Den ganzen Tag ist tiefste Dankbarkeit gegen Dich in mir. Du bist ein so starkes "Du" in Deiner Persönlichkeit, daß es verantwortungslos von mir wäre, Dein Gegenüber aufzuweichen.
Obwohl mich so eine kleine liebevolle Ermahnung wurmt. Es wurmt mich nicht die Ermahnung, sondern, daß Du sie mir geben mußt. Klar, meine Gefühlswelt hat Wünsche: daß all unsere Gespräche nicht per Brief zu sein brauchten. Mit Dir zu leben in einer Gemeinde, einer Arbeit, einer Familie. Du bist klug genug, mich nicht falsch zu verstehen. Es gibt evangelische Pfarrer, die durch die Liebe ihrer Frauen und durch die Ehe noch bessere Pfarrer geworden sind. Ich denke an die guten Ehen und guten Pfarrer in meiner Familie.
Aber denke bitte nicht, daß meine Gedanken so eingleisig sind. Was ich von Dir erwarte ist, daß Du Gott allein die Möglichkeit läßt, Deinen weiteren Weg zu bestimmen, auch wenn der Weg anders aussieht, als der, den Du Dir vorgestellt hast. Ich spiele dabei keine Rolle.
Du hast mich mal gefragt, ob ich um Dich kämpfen würde. Ja, aber sicher anders, als Du meinst. Ich würde bei Gott um Dich kämpfen, mit der Bitte, daß er nicht zuläßt, daß Du zerbrichst. Ich schicke dir noch zwei Verse mit:

> *Ich wage Herr, für dieses Herz zu bitten*
> *daß mein ist, wie ein Mensch darf sagen: mein –*
> *Es kam von dir und wird nach wenig Schritten,*
> *wenn du geruhst, Herr, wieder bei dir sein*
> *Ich habe nichts, mein Gott, vor dich zu treten,*
> *als diese Bitte, und als dies: vergib,*
> *Ich habe nicht genug für dieses Herz gebeten.*
> *Es ist, ich habe dieses Herz so lieb*

Joseph an Hannalotte

Westdeutschland, 10.05.67

Meine innigst geliebte Halo!
Ich muß die selbstaufgelegte Sparsamkeit mit den Briefen heute schon brechen. Noch zittere ich innerlich von Deinem Brief. Eine gemeinsame Abendmahlfeier? Jeden Morgen bist Du mit mir am Altar. Die Hälfte der Hostie ist immer für Dich, die andere Hälfte für mich. Wo zwei in der Liebe Christi beisammen sind, da ist er mitten dazwischen.
4 Wochen her... ich elender Mann habe erst überlegen müssen, was das bedeutet. Danke, daß ich das wissen darf.
Meinst Du, Haloherz, ich sähe bei Dir weniger Ringen. O nein, Du imponierst mir gewaltig in Deinen Versuchen der Tapferkeit. Mehr als Versuche schaffen wir ja beide doch nicht. Ich selbst bin so froh, daß momentan meine innere Unruhe gewichen ist. In meinem letzten Brief habe ich Dir etwas weh getan. Bitte bleib gütig und verzeih. So kleine Steinchen im Schuh - das geht auf das Konto der 600 km Entfernung. In Liebe, Dein Jo

Hannalotte an Joseph

Berlin, 19.05.67

Mein innig geliebter Jo!
Allmählich beginne ich mich auf das Wiedersehen zu freuen. Wenn Du diesen Brief hast, vergeht nur noch eine Woche. Ich liebe Dich, das ist das schönste und größte Wunder meines Lebens. Da ich aber kein Übermensch bin, sondern eine ganz normale Frau, dauert es wohl noch eine Weile, bis ich diese ungewöhnliche Art der "Ehe" so leben kann, wie es uns nun mal vorgezeichnet ist. Ich liebe Dich, Deine Halo

Joseph an Hannalotte

20.05.67

O, Liebe. Angekommen! Ich habe gleich gewußt, was in dem Päckchen drin war. Jeden Knoten habe ich mit der Hand aufgemacht. Ich habe den Deckel abgenommen und geleckt, geleckt. Es schmeckte nach Deiner Liebe. Und wo bleibt mein Fasten, mein Dünnerwerden? Ich bleibe an Deiner Seite, Jo.

Hannalotte an Joseph

Berlin, 11.05.67

Jo, mein geliebtes Du!
Zuerst will ich Dir ein schönes Gedicht aufschreiben:

    Heut ward mir bis zum jungen Tag
    Der Schlummer abgebrochen,
    im Herzen ging es Schlag auf Schlag,
    mit Hämmern und mit Pochen
    Als trieb sich eine Bubenschar
    Wild um in beiden Kammern.
    Gewährt hat, bis es Morgen war,
    das Klopfen und das Hammern
    Nun weist es sich bei Tagesschein
    Was drin geschafft die Rangen:
    Sie haben mir im Herzensschrein
    Dein Bildnis aufgehangen.

Weißt Du, heute ist etwas Unmut in mir. Ich habe doch auch Verwandte hier in Westberlin, eine Schwester meines leiblichen Vaters, deren Mann pensionierter Pfarrer ist. Nachdem meine Braunschweiger Verwandten mein Erzählen von Dir so nett aufgenommen haben, konnte ich hier bei meiner Tante und ihrem Mann nicht landen. Er fand das alles ganz nett, aber unsere Liebe halten sie für eine Extravaganz meinerseits. Sie schlagen mir alle möglichen Männer vor, die was für mich zum Heiraten wären, und als ich dankend ablehnte, dachten sie, ich ziere mich. Möge Gott mir helfen, daß meine Liebe zu Dir nicht nur aus Sehnsucht und Habenwollen besteht, sondern daß sie den Anforderungen gewachsen ist, um Dir gerecht zu werden. Deine Halo

Joseph an Hannalotte

Westdeutschland, 19.05.67

Meine liebe Halo!
Ich kann mich nicht konzentrieren, ich bin so niedergedrückt. Irgend etwas läuft zwischen uns anscheinend nicht richtig. Halo, ich habe Dich lieb, mehr kann ich nicht sagen. Alles andere kann zu Mißverständnissen führen.
Du hast in Deinem Brief geschrieben: "Sie wollen mich wieder verheiraten." Halo, Du weißt, wie ich Dich lieb habe, wie ich mich fast kindlich Dir anvertraue. Aber Du brauchst mehr.
Halo, bitte, gestatte, daß ich es einmal sage: Ich möchte Dir kein Hindernis zu Deinem Glück sein. Wenn Du meinst, Halo, woanders mehr Liebe und Glück finden zu können - ich will Dir nicht wehtun - dann will ich leise, ganz leise zur Seite treten.
Es bleibt dann ein tiefer Riß in mir, denn ich habe mich doch so an Dich hingeschenkt. Aber ich habe auf dieser Erde als Priester kein Anrecht darauf, geliebt zu werden. Ich darf Dir nicht erfüllen, wohin Deine Sehnsucht Dich drängt. Für uns bleibt immer nur das Opfer. Aber ich habe auch kein Anrecht darauf, daß Du mit mir dieses Opfer bringst. Es müßte ganz freiwillig sein. Du mußt Dich prüfen, Halo. Dabei bin ich ganz unsicher, ob Du mit einem anderen Menschen das finden würdest, wonach Du Dich sehnst.
In Liebe bin ich Dein Jo.
Verzeih mir meine vielfache Ungeschicklichkeit. Du bist lebensnäher als ich. Darum sollten wir jetzt kein Wort sprechen, nur die Arme um uns schlingen.
Dein oft so törichter und feiger Jo

Hannalotte an Jo

Berlin, 22.05.67

Mein lieber Jo!
Das, wozu ich jetzt noch fähig bin, ist, Dir zu schreiben.
Einen einzigen Sinn kann ich Deinem Zölibat abgewinnen: Daß wir sehen, was Gott mit der Liebe den Menschen für ein großes Geschenk gemacht hat. Ein Geschenk, das die Menschen durch die Oberflächlichkeit oft mißbrauchen.
Gut, ich will mich bescheiden, will nicht aufgeben. Darf ich es Dir einmal sagen? Im Innersten meines Herzens ist die Geschichte mit der Opferung Isaaks, die für mich nun einen nie geahnten Sinn hat. Abraham war bereit, das Liebste Gott zu opfern. So grausam war Gott nicht. Er gab ihm den Sohn zurück. Warum fällt mir die Geschichte ein? Vielleicht ist Gott auch gegen uns nicht grausam?
Inzwischen habe ich den Frieder von der Kinderverschickung abgeholt, er schläft jetzt. Er ist sehr groß geworden, schmal und blaß. Er spricht sehr ordentlich.

Heute gab mir ein "Freund" den wohlmeinenden Rat, mich um Deinetwillen stillschweigend und allmählich aus Deinem Leben zurückzuziehen. Ich fand es müßig, ihm zu erklären, daß Dein Leben auch meins ist und mein Leben zu Dir gehört. Daran ändert sich nichts mehr.
Jetzt ist der nächste Morgen. Ich habe eben das Geschriebene von gestern noch einmal durchgelesen. Ob Dir klar wird, was ich meine? Ich schreibe einfach mal einen ganz überflüssigen Satz: Ich liebe Dich, Deine Halo.

Joseph an Hannalotte

Westdeutschland, 22.05.67

Meine liebe Halo.
Gestern hatte ich eine große Freude, mich besuchte meine Jugendfreundin Gisela mit ihrem Mann, der mein Freund ist. Ich habe ihnen von Dir erzählt und Deine Bilder gezeigt. Ich hatte befürchtet, Gisela würde einen christlich katholischen Schlaganfall bekommen, aber ganz im Gegenteil. Sie flüchtete sich in die Arme ihres Mannes, lächelte mich an und flüsterte: Heiratet Euch doch, wenn Du nicht ins Kloster gegangen wärst, wären wir zwei jetzt verheiratet'. Diesen Rat werden wir nicht befolgen!.
Meine liebe Halo, über unserer Liebe liegt ein solcher Friede. Das Telefongespräch gerade eben mit Dir war schön. Danke Dein Jo

Hannalotte an Joseph

23.05.67

Mein Jo, mein Lieber!
Ich habe gerade schreckliche Angst, draußen ist die Hölle los, es gewittert wie doll. Heute bekommt Frieder seinen Goldhamster mit Käfig. Früh kam er in mein Bett und wollte den Ursprung des Lebens ergründen. Soweit das für ein Kind faßbar ist, habe ich es ihm erklärt, ansonsten verweise ich ihn auf das Geheimnis vom lieben Gott. Was tun bloß Eltern, die nicht glauben!. Das Geheimnis ist ihm nun ein Begriff: Menschen kommen aus dem Geheimnis und gehen wieder ins Geheimnis des lieben Gottes.
Zum Glück überschläft er das Gewitter. Daß er mir gestern so merkwürdig vorkam, war nur, daß er sich wieder eingewöhnen mußte. Doch jetzt tschüß, mein Liebes, Deine Halo

Joseph an Hannalotte

Westdeutschland, 23.05.67

Meine liebe, herzliebe Halo!
Gestern war ich bei meinen Eltern. Als ich ihnen erzählte, daß Du mir für das Fenster in meinem Zimmer die Gardine geschickt hast, wurden die Gesichter eisig und mein Vater wollte von allem nichts wissen, ebenso meine Mutter. Da war für mich der Tag kaputt. Wer Dich ablehnt, darf auf mich gleichfalls verzichten. Weißt Du, die haben keine Ahnung von unseren inneren Kämpfen und von unserem Mut zum Opfer. Meine Eltern waren offensichtlich sehr bedrückt, daß es mir bei ihnen nicht behagte. Ich fuhr ab.
Hoffentlich kommen sie etwas zum Nachdenken. Man kann den Eltern eigentlich keinen Vorwurf machen, sie sind eben so elend erzogen worden und haben sich nie frei gemacht. Meine Brüder sind da viel vernünftiger. Mein Bruder bezahlte sogar meine Telefongespräche und gab mir noch etwas Telefongeld.
Halo, dann gehen wir zwei eben allein unseren Weg. Du und Dein Jo

Hannalotte an Joseph

24.05.67

Mein lieber Jo!
Du tust mir nicht weh, es tut mir weh. Wenn Deine Gisela sagt: Heiratet Euch doch, dann ist sie kein kleiner Tor, sondern eine Frau, oder beides, wenn Du willst.
Jo, ich muß Dir einen Gedanken sagen: Es hat noch nie jemand so zu mir gestanden, wie Du. Jetzt kann ich verstehen, wenn in der Bibel hinter den Wundergeschichten steht: und sie entsetzten sich. Das heißt wohl, sie erschraken sich - ich erschrecke auch vor der Größe und dem Gleichklang des Wunders zwischen uns beiden.
Heute müßtest Du meinen Brief bekommen, in dem ich Dir meinen Besuch ankündigte. Ob Du wohl anrufst?
Nachmittag
Eben habe ich Deine Post bekommen und gelesen. Tja, was soll ich dazu sagen. Ich weiß auf einmal nichts, Dir zu schreiben. Ich sitze und sinne und kann nichts aufschreiben. Inzwischen wirst Du auch meinen anderen Brief bekommen haben, und der wird Dich bestärken, daß ich nicht kommen soll.
Du hast recht, es ist nicht einfach, Dich zu lieben. Mir sitzt das Heulen oben im Hals. Kommt es nicht darauf an, daß wir uns auch einmal wiedersehen, sonst leben wir uns auseinander! So fest, in Dir meinen priesterlichen Freund zu sehen, bin ich allemal. Du sagst, Frieder soll nicht auf ein Abstellgleis, damit ich fahren kann. Meine Freunde, bei denen er sein würde, sind kein Abstellgleis, er ist dort gern.
Es ist alles im Augenblick etwas viel: der Otmar will das Kind sehen und meckert rum. Andere wollen mich verheiraten, dann habe ich Ärger wegen meiner

Jugendräume, aber ich höre jetzt mit dem Gezeter auf. Ich komme nur, wenn Du 100% darüber glücklich bist. Liebes, wirf diesen Brief weg, vielleicht war das mein Alltagsgesicht. Ich möchte, daß Du trotzdem glücklich bist. Halo

Joseph an Hannalotte

Westdeutschland, 25.05.67

Liebe Halo!
Heute erhielt ich Dein Büchlein: Und Gott schreibt auch auf krummen Linien grade. Vielen Dank, die Anspielung habe ich verstanden, lächelnd verstanden. Heute ist für mich eine der schönsten Wochen angebrochen. Ich darf mich auf Dich, auf die Begegnung mit Dir freuen.
Mein Freund und Gisela kommen auch. Wenn Du kannst, mußt Du uns unbedingt unser Lied vorsingen: Ich liebe dich, so wie du mich...
Ich lege Dir einen Artikel bei, Evangelischer Katholizismus. Merkst Du, Halo, daß Deine ganze Liebe einfließt in meine Verkündigungsarbeit? Dein Jo

Hannalotte an Joseph

Berlin, 26.05.67

Mein Jo!
Wie habe ich mich über den heutigen Brief gefreut. An der Stelle: "Vier mal werden wir noch wach..." habe ich schallend gelacht.
Frieder hat einen widerlichen Husten, er bekommt ein Sulfonamid. Wenn ich bedenke, daß er morgen um diese Zeit so gesund sein muß, daß ich ihn guten Gewissens abgeben kann, wünschte ich doch, es läge noch ein Tag dazwischen. Zum Überfluß mußte ich heut Nacht sein Bett frisch beziehen, weil er durch den Husten alles vollgespuckt hatte.
Was soll ich erzählen? Übermorgen geht alles mündlich. Ist "mündlich" nicht ein wunderbares Wort? Willst Du am Sonnabend noch Post von mir, oder genügt es, wenn ich selber komme? Jo, so wie Du, freut sich mindestens Deine Halo

Hannalotte an Joseph

Berlin, 30.05.67

Mein lieber Jo!
Seit zwei Stunden bin ich wieder in Berlin. Liebling, ich bin noch gar nicht richtig hier, ich bin weit, weit weg, da, wo ich mir den Schnupfen geholt habe. Wenn Du glaubst, einsam zu sein, ist meine Liebe zu Dir am größten, auch über die Entfernung hinweg. So ein Wochenende, wenn es auch leidvoll war, überstrahlt doch viele Wochen Alltag.
Du hast in meiner Liebe Dein Zuhause. Halo

P.S. Frieder ist so in Ordnung, daß ich ihn in den Kindergarten bringen konnte.

Joseph an Hannalotte

Westdeutschland, 31.05.67

Liebe Halo!
Mir war heute morgen gar nicht gut. Schon nachts habe ich lange wachgelegen. Beim Kaffee sagte mir ein Pater: "Du mußt Acht geben, Du bist auf dem besten Wege, ein Sonderling zu werden. In Berlin bist Du ja auch nicht gut angekommen." Da habe ich mich erst mit schlagendem Herzen aufs Bett legen müssen. Ein Sonderling: Ja natürlich, da hat er sogar recht. Wie kann sich einer unterstehen, anders zu sein!! Wenn Gott und Du mir die Kraft gebt, will ich weiter (lächelnd) meinen Weg gehen. Dabei wartet die liebste Frau doch nur darauf, daß ich dieses eine Wort spreche, und sie würde mir um den Hals fallen.
Und dann denke ich an die Menschen im Beichtstuhl. Halo, nicht des Ordens wegen bin ich hier, sondern für die Menschen. Gott stärke uns beide. Dein Jo

Joseph an Hannalotte

07.06.67

Den Gefallen mußt Du mir tun! Geh bitte zu meiner alten Dienststelle und laß Dir von dem netten jungen Kaplan die Zeitschrift „Geist und Leben" April 67 geben. Da steht Wichtiges drin für unser gemeinsames Leben als Gefährten. "Der Zölibat des Weltpriesters im gegenwärtigen Gespräch". Lies es betend.
Darin werden wir fruchtbar sein, nicht aus unserem Leib irdisches Leben zeugend (was gut wäre), sondern in Jesus Christus sein Leben zeugend. Er ist unser Weg.
Bei uns im Haus herrscht großes Kriegsinteresse. Alles hält zu Israel und freut sich über jeden ihrer Siege. Alle Nachrichten werden gehört. Mich interessiert natürlich die Berliner Szenerie mit den Studenten. -
Halo, es gibt viele nette Kapläne, aber nur einen Pater Joseph. Immer der Deine. Jo

Hannalotte an Joseph

Berlin, 09.06.67

Jo, mein Liebster!
Was Du manchmal für ernste Briefe schreibst! Den Artikel habe ich noch nicht gelesen. Ehrlich, ich fürchte mich etwas davor.
Ja, in Berlin geht es heiß her mit den Studenten.
Und dann noch der Krieg in Israel, was müssen die für einen Mut haben!
Von unserem Fürbitt-Gottesdienst in der Kaiser Wilhelm Gedächtniskirche wollte ich Dir erzählen. Fürbitte, für den Frieden in Israel. Wir waren mit zwei vollen Autos hingefahren. Um 20 Uhr war die Kirche gerappelt voll. Viele Jugendliche. Es

wimmelte von katholischen und evangelischen Geistlichen. Zuerst sang ein Rabbi im Ornat einen Psalm. Dann kamen die Schriftlesungen durch verschiedene Konfessionen. Es hat mich sehr überwältigt, das war die Einheit, um die Du so betest.
Ich brachte dann alle nach Hause. Mein Auto kennt ja den Weg. Schließlich saß ich nur noch allein im Auto und war traurig. Und selbst das Auto war traurig.
Heute wurde Gulu 30 Jahre alt. Ich habe ihr ein Päckchen geschickt, an Christiane auch. Wenn ich so etwas tue, bin ich innerlich immer sehr froh.
Deine Halo hat Dich sehr, sehr lieb.

Joseph an Hannalotte

09.06.67

Halo, Liebe, Gute!
Heute kam ein Pater zu mir und wollte mich erziehen. Der Gipfel seiner Weisheit: Am besten, Du trittst aus unserer Gemeinschaft aus.
Um ruhig zu bleiben, rauchte ich eine von Deinen Rillos.
Wie gerne würde ich Dir glänzende Dinge schreiben. Und immer hörst Du nur meine Klagen. "Noch war kein Tag, wo Du und ich, nicht teilten unsre Sorgen." Was will Gott von mir, wie wird mein Leben weitergehen? Du ziehst mich an, wie ein Magnet.
Und wenn ich kein Priester mehr wäre? Ausgestoßen aus diesem Lebenskreis, so viele Menschen bitter enttäuschend? Ach nein, das geht nicht, ich werde es durchstehen müssen.
Gerade schlage ich die Liturgie vom Sonntag auf: Der Herr ist mein Licht und mein Heil, was sollte ich fürchten. Ich lege Dir einen Durchschlag meiner Predigt für Sonntag ein.
Sei gegrüßt von Deinem Jo

Hannalotte an Joseph

Berlin, 14.06.67

Liebster Jo!
Weißt Du eigentlich, warum ich Dich gestern anrief? Dumme Frage, Du konntest es nicht wissen. Ich war in einer so schlechten Verfassung, stand innerlich so unter Druck, war so verdreht, daß ich gar nicht mehr wußte, ob ich Dich noch lieb habe. Ich mußte Deine Stimme hören. Nun ist alles wieder gut.
Der Tag heute ist sehr anstrengend. Gemeindeausflug mit 130 Leuten. Ich spüre, die Leute mögen mich. Ich bemühe mich aber auch, eine gute Gemeindehelferin zu sein. Und nun bin ich dazu bestimmt worden, eine Freizeit unserer Gemeinde drei Wochen zu begleiten. Ab Montag habe ich also folgende Adresse....

Eigentlich freue ich mich, aber es sind auch schwierige Typen darunter. Ich denke immer und überall an Dich, Deine Halo

Joseph an Hannalotte

18.06.67

Liebe Halo!
Eben habe ich mich aufgerafft und habe unserem amtierenden Provinzial gesagt: "Wenn Du es für richtig findest, bin ich bereit, aus dem Orden auszutreten." Dann habe ich schnell hinzugefügt, er brauche nicht Angst zu haben, ich hätte kein Kind. Ich habe ganz sachlich gesagt, daß in den 6 Wochen hier schon drei Paters sich geäußert hätten, ich würde ein Sonderling sein, und wäre anders und sollte doch lieber ausscheiden. Auch ein Mediziner hätte mir geraten, eine andere "psychische" Umgebung aufzusuchen. Ich wäre bereit, wenn ich so offenkundig nicht hierher passen würde, die Konsequenzen zu ziehen und zu gehen. Ich habe auch gesagt, daß ich aufrichtig und ganz Priester sein möchte, aber kein menschlicher Krüppel werden möchte. Nun liegt alles in seinen und in Gottes Händen.
Die Nacht zuvor hatte ich alle Varianten eines anderen Lebens durchgespielt. Dem Vorschlag Deines Vaters folgen und evangelischer Pfarrer werden? Nein, in das Gewand passe ich nicht.
Dich heiraten? Das müßte ja eine evangelische Trauung werden, da Du evangelische Gemeindearbeit tust. Für mich schwer vorstellbar, die Trauung. Und dann Dein Ehemann sein?
Laß mich Priester bleiben.
Ich danke Dir und Euch, daß Ihr mich soweit gedrängt habt, mit dem Provinzial zu sprechen, nun warte ich auf Antwort und will mich froh an die Arbeit begeben.
Dein priesterlicher Freund Jo

Hannalotte an Joseph

im Urlaub, 21.06.67

Liebster, hier ist es sehr schön. Hier müßten wir mal Urlaub machen.
Seit ich Deinen Brief habe, verspüre ich einen Druck in mir. Unglücklicher als im Orden kannst Du eigentlich nicht werden. Aber was kommt nun?
Du als evangelischer Pfarrer, wir zwei in einer Gemeinde, der Gedanke fasziniert mich. Aber es ist ein Traumbild.
Aber ich will es Dir ruhig sagen, ich habe mich nicht über meinen Vater geärgert, weil er sagte, Du sollst evangelischer Pfarrer werden. Das ist aus der Sicht meines Vaters doch nicht nur praktisch, sondern auch ein Vorschlag der Bereinigung. Erstens ist es für einen Priester unmoralisch, ein Liebesverhältnis zu haben (das ist die Bezeichnung meines Vaters, "Priesterliebchen hat er auch gesagt) Zweitens, für

die Frau ist das nur eine halbe Sache. Ich lese nicht gern in den Augen meiner Eltern den stummen Vorwurf: Du wirst ja doch nicht glücklich, wir haben es ja gleich gewußt. Sie geben Ratschläge aus ihrer Lebenserfahrung, aber damit können sie dieses Problem nicht aus der Welt schaffen.
Nachts habe ich Magenkrämpfe vom vielen Grübeln.
Daß Du den Orden verlassen könntest, erleichtert mich noch aus einer anderen Sicht. Meine Mutter hat uns immer das Gleichnis Jesu sehr deutlich gemacht, in dem der Herr die Pfunde verteilt. In dem Orden vergräbst Du Deine Pfunde, d.h. sie werden Dir vergraben.
Mein Jo - Deine Halo.

Joseph an Hannalotte

24.06.67

Halo, geliebtes Du!
Immer, wenn ich eine Arbeit beiseite lege, greife ich erst einmal zu Deinem Foto, um mit Dir zu reden.
Einstweilen steht bei mir alles 0:0 unentschieden.
Neuestes Zwischenergebnis: Meine Predigtentwürfe kommen beim Chef gut an. Er meint: "Du brauchst etwas Selbstständiges, etwas, wo Du Dich entfalten kannst." Und dann Spezialisierung. Denk nur, Halo, Spezialist für Bibelkreise! Was will ich mehr?! Weißt Du, irgendwie von Stadt zu Stadt fahren und in den Gemeinden Bibelkreise halten, das wäre die schönste Beschäftigung, die ich mir denken könnte.
Sag mal, Haloherz, liest Du die Zeitung? Der Papst hat ein Rundschreiben herausgegeben, in dem er den Zölibat wieder verschärft. Er betrachtet somit jede Diskussion über diesen Punkt als abgeschlossen. Was soll das nur werden?
Es ist in allen Fragen so wichtig, ein Du zu haben. Dein Jo

Hannalotte an Joseph

im Urlaub, 25.06.67

Mein lieber Jo!
Nun sind wir eine Woche hier. Es ist ungewöhnlich heiß, aber wir können ja faulenzen. Durch die Wiesen schlängelt sich ein Fluß, der sehr kalt ist. Das Baden macht Spaß und erfrischt ungemein.
Den Artikel über den Zölibat hatte ich bereits gelesen und ausgeschnitten.
Sähe Deine Zukunft so aus, wie Du schreibst, ich wäre mit vielem versöhnt, einfach, weil Du dann glücklich bist. Dann bin ich es nämlich auch. Diesen Weg könnte ich unter den gegebenen Umständen voll bejahen. In unserem Sinne, Deine Halo

Hannalotte an Joseph

Berlin, 10.07.67

Jo, Liebster!
Der erste Arbeitstag liegt wieder hinter mir. Und nun: Kindergarten, Wäsche, Schreibtisch, Büro und vieles mehr. Dann die schreckliche Steuererklärung. Wenn die nur erst fertig wäre. Ich will versuchen, 200,- M Rückzahlung zu bekommen.
Auch der Brief an den Rat des Kreises Bernau liegt mir auf der Seele. Der muß in Rendsburg eingesteckt werden, Du weißt, ich bin dort polizeilich gemeldet, weil ich als Westberlinerin nicht in den Osten dürfte. Ich will die Behörde in Bernau bitten, ob sie auch in diesem Jahr eine Ausnahme machen würden, und meinen Sohn allein in die DDR zu seinen Großeltern einreisen lassen. Ich glaube ja nicht, daß es etwas nützt. Es wäre so schön, wenn Frieder vier Wochen bei meiner Mutter sein könnte. Einmal die ländliche Idylle mit Kaninchen, Hühnern und Katze. Dazu viel Freiheit und gute Luft. Zum anderen die sehr konsequente Erziehung meiner Mutter, die ihm zur Zeit sehr gut täte. Er ist manchmal richtig frech.
Deuten sich bei Dir Entscheidungen durch den Provinzial an? Heute Nacht möchte ich von Dir träumen. Deine Halo

Joseph an Hannalotte

Westdeutschland, 12.07.67

Liebe Gefährtin!
Du fragst, ob sich was entschieden hat. Eben nicht. Es sind viel Momente für ein Verbleiben, wie auch dagegen. Aber wahrscheinlich werde ich jetzt wohl doch bleiben. Ich habe gesehen, daß es für mich eine ganze Anzahl Menschen in dem Orden gibt, die ich von Herzen liebe. Wenn ich bleibe und versetzt werde, kann das rabiate Folgen für unseren Schrift- und Telefonverkehr haben. Sei herzlich und mit Dankbarkeit gegrüßt. Dein Jo

Hannalotte an Joseph

29.07.67

Liebster Jo!
Ich sitze an der Orgel und nutze die Predigt für einen Brief an Dich. Der Priester in Dir sträubt sich sicher bei diesem Gedanken. Aber zu Hause ist so ein Chaos, wie Du es Dir nicht vorstellen kannst. Aber wenn ich mit dem Renovieren fertig bin, wird alles schön sein. Du kannst Dich darauf freuen. Welche Antwort werde ich aus Bernau bekommen wegen Frieder? Was mag Dir die Entscheidung Deiner Obersten bringen?
Ich lege Dir ein Papierschiffchen ein, das Frieder gefaltet hat.
Ich habe Dich sehr, sehr lieb, Deine Halo

Joseph an Hannalotte

Westdeutschland, 30.07.67

Liebe Halo!
Mein Schreibtisch droht vor Arbeit zusammenzubrechen. Aber der Brief ist wichtig. Der Onkel Jo hat sich nämlich ganz gewaltig über die Offenbarung von Zuneigung unseres Frieder gefreut. Daraus spricht doch all die Liebe und Güte, die ihm seine Mutter ins Kinderherz gelegt hat. Merkst Du, Halo, wie mich das freut? Frieder war immer der Unsicherheitsfaktor in meiner Rechnung. Würde er mich akzeptieren? Danke, Du hast sein Herz offen gemacht für mich. Heute Abend bin ich bei meinen Eltern, weil mein Bruder kommt. Mein Vater ist "befördert" worden. Das hat ihm gut getan. Es ist Zeit, daß ich etwas weiter weg von den Eltern leben kann.
Gestern am Telefon hast Du ein gewaltig großes Wort ausgesprochen: "Andere schenken sich Ringe".
Als Zeichen unserer Einheit, Halo schenken wir uns das Kreuz. Das ist unser Bund. So will ich im Glauben wagen, den Schritt mit Dir zu gehen Dein Jo

Hannalotte an Joseph

Berlin, 04.08.67

Jo, mein Lieber!
Siehst Du, das mit dem Kreuz sehe ich genauso. Mir fielen bloß die richtigen Worte dafür nicht ein. Es liegt nämlich nahe, das Ganze etwas ins Mystische abzudrängen. Nun hast Du es richtig gesagt: das sind die Dinge, die unser Einssein ausmachen.
Frieder strapaziert meine Nerven hier in den Renovierungsarbeiten. Und immer die spannende Frage, wird er die Einreise zu den Großeltern bekommen. Neulich beim Gewitter ist der Fernseher kaputtgegangen. Nun löchert Frieder ständig, daß er das Sandmännchen sehen will. Mein Argument, daß ich auch ohne Sandmännchen groß geworden bin, ist für ihn noch nicht zugänglich.
Wir hatten einen schönen Gottesdienst. Die Evangelischen halten ja nichts vom Frühaufstehen und Beichtegeben. Bei uns ist das von Luther formulierte Beichtgebet in die Abendmahlsliturgie integriert. Danach erteilt der Pfarrer die Absolution. Ich liebe diese Form sehr, nicht nur das Gebet, sondern auch das Äußere. Aber das liegt wohl daran, daß ich in der "Furcht des Herrn" erzogen wurde. Anbei eine Karte von Frieder an Onkel Jo. Ich habe ihm die Hand geführt. Deine Halo

Joseph an Hannalotte

Westdeutschland, 08.08.67

Liebe Halo, meine Gedanken gehen jetzt schon oft nach Moseltal. Es ist sehr weit weg von Berlin. Aber trotzdem! Auf Moseltal bin ich wirklich gespannt. Und meine Eltern waren sehr begeistert von meinem Werdegang.
Über Frieders Karte habe ich mich sehr gefreut. Dein Jo.

Hannalotte an Joseph

Berlin, 13.8.67

Lieber Jo!
Wenn alles gut geht, sind wir heute in 14 Tagen schon beisammen. In Sachen Frieders Einreise zu meinen Eltern hat sich noch nichts getan, obwohl mein Vater bei der Behörde vorgesprochen hat. So habe ich gestern diverse Telefonate geführt, um für ihn eine eventuelle andere Lösung zu finden. Der Gedanke, ihn nicht zu meinen Eltern geben zu können, ist mir sehr unangenehm. Die Karte von Frieder ist eigens für Dich "beschrieben". Alles ist für Onkel Jo. Du bist der, der mit uns im "Gefängnis" war. Das Wort "Zitadelle" ist wohl noch zu schwer für ihn. Es freut sich auf Dich Deine Halo.

Joseph an Hannalotte

Westdeutschland, 15. 8. 67

Liebe Halo!
Heute war der Moseltaler Obere zu Gast hier. Er war sehr verwundert, daß er noch nichts wußte, daß ich in sein Haus versetzt werden soll. Dort wird sich, alles, was uns betrifft, sehr einschränken müssen. Meine Zeilen werden Dir weh tun. Ich weiß, ich habe mich auch wochenlang herumgedrückt. Aber ich will Dir schreiben, damit unser Zusammensein nicht getrübt ist.
Eine Freundschaft zwischen einem Priester und einer Frau ist ein großes Wagnis. Das soll heißen, daß wir jede unnötige körperliche Begegnung vermeiden werden. Du hast mich gebeten, unser Verhältnis zu führen, ich tue es, und so, daß wir beide ein tiefes Glück darin finden können. Dein bester Freund Jo.

Hannalotte an Joseph

Berlin, 16. 8. 67

Liebes, sicher sollst Du sein. Vor mir brauchst Du keine Angst zu haben. Ich weiß ja, daß ich einen Priester liebe, so schwer es mir fällt, aber ich bin erwachsen genug, den zu respektieren. Daß die Gedanken manchmal andere Wege gehen, was tut das schon. Also, hab bitte keine Angst.

Am Spätnachmittag kam ein Eiltelegramm von meiner Mutter. Wir haben die Genehmigung! Jetzt heißt es rasch handeln, schon in wenigen Stunden will ich ihr den Frieder übergeben, Darum große Eile. Halo

Hannalotte an Joseph

Berlin, 12. 9. 67

Lieber Jo!
In mir schwingt alles noch nach. Die Wohnung ist seit Deiner Abreise wenig verändert. Die Sofakissen tragen noch Deinen Körperabdruck. Auf dem Tisch liegen Sachen, die Du in den Händen hattest. Dein Bett habe ich noch nicht abgezogen. Um Deine Gesundheit mache ich mir Sorgen. Ansonsten versuche ich, tapfer zu sein. Deine glückliche Halo.

Joseph an Hannalotte

Westdeutschland, 12.9.67

Mein inniggeliebtes Du!
Kein Moment, an dem meine Gedanken nicht bei Dir sind. Für mich gibt es keinen schöneren Ort auf der ganzen Welt, als Deine Wohnung. Dort bist Du, alles ist von Deiner Hand. O, wie möchte ich fortlaufen, fliehen, von allem, was mich bindet und Zuflucht suchen bei Dir. Ganz ehrlich, ich wüßte keine Woche in meinem Leben, die mit den Tagen bei Dir konkurrieren könnte.
Halo, was soll ich Dir zum Schluß sagen? Nimm mich, wie ich bin. Auch Du bist vor meinem Auge nicht die Sichere, wie Du von anderen gesehen wirst, sondern Du bist auch schwach und verletzbar. Ich bin und bleibe Dein Jo.

Hannalotte an Joseph

Berlin, 13.9.67

Liebes!
Eben kam Dein Brief. Ich muß Dir gleich schreiben. Weißt Du, der Brief vor unserer Begegnung hat mich doch furchtbar erschreckt, aber heute sage ich, es war richtig so.
Als ich vorhin im Auto saß und meine Hände auf dem Lenkrad lagen, da dachte ich, daß vor gar nicht langer Zeit Deine Hände da lagen, und das tat so gut.

Liebes, daß ich ein einigermaßen anständiger Mensch geworden bin, ist weder mein Verdienst, noch das meiner zahlreichen Eltern, sondern Gott hat mich behütet, das erkenne ich dankbar. Gehalten hat mich nie jemand. Das mußte ich immer selber tun. Und jetzt bist Du der Halt meines Lebens. Ich muß jetzt keine Angst mehr haben, mich in irgendwen zu verlieben, unruhig und unsicher zu werden. Mein "animus", bisher völlig zerstört, taucht wieder auf, nein, er ist Wirklichkeit. Ich habe das nie erfahren, wie es ist, angenommen zu sein. Ich lerne es jetzt in kleinen Schritten. Meine Großmäuligkeit und angebliche Kontaktfreudigkeit ist im Grunde ein arges Täuschungsmanöver, vor allem vor mir selbst. Ich kenne meine Fehler sehr wohl. Wenn man aber niemanden hat, für den es sich lohnt, sich zu ändern, schießen die Unarten alle ganz schön ins Kraut. Ich kann Dich nicht bitten, mich trotz allem lieb zu haben, ich kann Dir nur danken, daß Du es tust.

In unserem Familienkreis scheinst Du ein "Thema" zu sein. Der Gulu, die ich seit Februar nicht mehr gesprochen habe, muß das alles doch sehr nahe gehen. Meine Mutter machte heute so eine Bemerkung. Gudrun scheint dafür gesorgt zu haben, daß die Eltern sich liebevoller meiner Angelegenheit annehmen.

Nun habe ich unseren Sohn wohlbehalten an Leib und Seele wieder. Meine Eltern haben ihn sehr lieb. Stell Dir vor, meine Mutter hat mit ihm Flöte geübt, und gleich im Auto spielte er mir "Der Mond ist aufgegangen" vor. Für seine fünf Jahre immerhin. Mutti war begeistert über das, was er sang und wie er sang. (schwere Choräle) Beim Wiedersehen weinte er vor Freude. Außerdem kann er jetzt sicher radfahren.

Ich habe Dir die schöne Woche nicht geschenkt, sie wurde uns geschenkt. Weißt Du, auf das Habenwollen in unserer Liebe zu verzichten, ist nicht schwer; das Nichtgebendürfen ist viel schwerer. Alles Liebe, Deine Halo

Joseph an Hannalotte

Westdeutschland, 18. 9. 67

Liebe Halo
Eben komme ich von der Post. Ich habe dort 50,- Mark an Dich überwiesen. Du wirst fragen, woher ich so viel Geld habe.
Einmal im Jahr bekommen wir Urlaubsgeld, das habe ich eben mit Dir geteilt. Ich will Dir doch helfen, von den Schulden runter zu kommen. In Liebe Dein Jo

Hannalotte an Joseph

Berlin, 25. 9. 67

Lieber Jo!
Nun dauert es nicht mehr lange, und Du bist wieder hier. Darf ich Dir ein Flugticket schicken, dann bist Du nicht so lange auf der Bahn und wir haben mehr Stunden für uns.
Sag ja, Deine Halo

Joseph an Hannalotte

Westdeutschland, 27. 9. 67

Nein, Halo, nein, wir müssen sparen, sparen, sparen. So geht das nicht. Du schreibst bis in die Nacht Noten, damit Du von den Schulden runter kommst, und ich soll dafür fliegen. Die Reise mit dem Zug ist sehr elegant. Wir müssen aufpassen, daß Du jetzt nicht zusammenklappst. Deine Herzattacke kam nicht von ohne. Ich freue mich auf Euch. Jo

Hannalotte an Joseph

Berlin, 18. 10. 67

Mein geliebter Jo!
Der erste ganze Tag ohne Dich ist vorbei. Mein Tagewerk bestand aus Tapfersein, ich habe das Gefühl, schwer gearbeitet zu haben.
Auch Frieders Herz ist angerührt von unserer Harmonie.
Du bist sicher schon in Moseltal und freust Dich auf Deine Tätigkeit. Hoffentlich bringt sie Dir all die Möglichkeiten, in denen Du Dich verausgaben kannst.
Schön, daß ein paar Sachen von Dir in meiner Wohnung geblieben sind. Ich fühle mich damit noch wohler zu Hause. Wir haben in unserer Gemeinde jetzt ein Bibelseminar, ich will hingehen, darum Schluß. Deine Halo

Joseph an Hannalotte

Westdeutschland, 18. 10. 67

Mein Du, Halo!
Auf der Fahrt nach Moseltal hatte ich eine Stunde Aufenthalt. Ich ging in den Wartesaal und aß eine Ochsenschwanzsuppe. Hat das geschmeckt! "Ober, bitte zahlen."
"Macht 2,70 M". Ich krieg nen Schlag, zähl das Geld hin und her, ich brauche ja noch 50 Pfennig für den Bus in Moseltal. Es reicht nicht. Muß ich jetzt laufen, mit dem schweren Koffer? Ein Seufzer der Erleichterung. Im anderen Fach lag noch ein Groschen.
Halo, bei der Fahrt durch die Eifel hättest Du dabei sein müssen. Eine Stunde lang rackert sich der Eilzug die Höhen hinauf. Dann rast er durch waldige Gebirgstäler

der Moselebene zu. Das Tempo schien mir halsbrecherisch zu sein bei all den vielen Kurven. Aber die Gegend! Eine goldene Sonne lag auf den endlosen, farbigen Wäldern, immer wieder neuer Ausblick, hier ein steiler Berg, dort an einem rauschenden, springendem Wasser vorbei, dann ein langer Tunnel- und wieder braungelbe Wälder. O, wie hättest Du Dein Herz vollgesogen. Ich tat es für uns beide.

Weißt Du, was ein rettungsloses Durcheinander ist? Du müßtest mein Zimmer sehen. In all dem Wirrwarr halte ich Frieders Papierschiffchen in der Hand und denke an Euch beide.

Halo, ich wäre sehr traurig, wenn es in meinem Leben irgend etwas geben würde, was bei Dir Eifersucht erregt. Auch in solchen Fragen möchte ich nicht an Dir vorbeileben. Du bist bei allem dabei. Dein Jo

Hannalotte an Joseph

Berlin, 23.10. 67

Jo, mein Liebster.

Wenn es in Dir genauso aussieht wie in mir, dann ist es um uns schlimm bestellt. Weißt Du, manchmal habe ich das Gefühl, mein Herz schlägt ein paar Sekunden doppelt schnell. Dann muß ich schnell ein paar mal schlucken. Sehnsucht, Tränen und wieder Sehnsucht. Manchmal bin ich richtig verzweifelt. Es sind die schönsten Jahre unseres Lebens, die wir dem Zölibat opfern.

Am Sonnabend überdachte ich mal ganz konkret meine Finanzlage. Sie ist ...., den Ausdruck schreibe ich lieber nicht auf. Soll ich verzweifeln? Das liegt mir nicht. Schlaflose Nächte? Hatte ich schon. Also, weiter so fleißig wie möglich sein. Dann kam die Post, die Steuererklärung vom Finanzamt. Ich brauche für 1968 keine Steuern im Voraus zu bezahlen und bekomme an zuviel bezahlten Steuern 82,67 DM zurück. Ich freue mich.

Meinen Klavierauszug habe ich nun fertig abgeschrieben, und damit ist der Vorschuß, den ich genommen hatte, abbezahlt.

Gestern die H-moll Messe war sehr, sehr schön. Ich kenne jeden Takt, habe selber in der Philharmonie mitgesungen. Das "et incarnatus est" habe ich schon den ganzen Tag über im Ohr. Ich habe Dich lieb, Deine Halo.

Joseph an Hannalotte

Westdeutschland, zum Reformationsfest 1967

Meine liebe Halo!

Man kann sich jahrelang mit der evangelischen Theologie beschäftigen, ohne deshalb die lutherische Kirche zu lieben. Man kann aber auch jemandem begegnen, der aus ganzem Herzen sein evangelisches Christentum lebt und plötzlich geht einem in *dieser Begegnung der gesamte Lebenswert des reformatorischen Christentums auf. Das hast Du mir geschenkt, dafür danke ich Dir. Welch ungeheure Leichtigkeit und innere Dynamik verleiht doch dieses "sola fide" einem Menschen, der sein ganzes Leben darauf gesetzt hat. Halo, Du hast sehr viel in mich hineingesenkt. Es ist in mir manchmal ein Wunsch, alle katholische Enge zurück zu lassen und wirklich die Freiheit eines Christenmenschen zu leben. Aber Du weißt selber, welch traurig zerrissenes Bild heute die protestantischen Kirchen bilden. Das ist nicht mehr die Kirche Martin Luthers. Also bleibe ich katholisch, oder ich würde es auch lutherisch-katholisch nennen.*

Ich bitte Dich, Halo, evangelische Pfarrerstochter, nimm mich an den Händen, und führe mich, den katholischen Priester, tiefer hin zu einem Verständnis Deiner Glaubenskraft. In unserer Liebe, die Hände zum Gebet reichend, Dein Jo.

Hannalotte an Joseph

Berlin, 30. 10. 67

Mein lieber Jo!
Im Radio erklingt gerade eine Reger - Fantasie über "Ein feste Burg" mit allen Registern und großem Nachhall in der Kirche. (Frieder ärgert sich gerade darüber und meint, die Musik wäre unordentlich) Dazu bekam ich eben Deinen Brief zum Reformationsfest, der mich sehr bewegt hat. Einmal der Brief als solcher und zum anderen, ich habe schon lange Deine Briefe daraufhin gelesen, ob ich mal einen meinen Eltern zeigen könnte. Ob Du damit einverstanden bist?

Liebster, weißt Du, was ganz schlimm ist? Du hast den Frieder und mich zu tief ins Familienglück schauen lassen. Ernsthaft, der Schlingel ist nicht zu bändigen. Das sind so seine Sätze: "Als Onkel Jo da war, da war es so schön gemütlich." Oder: "Mutti, warum kommt der Onkel Jo nicht mehr zu uns?" Oder: "Hat der Onkel Jo uns auch lieb, wenn er nicht bei uns ist?" Oder: "Komm, Mutti, wir machen alles schön, dann kommt er vielleicht."

Er opponiert gegen alles. Strafen hilft da nicht viel, eher vernünftig reden. Wenn ich abends Frieder ins Bett bringe, dann beten wir: "Vater im Himmel, behüte unseren lieben Onkel Jo, behalte ihn gesund und schenke es uns allen, daß er bald einmal wieder nach Hause kommt."

"Amen", sagt dann Frieder "Am besten noch vor Weihnachten."

Daß unser Gebet erhört werde wünscht sich Deine Halo

Joseph an Hannalotte

Moseltal, 1.11. 67

Liebe Halo
Heute in Moseltal sah ich in der 310 n.Chr. erbauten Basilika Licht durch die Fenster fallen. Ich öffnete die Tür und stutzte. An einem Tisch saß eine Dame und kassierte. Erstaunt fragte ich: "Nehmen Sie hier Eintritt?" Da drückte sie mir ein Blatt in die Hand und sagte: "Gehen Sie mal so durch." Da kriegte ich mit, daß ich in ein Konzert geraten war. Oje, im Anorak. Es ist schade, Halo, aber ich verstehe kaum etwas von Musik. Was Dir das Herz bewegt, dringt gar nicht erst in mich ein.
Heute bin ich mit meinem Oberen zusammengerappelt. Ich fand eine von ihm geschriebene Vermeldung vor "... für die armen Seelen".
Mit "armen Seelen" kann ich nichts anfangen, durchgestrichen und "für unsere Verstorbenen" geschrieben.
Der Rektor platzte. "Was ich anordne, hast Du zu tun".
Ich darauf: "Damit ein Gespräch in sachlichen Bahnen verlaufen kann, möchte ich Sie doch bitten, mich mit Sie anzureden. Ich habe Ihnen niemals das Du eingeräumt."
Am Nachmittag.
Ich war auf unseren Friedhöfen. Von einem Straßenreiniger erfragte ich, was er verdient. Etwa 700 DM. Davon gehen ca. 120,- DM Steuern ab. Für ein sparsames Leben würde es reichen. Wenn ich als Priester scheitere, kann ich doch wenigstens so in Berlin mein Geld verdienen.
Gestern Abend zog mich ein Kaplan ins Gespräch, er hatte ein paar Glas Wein getrunken und war sehr redselig. Es waren lauter Zwischenträgereien, die mich sehr bedrückten, in etwa so: man hat mir hier noch mal eine Chance gegeben. Doch die Brüder hätten sehr protestiert und gesagt: den wollen wir nicht.
Halo, verstehst Du, ich konnte nicht einschlafen und habe einfach geweint. Da erscheint mir heute der Beruf eines Straßenfegers wie das Paradies. In inniger Verbindung, Dein Jo

Hannalotte an Joseph

Berlin, 4.11. 67

Jo, mein Lieber!
Sicher hast Du Deine große Traurigkeit schon etwas überwunden. Ich würde Dich so gerne trösten. Aber ich ahne, das wird nicht der letzte Hieb sein, den man Dir versetzt. Du darfst mir Deinen Kummer nicht vorenthalten. Du weißt: ... du tröstetest im Kummer mich ... unser Lied.

Auch ein Orden ist über menschliche Unzulänglichkeiten nicht erhaben. Ich bleibe bei meiner Theorie, daß auch das Sünde ist, was aus einem lieblosen, gleichgültigen Herzen kommt. Die Bibel erzählt uns, daß dort, wo man die Apostel nicht haben wollte, sie den Staub von ihren Füßen schüttelten.

Bist Du ansonsten glücklich in Deiner Arbeit? Kommst Du auch an den Schreibtisch?

Gestern schickte ich Gulu ein paar Bilder von Dir. Sie schrieb im letzten Brief etwas traurig, daß durch die Mauer der Anschluß an die Familie doch sehr behindert ist. Ich schrieb ihr, daß Du mit Deiner Wärme genau in unsere Familie paßt. Sie soll sich allmählich durchaus auf Dich einstellen. Denn auf die Dauer kommt die Familie doch nicht an Dir vorbei, oder Du nicht an ihr. Ich denke, selbst Gudruns skeptisches Herz wird Dir zufliegen. Wenn sich doch nur eine Möglichkeit zum Kennenlernen böte!

Gestern Abend habe ich die erste richtige Bibelstunde meines Lebens gehalten. Ein kleiner Erfolg tut doch gut.

Gestern stellte ich Frieder auf die Probe, indem ich an das Abendgebet keinen Satz für Dich anhängte. Wie empört war er. Wir beteten also den gewohnten Satz, da sagte er: "Mutti, Du hast jetzt noch vergessen zu beten, daß der liebe Gott ihn gesund machen soll."

Neulich unterhielten wir uns über Babys und Kinderkriegen. Ich sagte ihm, daß ich ihn schon lieb hatte, als er noch nicht geboren war. Ein verklärtes Lächeln überzog sein Gesicht: " Woher wußtest Du denn, daß ich es war?" Das grenzte ihm schier ans Wunderbare.

Die Sache mit dem Straßenfeger fand ich sehr traurig. Nachher lachte ich darüber. Komisch, daß ausgerechnet Du manchmal solch unrealistische Anwandlungen hast, Du, der Du ein Studierzimmer, einen Schreibtisch und eine Bibliothek brauchtest.
In Liebe Deine Halo

Hannalotte an Joseph

Berlin, 16.11.67

Lieber Jo!
Manchmal habe ich jetzt Angst, daß Du Dich unterkriegen läßt.
Auf meiner Dienststelle besprachen wir heute meine Finanzlage und ich fragte ganz dumm nach einem Kredit. Da bot sich die Pastorin an, all meine unterschiedlichen Belastungen zu übernehmen und mir somit einen Kredit von 5000,-DM privat zu gewähren. Ich brauche also in Zukunft nur an einer Stelle abzuzahlen. Fünf Jahre soll ich abzahlen. Mir bleiben monatlich 350,--DM zum Leben. Damit könnte ich auskommen. Orgelvertretung und Notenschreiben bringt zusätzlich etwas. Ich finde die Lösung befreiend. Die Tilgung geht per Dauerauftrag.

Ich habe ein Klappbett geerbt und für Frieder eine Schlafdecke. Ich freue mich immer, wenn ich meinen Kleiderschrank aufmache, und es hängt ein Herrenhemd darin. Es freut sich auf Dich Deine Halo

Joseph an Hannalotte

Moseltal, 22. 11. 67

Liebe Halo, Anruf vom Verwaltungsleiter. Im Herbst 68 soll ich Geistlicher in einer kirchlichen Bildungsstätte werden.
Ich bin froh über die Regelung Deiner Finanzen. Ich müßte 20.000,- DM haben, ich würde sie alle für Dich hergeben. Wir dürfen glücklich sein, Dein Jo.

Gudrun an Hannalotte

bei Potsdam, Nov. 67

Liebe Halo!
Vergeblich suche ich die Radioskala nach schöner Musik ab und staune, daß man zum Ewigkeitssonntag nichts Besseres zu bieten hat. Ob Du viel Dienst hattest und nun auch endlich Deine warme Wohnung genießt? Ich hatte auch viel Trubel. Im Dienst sind allerlei brennende Probleme, weil wir nur mit Diakonissenbesetzung die Arbeit nicht mehr schaffen.
Hab Dank für Deinen Brief und die Bilder von Jo. Ja, weißt Du, diesen Menschen muß man ja schon vom Ansehen gern haben. Schöne Stirn, also klug, gutaussehend, aber keineswegs weichlich, sehr schöne Zähne ... ich bin völlig überrumpelt. Und wenn ein so sympathisch aussehender Mann noch solche Briefe schreibt (wie müssen erst die für Dich persönlich klingen), dann muß man bestimmt sein Herz in beide Hände nehmen und kann es trotzdem nicht verhindern, daß es brennt... Wenn er doch den lutherischen Schritt tun könnte. Ich würde zu gern mit ihm verwandt sein. Meinst Du, dieses "Aber" wird immer bestehen?
Den Schlafanzug für Frieder überreiche ich Euch persönlich. Zum Spielen kommt ein Kasten Plastiline dazu, damit er die Ritzen der Dielen verkitten kann.
Alles Liebe Euch beiden, Deine Gulu

Mutter Anyta an Hannalotte

17.11.1967

Liebes Halochen!
Längst habe ich mich damit abgefunden, daß Euch stark engagierten Lieben vor Weihnachten ebenso wenig Zeit bleibt, wie mir. Wie sehr bist gerade Du, mein Kind, mit Siebenmeilenstiefeln in die Gemeindearbeit hineingewachsen. Und freilich meine ich dabei, daß die Liebe Dich aufs allerschönste innerlich beflügelt. Wenn Du uns an einem solchen Brief teilnehmen läßt, dann kann ich nur sagen: vor 1 ½

Jahren hätte ein solcher Brief über Dich noch nicht geschrieben werden können. Natürlich haben Vati und ich gleich unser sehr intensives Gespräch darüber gehabt. Und nun wirst Du vielleicht staunen, wenn wir nicht in entzückte Freudenrufe über so viel schöne, saubere Liebe und Anhänglichkeit ausbrechen, sondern in mir meldet sich Deine "Löwenmutter" zu Wort. Mal sehen, ob ich meine Gedanken gut zusammen kriege.

1. So wunderlieb es einem durchs Herz gehen muß, solch schöne Worte, aus Dank und Liebe gesagt zu bekommen, so war mein Einwurf folgender: Halo gibt und schenkt und verschwendet mit Freude ihr liebewarmes Herz und beglückt diesen einsamen Menschen zutiefst, so daß er sich daran erquicken und volltanken kann. Aber ihr werdet es beide nicht gewahr, könnt es nicht gewahr werden, daß Dir die Rolle eines Waldbaumes zufällt, dem man den Harzbecher angesetzt hat. Nun strömt und strömt er seine Lebenssubstanz aus, mit Freuden aus, findet das ganz selbstverständlich und gar keine Verarmung, sondern eine Bereicherung (was es natürlich auch ist) Nur ahnt Ihr beide nicht (das wiederum steht Eurer Jugend zu), daß über solchem Ausströmen ein harzender Baum kaputt geht. Viel mehr bist Du die Gebende, als Dein Freund. Und was Du in Wahrheit brauchst, auch in älteren Tagen, wäre ein Beschützer, ein Verdiener, ein liebender Partner Deiner Mühsale und Sorgen, ein Vater für Dein heranwachsendes Kind. Deine Schulden, Deinen Berufskampf, Deine Erziehungsprobleme, Dein Älterwerden, Dein bitterböser Lebenskampf muß von Dir allein ausgebadet werden, natürlich aufgelockert, innerlich beschenkt und befruchtet durch diesen Freund. Du brauchst ritterlichen männlichen Lebensbeistand. In Eurer jugendlichen Ahnungslosigkeit könnt Ihr Euch noch nicht in die bitteren Konsequenzen des Alterns hineindenken. Sie kommen aber schon ab 40 auf Dich zu, und was Frieder betrifft, noch früher. In großer Liebe und Selbstverleugnung kannst Du Dich eine ganze Weile darüber täuschen, eines Tages muß es zum Katzenjammer kommen.

2. Es nimmt mich wunder, daß Dein Freund sich selbst damit beruhigt, daß die ungute Zerrissenheit und Unzulänglichkeit der Kirchen für ihn bedeutet: Schuster bleib bei deinen Leisten. Wenn wir wägen wollen, sind beide Kirchen gleichermaßen sündig. Aber bei der inneren Wahrheitsfrage geht es am allerwenigsten um den Ballast der Kirchen, sondern um die Gewissensfrage eines unruhigen Herzens vor Gott. Und wer einmal die Befreiung des "sola fide" geschmeckt hat, der wandelt nicht weiter auf schriftwidrigen Pfaden (Papsttum, Marien-Verehrung, Abendmahlsspende, Zölibat). Ein solches Verhältnis, wie Ihr es für möglich haltet, ist kein ehrliches, sauberes, es ist eine Zumutung für die Frau. Paulus sagt sehr reif: ... da ich aber ein Mann ward, tat ich ab, was

kindisch war. Darauf warten wir bei Deinem Freund. Aber wir wollen Dir natürlich nicht dreinreden. Drollig, daß wir Alten ungeduldiger sind als Ihr Jungen. Wahrscheinlich, weil wir wissen, daß das kostbare Leben schnell entflieht, als flögen wir davon.
Frieder soll wissen, daß wir ihn sehr lieb haben, und traurig sind ohne ihn. Ich habe noch eine niedliche kleine Freude für ihn, würd's nur gern selber in seine Hand geben. In Liebe. Mutti

Hannalotte an Joseph

Berlin, 27.11.67

Lieber Jo!
Nun zum Brief meiner Mutter. Es tut weh, wenn der so geliebte Mensch anders beurteilt wird. Sie kennen Dich halt nicht, nur aus dem einen Brief. Auch mich kennen sie zu wenig, um zu wissen, daß ich meinen Alltag schaffe. Sie wissen nichts von unseren Kämpfen Das unterstrichene Wort "sauber" gefällt mir nicht. Dennoch ist meine Mutter eine Frau, die es sich und damit uns allen nie einfach gemacht hat, sie ist wahrhaftig, klug und dabei auch liebevoll. Lies den Brief, - weiter nichts. Sie haben ja nicht "pfui" gesagt. Warten wir ab, ich gehe ja mit meinen 31 Jahren mit großen Schritten auf die 40 zu, Du Jüngling!
Noch 5 Sonntage ohne Dich. Deine Halo
Nachtrag: Ich muß noch immerzu über den Brief meiner Mutter nachdenken. Mein letzter Satz eben war doch recht oberflächlich. Im Prinzip hat sie sicher recht. Daß unsere Beziehung ihre Gefahren hat, die sich erst im Laufe der Jahre erweisen werden, ist uns beiden doch klar. Aber gilt dasselbe nicht für jede Ehe? In einem Punkt hat sie bestimmt besonders recht: das Leben ist schnell vorbei, es ist so kostbar.
Als ich Gulus Brief las, traute ich meinen Augen nicht, dann fing ich an zu lachen. Ich kenne meine nüchterne Diakonissen-Schwester nicht wieder, die für all meine Schwärmereien immer nur ein mitleidiges Achselzucken übrig hatte. So verschieden scheinen wir nun doch nicht zu sein, wie sie immer meint.
Gestern fragte Frieder: "Mutti, was ist "drei"?"
Ich sagte: "Du, Onkel Jo und ich."
Deine Halo.
Nachsatz: Frieder war bei seinem Vater. Seltsam, je seltener er Otmar sieht, desto mehr Sehnsucht hat er nach ihm. - Seine Großeltern haben für Frieder zum Geburtstag 100,-DM überwiesen

Joseph an Hannalotte

Moseltal, 9.12.67

Liebe Hannalotte!
Diese Zeilen werden Dir weh tun. Über Deinen heutigen Brief habe ich sehr die Stirn gerunzelt. Alle Warnanlagen standen auf Gefahr. Man kann nicht zwei Herren dienen.
Otmar und ich, das sind zwei Enden einer Stange. Wenn Du Dich dem einen Ende näherst, entfernst Du Dich automatisch vom anderen. Ich habe es immer gesagt, ich sähe es nicht ungern, wenn Ihr Euch wieder vertragt, das bleibt Deiner freien Wahl vorbehalten. Aber dann ziehe ich mich zurück.
Wenn Du meinst, Deinen einstmals geheirateten Mann in die Erziehung des Kindes einschalten zu müssen, dann erwarte bitte nicht, daß ich Euch noch unbefangen begegne. Ich habe meine ganze Existenz auf Dich ausgerichtet, meine ganze Zukunft in Unsicherheit gebracht um Deinetwegen, daß ich hier nur ein enttäuschtes "So nicht" spreche.
In mir sprechen auch zwei Stimmen. Die eine sagt, laß doch Halo ihren Weg gehen, dann ist ein Weg frei für meine Karriere. Die andere sagt, ich habe nichts in der Welt so lieb wie Halo. Ich lege Dir mal die Adresse des hiesigen evangelischen Pfarrers bei, vielleicht kannst Du Dich bei ihm bewerben. Ein Umzug hierher hätte für Dich und mich viele Vorteile.

1. bist Du die Enge des Stacheldrahtes von Westberlin los.
2. Frieder täte die ländliche Gegend hier wohl
3. Frieder dürfte ganz seiner Mutter gehören
4. Du bist aus Otmars Gegenwart weg.

Natürlich wäre es auch äußerst schmerzlich für Dich: die Eltern, die gute Gudrun, Deine Verwandten und Freunde, auch die Pastorin.
Inzwischen zwei Telefonate mit Dir.
Halo, wie konnte ich an Deiner Liebe zweifeln. Ich werde täglich schuldig an Dir. Verzeih mir! Ich weiß, Deine Liebe ist so grenzenlos, Du wirst mir verzeihen. Bitte, sei mir gut, Dein Jo

Joseph an Hannalotte

Moseltal, Weihnachten 67

Geliebte Halo!
Das erste gemeinsame Weihnachten. Du, das Kind, Ihr singt am Klavier, Kerzen, Weihnachtsbaum. Ich wäre nirgendwo lieber, als in Deiner Wohnung. Eigentlich mag ich gar nicht auf Weihnachtssentimentalität machen. Wir wollen auf die Botschaft hören und darin sind wir so eins: Wir sind Werkzeuge in unseres Gottes Hand.

Am Sonnabend starte ich. Bald hast Du in aller Liebe zurück Deinen Jo
Heute in der Messe weinte ein alter Mann so sehr, weil seine Frau auf den Tag drei Jahre tot war. Werden wir weinen, wenn einer von uns drei Jahre tot ist?

Hannalotte an Joseph

Berlin, 27.12.67

Liebster Jo!,
Mir gehen immer noch die Briefe und Telefonate durch den Kopf. Ein Umzug nach Moseltal oder Umgebung? Und vielleicht eine gemeinsame Wohnung? Das wäre für die Gemeinde nicht gut. Wir hätten zwar getrennte Schlafzimmer (und wer glaubt uns das?) und das schönste Familienleben. Unser gutes Einvernehmen bliebe niemand verborgen, das verschnupft die Gemeinde. Gesetzt den Fall, es käme ein Amtsbruder von Dir zu Besuch. Das würdest weder Du noch ich ertragen. Es ist besser, ich lebe hier in Berlin, und Du hast bei uns Dein Zuhause.
Es ist eigentlich einer gewissen Automatik unterlegen, daß es auch zu Spannungen zwischen uns kommt. Du stehst unter der großen Spannung, ob Du Dich lösen sollst, und das bereitet ja auch mir Spannungen.
Andersrum habe ich großes Verständnis, denn ich selbst brauchte mehr als drei Jahre, mich von Otmar zu lösen. Ich habe mich in der Ehe auch immer wieder gefragt, wo ich durchhalten muß, oder aufgeben soll. Ich hätte wohl noch länger durchgehalten, wenn ich die Gewähr gehabt hätte, daß Frieder keinen Schaden nimmt. Ich hätte mich nie scheiden lassen, um eine zweite Ehe eingehen zu können. Es war ein qualvoller Prozeß, ich habe mit Gott gerungen und ständig mein Gewissen geprüft. Die Scheidung war eine Befeiung für mich. Und Otmar ist mit seiner neuen Partnerin sehr glücklich. Für mich geht Deine Frage um eine Aussöhnung mit ihm oder eine Annäherung Frieders wegen total an den Realitäten und an meinem Herzen vorbei. War das jetzt deutlich? Und nun laß Weihnachten werden. Es freut sich unendlich auf Dich Deine Halo.
Übrigens kennen wir uns jetzt 12 Monate und 7 Tage und haben uns an 31 Tagen gesehen.

Hannalotte an Joseph

Berlin, den 16.1.68

Mein lieber Jo!
Du bist weg, und mir ist, als hätte ich aufgehört zu leben. Ja, ich funktioniere, mehr nicht. Dann gebe ich mir einen Ruck, es muß ja weitergehen. Wir kennen unser Unglück und müssen sehr lange grübeln und denken, bis wir zum Schluß kommen, daß wir ja eigentlich glücklich sind. Immer Deine Halo

P.S. Ich bin der Meinung, Du solltest promovieren. Ich weiß, daß Du die Theologie liebst. Ob sich die Meinung, die Du über Deine Kirche hast, mit der deckt, die die Kirche über Dich hat? Ich habe so große Angst um Dich.

Joseph an Hannalotte

Moseltal, den 25.1.68

Meine liebe Halo!
Für ein zweites Studium bekäme ich kein Stipendium. Dazu verdient mein Vater zu viel.
Weglaufen aus der Verkündigungsarbeit? Ja, ich will aus dem Kloster austreten, nur weiß ich noch nicht, wie der Weg weitergeht. Ich bin schon fast zwei Jahre nicht mehr beichten gewesen, aber Dir beichte ich alles.
Wie mag es Dir jetzt gehen? Ohne Dich tanze ich auf einem Seil ohne Netz.   Dein Jo

Joseph an Hannalotte

Moseltal, den 24.2.68

Meine geliebte Halo!
Gestern habe ich 50,-DM an Dich überwiesen, das war mein Honorar für einen Vortrag.
Und daß ich es nicht vergesse, im August werde ich Urlaub haben. Wohin geht der Weg?
Halo, ich stehe nahezu neben meinem Lebensweg und schaue interessiert, wie dieser Pfad sich schlängelt.
Wenn es in der lutherischen Kirche doch mehr echte, tolerante, liberale Freiheit gäbe. Aber in konkreto ist die evangelische Kirche ja genauso spießbürgerlich wie die römische. Dein Jo.

Hannalotte an Joseph

Berlin, den 19.3.68

Mein lieber Jo!
Nun hast Du Geburtstag. Wann wird man Dir die 30 Jahre ansehen? Ich glaube, nur, wenn Du Dein Priestergesicht aufsetzt. Lies bitte Psalm 126: "Der Herr hat Großes an uns getan, des sind wir fröhlich."
Ich habe nie gewußt, daß ich so viel Glück empfinden kann. Danke! Deine Halo.
Als Bettlektüre habe ich heute Eure Satzungen gelesen. Ich fürchte, in dem Fall kommst Du allmählich um eine Entscheidung nicht herum. Und an dem Punkt muß ich Dich leider allein lassen, da kann ich Dir nicht helfen. Aber eins weiß ich, Du hast den Menschen etwas zu sagen, und Dein Platz liegt in der Verkündigung.

Wenn es hart kommt, suchen wir gemeinsam einen Weg, und zuletzt wissen wir, daß wir uns auf Gott verlassen können.

Joseph an Hannalotte

Moseltal, den 5.4.68

Liebe Halo, meine gute Frau!
Sehr tief habe ich mich gefreut, daß Du so prompt Dich mit unseren Satzungen beschäftigt hast und den Punkt genau getroffen hast, um den sich alles dreht, nämlich: die Frage nach dem Verhältnis zwischen Individuum und Gemeinschaft. Etwas Unruhe ist in meinem Herzen: ist es ehrliche Überlegung, die mich so treibt, oder zieht mich Deine große Liebe an und verfälscht so die echte Argumentation? Dein Wort, ich dürfte Dich nicht mehr lieben als Gott, hat mir ganz tief imponiert. Und auch, daß Du sagst: wir gehören einfach zusammen. Darum betet Dein Jo

Hannalotte an Joseph

Berlin, den 7.4.68

Mein geliebter Mann!
Ich höre die Johannes-Passion. Wie gern täte ich das mit Dir zusammen Ich hoffe immer noch, Dir die Musik aufschließen zu können.
Ich bin froh, daß ich die Ordenssatzungen so erfaßt habe, wie Du Dir es auch dachtest. Eben habe ich gelesen, was das Konzil über die Priester sagt. Da ist mir vieles sehr, sehr fremd, und Du, der Liebste, in eine Distanz gerückt, die im Gegensatz zur Wirklichkeit steht. Und trotzdem hast Du mir in Deiner Konfession eine neue große Welt aufgetan. Ich glaube, ich wäre eine schlechte Gemeindehelferin, wenn ich das alles, und im Besonderen Dich, nicht hätte.
Ich möchte jetzt vor Dir stehen und ganz lange in Deine Augen sehen, meinen Kopf an Deinen legen und mich geborgen fühlen. Halo
P.S. Suse, unsere gemeinsame Freundin, ist traurig, daß Du erst im August nach Berlin kommst. Nur Du könntest den beiden in ihrer Beziehung helfen, meint sie, wenn ihnen überhaupt zu helfen ist. Suse liebt ihn gar nicht richtig, aber das weiß sie selbst nicht. Ich fragte sie, ob sie für ihn nach Amerika schwimmen würde, da sagte sie prompt: nein.
Na, was soll das Ganze!

Hannalotte an Joseph

Berlin, den 16.4.68

Mein Jo!
Nichts liegt mir ferner, als Dich orientierungslos zu machen, wie Du am Telefon sagtest. Verzeih, ich habe das in all der Tragweite nicht durchschaut, als ich den

Satz sagte, Du könntest doch katholisch bleiben, auch wenn wir heiraten würden. Es stimmt, nur das Standesamt genügt uns nicht, für uns ist dann nur in der evangelischen Kirche Platz. Mir geht es vor allem um Dich. Kann ich Dir, könnte Dir das Leben mit mir, Ersatz geben für all das, was Du zurücklassen würdest?
Im Moment bist Du in meinen Armen geborgen. Aber das Leben geht weiter, Du wirst an Ecken und Enden stoßen
Liebster, ich wage gar nicht daran zu denken, wie schön es wäre, mit Dir am Altar knieend das Abendmahl zu empfangen.
Deine Existenzfrage darf nicht zur geistigen Unfreiheit für Dich werden. Darum mein Vorschlag für ein paar Semester Studium.
Eben will ich noch einen Quarkkuchen für Dich backen. Deine Halo.

Joseph an Hannalotte
zweiter Ostertag 1968

Meine innig geliebte Frau!
Der auferstandene HERR möge uns diesen Tag segnen.
Eben mit meinen Eltern telefoniert. Frage: "Wo wirst Du Deinen Urlaub verbringen?"
Antwort: "In Berlin."
Frage: "Was willst Du denn dort?".
Ich komme auf unser Telefongespräch zurück. Du sagst: "Nicht evangelisch werden."
Aber Du weißt doch, daß, wenn ich ganz "Ja" zu Dir sage, ich automatisch außerhalb der katholischen Kirche bin. Dann gehöre ich zu keiner Gemeinde mehr. Ist das nicht sinnlos, wenn wir uns von der Gemeinde entfernen, der wir ja gerade dienen wollen?
Und noch eins, Halo, es befremdet mich immer ein wenig, wenn Du etwas aus mir "machen" willst, studieren, oder irgendwo einen guten Posten erwischen. Nein, Halo, wenn wir zwei tatsächlich einmal heiraten sollten, worauf wir nicht abzielen wollen, dann doch deshalb, um im gegenseitigem Miteinander uns unsere Liebe zu schenken. Warum sollte das, z.B. als Pfleger in einem Heim nicht bestens gehen? Ich hasse es, wenn man dauernd von mir Erfolge und glanzvolles Auftreten erwartet.
Ich las jetzt "Missa sine nomine" von Wiechert. Ich bin auf der Suche nach dieser größeren Einfachheit. Ein Verlassen meiner jetzigen Bahn müßte mir die Gewähr geben, um so tiefer die Gelübde, die ja niemals ungültig werden, leben zu können. Ich möchte nicht zum Lügner werden.
> *Armut: ein sich wirkliches Hinneigen zu den verlassenen Menschen*
> *Keuschheit: eine wirklich reine, schenkende Liebe zu Dir*
> *Gehorsam: ein sich voll von Christus-führen-lassen.*

Die äußere Form kann sich ändern, der innere Gehalt nicht.
Du bist mir von Gott als Aufgabe gegeben. Darum darf uns nicht der bürgerliche Wunsch nach Geborgenheit zusammenführen, sondern Gott wird uns führen.
Halo, ich bin froh, das alles mal in dieser Weise aufgeschrieben zu haben, und würde mich freuen, wenn Du Dein Ja dazu geben könntest. Noch ein Satz zur Richtigstellung des oben Gesagten: Katholisch bleiben im juristischen Sinne könnte ich immer.
Halo, trotz Deines so verständnisvollen Briefes, muß ich sagen: Es geht mir tatsächlich akut jetzt nicht um eine Heirat, sondern um die gesunde Reformation in der katholischen Kirche. Dein Jo

Hannalotte an Joseph

Berlin, 21.4.68

Mein Jo!
Eben habe ich meine Finanzen durchgearbeitet. In zwei Jahren könnten alle Schulden abbezahlt sein.
Weißt Du, daß ich lache, wenn Du vom Straßenfeger oder Pfleger sprichst? Es geht mir nicht um meinen Ehrgeiz, sondern um Deine Gaben und um Dein Aktionsfeld.
Weißt Du, wann ich Dich bis jetzt am meisten geliebt habe, so sehr, daß ich fast gezittert habe? Einmal im Kino. Ich sah nicht den Film, ich sah nur Dein Profil. Ich betrachte Dich wie ein kostbares Juwel. Deine Halo.

Joseph an Hannalotte

Moseltal, 30. 4. 68

Meine liebe Frau, meine Halo!
Gerade bin ich eben wieder einen Schritt weiter auf Dich zugegangen. Ganz ruhig habe ich mir alles durch den Kopf gehen lassen. Der Austritt ist das einzig Verantwortbare.
Warum bloß in der evangelischen Kirche dieser Talar, den ich lächerlich finde. Da steckt doch Muff von 1000 Jahren drin.
Gut gefällt mir an der evangelischen Kirche der nüchtern, gesellschaftliche Einsatz der jungen Pastoren. Die evangelische Kirche hat in letzter Zeit das unbedingt bessere Gespür dafür, was in der Öffentlichkeit notwendig ist.
In einer anderen Sache möchte ich Deinen Rat erbitten: Wenn ich im August die 14 Tage allein in Deiner Wohnung bin, ob es da wohl zuträglich ist, für eine Woche meine Eltern dorthin einzuladen?
Ich freue mich, daß ich mit meiner Arbeit Dich finanziell unterstützen konnte, daß gerade diese 500,-DM Dein Schifflein wieder flott gemacht haben. In Liebe Dein Jo

Hannalotte an Joseph

Berlin, 2.5.68

Mein geliebter Mann!
Mein Herz schlägt immer ein paar Takte mehr, wenn Du schreibst: "Gerade bin ich wieder einen Schritt weiter auf Dich zugegangen."Und gleich weiß ich, daß das rein theologisch war. Schwer, solchen Satz nicht als Zukunftsmusik ausdeuten zu können.
Heute bei der Beerdigung, zu der ich die Orgel spielte, begann der Pfarrer: Aus der Tiefe rufe ich Herr zu Dir. Oft fühle ich mich auch so sehr in der Tiefe.
Ich sehe Dich mit Deinen Eltern hier in der Wohnung. Das Ganze amüsiert mich sehr. Du mußt beurteilen, wie weit es Dir gelingt, ihre Vorurteile abzubauen. Und - - - sollte es geschehen, daß wir eines Tages heiraten, dann sind sie vielleicht nicht so geschockt. Sie sollen sich freuen, daß Du ein Zuhause hast. Versuch es langsam und liebevoll, sie hier einzufahren. Alles Liebe, Deine Halo

Joseph an Hannalotte

Moseltal, 4.5.68

Meine liebende Frau!
Morgen wird Trier im Mittelpunkt der Welt stehen, denn vor 150 Jahren wurde Karl Marx hier geboren. Heute Eröffnung der Marx Ausstellung, morgen UNESCO Veranstaltung im Theater usw. ... und danach ist es wieder Provinz. Draußen brüllen die Studenten.
Vorgestern habe ich meine 92 jährige Großmutter beerdigt. Die Totenmesse haben wir nicht in schwarz, sondern in Weiß gefeiert, als Symbol der österlichen Auferstehung. Es waren viele Verwandte gekommen, sie wollten mich wohl in Aktion sehen. In Liebe Dein Jo

Hannalotte an Joseph

Berlin, 9.5.68

Mein lieber Jo!
Ach, wie ich mich auf den August mit Dir freue. Ein ganzer Monat für uns!
Letztens traf ich mich mit meiner Mutter. Mit einem einzigen Satz kann sie einen total fertig machen. In ihren Augen behalte ich mein Image als oberflächliche Person.
Frieder möchte so gern einen Garten haben: "Muttichen, dann müssen wir die Erde umdrehen, und dann müssen wir Gebete (Beete) machen."
Von Gulu bekam ich einen Brief, über den ich lachen mußte. Daß ich vor jemandem, nämlich vor Dir, Respekt hätte, sei ihr neu. Das müßte dann ja schon "Wer" sein. Sie freut sich auf das Treffen mit Dir, weiß nur nicht, wie sie Dich anreden soll. Was

meinst Du? Ich amüsiere mich jetzt schon bei dem Gedanken an unser Treffen.
"Prophete rechts, Prophete links, das Weltkind in der Mitte".
Heute kam Frieder zu mir kuscheln. Ich zeigte, wo man überall den Puls fühlen kann. Es war ihm schier unvorstellbar, daß es immer das gleiche Herz sein soll.
Immer und ganz in Liebe, Deine Halo

Joseph an Hannalotte

Moseltal, 20. 5. 68

Liebe Halo, bitte sammle doch alle Zeitungsartikel, die unter meinem Namen erschienen sind und alle anderen Veröffentlichungen. Eventuell kann man sie als Tätigkeitsnachweis bei einer Bewerbung verwenden.
Halo, 85,-DM Telefonkosten sind zu viel. Wir müssen reduzieren, um zu sparen. Meine Kostenbeteiligung habe ich Dir heute überwiesen. Dein Jo

Hannalotte an Joseph

Berlin, 25.5.68

Ja, mein geliebter Mann!
Seit wir uns kennen, bin ich so aufgeweicht, wie noch nie im Leben. Seit ich von zu Hause fort bin, mußte ich immer alles allein entscheiden. Da habe ich es mir wohl angewöhnt, recht stolz auf mich zu sein. Und nun? Da bist Du, bildest Dir ein, vor mir immer ganz klein zu sein, und ich merke, daß es umgekehrt viel mehr so ist. Ich habe nie gewußt, daß es mir möglich ist, mich so abzugeben, so aufzugeben. Jo, ich bin wirklich nur eine Hälfte, die die andere braucht. Deine Halo

Joseph an Hannalotte

Moseltal, 31.5.68

Meine geliebte Halo!
Dein Brief, Halo, machte mit Kummer. Als es mir nicht gut ging, hast Du mich gestützt, jetzt möchte ich Dich stützen.
Das bedeutsame dieses Tages ist, ich habe an den ev. Oberkirchenrat geschrieben und ihm unsere ganze Situation offen gelegt. Was wird er und seine Frau uns raten? Wenn ich die Antwort habe, bekommst Du sie postwendend.
Immer mehr und immer tiefer schaue ich auf Christus, meinen liebenden und geliebten Freund. Mit ihm gehe ich in die absolute Ent-Sicherung meines Lebens - und das bist Du. Darf ich Priester bleiben? Ich möchte es so gern. Dein Mann Jo

Hannalotte an Joseph

Berlin, 3.6.68

Mein Jo, mein Lieber!
Eigentlich war ich nach dem gestrigen Telefongespräch so richtig sauer. Sicher gehen Dir meine Gefühle allmählich auf die Nerven. Gestern beim Einschlafen dachte ich: man müßte einmal Mann sein könne. Alles versachlichen, dann hätte man es leichter.
Weißt Du, ich habe mich in den letzten beiden Wochen immer wieder dabei ertappt, daß ich alte Briefe von Dir gelesen habe. Dabei habe ich mir dann eingebildet, sie seien neu, nur, um meine Sicherheit wiederzubekommen.
Hoffentlich stellt sich als Reaktion auf Deine Sachlichkeit bei mir dieselbe Phase ein. Dann habe ich es leichter, und Du hast dann vor dem August keine Angst, sondern kannst Dich freuen. Liebe Grüße, Halo
Gestern in Berlin meine Mutter und Gulu getroffen. Sie freut sich auf unser Treffen. Du wirst merken, daß sie sehr reserviert ist, mehr noch, als Du.
Beim Grenzübergang fiel einem jungen Vopo meine Haarspange auf, und er fragte, ob das vielleicht ein Mikrofon sei. Ich war etwas verblüfft und sagte, ich hätte kein Interesse, irgend etwas aufzunehmen. Er grinste, da merkte ich den Spaß und sagte, er soll nicht so viel schlechte Krimis lesen.
Im Weltspiegel habe ich alles um Kennedy angesehen. Eine farbige Frau sagte zu dem Reporter: Alle guten Männer, die uns helfen wollen, werden ermordet: Präsident Kennedy, Martin Luther King und jetzt Robert Kennedy.
Man wird so stumm beim Zusehen, stumm und mutlos.
Eben im Radio klingt das Klarinettenquintett von Mozart. Ich glaube, ich fasse wieder Fuß. Weißt Du, es war so schlimm mit mir, schon Deine Handschrift zu sehen, hat mir den Hals zugeschnürt. Jetzt geht es mir besser. Hab mich bitte so lieb, wie ich Dich. Deine Halo

Joseph an Hannalotte

Moseltal, 10. 6. 68

Liebe Halo!
Der Oberkirchenrat bietet ein persönliches Gespräch an. Ich lege Dir seinen Brief ein.
Das Treffen mit dem Oberkirchenrat findet am 1.7. statt. Aber einen Weg wird er auch nicht für uns wissen.
Seit sechs Wochen habe ich heute meinen ersten freien Sonntag.
Wie geht es Deiner Seele? Meine gehört zu Dir, Dein Jo.

Hannalotte an Joseph

Berlin, 18.6.68

Liebes, Dein langer Brief enthielt viele Anregungen für die Gemeindearbeit und den Konfirmandenunterricht. Der alte Bischof Dibelius hat Recht gehabt, als er sagte: Es ist eine Gnade Gottes, daß die Kirche trotz der Pastoren noch existiert. Damit trifft er den Nagel auf den Kopf.

Nun zu uns. Du und ich, wir sind auf wundersamen Wegen aus der Einsamkeit auf einander zu geführt worden. Diese Zeit war für uns beide voller Wunder, daß wir jedenfalls den Unwillen Gottes nicht spürten. Kann es nicht sein, daß Gott uns nun buchstäblich mit der Nase auf seinen Willen stößt? Daß Dir nun auch die Oberen Deines Ordens den Krieg angesagt haben, läßt mich darauf kommen. Von der Seite hatte ich keinen Entscheidungsdruck erwartet. Ich finde, Du wirst derartig an den Kreuzweg gestellt, daß zu überlegen ist, ob Du nun nicht gleich den ganzen Schritt tun solltest. Sieh mal, die Tendenz der letzten 3 Monate geht doch dahin. Was soll da eine Zwischenlösung? Es vergeht kostbare Zeit und Gesundheit.

Ich würde Dir so gerne Dinge sagen, die Dich schützen und bestärken auf dem eingeschlagenen Weg. Aber das geht doch alles an der Realität vorbei.

Noch gut sechs Wochen, dann bist Du hier. Hier darfst Du auch krank werden, woanders bitte nicht. Wir haben ein wenig umgeräumt, Frieder muß ja Platz bekommen für seine Schulsachen. Leb Wohl, Deine Halo

Joseph an Hannalotte

Moseltal, 1.7.68

Meine liebe Halo!
Nun bin ich vom Oberkirchenrat zurück. Es ist eine ganz liebe Pastorenfamilie. Beim Mittagessen reichten wir uns die Hände über den Tisch, ganz so, wie bei Dir.
Als schlechteste Lösung sah er die des evangelischen Pfarrers für mich an. Der konvertierte Pfarrer würde im evangelischen Umfeld schlecht akzeptiert. Durch Übertritte lasse sich die Kirchentrennung nicht beseitigen. Auch herrsche kein Pfarrermangel.
Für die Sache der e i n e n Kirche sei mein Verweilen auf meinem jetzigen Posten viel wichtiger.
Da habe ich erzählt, wie schnell ich diesen Posten verlieren könnte. Und da sahen sie das alles doch als unentwirrbar.
Ob ich mir einen anderen Beruf vorstellen könnte? Nein, einen einmal eingeschlagenen Weg dürfte man nicht verlassen.
Ob wir nicht einfach gute Freunde bleiben könnten, Du und ich? Ja, das könnte ich schon, ich drängte nicht auf eine Ehe.
Dann sei es wohl vorrangig Mitgefühl mit Dir? -----

Also vorwärts und rückwärts.
Meine Frage, ob sie eine völlige Trennung zwischen uns für richtig hielten? Nein, da sei übernommene Verantwortung und Verpflichtung.
Nur Freundschaft? Hält das die Frau aus?
Ergebnis: es gibt keinen Rat
Du siehst, daß meine Tränen auf die Schrift gefallen sind und alles verläuft. Ob Du es trotzdem lesen kannst? Halo, in ganz tiefer Liebe hält Dich Dein Jo.
Am 3.7. Besprechung mit dem Ausschuß für Erwachsenenbildung

Hannalotte an Joseph

Berlin, 7.7.68

Lieber Jo!
Was Du mir von dem Gespräch beim Oberkirchenrat geschrieben hast, lag als Vermutung in mir drin. Nur jetzt ist mir so, als hätte sich die "Krebsdiagnose" bestätigt.
Aber daß Du am Telefon nun auch noch unseren gemeinsamen Sommer in Frage stelltest, da sind mir einfach die Tränen gekommen. Du willst mir keinen Schaden antun. Aber meinst Du, Du tust mir weniger Schaden, wenn Du nicht kommst? Ich brauche Dich, damit wir über uns reden können, ich brauche Dich aber auch gegen Frieders Machtansprüche, Du mußt mir Schutz geben. Jo, oder möchtest Du Ferien machen fernab von uns und frei von jeglicher Verpflichtung? Hast Du vor 1 ½ Jahren geahnt, was auf Dich zukommt?
Ich habe tatsächlich allen Ernstes überlegt, ob ich Dir die Entscheidung abnehmen soll - die -Trennung. Ich vermag es nicht, auch um Frieders Willen. W i r können den Knoten nicht lösen. Es muß ein Wunder passieren. Mein Trost ist in diesen Stunden nur: Du lebst und bist gesund. Und ich erfahre die Kraft des Gebetes. Alle eure Sorge werfet auf IHN.
Und daß dieses Sorgen ganz konkret wird, indem Du laufend Geld schickst, bin ich doch immer wieder sehr beschämt. Ohne Dich wäre ich noch längst nicht so "glatt".
Ich fand den Vers von Matthias Claudius: Ich war wohl klug, daß ich Dich fand; doch ich fand nicht, Gott hat Dich mir gegeben, so segnet keine andre Hand. Deine Halo

Joseph an Hannalotte

Moseltal, 7. 7. 68

Liebe Halo!
Nur aus Rücksicht auf Dich möchte ich auf mein Kommen verzichten. Wenn das so ist, wie Du sagst, daß Du nur noch von einem Tag auf den anderen lebst, denk mal,

wie schwer dann die Trennung nach den drei Wochen ist. Dann lieber erst gar kein Zusammensein, obwohl ich nirgends lieber wäre, als bei Dir. Es liebt Dich Dein Jo. Alles darf passieren, nur eins nicht, daß Halo nicht mehr wäre!

Hannalotte an Joseph

Berlin, 10.7.68

Liebes, freu Dich erst mal, daß das Gespräch mit Deinem Obersten positiv ausging und er sich über beleidigte Brüder hinwegsetzen will.
Eben bekomme ich vom Konsistorium einen Brief. Sie bewilligen mir eine einmalige Beihilfe in Höhe von 800,-DM. Ich könnte einen Luftsprung machen, daß die Schulden so schnell weniger werden.
Wenn ich aus Deinen Telefonaten entnehme, wieviel "Anbeterinnen" Du hast, hu, dann gehe ich irgendwie in Verteidigungshaltung. Aber Du sagst ja, sie haben keine Chancen. Es wacht über Dich Deine Halo
Ich bin so froh, daß Du Dich für das Kommen entschieden hast. Noch zwei Sonntage!

Joseph an Hannalotte

Moseltal, 24.7.68

Liebe Halo!
Ein Kurskamerad war hier zu Besuch. Ich habe ihm von meinem bevorstehen Austritt erzählt. Er hielt das, zu meiner Überraschung, für richtig. Ja, der Austritt. Mein Verstand sagt ein unbedingtes "Ja". Mit dem Herzen möchte ich alles anders machen. Das wird sein, wie bei einer Scheidung. Ich bin froh, daß die Initiative nicht von mir ausgeht, sondern von dem Orden.
Halo, ich freue mich, wenn ich bald daheim bei Euch sein werde. Dein Jo.

Hannalotte an Joseph

Berlin, 1.8.68

Lieber Jo, der Urlaubsmonat hat begonnen. Bald bist Du hier.
Für Frieder kaufe ich ein Lego-Kästchen, das schenkst Du ihm dann. Die Telefonrechnung vom letzten Monat nur 63,- DM. Wir sind gut! Ich freue mich auf Dich, Deine Halo

An einem strahlend blauen, schon am Morgen die Hitze der Mittagszeit ankündigenden Tag, saß Gudrun im Zug und fuhr nach Ostberlin, um Halo und Jo zu treffen. Die langgeplante Absprache dieses Termins hatte sich als nützlich erwiesen, denn Gudrun mußte die Fragen des Dienstes entsprechend regeln.

In der DDR-Zeit von Potsdam nach Berlin zu fahren, das ging nicht mehr so wie vor 1961. Damals fuhr die S-Bahn im 20 - Minuten - Takt quer durch das ganze Berlin.
Mit dem Bau der Mauer vor nun mehr sieben Jahren, hatte sich diese Situation schlagartig geändert. Ja, Potsdamer S-Bahnen pendelten noch, aber lediglich innerhalb dreier Stationen: Potsdam, Babelsberg, Griebnitzsee. Dort ging es nicht weiter, dort war die Mauer.
Für alle Reisenden, insbesondere die "Pendler", also die Menschen, des Potsdamer Raumes, die in Berlin ihre Arbeit hatten, hatte der DDR- Staat eine Umgehungsbahn gebaut. Ein völlig neuer Bahnhof war deswegen am westlichen Stadtrand von Potsdam entstanden.
Durch den Templiner See war ein Damm für den Gleiskörper geschüttet worden. Stolz hatte seinerzeit die Zeitung berichtet: ".... und die Züge donnern über den Templiner See."
Doch gerade in jener Nacht war ein Teil des Dammes in den See gerutscht und die Menschen hatten hämisch gelacht. Der Schaden war rasch behoben worden. Seit Jahren fuhr tatsächlich ein Zubringer, im Volksmund als "Sputnik" bezeichnet, im Stundentakt von Potsdam nach Berlin-Karlshorst. Die Bahnstationen auf dieser Fahrstrecke waren seinerzeit in aller Eile "geschaffen" worden. Sie wirkten fast feindlich, ohne Regenschutz, mit Treppen, die wie ein Provisorium aussahen. Orte des Wartens, an denen die Reisenden jedem Wetter, aber auch der Willkür abgeänderter Fahrpläne ausgesetzt waren. Stumm und stupide warteten hier die Menschen, Informationen wurden kaum durchgegeben.
Doch heute dachte Gudrun nicht über die Bahn nach, heute freute sie sich auf das Treffen. Ihren beruflichen Streß wollte sie für diese Stunden hinter sich lassen. Sie hatte für einen reibungslosen Ablauf im Krankenhaus während ihrer Abwesenheit vorgesorgt.
Sie erinnerte sich noch genau des Tages, als sie vor den Schwesternrat gerufen worden war, der die Bitte an sie herantrug, die Funktion der Oberschwester in dem Krankenhaus zu übernehmen.
In Gudruns Seele stritten sich damals widersprüchliche Empfindungen. Zum einen fühlte sie sich geehrt, daß sie mit ihren 28 Jahren und als Jüngste der Schwesternschaft, für die Besetzung eines solchen Postens in Erwägung gezogen wurde. Auch das Handicap, das sie durch die Versteifung ihres rechten Armes bei jedem Handgriff bitter spürte, würde durch die Schreibtischarbeit, aus der das neue Amt vorwiegend bestehen würde, besser zu bewältigen sein.
Aber sie sah auch ganz realistisch große Probleme auf sich zukommen. Gerade weil sie die Jüngste war, schien ihr dieses Amt voller voraussehbarer Querelen. Ihre Mitschwestern, insbesondere die Stationsschwestern, waren gestandene Frauen mit Weisungsbefugnissen. Sollte sie denen mit Autorität gegenübertreten? Und, woher sollte sie diese Autorität nehmen?
Gudrun wurde zu einem Vier-Augen-Gespräch zum Pfarrer gerufen, der ihr noch einmal die Situation des Krankenhauses darlegte: "Schwester Gudrun, wir wissen, daß wir Ihnen eine schwere Entscheidung zumuten. Aber wir sehen keinen anderen Ausweg. Wenn wir jetzt den Posten nicht mit einer Diakonisse

besetzen, wird das staatliche Gesundheitswesen eine "freie Schwester" auf diesen Platz setzen.
Daß unsere Zahlen rückläufig sind, das sehen wir selber mit Kummer. Schon manche Lücke, die durch altersbedingtes Ausscheiden einer Diakonisse entstand, mußte mit "freien Schwestern" gefüllt werden. Aber gerade den Posten der leitenden Schwester möchten wir noch so lange, wie irgend möglich, selbst in der Hand behalten." Fast beschwörend schloß er: "Schwester Gudrun, wir können doch nicht Gott unsere Arbeit vor die Füße werfen, ehe wir nicht a l l e s versucht haben."
"Herr Pastor", hatte Gudrun nachdenklich geantwortet, "wenn ich es recht verstehe, werde ich hier als Notnagel verwendet", und leise dachte sie weiter "ist das der Gehorsam, den ich gelobt habe? Gehorsam in einer Notnagelsituation?"
"Ich verstehe, daß Sie das so ausdrücken, Schwester Gudrun, aber Sie können einen Monat mit der alten Oberschwester mitlaufen. Dann haben Sie eventuell den Umfang des Amtes erfaßt. Danach sprechen wir noch einmal über alles. Sie sollen aber immer mit der Unterstützung des Vorstandes rechnen dürfen."
"Das reicht mir nicht ganz. Ich möchte die staatliche Anerkennung als "leitende Schwester" machen. Wir sind hier dem großen Bezirkskrankenhaus zugeordnet. Dort hat jede Abteilung eine Oberschwester. Mit einer entsprechenden Ausbildung wäre ich dann meinen Kolleginnen rechtlich und bildungsmäßig gleichgestellt."
"Das kann ich nachvollziehen. Wir werden mit der Medizinischen Fachschule Kontakt aufnehmen."
Gerade vor wenigen Wochen hatte Gudrun diese Ausbildung mit Erfolg abschließen können. Zu ihrer übergeordneten Dienststelle, dem staatlichen Gesundheitswesen, hatte sie guten Kontakt. Die aufopferungsvolle Arbeit der Diakonissen wurde dort mit echtem Wohlwollen anerkannt.
Doch schon in diesen zwei ersten Jahren ihres Amtes als Oberschwester waren gravierende Veränderungen im Krankenhaus vorgegangen. Gudrun, die mit der immer kleiner werdenden Diakonissenschar kaum einen guten Dienstplan aufstellen konnte, fand in der Schließung von zwei Stationen eine vorübergehende Hilfe. Die freiwerdenden Schwestern wurden nun dort eingesetzt, wo empfindliche Lücken entstanden waren. Doch bald zeigte sich, daß auch unter diesem Zuwachs ein verantwortungsvoller Dienstplan nicht mehr zu erstellen war. Die übergeordnete Dienststelle versuchte mit Gudrun zusammen, das Problem zu lösen: Es wurden vermehrt freie Hilfsschwestern eingesetzt.
Doch nun passierte etwas Unvorhergesehenes. Diese neuen Schwestern wollten unter einer Diakonissen-Oberschwester nicht arbeiten. "Sie kann ja gar nicht unsere Interessen vertreten," sagten sie, „denn Schwester Gudrun ist nicht "organisiert"."
"Organisiert sein" hieß, Mitgliedschaft im Freien Deutschen Gewerkschaftsbund (FDGB) und eventuell auch Parteizugehörigkeit.
Gudrun hatte mit dem Diakonissen-Vorstand gesprochen, ob sie in den FDGB eintreten solle oder könne.

"Ausgeschlossen!" hatte man ihr geantwortet, "noch nie war eine Diakonisse im FDGB".

Einem kleiner gewordenen Krankenhaus stand sie somit noch vor. Einem Haus, bei dem es nicht nur personell hoffnungslos aussah, sondern bei dem es auch an der 70-jährigen Bausubstanz furchtbar bröckelte. Jeder tropfende Wasserhahn, jede verstopfte Toilette wurde für Gudrun ein unüberwindliches Problem. Einen Hausmeister gab es nicht. So perspektivlos sah ihre derzeitige Situation, ihre Notnagelsituation aus.

Doch heute wollte sie das alles einmal zurücklassen. Jetzt begann der Zug sein Tempo zu verlangsamen, gleich würde sie in Karlshorst aussteigen. Ihre Vorfreude und Spannung stieg. Gudrun wurde mit der gesamten Menschenmenge die Treppe hinuntergeschoben. Am Ende der Unterführung sah sie zwei Menschen stehen. Das waren Halo und Jo. Gudruns Herz macht einen Freudensprung. Im Näherkommen nahm sie dieses Bild, das die beiden abgaben, tief in sich auf.

Die beiden Menschen, die dort standen, wirkten nicht wie zwei Personen, sondern wie eine Einheit, wie eine Symbiose. Sie waren gleich groß, wirkten vom Typ des Körperbaus ähnlich, zeigten das gleiche Lächeln, die gleiche Ausstrahlung, den gleichen Ausdruck tiefster, innerer Zufriedenheit, sie wirkten, wie für einander gemacht.

Nun hatte Gudrun sie erreicht. Halo legte die Arme um sie: "Gulu, wir haben uns so auf Dich gefreut."

Jo deutete auch eine Umarmung an: "Gudrun, ich bin Joseph. Wenn Du magst, kannst Du mich anreden wie Halo. Ich freue mich, daß wir uns kennenlernen."

Gudruns Sorgen, es könnte eine Fremdheit da sein, waren total unbegründet. Sie hatte vielmehr das Gefühl, Jo seit langem zu kennen.

"Komm, Gulu," sagte Halo ungeduldig, "mein Auto steht in einer Seitenstraße."

Ja, so weit waren die deutsch-deutschen Beziehungen inzwischen. Westdeutsche konnten mit dem PKW in den Ostteil Berlins einreisen, jedoch nicht über die Stadtgrenze hinaus. Da stand er, der alte, etwas verbeulte VW Käfer. Gudrun kletterte nach hinten. Sie hatte das Gefühl, eben im Paradies gelandet zu sein. Autofahren war für sie ein Luxus, den sie bisher nicht kannte. Sicher steuerte Halo den Wagen in Richtung Köpenick. Gudrun erschien der Straßenverkehr mörderisch, und sie bewunderte Halo sehr.

An einem der schönen Berliner Randgewässer wurde geparkt. Mit ihren Taschen behängt suchten sie sich auf der Strandwiese einen Platz zum Lagern. Halo breitete eine Decke aus und ließ Rock und Bluse fallen. Sie hatte ihren Bikini bereits zu Hause untergezogen. Halo ärgerte sich über etliche Kilo Übergewicht, doch der pinkfarbene Zweiteiler sah sehr vorteilhaft an ihr aus.

Gudrun zog ihr langes, dunkles Kleid aus und einen dunkelblauen Badeanzug an. Immer noch wirkte sie gertenschlank, Gewichtsprobleme kannte sie nicht.

Jo hatte inzwischen seine Badehose angezogen und streckte sich mit einem behaglichen Seufzer neben Halo aus. Alle drei wollten erst einmal in Ruhe die Sonne genießen. Jo legte seinen Arm auf Halos Bauch und streichelte mit Genuß ihre zarte Haut. Gudrun, die an öffentlich gezeigte Zärtlichkeiten nicht

gewöhnt war, drehte sich verlegen zur Seite. Nach der Ruhepause gingen sie schwimmen.
"Wo ist denn heute Frieder?" fragte Gudrun.
"Bei seinem Vater", antwortete Halo einsilbig.
Nach dem Bad war es Zeit, Mittag zu essen. Halo öffnete eine Kühltasche, auch so ein Wunderwerk des Westens, das Gudrun noch nicht kannte. Jo verteilte Servietten, auf die Halo jedem ein Päckchen legte. Gudrun öffnete. Ein halbes, gebratenes Hähnchen! Sie versank in sprachloses Staunen. So viel Fleisch für sich allein hatte sie noch nie gehabt.
In der Reissuppe, die es der Heiligung des Sonntags und Entlastung der Küchenschwester wegen 50 mal im Jahr im Mutterhaus gab, schwammen maximal für alle Schwestern zusammen drei Hühner. Und nun dies hier. Das grenzte ja an Völlerei!
"Magst Du eine Cola dazu trinken?" Halo reichte ihr eine Büchse, die sich eisgekühlt anfühlte. Gudrun trank die erste Cola ihres Lebens und dachte: "Himmlisch!"
Nach dem Essen stellte sich die übliche Trägheit ein. Gudrun drehte sich wieder zur Seite, um die beiden beim Schmusen nicht zu stören. Bevor es Kaffee gab, gingen Jo und Gudrun noch einmal schwimmen. Das laue Wasser lockte sie weit hinaus und sie vertieften sich in ein Gespräch, welches hauptsächlich Halo und die Freundschaft zu Jo betraf, denn bisher war diese Problematik noch nicht angesprochen worden. Nichts hatten sie bisher gesagt von all ihren quälenden Gedanken, die auf Entscheidung drängten, nichts von ihrem Verzicht, nichts von Austritt oder Heirat. Sie hatten nur die Gegenwart genossen. Jetzt berührte Jo doch manche anstehenden Fragen und sagte erklärend: "Weißt Du, Gudrun, unser Verhältnis mußt Du Dir vorstellen, wie bei Diabetikern. Zucker kommt erst gar nicht auf den Tisch."
Gudrun staunte über so viel Verdrängungskunst: "Aber Jo, Ihr nascht doch immerzu Zucker."
Jo schwieg dazu. Das nannte Gudrun naschen? So ein paar kleine Zärtlichkeiten? Gudrun schien in ihrer Diakonissenhaut wahrhaftig nichts von ihren furchtbaren Kämpfen zu ahnen. Echter Zucker kam ja wirklich nicht auf den Tisch. Aber das erkläre man mal so einem Geschöpf aus einer anderen Welt.
"Jo, Ihr habt mich heute so verwöhnt. Dabei weiß ich doch, daß Halo sehr mit dem Geld rechnen muß. Das bedrückt mich sehr, trotz des ungeheuren Genusses, den ich heute hatte."
"Gudrun, die Tasche mit Inhalt, das war das Honorar für einen meiner Vorträge. Mach Dir keine Sorgen."
"Jo es ist so gut, daß Du bei Halo bist. Du bist auch für mich wichtig."
Eine große Dankbarkeit überkam Gudrun. Als sie aus dem Wasser stiegen, hatte Halo schon den "Kaffeetisch" gedeckt. Es gab gefüllten Bienenstich und herrlich duftenden, heißen Kaffee.
"Magst Du zum Abschluß noch ein Eis?", fragte Halo.
"Wie, hast Du auch Eis dabei? Wie geht das?"
"Schau, hier sind Kühlelemente. Guck, das Eis ist noch ganz fest."

Unwahrscheinlich, unwirklich das Ganze. Der Zeitpunkt der Trennung schlich trotzdem heran.

Es war wir ein Knall, mit dem ein Luftballon zerplatzt, als Gudrun im Sputnik saß und sich ihrer Berufsprobleme bewußt wurde, denen sie nun wieder entgegenfuhr. Nur ihr so prall gefüllter Magen und ihr zutiefst erwärmtes Herz waren ein Zeichen, daß sie diesen Tag nicht geträumt hatte.

Joseph an Hannalotte

Moseltal, 31. 8. 68

Halo, meine liebe Frau!

Die drei schönsten Wochen des Jahres liegen hinter uns. Wie stark Du an meiner Seite stehst. Hab Dank, - nimm meine Hände.

Was ist Gottes Wille?

Bei meinem Obersten: "Ich will ganz offen reden, es sind beim Bischof und bei mir so viele Beschwerden über Ihre Vortragstätigkeit eingegangen, daß wir Sie nicht mehr offiziell sprechen lassen können. Ich will Ihnen mal ein Beispiel sagen. Sie haben gesagt: "Gott ist nicht allmächtig."

Ich: "Habe ich das wirklich gesagt? Oder habe ich vielleicht gesagt, Gott ist nicht in der Weise allmächtig, wie wir uns das so schnell vorstellen oder gar wünschen."

Er: "Ja, wenn das so ist ..." Und trotzdem glaubt er den falschen Informationen.

Er: "Um es ganz offen zu sagen, der Bischof und ich wollen nicht, daß Sie weiter in der Bildungsstätte bleiben."

Siehst Du, Halo, was bleibt mir da noch weiter übrig, als der Auszug. Aber ich habe Angst, jämmerliche Angst davor. Angst, vor dem, was die Leute sagen, Angst vor der Enttäuschung, die ich den Eltern und Bekannten bereite, Angst vor dem Ärgernis, das viele Gläubige an mir nehmen werden, Angst davor, daß vielleicht alles falsch sein könnte, Angst davor, daß auf dem Totenbett mir einmal alles als Vorwurf aufgelastet werden könnte. Und es ist obendrein mein Kummer, daß ich Dich, den liebsten Menschen, hin- und herreiße zwischen Hoffen und Enttäuschung.

Heute habe ich einen Brief an die ASTA der FU geschrieben, ob ich Stipendien für ein Zweitstudium erwarten kann. Und einen zweiten Brief, ob ich innerhalb der Kirche in der Erwachsenenbildung zu gebrauchen wäre.

Gott sei mir armen Sünder gnädig, Amen

Christus spricht, wenn du den liebsten Menschen nicht läßt, bist du meiner nicht wert.

Und: Wer seine Hand an den Pflug legt und sieht zurück, der ist nicht geschickt für das Reich Gottes.

Herr, sag mir, was Du willst.

Ich möchte, alles wäre ein Traum. Was ist der Pflug? Der Orden, oder Du, Halo? Die Versuchung, jetzt zu kapitulieren, ist gewaltig. Bin ich wahnsinnig oder schizophren? O, Gott, wie mir ist im Kopf! Wie soll ich das lösen? Ist es Feigheit, zu Halo zu flüchten? Ruhe, Ruhe ...
Hier ist Verkündigung und kein Friede, bei Dir ist Friede und keine Verkündigung. Schizophren leben kann man nicht. Ich kann nicht Priester sein und daneben Familienvater.
Liegt das alles nur an widrigen Umständen, gegen die ich anzukämpfen habe? Ich bin so niedergeschlagen,
Halo, eben Dein Anruf, danke. Du hast recht, ich habe im Moment meine katholische Phase.
Halo, ich frage mich, muß ich nicht einfach springen, einfach in die Freiheit Christi springen? Puh, ich zittere.
Beten, beten, beten ...
Halo, ich sterbe bald vor Kummer.
Immer habe ich mich an das Jeremiaswort geklammert: "Ehe du kamst aus dem Mutterleibe, habe ich dich berufen. Sage nicht, ich bin noch so jung. Gehe nur, wohin ich dich sende. Fürchte dich nicht, ich bin ja bei dir, dich zu behüten."
Werde ich Gottes Berufung nicht untreu?
4 Uhr 30, seit einer Stunde liege ich wach. Mich quälen auch noch andere Ängste: Angst vor einem neuen Posten, Angst vor Berufslosigkeit, Angst vor Einsamkeit, Angst vor meiner Feigheit und Untreue, Angst, meine Nerven könnten durchdrehen. Und Sehnsucht nach Geborgenheit bei Dir.
Bitte, geliebtes Du, sei mir nicht böse, daß ich Dir das alles schreibe. Das Unterbewußtsein treibt uns mit Macht zusammen, und das Oberbewußtsein findet die schönen Ausreden dafür. In Wirklichkeit steckt die abgrundtiefe Sehnsucht als Nachklang dieser drei herrlichen Wochen dahinter. Ob die Zeit nicht alles glätten wird? Halo, die Gedanken beschleichen mich wie kalte Schlangen. Ich habe mich auch gegen den Orden vergangen, indem ich mein Geld nicht mit den Brüdern teilte, sondern mit Dir. Frieder, das liebe, gute Kind, ahnt von alledem nichts. Gott behüte uns, Dein Jo
Zitat aus einem Zeitungsartikel: Hinter jedem Priester, der sein Amt aufgibt, verbirgt sich eine Tragik.

Joseph an Hannalotte

Moseltal, 20.9.68

Meine liebe Halo!
Für den Fall, daß ich ein Zweitstudium bewilligt bekomme und nach Berlin übersiedle, würde Deine Tante mir Asyl gewähren?

Der Platz in der Erwachsenenbildung ist noch ungewiß.
Heute hast Du mir eine ganz große Freude bereitet. Der Brief von Dir an Deine Eltern ist wohl das Schönste, was ich je von Dir erhalten und gelesen habe. Dein Satz: "Wenn, dann wird gleich geheiratet."
Lieber Frieder, danke für Deinen Brief, ich staune sehr, daß Du schon Deinen Namen schreiben kannst.
Halo, kannst Du Dir vorstellen, mit welcher Freude ich die 24. Rate bezahlt habe?! Das Auto drückt uns nun nicht mehr.
Unser Direktor schreibt mir aus dem Urlaub, wie gern er mich behalten würde, O, ungewisse graue Zukunft. Wie sie auch aussehen mag, ich werde immer viele Zeiten der Stille und Meditation brauchen. Du fragst nach meinen Terminen. Ja, welche Termine werde ich denn noch wahrnehmen können?
Und dennoch: unsere Liebe ist sehr schön. Wann wird Gott verlangen, daß ich von Dir Abschied nehme? Er ist ein eifersüchtiger Gott. In Liebe und Vertrauen Dein Jo

Joseph an Hannalotte

Moseltal, 26.9.68

Liebe Frau!
Nun habe ich etliche Eisen im Feuer: eventuelles Studium in Berlin, Stellengesuch in Düsseldorf, Anfrage in Wien - was wird daraus werden?
Es ist gut, wenn alle meine Studienzeugnisse und andere Unterlagen in Deiner, unserer Wohnung sind. Morgen fahre ich zu meinen Eltern. Es graut mir etwas davor. Eigentlich können sie mich gar nicht verstehen.
Die Tage der Entscheidung werden immer knapper. Dein Jo

Joseph an Hannalotte

Moseltal, 11.10.68

Liebe Halo!
Den Brief Deiner Eltern finde ich ganz prima. Deinem Vater muß ich wohl recht geben: etwas kunterbunt geht es schon zu in Deinem Leben. Woran mag das liegen? Ha, ha...
Die Antwort aus Düsseldorf lege ich Dir bei. Also abwarten, weil zu viel Bewerbungen, ansonsten nichts Neues. Ich arbeite emsig an Vorträgen, als ob das immer so weiter ginge. Halo, eine Besorgnis habe ich noch: Sieh uns bitte nicht n u r als Verlobte. Es ist ja auch noch drin, daß ich Priester bleibe. Kannst Du das alles überhaupt noch ertragen? Es ist nämlich schwerer für Dich, als es so allgemein den Anschein hat. Mit großem Schmerz sehe ich, welch grausames Spiel ich mit Dir treibe. Und Deine Verfassung wird nicht besser werden, wenn ich Dir von dem Wochenende bei meinen Eltern berichte:

Alles voller Vorurteile, ich sei verliebt, wäre Dir verfallen, und zöge mich damit aus dem Priestertum zurück. "Auf die erste, beste Frau fällst Du herein und kippst um." Von reifen Eltern hätte ich erwartet, daß wir per Telefon ein fruchtbares Gespräch untereinander und mit Dir geführt hätten. Nein, sie versuchten einen Keil zwischen uns zu treiben. Letzte Reaktion: "Warum hast Du das mit dem Kloster und der Theologie überhaupt angefangen! Jetzt hast Du die Quittung."

Zukunftsgedanken: Es wäre schön, Halo, wenn ich gleich einen Beruf hätte. Darf ich eigentlich immer nur auf das schauen, was für mich gut ist? Bist Du mir nicht als neue Aufgabe gestellt?

Im November habe ich noch viel "Großeinsätze" - das Aufräumen vor dem Tod.

In Liebe Dein Jo

Joseph an Hannalotte

Moseltal, 2.11.68

Meine liebe Halo!
Lange habe ich keinen Brief mehr geschrieben, weil wir alles Aktuelle am Telefon besprechen. Innerlich bin ich dauernd im Gespräch mit Dir.
In Zukunft werden lediglich die trennenden 800 km wegfallen. Alles andere wird so bleiben, wie wir es bisher versucht haben zu leben. Eine neue Aufgabe werden wir haben, nämlich, so geschickt, wie möglich, alle Klippen unserer eigenwilligen Charaktere zu meistern, daß von unserer Liebe wärmende Strahlen auf andere Menschen fallen. Vielleicht kannst Du es mir nachfühlen, daß mir der Umstand der Hochzeit nicht unbedeutend ist. Für ein Fest scheint mir da kein Anlaß zu sein. Denn was kommt schon hinzu?
Bei der Auswahl unserer Wohnung sollten wir darauf achten, daß für jeden genügend Arbeitsraum bleibt. Ich habe mal so durchgerechnet, 6-7 Zimmer müßten es schon sein.
Und dann habe ich auch schon mal einen Finanzplan gemacht, den ich Dir einlege. Aber, bitte, mach Du uns auch mal einen Haushaltsplan.
Thema Standesamt: Da hattest Du mich am Telefon überfallen. Es ist eine Eigenart von mir, dann immer erst mal reichlich zurückhaltend zu reagieren. Ich glaube, mein Leben im Orden muß erst abgeschlossen sein, ehe der neue Schritt getan wird.
Pläne, Pläne. Schrecklich, Halo, sollte ich ab 1.12. stellenlos sein. Mir scheint das alles so tollkühn. Ein ruhiges und sicheres Leben könntest Du führen, wenn ich nicht wäre. Nicht böse sein. Wie sicher ist das mit dem Heiraten überhaupt.? Angenommen, ich bekomme eine Pfarrei? Was würdest Du dazu sagen?
Am nächsten Morgen.
Wie werden wir demnächst Sonntag morgens froh gemeinsam zum Gottesdienst gehen, Du wirst orgeln, vielleicht dürfen wir gemeinsam das Abendmahl nehmen.

Mit einem großen Schritt müssen wir die Trennwand der Konfessionen überschreiten. Heute Morgen ist doch etwas Freude in mir.
Die schwerste Nuß: Dem Oberen Bescheid sagen. Er ist schwer zuckerkrank und darf sich nicht aufregen.
Halo, ich freue mich so endlos auf unser gemeinsames Leben. Ich habe Euch ja so lieb, Euer Jo.
Liebe Halo, der letzte Monat der Trennung ist angebrochen. In 30 Tagen gehören wir zusammen. Abschied von Formen liebgewordener Äußerlichkeiten, von Gesetzen und Ansichten, die alle zusammen nicht Christus sind.
Halo, ob Du nicht mal ganz schlicht meiner Mutter schreiben solltest? Vielleicht versteht Ihr zwei Euch viel besser, als man denkt.

Joseph an Hannalotte

Moseltal, 17.11.68

Liebe Halo! meine liebe Braut!
Eigentlich denke ich lieber: meine liebe Frau. Braut ist doch sehr mädchenhaft.
Alles Notwendige habe ich Dir am Telefon erzählt, jetzt muß ich nur noch abwarten, wann ich in Bonn beginnen kann. Der 1.1. wäre mir am liebsten. Eigentlich würde ich etwas Zeit zur Entspannung brauchen. Es ist so viel über uns gekommen in den letzten Monaten. Wir müssen nach all der verkrampften Anstrengung emotional wieder tiefer zueinander finden, so wie im August. Dafür wäre der Dezember sehr geeignet.
Wahrscheinlich wird die Tretmühle in Bonn mich dann gleich sehr schlucken.
Heute habe ich mir einen Anzug gekauft, dunkelgrau, zum Zeichen, daß ich nicht mehr am "Schwarzen" hänge, hat 220,- DM gekostet. Das hat unseren Finanzplan nicht mal gestört
Kannst Du Dir vorstellen, daß Deine/unsere Verwandtschaft gespannt war, mich kennenzulernen? Besonders gefallen hat mir Deine Tante. Sie ist ein genau so offener Typ wie Du. Sie geben sich überhaupt alle viel Mühe um mich.
Halo, mir ist manchmal ganz ulkig zu Mute, wenn ich daran denke, demnächst Familienvater zu sein. Werden wir auch eigene Kinder haben? Manchmal befällt mich so eine Angst, Du könntest bei der Geburt unseres Kindes sterben.
Was muß ich am 1.12. tun? Steuerkarte, Versicherung, Krankenkasse. Wenn die Geburtsurkunde eintrifft, kannst Du die standesamtlichen Formalitäten erledigen. Bis bald mein Herz. Dein Jo

Am 27. Dez. 1968 wurden Halo und Jo in Berlin standesamtlich getraut. Es war ein eisig kalter Tag. Als sie wieder in ihrer Wohnung waren, zündeten sie viele Kerzen an. Dann überreichte Halo ihrem Mann einen kleinen Geschenkkarton.

Jo staunte, was hatte sich Halo da wohl als Überraschung ausgedacht? Als er mit Auspacken fertig war, überkam ihn eine dankbare Ergriffenheit: vor ihm stand ein kleiner Abendmahlskelch und eine Patene für das heilige Brot... "Halo ... " mehr konnte Jo nicht sagen.

"Jo, für mich bist Du ab heute nicht nur mein Mann, sondern Du bleibst für mich, Deiner Berufung entsprechend, Priester. Ich dachte, das Wort: Wo zwei oder drei versammelt sind in meinem Namen, da bin ich mitten unter ihnen, dieses Wort dürfen wir doch ganz persönlich auf unsere kleine Familie beziehen."

Jo war leise an Halo herangetreten, als Frieder sich mit einem Ausruf der Freude zwischen sie drängte: "Vati, das war Dein schönster Gedanke, daß Du uns geheiratet hast."

"Jo, und weißt Du, was jetzt kommt, jetzt singe ich uns unser Lied."

Halo setzte sich ans Klavier und sang mit ihrer fast knabenhaften Stimme:

> Ich liebe Dich, so wie Du mich
> am Abend und am Morgen.
> Noch war kein Tag, wo Du und ich
> nicht teilten unsere Sorgen.
> Auch waren sie für Dich und mich
> geteilt leicht zu ertragen.
> Du tröstetest im Kummer mich,
> ich weint in Deine Klagen.
> Drum Gottes Segen über Dir
> Du meines Herzens Freude.
> Gott schütze Dich, erhalt Dich mir,
> schütz und erhalt uns beide.

Der 20. Hochzeitstag
(26.12.1988)

Gudrun saß am Fenster ihres kleinen Hauses, welches am Waldrand stand und schaute hinaus in die Dunkelheit. Sie wartete auf Halo, die von München her mit dem Auto nach Kiefernwalde unterwegs war.
Beide Schwestern hatten sich zum Jahreswechsel ein paar Urlaubstage aufgehoben, die sie nun miteinander verleben wollten. Gudrun freute sich unendlich auf die gemeinsame Zeit. Sie hatte das Bett für Halo in dem winzigen Gästezimmer schon gerichtet. Auf dem Tisch stand eine Flasche Rotwein, mit dem sie ihr Wiedersehen feiern wollten. Wie lange würde Halo unterwegs sein? Zum Glück zeigte der Winter ein freundliches Gesicht, ganz anders, als vor genau zwölf Jahren, damals, als Gudrun hierher in die Waldidylle gezogen war.
Gudruns Gedanken wanderten zurück in ihr Leben als Diakonisse und ihre Funktion als Oberschwester in ihrem Krankenhaus. Immer schwieriger wurde es damals in den 70-er Jahren, mit den noch im arbeitsfähigen Alter stehenden Diakonissen einen guten Dienstplan zu machen.
Die Diakonissen arbeiteten in einem sogenannten "Kollektivvertrag". Einem geradezu lächerlichen Tarif hatte seinerzeit der Mutterhausvorstand in den Einstellungsverhandlungen mit dem staatlichen Gesundheitswesen zustimmen müssen. Der Lohn einer einzelnen Diakonisse war so klein, daß von der allgemeinen Sozialversicherung ein Rentenvertrag abgelehnt wurde. "Muß ja auch nicht sein", hatte der Vorstand gesagt, "wir haben ja unsere Feierabendhäuser, in denen die Schwestern ihr Alter verbringen werden."
Doch die Dienstplansituation wurde noch in einer ganz anderen Weise kritisch. Erst durch zwei in den Ruhestand tretende Diakonissen wurden so viel Personalkosten frei, daß das staatliche Gesundheitswesen dafür e i n e Hilfsschwester einstellen und bezahlen konnte. Das Ergebnis war ein gravierender Rückgang an Fachkräften. Wenn auch die restlichen Diakonissen dieses mit erhöhtem persönlichem Einsatz wett zu machen versuchten, was Gudrun mit Respekt zur Kenntnis nahm, ging dieses doch weit über deren Kräfte. Gudrun sah diese Rückwärtsentwicklung hilflos und enttäuscht.
Nein, ganz ausweglos erschien ihr die Sache nicht, denn das staatliche Gesundheitswesen bot über sie, die Oberschwester, dem Diakonissen-Vorstand an, daß die Diakonissen aus dem Kollektivvertrag aussteigen und Einzelverträge abschließen könnten. Somit wären diese gehaltsmäßig den "freien Schwestern" gleichgestellt, würden rentenversichert sein und alle ihnen zustehenden Zuschläge für Nachtarbeit und Sa/So-Dienste ausbezahlt bekommen. Gudrun fand diesen Vorschlag annehmbar, stieß aber beim Vorstand des Diakonissen-Hauses auf Widerstand: "Dann haben sie uns in der Hand," sagten sie, "dann setzen sie uns ein, wo es ihnen paßt, dann sind wir nicht mehr eine kirchliche Einrichtung, wie wir es bisher versucht haben zu sein. Außerdem brechen wir damit das Gelöbnis der Armut. Es geht uns ja gar nicht um das Geld."

"Aber denken Sie doch auch an die Absicherung für das Alter", sagte Gudrun. Sie dachte dabei über ihre eigene Perspektive nach. Mit Anfang 30 hatte sie noch fast 30 Jahre bis zum Beginn des Rentenalters zu arbeiten, das sie 1997 erreicht haben würde. Wie wird es zu diesem Zeitpunkt in der DDR aussehen? Werden die kirchlichen Häuser bis dahin überhaupt noch bestehen? Ist es nicht unglaublich kurzsichtig, jetzt die Altersabsicherung abzulehnen? Gudruns Gedanken wurden noch schärfer, noch bitterer: "Von der Westkirche erwarten wir, daß sie uns hilft. Und da, wo wir selbst zu gerechten Mehreinnahmen kommen könnten, schieben wir unser Gelöbnis der Armut vor."

Gudrun konnte die rückständige Haltung des Vorstandes nicht verstehen und seufzte resigniert. Dabei verehrte sie die Oberin, die einen so starken Glauben ausstrahlte und sonst ungemein praktisch und fürsorglich vor ihrer Schwesternschaft stand. Doch in der Verhandlung des Einzelvertrages blieb diese eisern.

Gudrun konnte und wollte mit dieser hausgemachten Form der Armut nichts mehr anfangen. Sie spürte etwas Dunkles in sich aufsteigen. Der innere Widerspruch zu ihren Ordensregeln legte sich wie ein enger Ring um ihr Herz.

Was will ich? Dienen will ich. Wem will ich dienen? Dem Herrn in seinen Elenden und Armen. Und was ist mein Lohn? Mein Lohn ist, daß ich darf. - Gudrun sagte sich den Diakonissenspruch immer wieder auf. Aber wie sah die Realität aus? Dienstplangestaltung und Verantwortung mit zu wenig Personal, dazu ein sanierungsbedürftiges Krankenhaus. Hatte das mit Krankenpflege, mit dem Dienst an Elenden und Armen, überhaupt noch etwas zu tun? Die Krankenpflege, zu der sie sich berufen fühlte? "Ist die Schwester Gudrun da, so ist uns auch die Sonne nah", diesen Vers hatten ihr einmal ihre Patienten als Dankeschön geschrieben. Diese Sonne ist längst untergegangen, dachte Gudrun wehmütig.

"Nehmen Sie mir den Oberschwesternposten ab. 10 Jahre sind genug. Ich kann die anstehenden Probleme nicht verantworten, unsere Grundregeln binden mir die Hände. Ich würde gern wieder in der Pflege arbeiten," hatte sie zum Vorstand gesagt.

"Nein", antwortete der Vorstand, „wir haben keine andere Möglichkeit, diesen Posten zu besetzen."

Damit steckte Gudrun in einer Entscheidungskrise. In allem Grübeln stieß sie immer wieder auf ihre drei Grundregeln: Armut, Ehelosigkeit und Gehorsam.

Ehelosigkeit - sie erinnerte sich noch der schweren inneren Kämpfe damals in der Ausbildung, als sie den jungen Arzt so liebgewonnen hatte. Und auch hier, in den letzten Jahren kämpfte sie mit mehr oder weniger Erfolg ihre Zuneigung zu einem anderen Arzt nieder. Er kannte Gudruns Gefühle, doch die entscheidende Frage stellte er nicht. Aber Gudrun wußte heute, daß sie bereit gewesen wäre, ihr Gelöbnis zu brechen. Ehelosigkeit konnte sie nicht mit 24 Jahren für das ganze Leben versprechen.

Armut – Gudrun empfand in diesen 20 Jahren, die sie mit dem kleinen Taschengeld von inzwischen 70,-M pro Monat lebte, daß diese selbstauferlegte Armut auch den Charakter verbiegen kann. Zum einen mußte man stets damit rechnen, daß man "freigehalten" und beschenkt würde, da man ja selbst nicht zahlungsfähig war, zum anderen empfand sie auch, daß das Selbstwertgefühl herabsank. Für eine gute Arbeit verlangte sie auch entsprechende Bezahlung. Mit einem Taschengeld wurde die Arbeit so entwertet. Sie meinte weiter, man sollte doch ehrlich dazu stehen, daß Bedürfnisse vorhanden waren, sich Wünsche zu erfüllen. Sie empfand es als Lüge, so zu tun, als wäre sogar die Notwendigkeit, sich etwas zu kaufen, nicht vorhanden, als gäbe es keine Wünsche, als wäre man auch ohne Geld wunschlos glücklich.

Gehorsam - Wie ging das nun mit dem Gehorsam? Hatten hier ihre Vorgesetzten mit ihr nicht ein personelles Loch gestopft, oder hatte da Gott gesprochen und ihren Gehorsam eingefordert? Damals hatte Gudrun es noch so aufgefaßt. Heute sah sie ihr Verhalten viel kritischer. Der Gehorsam, den sie leisten wollte oder sollte, er würde immer durch Menschen an sie herangetragen werden. Und Menschen äußerten sich nie frei von subjektiven Einflüssen. Zweifel waren angebracht ob gehorsames Verhalten von Menschen mißbraucht wurde.

Oder legte sie sich das alles nur so zurecht, weil sie so nicht mehr arbeiten wollte? Gingen ihre geheimen Wünsche nicht ganz andere Wege? Träumte sie nicht von einem kleinen Häuschen, von geregelter Arbeits- und Freizeit, von ordentlicher Bezahlung?

Und die gegebenen Gelübde? Wie sollte sie sich vor ihrem Gewissen rechtfertigen, wie die Enttäuschung ihrer Mitschwestern verkraften? Gerade weil diese alterten und kein Nachwuchs dazugekommen war, müßte sie rein menschlich gesehen bei ihnen bleiben. Gerade von ihren Mitschwestern würde sie noch sehr gebraucht werden.

Gudrun begann, über ihre starken Zweifel mit anderen zu reden. Zuerst mit den Eltern. Der Vater erlebte ihre Kämpfe, er sah das Wegbrechen ihrer Ideale und zeigte Verständnis. Die Mutter jedoch, diese Kämpfernatur, diese Bekennerin, diese Mahnerin, sie hatte für Gudruns Wunsch kein Verstehen. Christen sollten den "schmalen Weg" gehen. Das was Gudrun suchte, war der "breite Weg", der, wie es in der Bibel hieß, in die Verdammnis führt.

Unerwartete Hilfe erhielt Gudrun von einer fremden, älteren Dame, die im Diakonissenhaus Ferien machte. "Schwester Gudrun", sagte diese, "so sehr mich das alles hier anspricht, so habe ich doch immer das Gefühl, Sie sind nicht im inneren Gleichgewicht."

"Wie meinen Sie das?" wunderte sich Gudrun.

"Nun in der Bibel heißt es: Du sollst Gott deinen Herrn lieben - und deinen Nächsten wie dich selbst".

"Ja", stimmte Gudrun zu, "das ist bekannt."

Die Frau spann ihren Gedankenfaden weiter: "Gott, der Nächste und ich, das ist eine Dreierbeziehung, ein Dreiklang. Das heißt doch, nur insoweit ich selber Liebe empfange, also sie begreife, nur insoweit kann ich sie weitergehen an den Nächsten, ohne mich zu opfern."

"So habe ich das noch nie gesehen", meinte Gudrun.

"Und hier nun," setzte die Frau wieder ein, "hier spürt man, daß in Ihrer Gemeinschaft der Dreiklang gestört ist. Man hört immer nur zwei Töne: Gott und

der Nächste. Aber der dritte Ton fehlt, Sie selbst. Sie müssen Ihr Ich verleugnen, und so kommt der volle Akkord nicht zum Klingen."
Gudrun schien ein wenig aufgebracht zu sein: "Im Berufsbild der Diakonisse geht es ja gerade um die Selbstverleugnung. Eigenliebe liegt sehr nahe beim Egoismus, der paßt nicht zur Demut und zum Dienen. Ancilla domini - Magd des Herrn, so soll unser Leben gestaltet werden."
"Ich will auch nicht mißverstanden werden", meinte die Frau "es geht doch überhaupt nicht um Egoismus. Dieses "wie dich selbst", das heißt, nimm dich selbst an. Sage ja zu deinem Schicksal, deinem Aussehen, deinen Gaben, auch zu deinem Versagen. Erst wenn du dich selbst bejahst, kannst du auch deinen Nächsten und Gott bejahen - und lieben. Aber entschuldigen Sie, Schwester Gudrun, ich wollte Sie nicht belehren, ich wollte Ihnen nur meine Gedanken zu Ihrer Lebensform und zu Ihren Zweifeln sagen."
"Danke, Sie haben mir auch eine ganz neue Sicht für mein Leben vermittelt", hatte Gudrun nachdenklich geantwortet und dabei innerlich eine große Befreiung empfunden. Es war, als würde der enge Ring, der sich um ihr Herz gelegt hatte, ein wenig gelockert. Hier deutete sich ihr ein neuer Weg an, auf dem sie eine Zukunft aufbauen könnte.

Nach 21 Jahren der Zugehörigkeit zum Mutterhaus kündigte Gudrun 38 jährig, zum 1.1.1976 ihren Dienst im Diakonissen-Mutterhaus. Die Kündigung mußte ein viertel Jahr zuvor beim Vorstand eingereicht werden. Ein Zeitraum, vor dem Gudrun sich sehr fürchtete. Wurde ihr Schritt, nachdem der Schwesternrat noch einmal mit Gudrun gesprochen hatte, doch nun öffentlich bekannt gegeben, und Gudrun mußte sich mit den Reaktionen ihrer Mitschwestern auseinandersetzen. Was die rein praktische Abwicklung ihres Austritts betraf, regelte sich vieles in ganz wunderbarer Weise.
Das größte Problem lag in der Wohnraumfrage. Wohnraum war staatlich bewirtschaftet und einer der brisantesten Engpässe in der DDR. Doch Gudrun lernte durch einen Zufall die Bürgermeisterin von Kiefernwalde kennen. Voller Wohlwollen ermöglichte es diese Frau, daß Gudrun ein leerstehendes Häuschen, einen sogenannten "Westbesitz", pachten konnte. Pachtsumme 43,- M, jährlich, ein Preis, den sie sogar mit einer schwachen Geldbörse aufbringen konnte.
Gebaut hatte dieses Häuschen ein Berliner Ehepaar, das Anfang der 40iger Jahre der Bomben wegen in das Berliner Umland ausgewichen war. Wohnstube, Küche und Veranda, ohne sanitäre Einrichtung, dazu ein Holzstall. Das hatte ihnen genügt, um hier das Ende des Krieges abzuwarten. 1945 konnten sie nicht zurück in ihre Berliner Wohnung, da sie den Bomben zum Opfer gefallen war. Einige Jahre lebten sie noch in dem Häuschen als Provisorium. Vor dem Mauerbau setzten sie sich aus der DDR in den Westen ab. Das lag jetzt 14 Jahre zurück.
Das Grundstück begann zu verwildern, die Bausubstanz zu bröckeln. In diesem desolaten Zustand machte Gudrun, begleitet von der Bürgermeisterin, eine Besichtigung. Sie ließ sich von dem verwahrlosten Zustand des Ganzen nicht beeindrucken, sondern ihre Phantasie schlug regelrecht Wellen. Was würde sie

aus dem Häuschen machen! Aus dem Holzstall würde ein Schlafzimmer werden. Ein kleines Gästezimmer und Sanitärraum könnten neben dem Holzstall als Anbau den Wohnbereich vervollständigen. Geld? Material? Gudrun lebte in der naiven Hoffnung, daß sich das alles finden würde. Voller Elan und Dankbarkeit unterschrieb sie den Pachtvertrag.
Freundliche Nachbarn erschienen zur Begrüßung. "Wenn Sie immer hier wohnen wollen und im Schichtdienst arbeiten", sagte der hilfsbereite Tischler von nebenan, "dann müßten Sie eine Etagenheizung haben. Kommen Sie doch mal zu uns und sehen sich unsere an." Gudrun ging mit und fand die Lösung großartig.
"Wo kauft man denn so etwas?"
"In der Baustoffversorgung."
"Und wer baut einem das ein?"
"Das würde ich Ihnen machen, ich habe meine Heizung ja auch selbst eingebaut." Gleich am nächsten Tag hatte Gudrun sich auf den Weg zur Baustoffversorgung gemacht. Vorsichtshalber steckte sie sich 1 Pfund Westkaffee ein, den sie regelmäßig von der westlichen Verwandtschaft geschickt bekam. Doch wie man mit Kaffee "besticht", darin hatte sie bisher nicht die geringste Erfahrung. Das Büro der Baustoffversorgung befand sich in einer baufälligen Baracke. Gudrun trat schüchtern ein. Vom Schreibtisch her sagte eine Sachbearbeiterin freundlich: "Guten Tag, bitte setzen Sie sich, was führt Sie zu uns."
"Ich möchte eine Etagenheizung kaufen," sagte Gudrun so fest wie möglich.
Die Sachbearbeiterin bekam große Augen, in denen auch ein Bedauern stand: "Ja, Lieferzeit sechs Jahre."
"Sechs Jahre!" sagte Gudrun entsetzt und schob unbeholfen den Kaffee über den Schreibtisch, "ich bin in einer persönlichen Notsituation, ich brauche die Heizung sofort."
Die Dame lächelte bedauernd und schob den Kaffee zu Gudrun zurück: "Wenn ich auch wollte, ich kann Ihnen nicht helfen. Ich sitze nur noch 14 Tage auf diesem Platz, ich habe hier gekündigt." Gudrun ließ sich nicht entmutigen: "Ich traue Ihnen alles Gute zu", sagte sie und schob dabei den Kaffee wieder hin.
Die Dame lächelte einlenkend und nahm einen Bogen Papier: "Na, Schwester, dann sagen Sie mir mal, wieviel Heiztruhen, wie groß, wieviel Meter Rohr, Adresse und Telefonnummer. Die Bestellung kann ich ja aufschreiben, das ändert nichts an der Lieferzeit von sechs Jahren."
Gudrun machte die notwendigen Angaben und schob den Kaffee nochmals hin: "Bitte!" sagte sie flehend, und "danke".
Eine Woche später klingelte Gudruns Diensttelefon. Sie erkannte gleich die Stimme der netten Dame: "Sind Sie die Schwester in der persönlichen Notsituation?"
"Ja."
"Dann fahren Sie schnell nach Kiefernwalde. Eben rollt ein LKW mit Ihrer Heizung vom Hof. Aber bitte gleich Barzahlung. Und alles Gute."
14 Tage später kam Gudrun zu dem Zeitpunkt in ihr Häuschen, als der hilfreiche Tischler von nebenan vor dem Feuerloch kniete, um eine Probeheizung

durchzuführen. Als das Feuer brannte, verbreitete sich rasch eine wohlige Wärme im ganzen Häuschen. Gudrun konnte so viel Luxus kaum fassen. Sogar KOKS hatte man ihr für diese Heizung bewilligt. Eine Rarität, an die nicht jeder DDR Bürger herankam. Auch die Kohlenkarte hatte man ihr so spät im Jahr noch gegeben, sogar den Sommerpreis für die Kohlen eingesetzt.
Auch eine neue Arbeitsstelle in dem 2 ½ km entfernt gelegenen Krankenhaus hatte man ihr zugesagt.
Der kleine Anbau, der anfänglich geplant war, stand bereits durch die unglaubliche Hilfsbereitschaft aller Nachbarn. Das Toilettenbecken, den Spülkasten, die Toilettenbrille, das Waschbecken, die Armatur - alles hatten Halo und Jo mitgebracht.
Zu kaufen gab es diese Artikel in der DDR nicht! Halo und Jo verfolgten mit Interesse den Ausbau des Häuschen: "Gulu, wenn Du etwas brauchst, bitte, sag es uns. Wenn es vielleicht auch Dinge sind, die wir uns selbst noch nicht leisten. Du sollst sie aber haben. Dein Leben ist so unsagbar viel schwerer als unseres."
Gudrun erinnerte sich, wie sie seinerzeit schwitzend eigenhändig die Bauzeichnung ausgeführt hatte, maßstabgetreu, versteht sich, dazu den geforderten Lageplan. Das Bauamt hatte seinen Stempel darunter gesetzt.
Welch Jubel klang in Gudrun auf, als sie sich sagen konnte: ich habe ein kleines Haus, ich habe eine Heimat. Ihren Dienst in ihrem Diakonissen-Krankenhaus versah sie bis zum letzten Tag voller Gewissenhaftigkeit.

Mutter Anyta und Vater Lukas lebten seit 1970 nicht mehr in der DDR. Lukas erlitt während einer Predigt einen Zusammenbruch, der der Auslöser für die frühzeitige Pensionierung wurde. Da Wohnraum kaum oder gar nicht zu bekommen war, siedelten sie ganz legal in die Bundesrepublik über. Alte Pastoren waren nicht erwünscht im DDR-Staat.
Gudrun und Christiane mit Gunter blieben allein in der DDR zurück. Christiane und Gunter - ihr Pfarrhaus und der regelmäßige Kontakt zu ihnen, war für Gudrun ein Stück Heimat, ein Ersatz für die Wärme des durch die Umsiedlung in den Westen verlorengegangenen Elternhauses.
Halo und Jo waren aus Westberlin weggezogen. Die Berufschancen für Jo schienen in der Bundesrepublik größer zu sein. Nun, "im Westen", konnte Halo ihren Eltern behilflich sein beim Einstieg in das Pensionärsdasein.
Die Mutter hatte schwer Abschied von ihrem Dienst in der Gemeinde genommen. Ihren nützlichen Trabi hatten die Eltern an Gudrun weitergegeben, die sich zuerst heftig dagegen gewehrt hatte: "Ich habe kein Geld, um Steuern und Versicherung zu zahlen, ich habe kein Geld für das Benzin, ich habe kein Geld für die Fahrerlaubnis. Außerdem dauert es 4 Jahre, bis man in der Fahrschule drankommt. Und zuletzt, ich habe auch Angst vor der Straße."
Der Vater hatte helfend eingegriffen. Zuerst bezahlte er Steuern und Versicherung, dann meldete er seine Tochter über "Genex"[1] zur Fahrschule an, bezahlte alles in DM West und hatte den Erfolg, daß für Gudrun schon in der

---

[1] Über die Fa. Genex konnten Westbürger Geschenke in die DDR senden

nächsten Woche die Fahrstunden beginnen konnten. Sein letztes Monatsgehalt vor der Übersiedlung in "den Westen" ließ er auch an Gudrun überweisen: "Nun hast Du Benzingeld für mehr als ein Jahr. Kind, fahr mit dem Auto und freue Dich daran."

Gudruns Kündigungsfrist war fast beendet, da rief die Mutter bei ihr an: "Kind, wie geht es Dir?"
"Gut, trotz allem gut. Es regelt sich alles wie von selbst. Ich werde Arbeit haben, das Haus ist fertig, all die fremden Menschen helfen mir und unterstützen mich. Es könnte nicht besser sein."
"Ich bewundere Deine Kaltschnäuzigkeit", sagte die Mutter eisig. Dieses Abtrünnigwerden paßte nicht zu dem Bild, das sie sich von ihrer Tochter gemacht hatte.
"Kaltschnäuzig", dachte Gudrun und legte zitternd den Telefonhörer auf die Gabel. "Was weiß sie denn von meinen schlaflosen Nächten, in denen ich nur an die Decke gestarrt habe."
Weihnachten wollte Gudrun nicht mehr mit der Schwesternschaft feiern. Zu deprimierend wirkte auf sie alle dieser Entschluß des Weggehens. Darum hatte sich Gudrun ihren restlichen Urlaub aufgehoben und jetzt, am 23.12.75, stand der Trabi, bepackt mit den restlichen persönlichen Sachen, abfahrbereit vor der Tür. Die Brücken zur Vergangenheit waren abgebrochen. Nur noch der Abschied von der Oberin stand bevor. Gudrun klopfte bei ihr.
"Ach, Schwester Gudrun, kommen Sie doch bitte herein. Ich habe Ihnen noch Ihr Weihnachtsgeschenk eingepackt." Damit überreichte sie Gudrun nicht nur den bunten Teller, den Kaffee, das Seifenpulver, den Honig und all die traditionellen Dinge, die immer auf dem Gabentisch lagen, sondern Gudrun erhielt zu diesem besonderen Weihnachten Bettwäsche, bildschöne, pastellfarbene Bettwäsche. Tiefbeschämt schaute Gudrun auf das große Geschenk. Und dann fielen sie einander in die Arme und weinten, die Oberin und sie.
Der Ring um Gudruns Herz zersprang in diesem Augenblick -- aber es tat weh.

Inzwischen hatte sich ein arges Wetter angebahnt und sorgte für totale Dunkelheit. Gudrun setzte sich in den Trabi und fuhr in diese Schwärze hinaus. Kaum, daß sie den Zubringer zur Autobahn erreicht hatte, begann es heftig zu schneien. Der Schnee steckte voller Wasser und blieb trotz Scheibenwischer an der Scheibe kleben. Die Welt bestand nur aus dicken, an die Scheiben klatschenden Flocken. "Die roten Punkte da vorn, das sind die anderen Autos, nur die nicht aus den Augen verlieren", dachte Gudrun. Die Auffahrt zur Autobahn konnte man nur ahnen. "Lieber Gott", betete Gudrun, "wenn Du mich strafen willst für meinen Ungehorsam, in diesem Unwetter sollte Dir das ein Leichtes sein." Anhalten und die Scheiben säubern? Nein, zu gefährlich für die Autos, die einem folgen. Also fast blind weiterfahren.
Endlich die Autobahnabfahrt Kiefernwalde, nun noch ein Kilometer, dann bin ich zu Hause. Zu H a u s e - welch ein Wort! Die unbefestigte Straße in Kiefernwalde zeigte sich in sagenhaftem Zustand. Der Wagen schlingerte nur noch

durch den Schneematsch. Endlich die eigene Gartenpforte. Gudrun stieg aus und versank sofort knöcheltief im nassen Schnee. Die Kiefernstämme bogen sich im eisigen Sturm. Gudrun schob mit aller Kraft die Gartenpforte auf. Das Auto rutschte im Schneematsch nur noch hin und her.
"Ich muß die Einfahrt und den Weg freischaufeln", dachte Gudrun und tastete sich den 50 Meter langen Weg zum Schuppen vor. Hier bemerkte sie, daß der Strom durch das Unwetter ausgefallen war. Doch sie fand im Dunkeln die Schaufel und strebte wieder dem Ausgang zu. Als sie den Weg freigeschaufelt hatte, drückte sie langsam den Trabi zur Pforte herein. Dann ergriff sie die Hauptgepäckstücke und tastete sich weiter, dem Haus zu. Sie schloß auf und suchte Streichhölzer und eine Kerze. Bei dem kleinen Schimmer fiel ihr Blick sofort auf das Zimmerthermometer: 0 Grad! Heizen ist nun wichtig.
Doch die Etagenheizung konnte sie nicht in Gang bringen, denn die Umwälzpumpe für das heiße Wasser lief auf Strom. Aber zum Glück stand noch der kleine Kachelofen, dieses Relikt aus alter Zeit hatte sie beim Umbau stehenlassen. Als das Feuer darin loderte, meinte Gudrun, daß nun ein Tee gut wäre. Doch mit dem Strom war auch das Wasser ausgefallen. Gudrun trat darum vor die Haustür und füllte einen Kochtopf mit Schnee, den sie dann mitten ins Feuer stellte. Bald begann das Wasser zu kochen und Gudrun goß sich einen Tee auf.
Ihre nassen Schuhe hatte sie gegen trockene getauscht. Nun rückte sie sich einen Hocker vor die Ofentür, trank in kleinen Schlucken ihren Tee und hielt eine Rede an sich selbst: "Gudrun, schlimmer als heute kann es eigentlich nicht kommen. Und Du hast es überlebt. Darum laß Dir eins gesagt sein: gerate nie in Panik, behalte Deinen Kopf oben und halte an Deinem Glauben fest. Gott hat Dich heute beschützt, er wird es auch weiter tun."
Und so hatte Gudruns neues Leben begonnen.

13 Jahre waren seitdem vergangen.
Jetzt leuchteten Scheinwerfer am Waldrand auf, das holte sie in die Gegenwart zurück. Gudrun eilte aus dem Haus, in dem Moment lenkte Halo ihren Wagen auf das Grundstück. Sie hatte die Fenster heruntergelassen, aus denen nicht nur Wärme strömte, sondern auch der Duft von Halos Parfüm. Halo hatte eine CD eingelegt und die Lautstärke auf maximal gestellt: "Jauchzet, frohlocket, auf preiset die Tage .... " Der dunkle Wald gab einen Hall, als stünden sie in einem großen Dom.
Halo stieg aus: "Gulu". Sie waren einander in die Arme gefallen.
"Komm herein, Halo, richtig auspacken, das machen wir morgen. Jetzt sollst Du erst entspannen."
"0, Gulu, hast Du das schön warm. Und der alte, vertraute Häuschengeruch. Da fühlt man sich doch gleich zu Hause."
Sie saßen am Tisch und tranken einander zu: Rosenthaler Kadarka. Gudrun hatte die Flasche Wein ergattert, Bückware nannte man solche Raritäten auch.
"Na, von dem Wein habe ich bald einen im Tee", meinte Halo, "aber macht ja nichts, wir gehen bald schlafen."
"Halo, erzähl, wie war die Fahrt und vor allem die Grenzkontrolle?"

"Ach, Gulu, wie immer. Wir haben ja nun langjährige Grenzerfahrungen. Wenn man gewissenhaft alles auf die Zollerklärung aufschreibt, auch Nichtigkeiten, und wenn man die Vorschriften beachtet und obendrein zivilisiert freundlich bleibt, dann hat man eigentlich nichts zu befürchten."
"Na ja, andere Leute erzählen von ganz anderen Erfahrungen. Aber nun bist Du da, und ich freue mich."
"Ich soll Dir natürlich liebe Grüße von Jo und Frieder ausrichten. Richtig ausführlich reden wir morgen. Wir haben alle Zeit der Welt. Gib mir noch ein Glas als Absacker und dann Gute Nacht, Gulu."
"Gute Nacht Halo."

Am nächsten Morgen saßen die beiden Schwestern beim Frühstück. Halo hatte noch einen Rest Kaffee vor sich stehen und rauchte eine Zigarette. Sie liebten es, diese Morgenstunde in die Länge zu ziehen: "Weißt Du eigentlich, was heute für ein Tag ist?" fragte Halo mit mehrdeutigem Lächeln.
Gudrun überlegte, ob sie irgend einen Geburtstag vergessen hatte.
"Heute ist der 27. Dezember, unser 20ster Hochzeitstag", sagte Halo
Gudrun sprang vor Schreck von ihrem Sessel hoch: "Und dann bist Du nicht bei Jo geblieben; bzw. Jo ist nicht mitgekommen? Nur, weil Ihr mich nicht so allein lassen wollt, habt Ihr Euch an so einem wichtigen Datum Eures Lebens getrennt?"
"Gulu, wir haben zuvor lange darüber gesprochen und gemeint, etwas Distanz tut uns gut."
"Wie soll ich das verstehen?" Gudruns Stimme klang ängstlich.
"Jo hat nach 20 Ehejahren Bilanz gezogen, wie er mir sagte, und unterm Strich sei plus/minus Null herausgekommen." Halos Stimme zitterte ein wenig, als sie das sagte.
Gudrun fühlte sich, als würde ihr der Erdboden wegrutschen. Halo und Jo galten ihr stets wie berechenbare Größen ihres Lebens.
Welch unaussprechliches Glück hatten die beiden empfunden, damals, als sie heirateten. Ein großer Wurf sollte ihr gemeinsames Leben werden. Und Gudrun gehörte zu ihrer Familie.
Sie erinnerte sich, sie war damals noch Diakonisse, als Halo und Jo mit Frieder bei ihr im ersten Jahr ihrer Ehe Urlaub machten. Gudrun konnte ihnen auf einer der leerstehenden Stationen ihres Krankenhauses zwei Zimmer mit Bad zur Verfügung stellen. Primitiv, aber sauber. Halo und Jo mußten ihr Auto in Westberlin stehenlassen. Einreise in die DDR mit PKW verstieß damals gegen die Vorschriften. Mit ihren schweren Koffern hatten sie sich abgeschleppt über die provisorische Treppe des düsteren Bahnhofs von Berlin-Karlshorst, dann Fahrt mit dem Sputnik nach Potsdam.
Es wurden herrliche, gemeinsame Tage. Jo und Frieder fuhren viel mit dem Kahn. Die Mahlzeiten nahmen sie im Speisesaal zusammen mit der großen Gemeinschaft ein. Gudruns schönes, großes Zimmer, das sie nach 12 Schlafsaaljahren endlich hatte beziehen dürfen, lag im Keller des Krankenhauses. In den langen Kellergängen standen unzählige Betten als Reserve. Für Frieder schien der Weg durch die Kellergänge etwas Unheimliches zu haben.

Schüchtern faßte er nach Halos Hand und fragte leise: "Mutti, und wo stehen die Särge?"
"Ach Frieder, das ist hier ein Haus, in dem die Menschen gesund werden", hatte Halo beruhigend geantwortet.
Während Jo mit Frieder ihren Unternehmungen nachgingen, nutzten Halo und Gudrun die Zeit für Gespräche. Bei Gudrun machten sich bereits Zeichen der Ablösung von ihrem Mutterhaus bemerkbar, und Halo konnte ihr manches aus den eigenen Kämpfen, die sie und Jo ausgefochten hatten, erzählen.
Doch auch zu viert unternahmen sie viel: die Schlösser und Gärten von Potsdam, die Havelseen und Dampferfahrten, abendliche Spaziergänge oder ein Kinobesuch. Gudrun fühlte sich wie ein Teil ihrer Liebe und Harmonie.
Schon wenige Jahre später konnte Gudrun ihren Lieben Urlaub in Kiefernwalde anbieten. Hier im Wald in ihrem kleinen Häuschen erschien die Freiheit noch größer, die Tage länger, der Urlaub endloser.
Natürlich, das spürte Gudrun, hatten Halo und Jo auch ganz normale Alltagsprobleme, besonders, was die Erziehung von Frieder betraf. Jos Grundsätze basierten auf seinen Normen und auf Strenge. Halo reagierte darauf mit gefühlsmäßigem Taktieren und dem Aufweichen der von Jo erstellten Regeln. Frieder fühlte sich in solchen Situationen nicht wohl, und zwischen Halo und Jo kam es nicht selten deswegen zu Verstimmungen.
Gudrun fühlte sich unbehaglich wenn sie solches miterlebte. Ihre kleine, heile Welt, ihre drei Lieben, da sollte, da durfte es nichts Negatives geben. Zum Glück zogen solche Wolken auch immer wieder vorbei und Halo und Jo fanden zurück zu ihrem gemeinsamen Beginn, zu der Tiefe ihrer gegenseitigem Liebe.

Endlich fand Gudrun nach Halos Eröffnung ihr Wort wieder: "Halo, wie soll ich dieses Bilanzziehen verstehen?"
"Gulu, mich hat es tief getroffen als er mir sein Ergebnis vorrechnete, aber wenn ich ehrlich auf die letzten Jahre schaue, fällt auch für mich die Bilanz nicht nur positiv aus."
Gudrun schüttelte immer noch den Kopf: "Glaub mir, in dem Maße, wie Du das eben sagst, habe ich es nie wahrgenommen."
"Das kann schon sein. Wir haben ja auch gekämpft und kämpfen bis heute um die Rückkehr unserer schönen, einmaligen Liebe."
"Was für Kriterien setzt denn Jo in seiner Bilanz an?"
"Er sieht das durchaus nicht einseitig, und darin liegt eine gewisse Gerechtigkeit. Bei sich selbst sieht er, daß seine beruflichen Anstrengungen, sein Werdegang, der mit mehrfachem Ortswechsel für uns verbunden war, für. unsere Beziehung eine Belastung bedeutete. Ich mußte mir jeweils eine neue Arbeit suchen, mußte alte, liebgewordene Zelte abbrechen, und Frieder konnte dadurch nicht kontinuierlich in einer Schule bleiben. Das zeigte sich dann an seinen Leistungen. In alledem lag viel Zündstoff."
"Also, seinen eigenen Anteil in dieser Bilanz sieht er in seinem Beruf. Dabei muß man ja bedenken, daß er von vorn etwas aufbauen mußte. Der Austritt aus dem Orden hatte ihn doch auf den Punkt Null geworfen. Mir persönlich ging es

diesbezüglich besser. Meinen Beruf als Krankenschwester konnte ich überall einsetzen. Aber Jo?"
"Gudrun, das ist doch richtig, daß Jos berufliche Situation im Vordergrund stehen mußte. Mit ihm zusammen sind wir doch erst wirtschaftlich stark geworden. Wenn ich daran denke, daß er mich mit einem Schuldenberg von 4500 DM heiratete und diese Summe bereits im ersten Ehejahr abbezahlt war, dann kann ich Jo nur dankbar sein. Trotzdem sind die Spannungen nicht wegzureden."
"Und wo siedelt er Deinen Anteil in der Bilanz an?" wollte Gudrun wissen. Halo seufzte etwas: "Für Jo bin ich zu stark geworden." Halo zog skeptisch die Stirne hoch, "ja, auch zu stark im Gewicht. Ich kriege mein Übergewicht einfach nicht mehr in den Griff. Und Jo ist Ästhet, er liebt schlanke Figuren. Doch das ist ein Nebengleis, wenn auch nicht ganz unwichtig." Halo winkte resignierend ab. "Nein, ich bin ihm auch von der Persönlichkeit her zu stark geworden. Er sagt, das sei ganz augenfällig, seit mich meine Arbeitsstelle in die Mitarbeitervertretung gewählt hat. Seit dem, sagt er, sei ich auch zu Hause recht bestimmend geworden.
Ganz deutlich wurde mir das letztens, als ich für einige Zeit ein Gipsbein hatte, wegen einer Bänderkürzung am Knöchel. Jo betreute mich rührend und unheimlich lieb. "Halo, wenn Du doch immer ein Gipsbein hättest, dann bist Du so schön schwach" sagte er. Und da stecken doch allerlei Signale drin.
Ein zweiter Punkt ist und bleibt die Erziehung von Frieder. Jo wirft mir Inkonsequenz vor. Aber weißt Du, er überfordert den Frieder. Frieder zieht in Auseinandersetzungen immer den Kürzeren. Mir tut das sehr leid für ihn, ich sehe doch auch, daß es ihm dann nicht gut geht. Und dann möchte ich ihn beschützen und trösten."
"Reicht das alles schon für eine so schwerwiegende Bilanz?" fragte Gudrun nachdenklich.
"Ach nein, da ist noch viel mehr. In 20 Jahren häuft sich einiges an. Weißt Du, Kleinigkeiten. Aber der Alltag besteht aus Kleinigkeiten. Mein größtes Glück ist z.B. die Musik. Für Jo kann ein Konzert etwas sein, was seine Ohren und seine Seele quält.
Er dagegen liest viel und arbeitet systematisch in verschiedenen Gremien, da bleibe ich außen vor.
Ich wieder wusele gern im Garten und Haus herum. Jo geht derweilen in die Sauna. Dort lernt er Frauen kennen, mit denen er auch telefoniert oder Briefe austauscht. Ich habe für diese Saunafreundschaften wenig übrig, Jo stört meine Eifersucht und mein Mißtrauen. Er meint, diese Bekanntschaften hätten nichts mit uns beiden zu tun."
"Halo, er hat aber auch nie einen Hehl daraus macht, er erzählt alles offen, so ist es doch in Ordnung. Warum sollte er sich nur noch mit Männern befreunden, seit er verheiratet ist."
"Ach Gulu, so reden kann wohl nur jemand, der solo lebt. Aber letztlich berührst Du da bei mir einen ganz schlimmen Punkt. Wir waren noch nicht lange verheiratet, da kam Jo von einem Saunabesuch und sagte er: "Halo, Du mußt nicht denken, daß, seitdem wir geheiratet haben, andere Frauen uninteressant

sind. Für einen Mann wird die Frau immer etwas Anziehendes haben. Das ist Naturgesetz. Du und ich, wir wollen und sollen die Augen davor nicht verschließen."
Gudrun meinte dazu: "Das klang ja ganz schön hart. Aber, Halo, entsprach es nicht der absoluten Wahrheit. Jo spricht vom Rationalen her. Mit Emotionen scheint das nichts zu tu zu haben."
"Gulu, Du hast recht. Aber ich konnte damals nicht rational reagieren. Meine Ehescheidung lag erst vier Jahre hinter mir, und nun bekam ich von meinem liebsten Menschen das gesagt, da m u ß t e ich emotional reagieren. Jo verstand mich nicht. Er empfand meine Reaktion als Einengung."
"Und nun, wie geht es weiter? Ist das Wort Scheidung zwischen Euch schon gefallen?" fragte Gudrun voller Angst.
"Ja, darüber haben wir auch gesprochen. Und dabei wurde uns klar, daß eine Scheidung nicht unser Weg ist. Wir sind viel zu stark mit einander verbunden, als daß wir uns trennen könnten."
Gudrun war erleichtert. Sie räumten den Tisch ab und nahmen sich ihr Stickzeug vor. Sie mußten lachen, denn sie hatten sich unabhängig voneinander eine Handarbeit eingerichtet. Es plauderte sich so locker, wenn man etwas in den Händen hatte.
"Gulu, stehst Du mit Deiner alten Schwesternschaft noch in Kontakt? Und wie sieht es dort jetzt aus?"
"0, ja, ich bin öfter dort. Sie werden immer älter und immer weniger. Aber wir begegnen uns ohne Vorbehalte.
Weißt Du, Halo, heute denke ich, daß ich damals viel Kritik geübt habe. Aber einen besseren Weg hätte ich nicht benennen können. Das tut mir immer noch leid. Heute würde ich sagen: Warum gibt es eigentlich kein Diakonissenleben auf Zeit? Es ist doch großartig, wenn Menschen Jahre ihres Lebens in den Dienst für Gott, das heißt, für den Mitmenschen stellen. Und wenn dann eines Tages ihr Leben eine andere Richtung nehmen möchte, dann ist es nicht gleich ein Bruch mit den Gelübden oder ein Verrat an der Gemeinschaft. Jeder bleibt, solange er es für richtig hält. Das wäre mein Vorschlag. Ich kann nur sagen, daß ich die 21 Jahre dort voll bejahe. Ich habe viel gelernt, und es war eine gute Zeit. Aber das Leben jetzt ist auch sehr, sehr schön."
"Lebt denn die Probemeisterin noch?", wollte Halo wissen.
"Nein, sie wurde zwar sehr alt, starb aber voriges Jahr. Nur eine einzige ihrer "jungen" Schwestern war ihr geblieben, alle andern sind ausgetreten. Gerade diese letzte "junge" Schwester hat mir etwas erzählt, was mich sehr nachdenklich machte. Als ich seinerzeit mit dem Knochentumor im Krankenhaus lag, soll ich eine Besucherin gefragt haben, wie es der Probemeisterin ginge. Das hat man ihr erzählt. Sie meinte daraufhin, ich wolle auf "dem Sterbebett", so hatte man diese Krankheit ja zuerst auffassen müssen, mein Leben in Ordnung bringen und ein Bekenntnis ablegen. So ist sie rasch zu mir geeilt. Sie hat dann voller Erwartung an meinem Bett gesessen, hat darauf gehofft, daß ich von der Geschichte anfange. Ich ahnte nichts von ihren Erwartungen und sagte nichts. Ich sehe aber daraus, daß sie tatsächlich eine ganz feste Überzeugung davon hatte, mit mir damals nicht über Schwester

Luise gesprochen zu haben. Ihre Seele muß es sich wohl so zurechtgelegt: was nicht sein durfte, ist auch nicht geschehen. Ich habe keinen Groll mehr gegen sie, würde aber auch heute noch darauf beharren, daß ich damals nicht gelogen habe."
"Ich wußte immer, daß Du die Wahrheit gesagt hast, Gulu. Du hast mir damals ja alles erzählt. -- Übrigens, bist Du denn Schwester Luise noch einmal begegnet?"
"Ja, sie gehörte doch zu unserer Schwesternschaft und kam zu den großen Jahresfesten ins Haus. Du weißt, inzwischen hatte man mich zur Oberschwester ernannt. Wir begegneten uns also in "gehobenen Positionen", und wir konnten die Nöte und Engpässe unserer Ämter gegenseitig viel besser verstehen. Eines Tages brachte ich ihr ein paar Blumen aufs Zimmer, da meinte sie: "Gudrun, damals habe ich gedacht, die Geschichte mit Dir und der Probemeisterin, das seien Sorgen. Aber weißt Du, was wirkliche Sorgen sind, habe ich erst später bitter erkennen müssen. Mir tut es leid, daß ich in der Situation mit Dir so wenig über den Dingen stand."
Ich sagte: "Ich habe inzwischen ja auch gelernt, daß wirkliche Sorgen ein ganz anderes Format haben. Aber ich bin froh, daß wir heute darüber reden."
"Und was wurde eigentlich aus Evchen? Sie war doch eine ausgesprochen hübsche Schwester," fragte Halo.
"Evchen hat ihre zweite Ausbildung als Hebamme glanzvoll abgeschlossen. Sie ging dann nach Westberlin und heiratete nach Köln. Sehr glücklich teilte sie mir mit, daß sie ihr gewünschtes Kind, ihren kleinen Sohn Peter auch wirklich bekommen hat. Als Peter fünf Jahre alt war, übrigens ein sehr niedlicher Junge, haben wir uns noch einmal in Potsdam getroffen. Dann haben wir leider nichts mehr voneinander gehört. Schade!"
"Weißt Du was"; meinte Halo plötzlich, "Wir haben noch gar nicht das Auto ausgepackt."
Eilig deckten sie den Tisch ab, und Halo schleppte diverse Plastetüten herein und einige Taschen mit persönlichen Dingen. "Hier, Gulu, frisches Obst und Gemüse, hier die gewünschten Medikamente für Deinen schmerzbeladenen Bekannten. Diesen Beutel voller Textilien sieh Dir an, ebenso den voller Schuhe, was Du nicht brauchen kannst, gib weiter.
Und sieh mal, das hier ist unser Weihnachtsgeschenk für Dich, eine Bohrmaschine, damit Du kleine handwerkliche Sachen allein erledigen kannst".
Auf diese Weise erklärte Halo noch den Inhalt verschiedener anderer Tüten. Gudrun war von den vielen Dingen überwältigt. Immer brachte Halo genau das, was nötig war. Sie räumten zusammen auf.
"Uff", schnaufte Halo," das wäre geschafft. "Weißt Du, zum Mittag mache ich uns jetzt eine Kleinigkeit."
Als sie beide vor einem Salat saßen, gingen Gudruns Gedanken zurück zu den häufigen Besuchen von Halo und Jo in all den Jahren. Immer kamen sie mit vollbepacktem Auto. "Weißt Du noch, Halo, als Ihr zum ersten mal mit dem Auto nach Kiefernwalde kommen konntet, da hattet Ihr schwer geladen. Mich hast Du weggeschickt und alles im Wohnzimmer aufgebaut. Dann habt Ihr mich

reingerufen wie zu einer Bescherung. Deine Stimme, Halo, hat vor Freude richtig vibriert.
Ich stand vor dem Tisch und konnte es nicht fassen: Kaffee, Obst und Gemüse, Lebensmittel, Tapeten, Tapetenkleister, Pinsel und Bürsten, die ganze notwendige Sanitäreinrichtung, Glasziegelsteine fürs Bad, einer mit einer Vorrichtung zum Öffnen, Fliesen und Fliesenkleber für die Küche, Fugenmörtel, Textilien und vieles andere mehr. Ich fühlte mich richtig benommen. Wie sollte ich Euch je einen Ausgleich dafür geben können. Wir räumten gemeinsam alles schön weg und planten gleich diese und jene Renovierung. Später, als ich allein in der Küche hantierte, hörte ich, wie Jo zu Dir sagte: "Weißt Du, Halo, das werden wir nie wieder so machen, ich meine, alles aufbauen. Hast Du nicht gesehen, wie betroffen Gudrun war?"
"Aber Jo," sagtest Du, „es hat doch so viel Spaß gemacht, das alles für sie zusammenzutragen. Und sie braucht es doch auch."
"Ja, natürlich, Halo" hatte ich Jo leise sagen hören," aber es macht ihr doch auch ihren Mangel so bewußt. Und sie könnte auf den Gedanken kommen, eine Belastung für uns zu sein."
"Meinst Du wirklich?" zweifeltest Du seine Meinung an.
"Wenn man sich im Haus umsieht, Halo, dann ist doch keine Ecke, die Ihr nicht mitgestaltet habt: Die fünf Falttüren, der Tiefkühlwürfel, der elektrische Grillofen, der Durchlauferhitzer für Starkstrom, das Ladegerät für die Autobatterie, Lampen, Zement, Gardena-Teile, Textilien, Genußmittel, Seifenpulver, Reinigungsmittel und vieles mehr. Weißt Du, Halo, durch Euch habe ich ja einen ganz anderen Lebensstandard als der normale DDR - Bürger."
"Das Tollste hast Du aber noch nicht erwähnt", lachte Halo, "ich meine die Sache mit der Badewanne."
"Ja, Halo, die geht als Husarenstück in die Geschichte des Hauses ein."
"Ich hatte Deinen Flur ausgemessen" sagte Halo, "und stellte fest, daß man dort eine Badewanne aufstellen könnte, die aber nicht einen Zentimeter größer als 1,40 Meter sein dürfte. So bin ich in dann über die Baumärkte gegangen und habe tatsächlich so eine kleine Wanne gefunden.
Jetzt kam die nächste Spannung, ob das kleine Monstrum in unser Auto hineinpassen würde. Gulu, es paßte! Wie Maßarbeit!! Die nächste Spannung galt der Grenzkontrolle. Was würde man an der Grenze zu unsere Fuhre sagen? Ein bißchen unsicher waren sie. Badewannen standen wohl nicht oft auf der Zollerklärung. Sie ließen uns damit durch."
"Ja, Halo, Ihr schenktet mir die Wanne zu meinem 40. Geburtstag. Der hilfreiche Tischler von nebenan hat sie dann eingebaut und eine kleine Trennwand im Flur gezogen. Dann fand ich auch einen Klempner, der die Rohre verlegte und die Armatur anschloß. Und der Elektriker baute den Durchlauferhitzer an. Nur durch seine Hilfe und Beratung hatte es mit einer Genehmigung für Starkstrom beim E-Werk geklappt. Einige Wochen, nachdem Ihr die Wanne gebracht hattet, konnte mein Bad eingeweiht werden.
Ich ließ mir die Wanne voll heiß Wasser laufen, schloß die Haustür ab, legte die Wassermusik von Händel auf den Plattenspieler, stellte schön laut und ließ mich in die warme Wanne gleiten. Ich blieb in der Wanne liegen, bis das Konzert

beendet war. Du weißt, es dauert 45 Minuten. In meinem Kopf spielte sich ein unbeschreibliches Glück ab: hier, im staubigen, ärmlichen Kiefernwalde, mit Behelfswasserleitungen und selbstgebuddelten Sickergruben bin ich im Besitz eines Bades!!"

"Ja", meinte Halo," das war ein ungeheurer Entwicklungssprung. Im ersten Jahr sah unsere Körperpflege ja ganz anders aus: eine Holzbank im Freien mit drei Waschschüsseln darauf und dazu drei Zahnbecher mit Bürsten. Gewaschen haben wir uns der Nachbarschaft wegen erst, wenn die Dunkelheit aufzog. Weißt Du noch, einmal raschelte es ganz in der Nähe, und ich bekam einen furchtbaren Schreck. Doch dann tappelte nur ein Igel ganz eilig an uns vorbei."

"Ja, Halo, und der gute Jo konnte mit unserem Eimerbetrieb im Herzhäuschen überhaupt nicht zurechtkommen. Er ging lieber mit dem Spaten in den Wald."

Als sie später gemütlich zusammen saßen, meinte Halo: "Du hast mir noch gar nichts von Deiner Arbeit erzählt."

"Du weißt", holte Gudrun aus, "auf meiner Arbeit fühle ich mich wohl. Mit einigen Schwestern des Kollektivs bin ich richtig befreundet.
Gerade die vielen Schwerkranken auf unserer Station geben meinem Berufsleben einen Sinn. Etwa die Hälfte unserer Patienten haben Krebs, sie werden mit Chemotherapie behandelt. Die Medikamente dafür bekommen wir über Extraanträge aus dem Westen. Ich staune immer wieder, wie teuer die sind. So eine Infusion kann bis zu 800,- DM West kosten, unser staatliches Gesundheitswesen finanziert diese Behandlung. Eine Chirurgie ist auch im Hause, zu Bestrahlungen fahren die Patienten nach Potsdam oder in die Berliner Charité. Innerlich stehe ich sehr positiv zur Chemotherapie, sie lindert das Leiden und verlängert teilweise das Leben. Wir müssen hart arbeiten, aber es ist eine familiäre Atmosphäre mit den Patienten und Schwestern. Unsere Kranken brauchen viel Zuwendung.
Letztens sagte ein Mann zu mir: "Schwester Gudrun, man spürt Ihre Himmelsrichtung." Das hat mich so froh gemacht. In dieser Arbeit sage ich mir den Diakonissenspruch oft ganz neu auf: Was will ich, dienen will ich. Wem will ich dienen? Dem Herrn in seinen Elenden und Armen."

"Also empfindest Du, auch wenn Du ganz ehrlich bist, keine Reue, daß Du aus dem Mutterhaus ausgetreten bist?"

"Nein, wirklich nicht. Oder, ich will es etwas differenzierter ausdrücken. Gott gegenüber habe ich kein schlechtes Gewissen. Immer spüre ich SEINE Gnade. Aber weißt Du, daß ich meine Mitschwestern verließ, die mich ja gebraucht hätten, das belastet mich rein menschlich doch sehr."

"Gulu, nochmals zu Deiner jetzigen Arbeit, sagtest Du nicht, daß es alles sehr politisch ist?"

"Ja, Halo, politisch bis zum Überdruß. Das größte Übel ist der sozialistische Wettbewerb. Dafür müssen sogenannte "Kampfprogramme" erstellt werden, mit denen die Kollektive um den Titel "sozialistische Brigade" wetteifern. So ein Kampfprogramm kann man nicht einfach mit der linken Hand machen. Da müssen abrechenbare Aufgaben angegeben werden, dazu die Einsetzung der verantwortlichen Person und der Termin der Erfüllung.

Wenn alle Abteilungen ihre Programme bei der Leitung eingereicht haben, dann setzt sich ein Gremium zusammen, ob sie auch so angenommen werden können. Wenn ein Ja dazu erfolgt ist, fangen die Kollektive an zu "kämpfen". Der Wettbewerb ist wie eine Knute. Ich meine, ein Ansporn zu guten Leistungen ist schon richtig und wichtig. Aber letztlich fordert uns doch der Patient, der Tagesablauf, unsere Ausbildung und gute Einstellung zum Beruf eine gute Leistung ab.
Jedenfalls, oft mit hängender Zunge, kann jeder seine Punkte abrechnen. Der Abgabetermin zum Tag des Gesundheitswesens am 12.12. darf nicht versäumt werden. Die Arztsekretärinnen müssen den Schmus seitenweise tippen. 12 Kollektive gibt es in der Klinik. Die Abrechnungen der 12 Programme gehen in die Verwaltung. Dort sitzt dann die Wettbewerbskommission, bestehend aus Ärzten, FDGB-Leuten und Oberärzten, und filtern heraus, wer das beste Programm und die höchste Erfüllung abgeliefert hat. Nach diesem Ergebnis werden die Prämien verteilt. Es ist eine schreckliche Zeitverschwendung, wie Du es Dir nicht vorstellen kannst. All diese Zeit geht den Patienten verloren. Ein schlechtes Gewissen möchte man haben.
Mein Kollektiv macht immer den 1. Platz, das ergibt pro Kopf ca. 250,-M Prämie. Innerhalb des Kollektivs wird noch einmal gestaffelt, je nach Überzeugung und persönlichem Einsatz.
Weißt Du, ich finde den sozialistischen Wettbewerb beleidigend. Aber ausklinken darf man sich nicht. Dann bekämen alle keine Prämie. Das ist so schlau eingefädelt, da hat der Teufel mitgemischt, möchte man meinen."
"So ein Arzt, ich meine so ein Kollektivleiter, macht der das gerne? ", merkte Halo kritisch an.
"Nun, die einen machen es notgedrungen, und sind froh, wenn sie das Thema abhaken können, die anderen.....? Unsere Station hat gerade das Pech, daß unser Leiter es nicht nur 100%ig, sondern 300%ig machen möchte. Ihm reicht nicht der 1. Platz im Wettbewerb, sondern er baute ein "Jugendkollektiv" auf. Wahrscheinlich sieht er in dieser "gesellschaftlichen Tätigkeit" eine Möglichkeit des beruflichen Aufstieges. Seine neuste Idee ist ein "Jugendforscherkollektiv". Ich konnte mir darunter nichts vorstellen, eigentlich ist unser Arbeitsfeld ja erforscht. Und wo weiße Flecken in der Medizin sind, dafür gibt es Forschungsinstitute und Wissenschaftler. Das Thema, das uns als Forschungsobjekt zugewiesen wurde, hieß: Krankenpflege. Ich dachte, ich bin im verkehrten Film. Als das Jugendforscherkollektiv zusammengestellt wurde, meinte er: Alle müssen jung und rot sein, ganz viel rot. Aber eine kann älter und schwarz sein, (und dabei schaute er auf mich), die brauche ich wegen der Berufserfahrung.
Halo lachte: "Also, daß Du "schwarz" bist, ist kein Geheimnis?"
"Überhaupt nicht. Meine kirchliche Einstellung wird sogar respektiert. Zum ersten Weihnachtsfest, das ich in der neuen Klinik erlebte, wurde Sekt getrunken. Mir gossen sie gar nichts ein, mit der Bemerkung: Ach ja, Sie gehen nachher ja zur Kirche." Und das klang völlig sachlich.
Man wählte mich sogar zur Vertrauensfrau der Gewerkschaftsgruppe, und jahrelang gehörte ich der Konfliktkommission der Klinik an. Mein Amt als

Synodale der Berlin-Brandenburgischen Kirche, Du weißt doch, daß mich mein Kirchenkreis in dieses Amt wählte, gilt sogar als "gesellschaftliche Tätigkeit". Für die Zeit der Synode bekomme ich eine bezahlte Freistellung."
"Das ist zum Staunen", meinte Halo.
Gudrun fiel dazu eine kleine Episode ein: "Nach der letzten Synode kam ein Mitarbeiter von "Abteilung Inneres - Kirchenfragen" zu mir auf die Station. Er wollte mich allein sprechen, wo wir denn ungestört seien. Wir gingen in ein Arztzimmer. Dort stellte er seine Fragen: welches die Hauptthemen der Synode gewesen seien, ob man von der "Kirche von unten" was gemerkt hätte und in welchem Ausschuß ich mitarbeiten würde. Ich war sehr gereizt. Erstens über das Ausgefragtwerden und zweitens, wegen der vielen Arbeit, die draußen liegenblieb. Darum wollte ich ihn ganz schnell abwimmeln und sagte streng: "Haben Sie sich eigentlich beim Ärztlichen Direktor angemeldet? Ohne Anmeldung sind solche Gespräche hier gar nicht erlaubt." Der Mann rutschte förmlich in sich zusammen und gab zu, unangemeldet auf der Station erschienen zu sein. Fast devot räumte er das Feld."
"Gulu, ich wußte gar nicht, daß Du so beschlagen bist."
"Bin ich doch auch gar nicht, Halo, das war ein Zufallstreffer."
"Weißt Du, Gulu, wenn Du von den Wettbewerbsprogrammen erzählst, dann kann ich mir einfach nicht vorstellen, was für Punkte da hineinkommen, und wie man die abrechnen kann."
"Das ist es ja eben. Pflegeaufwand, Fürsorge, kleine Erleichterungen für Schwerkranke, das kann man einfach nicht aufrechnen. Wir arbeiten nicht in der Produktion, wo man die Stückzahl erhöhen kann. Unsere Verpflichtungen gehen irgendwie in den luftleeren Raum, so empfinde ich das. Ich sage aber trotzdem ein paar Beispiele: Der "Energiebeauftragte" hat darauf zu achten, daß in Spitzenbelastungszeiten nicht zu viel Strom verbraucht wird.
Der "Medikamentenbeauftragte" soll darauf achten, daß keine Medikamente, vor allem keine Importe verfallen, usw.
Außerdem hängten wir auf dem langen, trostlosen Flur Bilder von zur Zeit in Potsdam lebenden Künstlern auf. Das gab unserem Flur einen interessanten Charakter und hat uns Schwestern bildungsmäßig viel gebracht. Ob die Patienten auch etwas davon hatten? Mit dieser Bildergalerie holten wir jedenfalls den ersten Platz. Von einer Neugeborenenstation hörte ich, die wußten auch nicht, was sie in ihr Wettbewerbsprogramm hineinschreiben sollten. Da hieß dann ein Punkt bei ihnen: Wir verpflichten uns, unsere Neugeborenen täglich mit Frischluft zu versorgen."
Halo lachte schallend auf.
"Gulu, merkt man so im Stationsalltag auch etwas von der Stasi?"
"Nein, im Grunde arbeitet dieser Apparat ganz unauffällig, aber wir wissen halt, daß es überall jemanden von dieser „Firma" gibt. Du weißt, Halo, ich bin naiv und arglos, ich merke als Letzte, wenn sich etwas zusammenbraut. Aber letztens kam es doch etwas dick, diesbezüglich. Da wurde ich direkt mit der Nase drauf gestoßen."
"Erzähl mal", sagte Halo gespannt.

"Unsere Stationsschwester konnte keinen Dienst tun, wegen der Erkrankung ihrer Kinder. Ich hatte die Vertretung. Die Visite fand leider erst um die Mittagszeit statt, so daß ich mit der Ausarbeitung des Visitenblockes bis weit in den Nachmittag zu tun hatte. In der Küche hörte ich Geschirr klappern, dort rüsteten sie bereits zum Abendbrot. Ich wollte mir eine Tasse Tee holen, da kam eine unserer beiden Lernschwestern auf die Station. Sie gilt als besonders begabt und förderungswürdig, da sie auch einen ausgeprägten sozialistischen Standpunkt vertritt. Nach dem Examen soll sie in die "Kaderschmiede" (Parteischule oder ähnliches). Strahlend betrat sie die Küche und sagte: "Ich habe mir eben meine zweite Gage abgeholt, die bekomme ich immer in West."
Alle schauten sie erstaunt an und fragten: "Wofür bekommst Du denn das?"
"Für meine Mitarbeit in der Stasi. Hier, Ihr könnt sehen, ich bin gleich zum Intershop gefahren und habe mir mein Lieblingsparfüm gekauft, ist ja irre teuer".
Sie versprühte eine kleine Probe.
Während alle noch wie erstarrt dastanden, trällerte sie lustig und verließ die Station. Kaum war sie weg, löste sich bei den andern die Starre: "Schwester Gudrun, haben Sie das gewußt?"
"Nein, keine Ahnung."
Jeder ging wieder an seine Arbeit, doch alle waren sehr nachdenklich.
"Das ist ja ein Ding", sagte Halo, "wie hast Du Dich weiter verhalten?"
"Ich war mit der Ausarbeitung meiner Visite bald fertig und machte mich auf den Heimweg. Als ich im Trabi saß, dachte ich, daß es kein großer Umweg sei, bei der Stationsschwester vorbeizufahren. Sie freute sich, als ich kam, doch zeigte sie auch gleichzeitig Besorgnis, es könne etwas vorgefallen sein. Ihr Mann kehrte im gleichen Augenblick von der Arbeit heim. Er hatte mit seinem Arbeitsplatz besonderes Glück, er arbeitete in Westberlin. Er hatte ein Inserat gelesen, daß sie dort Bauarbeiter brauchten. Anhand seiner tadellosen „Kaderakte" hatte er diesen Job bekommen. Ich sage mal so "tadellose Kaderakte". Ich vermute das, denn "Reisekader", die ins westliche Ausland dürfen, m ü s s e n eine tadellose Akte haben. Also er traf zum gleichen Zeitpunkt daheim ein wie ich. Die Stationsschwester öffnete das Wohnzimmer: "Setzen wir uns doch. Schwester Gudrun, was gibt es?"
Ich erzählte das Ereignis vom Nachmittag. Die beiden hatten still zugehört, und dann wechselten sie wortlos einen langen Blick. Diesen Blick werde ich nie vergessen, der war so eingeschworen, der war beredter, als viele Sätze der Erklärung, der war total eindeutig, nämlich: hierzu nehmen wir nicht Stellung, das Eisen ist zu heiß. Und noch mehr lag in dem Blick, Dinge, die man nur ahnen konnte. Mir wurde ganz hellsichtig zumute. Gudrun, sagte ich mir, geh hier fort und vergiß. Und zieh Dein Vertrauen zurück. Ich verabschiedete mich.
Als die Stationsschwester wieder im Dienst war, wurde besagte Lernschwester in die Verwaltung gerufen. Dort erfuhr sie, das ihre noch nicht angetretene Kaderperspektive bereits beendet sei."
"Brrr", machte Halo. Gudrun lenkte zu einem anderen Thema über: "Wie geht es unserer Mutter. Sie will doch nun ihre eigene Wohnung aufgeben."
"Ja, damals vor acht Jahren, nach Vaters Tod, wirkte sie müde und kraftlos. Du weißt, die 1 ½ Jahre intensivster Pflege für den Vater hatten sie zum Schatten

ihrer selbst werden lassen. Doch haben wir auch über ihre Zähigkeit gestaunt. Bei der Beerdigung beeindruckte sie uns mit einer Souveränität und einem Über-den-Dingen-stehen, daß wir rechten Respekt davor hatten.
Aus den acht Jahren ihres bisherigen Witwendaseins hat sie immer noch viel gemacht. Sie ist voller Aufgaben und die Zeit reicht nicht. Doch nun zeigt ihr Gedächtnis rechte Mängel auf. Das Auto will sie aufgeben und sie hat eine Möglichkeit des Wohnens in einem kleinen Bungalow in einer Diakonischen Einrichtung gefunden. Dort möchte sie vor Anker gehen."
"Weißt Du, Halo, wenn ich an Vaters Tod vor acht Jahren denke, dann spüre ich, daß vieles noch unverarbeitet in mir liegt. In den Briefen unserer Mutter seinerzeit wurden von mal zu mal deutlicher, daß die Erkrankung des Vaters einen bösartigen Verlauf nahm. Aber, als es dann eintraf, das beglaubigte Telegramm mit dem Text des Amtsarztes: "Wegen lebensbedrohlicher Erkrankung Einreise notwendig", da war ich doch sehr erschrocken.
Urlaub hatte ich mir ahnungsvoll aufgehoben. Mit dem Urlaubsschein, dem beglaubigten Telegramm und anderen Unterlagen fuhr ich nach Potsdam zur Polizei-Behörde. Mit undurchdringlichen Gesichtern nahmen sie mir die Unterlagen ab, schon am Tag darauf konnte ich nachfragen, ob die Reise bewilligt worden war. Und tatsächlich durfte ich reisen, mein Visum galt vom 12.12. - 23.12.1979. Nach 18 Jahren trat ich meine erste Fahrt in "den Westen" an!
Was packte ich ein? Würde ich die schwarzen Sachen auch schon brauchen? Noch am selben Nachmittag mußte ich nach Berlin fahren, denn mein Interzonenzug wurde am Bahnhof Friedrichstraße in der Abendstunde eingesetzt. Bisher hatten wir immer Euch und andere westliche Besucher am Tränenpalast abgeholt. Heute ging ich selbst hinein. Die Zauberformel zum Öffnen der Türen lautete ganz anders als Zauberformeln im Märchen. Hier hieß sie: "Dein Vater wird sterben." Nur für diese Formel ging für mich die Tür auf.
Wenige Reisende saßen im Warteraum. Man sprach nicht miteinander. Zwischen uns allen saß Mißtrauen und Angst. Dann die Durchsage, daß unser Zug bereitgestellt wird. Wir paar Menschen gingen still auf den Bahnsteig. Der Zug stand und war verschlossen. Etwa 30 cm vor der Bahnsteigkante verlief ein breiter, weißer Strich. Den durfte man nicht einmal mit der Fußspitze übertreten. An dem Zug liefen uniformierte Männer mit Spürhunden entlang. Der Zug wurde auch von der anderen Seite, von oben und unten abgeleuchtet und von den Hunden kontrolliert. Fünf Minuten vor der Abfahrt öffneten sich die Waggontüren. Unser Einsteigen wurde von den Uniformierten strengstens beobachtet. Ich hatte ein Abteil für mich und konnte mir einen Liegesitz ausziehen und mich langlegen.
Grenzkontrollen mitten in der Nacht: Pässe, Zollerklärungen, Stempel, "Gute Weiterfahrt".
Bei Einbruch der Morgendämmerung näherten wir uns München. Ich wollte alles in mich aufnehmen, alles erfassen, war aber enttäuscht von dem Industriegebiet, durch das wir fuhren. Aber bald schaute ich nicht mehr auf die Stadt, sondern nur noch auf die Uhr. In drei Minuten würdest Du und Jo auf dem Bahnsteig sein und alles, alles wäre gut. Ich stieg aus dem Abteil und hielt nach

Euch Ausschau. Da hörte ich etwas, das klang wie das Hecheln eines Hundes. Halo, das warst Du! Ich sah nichts anderes mehr auf dem Bahnhof, ich sah nur Dich angehechelt kommen. Du hattest Deinen Quellenerz an, wie Du Deinen Webpelz nanntest. In der einen Hand trugst Du eine langstielige, rote Rose, in der anderen eine Banane. Und dann hast Du auch schon die Arme um mich gelegt. Halo, schöner kann es auch nicht sein, wenn man am Ziel des Lebens angekommen ist und von Gottes Vaterarmen aufgenommen wird: so weich, so warm, so viel Geborgenheit und Trost, so unbeschreiblich schöner Duft."
"Gulu, ich kann mich genau an jede Minute erinnern. Meine Vorfreude ließ mich nachts schon nicht mehr schlafen. Jo konnte mich voll verstehen. "Lauf Du vor", sagte er "für Euch Schwestern bedeutet dieser Augenblick so viel."
Gudrun schaltete sich in Halos Erinnerung ein: " Dann war Jo auch da und sagte: Zuerst wirst Du wissen wollen, wie es dem Vater geht. Ich habe eben mit Eurer Mutter telefoniert. Es ist ein gleichbleibender Zustand. Du wirst es bald mit eigenen Augen sehen können. Wir drei setzen uns jetzt in ein kleines Cafe und frühstücken. Wir genießen einfach diese ruhige Stunde."
Damit öffnete Jo eine Tür, aus der der angenehme Duft von frischem Kaffee und knusprigen Brötchen drang. Die Lautheit des Bahnhofs wurde in diesem Raum von der behaglichen Atmosphäre verschluckt. Wir hatten eine Nische für uns, eine Kerze brannte auf dem Tisch. Der Ober servierte lautlos und freundlich: Kaffee, Toast, frische Brötchen, Eier, Konfitüre, Honig, Nutella, Butter, Käse, Wurst - das alles jeweils nur für e i n e Person. Ich begriff schlagartig den Unterschied unserer Welten. Und es überwältigte mich sehr. Vor allem, wenn ich daran dachte, daß Ihr beiden in all Euren Urlauben immer nur in mein staubiges, unterentwickeltes Kiefernwalde gekommen wart. Nie hattet Ihr ein Urlaubsziel im sonnigen Süden angestrebt, nie eine Kreuzfahrt gemacht. Immer das Zusammengehörigkeitsgefühl gepflegt, immer ein wenig die Mauer durchlöchert, immer mit unserem unterentwickelten Konsum vorlieb genommen. Und große Worte wolltet Ihr dafür nicht hören.
Nach dem Frühstück fuhrt Ihr mich die 30 Km zu der Wohnung der Eltern. Daß wir uns jetzt trennen mußten, bedeutete noch keinen Schmerz. In den kommenden 10 Tagen würden wir uns mehrfach wiedersehen.
Ich erinnere mich an den Schreck, den ich bekam, als ich die Wohnung der Eltern betrat. Die Mutter war gebeugt, verzagt, übermüdet und richtig elend. Sie konnte die Entlastung in der Pflege, die mein Besuch ihr brachte, dringend gebrauchen.
Wirklich sehr tief drückte sich mir das Bild des Vaters ein: Sein von Cortison aufgeschwemmtes Gesicht, sein Kahlkopf durch Chemotherapie, seine erblindeten Augen und seine zwergenhafte Größe, die durch das Zusammenbrechen verschiedener Wirbelkörper entstanden war. Ich hatte einen Todkranken vor mir.
In der Wohnung der Eltern, die ich zum ersten mal sah, hatte unsere Mutter für mich in dem kleinen halben Zimmer eine Liege fertig gemacht. Das Zimmer bot mir ansonsten kaum eine wohnliche Atmosphäre, denn es stapelten sich Unmengen von Büchern, die noch nach Druckerschwärze rochen, auf dem Fußboden. Vaters letztes Buch "Hiob".

Hiob, diese Gestalt des Alten Testamentes, die ihn seit Jahren beschäftigte. Visionär hatte es ihn zum Schreiben gedrängt. Der täglich kleiner werdenden Kraft rang er Seite um Seite seines letzten Buches ab. Zugleich rang er mit Anyta, die über Hiob eine andere theologische Sicht hatte. Sie stritten miteinander um Formulierungen, er, der Visionär, sie, die Wahrhaftige. Nun war er selber ein Hiob geworden.
"Töchterchen", flüsterte der Vater, und tastete nach meinen Händen. Die Tränen liefen aus seinen blinden Augen.
Ich übernahm an Pflege, so viel, wie ich konnte. Zum einen war der Vater bescheiden, zum anderen aber auch nicht. Das spürte ich, als er unruhig und ungnädig wurde, bei den reichlichen Telefonaten, die in diesen Tagen geführt wurde. Die ganze Familie nahm doch Anteil daran, daß ich eine Westreise bekommen hatte.
"Du bist wegen m e i n e r Krankheit eingereist, Kind, und nicht wegen der anderen", sagte er eifersüchtig.
Auf dem Tisch stand ein herrlicher Weihnachtsstern, er hatte mindestens sieben Blüten. Ich bewunderte den Topf und schilderte dem Vater die Schönheit. Darauf sagte er: "Ich weiß, daß der Blumentopf schön ist, er ist von Halo."
Gudrun erinnerte sich weiter: "Viel zu schnell vergingen die 10 Tage. Ich saß an Vaters Bett und sprach erstmalig von meiner bevorstehenden Abreise."
"Am 23. Dezember fährst Du?" sagte der Vater voll Erschrecken, "einen Tag vor Weihnachten? Gudrun, das geht nicht."
"Vati, länger geht mein Visum nicht."
"Dann bleibst Du eben einfach länger, Du hast ja noch Urlaub, wie ich aus Deinem Reden heraushörte. Siehst Du denn nicht, daß Mutti es allein mit mir nicht mehr schafft?"
"Doch, Vati, das sehe ich, aber ich muß die Frist einhalten, die mir unsere Behörde gesetzt hat. Sonst bekomme ich ein andermal gar keinen Paß mehr. Denk doch an Mutti."
"Ja, an Mutti denke ich immerzu. Darum sage ich Dir jetzt mit aller Deutlichkeit und auch mit großer Bitte: Fahr gar nicht mehr zurück. Bleib bei uns. Wir brauchen Dich."
"Vati das geht aus mancherlei Gründen nicht. Ich habe ein eigenes Haus mit Grundstück, ein Auto, eine schöne Arbeit. Ich habe, seit ich aus Westpreußen geflohen bin, erstmalig eine neue Heimat in der DDR."
"Das kannst Du Dir hier auch alles schaffen. Wir, das heißt Mutti, würde Dir dabei helfen."
"Das weiß ich Euch auch zu danken. Aber da ist noch eins. Wenn man einen Paß beantragt und auch bekommen hat, dann wurde zuvor der Betrieb gefragt, ob sie sich der Rückkehr des Mitarbeiters sicher seien. Und da gibt es Menschen, die haben für mich gebürgt. Die kann und darf ich nicht enttäuschen."
"Gebürgt", sagte der Vater verächtlich, "Du willst diese Leute schützen, die den Staat unterstützen, der so sehr die Menschenrechte verletzt? - Gudrun, ich will Dir mal eins sagen, als Du 11 Jahre warst, elternlos und elend, da waren wir für

Dich da. Jetzt sind wir in dem Zustand, daß wir Betreuung brauchen. Jetzt brauchen wir Dich."

Mir saßen die Tränen im Halse: "Wenn Ihr im Osten geblieben wäret, dann wäre das jetzt kein Problem. Doch Ihr seid in den Westen gegangen. Das war Euer Recht und Eure Entscheidung. Daraus kannst Du doch jetzt aber nicht den Schluß ziehen, daß ich dasselbe tun muß." Der Vater drehte sich wortlos zur Wand. Ich ging niedergeschlagen in die Küche zur Mutter.

Am nächsten Tag konnten wir drei wieder gut miteinander reden. Die Emotionen waren abgeflaut. Ich saß wieder an Vaters Bett, als er einen Wunsch äußerte: "Sag doch bitte der Mutti, sie soll mir die Tabletten nicht mehr geben und mich nicht immer zur Mobilisation auffordern. Ich brauche meine ganze Kraft d a z u, diesen Zustand zu ertragen."

Ich verstand ihn und streichelte seine Hand. Als er schlief berichtete ich der Mutter seinen Wunsch. Nachdenklich antwortete sie: "Wenn ich ihn nicht mobilisiere, wenn ich ihm die Tabletten nicht mehr gebe, dann ist er doch ganz schnell ein totaler Pflegefall. Und meine Kraft reicht jetzt kaum aus, wo er noch ein wenig mithelfen kann."

"Aber, es sind seine Sterbesignale!" warf ich ein, begriff aber sehr wohl, wie schwer die Situation für sie war.

Am Ende des Aufenthaltes legte die Mutter mir das Gästebuch hin: "Ich will Dich nicht damit quälen, aber schreibst Du nach so vielen Jahren etwas hinein?"

Ich schrieb etwa so: Liebe Eltern. Als Vati seinen 40. Geburtstag feierte, schrieb er ein wunderschönes Gedicht in mein Poesiealbum, das mit dem Satz endete: Die Liebe höret nimmer auf. Heute, nach 30 Jahren, sage ich Euch diesen Satz zum Abschied nach 10 schönen und auch sehr schweren Tagen. Die Liebe höret nimmer auf, Eure Gudrun.

Als es an jenem letzten Tag Zeit war, zum Bus zu gehen, schlief unser Vater. Ich habe ihn nicht geweckt, sondern so verlassen. Unser Mutter hatte mich zur Bushaltestelle begleitet. Doch die Unruhe stand ihr ins Gesicht geschrieben. "Geh bitte zurück" bat ich sie," er soll nicht allein sein, wenn er aufwacht." Wir umarmten uns wort- und tränenlos, dann ging sie: klein, gebeugt, niedergeschlagen. Mein Bus kam recht bald, und als ich an der Endstation aussteigen konnte, standet Ihr beide da. Eure Wärme tat mir wohl."

"Ja", sagte Halo "uns war klar, in welch niedergedrückter, seelischer Verfassung Du sein mußtest. Zu einem gemeinsamen Abendbrot war nicht mal mehr Zeit, wir mußten Dich gleich auf Deinen Bahnsteig bringen. Du mußtest in den Zug, der stand schon unter Dampf"

„Ihr schenktet mir eine Karte für den Liegewagen, da die Fahrt ja durch die ganze Nacht ging."

"Das war das Mindeste, was wir für Dich tun konnten."

Ein Moment der Stille und Rückerinnerung bemächtigte sich beider Schwestern. Gudrun nahm den Faden wieder auf: "Wir hatten mein Gepäck schon ins Abteil geschoben. Ich stand bei Euch auf dem Bahnsteig, der endgültige Abschied mußte nun überstanden werden. Halo, Du nahmst mich in den Arm und sagtest: "Gulu, wir wollen es Dir auf alle Fälle anbieten, wenn Du hierbleiben möchtest,

so haben wir dafür nicht nur Verständnis, sondern Du weißt, in unserem Haus ist auch eine Wohnung für Dich".
Halo berichtete aus der Erinnerung weiter: "Jo und ich hatten die Tage zuvor viel darüber gesprochen. Wir wußten, wie schwer Deine Auseinandersetzung mit dem Vater wog, wir wollten nicht noch in dieselbe Kerbe hauen. Aber ein Signal solltest Du von uns bekommen."
"Das weiß ich Euch auch bis heute zu danken. Jo nahm mich in seiner stillen Art noch in den Arm - dann stieg ich in den Zug, der sich langsam in Bewegung setzte. Ich kletterte auf meine Liege und lag, wie erstarrt. Ich konnte kein Auge zubringen, hörte nur das Rollen der Räder, das mich mit jeder Umdrehung weiter von Euch weg brachte, von Euch, von dem sterbenden Vater und der überforderten Mutter.
Mit im Abteil waren Jugendliche, sie schauten morgens aus dem Fenster. Wir hatten Potsdam gerade hinter uns und fuhren an einem Stück der "Mauer" vorbei. Für die jungen Leute bedeutete das eine Sensation: "Was für Deutsche mögen dahinter leben?" fragten sie.
Ich hätte fast aufgeschrieen: "Solche, wie ich!" Aber ich. fühlte mich innerlich so wund. Dann hielt der Zug an den Westberliner Stationen: Berlin Wannsee - Berlin Charlottenburg - Zoologischer Garten. Hier entleerte er sich, ich blieb in dem ganzen Wagen allein. Eine Stimme in mir sagte: Gudrun, noch kannst Du aussteigen. Noch einmal hast Du hier ein Stückchen Westen. Du brauchst nur zum Telefon zu gehen und Halo und Jo anzurufen.......
Aber ich blieb wie gelähmt auf meinem Platz sitzen. Dann ruckte der Zug an und fuhr aus der Halle des Bahnhofs Zoo hinaus. Die Entscheidung ging nicht mehr rückgängig zu machen. Der Zug rollte einige 100 Meter. Am Stadtbild zeigte sich deutlich, daß der Ostteil Berlins erreicht war. Mit einem Ruck hielt der Zug. Keine Einfahrt. Die Heizung wurde abgestellt, eine empfindliche Kälte schlich in den Wagen. Eine geschlagene Stunde stand der Zug so und gab mir Zeit, mich auf die Realitäten des Ostens einzustellen. Endlich rollte er weiter und in den Bahnhof Friedrichstraße hinein. Ich nahm mein Gepäck, die Treppen hallten, ich ging durch den Tränenpalast ohne Tränen - doch die ungeweinten Tränen klemmten mir fast das Herz ab."
"Gulu, wir beide waren den ganzen nächsten Tag sehr bedrückt", sagte Halo, "mir selbst war richtig übel. Und dennoch konnten wir Deine Entscheidung verstehen. Wir wußten doch beide, wie sehr Dir Kiefernwalde zur Heimat geworden ist.
Gerade erst fünf Jahre führtest Du ein eigenes, selbstbestimmtes Leben nach dem Austritt aus dem Mutterhaus. Und wir hatten erfreut festgestellt, wie Du an Selbstwert und Selbständigkeit gewonnen hattest. Wärest Du im Westen geblieben, um die Eltern zu betreuen, Du wärest sofort in die Rolle der Tochter zurückgekehrt, und aus Deinem Eigenleben wäre vorerst nichts geworden. Wir haben in den nächsten drei Wochen der Mutter dann sehr geholfen."

"Als ich von der Reise heimkehrte, hatte ich sofort begonnen, wieder zu arbeiten. Meinen Resturlaub wollte ich ins neue Jahr hinübernehmen, da in absehbarer Zeit die Beerdigung unseres Vaters anstehen würde.

Ich erinnere mich noch genau, es war Sonntag und ich hatte Spätdienst. Das Telefon klingelte und Du, Halo, warst am Apparat und sagtest mir, daß unser Vater eben gestorben sei. In Deinem Arm war er für immer eingeschlafen. Du sagtest, daß am Ende die Liebe die stärkste Kraft gewesen sei. Telegramm und alles Notwendige zur Beantragung meiner Einreise seien eingeleitet. Dann legtest Du auf. Ich saß ganz still im Dienstzimmer und hatte das Empfinden, daß die Welt sich in dieser Sekunde verändert hatte. Etwas ganz Großes, Richtungweisendes, Liebendes hatte in aller Stille diese Welt verlassen und uns, die Kinder, in die nächste Generation befördert. Ich spürte in dem Moment die Last der Verantwortung, mich dieses Vaters würdig zu zeigen. Zugleich fühlte ich mich befreit von einem beherrschenden Überich. Ich hatte die Chance, ohne mich rechtfertigen zu müssen, meinen ganz eigenen Weg zu gehen.
Schreckhaft wurde mir bewußt, daß ich Dienst hatte und mich voll auf meine Kranken zu konzentrieren hatte. Sie halfen mir mit ihren Bedürfnissen und ihrer Hilflosigkeit in den Alltag zurück.
Am nächsten Tag begannen erneut meine Bemühungen um einen Reisepaß. Ich spürte diesmal viel Widerstand auf der Behörde. Das Telegramm sei nicht vollständig, ich solle zur Hauptpost. Die Hauptpost wiederum meinte, das Original sei nicht zu finden usw. Sie hetzten mich hin und her, kostbare Zeit verstrich. Später rechnete ich aus, daß ich 700 Km mit dem Trabi verfahren hatte, um die Reisegenehmigung zu bekommen. Die wirklich letzte Stunde rückte heran, die es mir noch ermöglicht hätte, den Zug nach München zu erreichen. Im schwarzen Kleid, den Grabstrauß in der Hand, betrat ich das Büro in der Behörde: "Ihrem Reiseantrag konnte nicht stattgegeben werden. Wir sind nicht verpflichtet, unsere Ablehnung zu begründen."
Geschlagen fuhr ich zurück in mein Häuschen. Dafür habe ich den sterbenden Vater und die hilfsbedürftige Mutter allein gelassen! In diesem Moment haßte ich den DDR Staat abgrundtief.
Am nächsten Tag hatte ich Spätdienst, so konnte ich wenigstens vormittags um 11 Uhr gedanklich an der Beerdigung teilnehmen. Ich legte mir den "Messias" von Händel auf den Plattenspieler. Diese Musik hatte so viel Bezug zu unserem Vater.
"Das Volk, das da wandelt im Finstern, vor ihnen geht ein großes Licht auf" - Vater, vor Deinen erblindeten Augen ist es wieder hell.
"Ich weiß, daß mein Erlöser lebt", dieses Wort aus dem Hiob Buch. Hiob, der Seher - und Du, Vater, der Visionär. Beim großen Halleluja erhob ich mich von meinem Platz und schaute auf sein Foto, das ich mir aufgestellt hatte.
Bei den letzten, gewaltigen Tönen des Chorwerkes fühlte ich mich gedrängt, vor dem Bild unseres Vaters eine Verneigung zu machen. Ich hatte eine wunderbare Feierstunde alleine erlebt."

Die beiden Schwestern blieben eine ganze Weile in Gedanken und in ihre Stickerei versunken. Dann leitete Gudrun zu einem anderen Thema über: "Erzähl mir doch von Frieder, wie geht es ihm?"
"Ach, Gulu, das ist ein Kapitel für sich. Frieder hat doch erheblichen Schaden genommen damals, durch meine Scheidung von Otmar und später durch

unsere wiederholten Ortswechsel, die wegen Jos beruflicher Laufbahn nötig wurden. Nie konnte Frieder sich richtig in einer Schule einleben, nie dauerhafte Freunde gewinnen. Der Schularzt tröstete mich einmal, als ich ihm meine Bedenken klagte. Er meinte: Seien Sie doch froh, daß Ihr Junge so gesund ist."
Mit einiger Mühe hat Frieder die mittlere Reife geschafft. Dann wollte er Winzer werden. Wir wohnten ja damals in Rheinhessen in einem Weinbaugebiet. Darum konnten wir uns diesen Berufswunsch gut erklären. Aber wir hätten wissen müssen, daß er mit dieser Berufsausbildung ohne einen eigenen Winzerbetrieb keine Existenzgrundlage hat. Später fuhr er darum in den ganz frühen Morgenstunden die Zeitungen aus. Am Tag war er sehr kaputt von dem ständigen Schlafdefizit. Aber wir waren froh, daß er sein eigenes Geld verdiente. Als er seine Bianka kennenlernte und heiratete, war ich zufrieden, meine Fürsorge für ihn mit einer anderen Frau teilen zu können. So richtig mit Geld kann Frieder nicht umgehen. In jungen Jahren war meine Kontoführung ja auch chaotisch. Eine gute Finanzfrau bin ich doch erst geworden, als Jo in mein Leben trat."
"0 ja, Halo, ich kann mich an Deine ewigen Geldsorgen sehr wohl erinnern. Wollen wir hoffen, daß Bianca einen ähnlich guten Einfluß auf Frieders Leben nimmt, wie seinerzeit Jo auf das Deine. Jo hat ja seine Vaterrolle sehr ernst genommen und nach Eurer Heirat recht bald den Frieder adoptiert. Ist das nicht eigenartig, Adoption scheint bei uns ein Familienthema zu sein."
"Anscheinend ja", äußerte Halo, "Jo wollte mir durch diese Adoption seine Liebe beweisen. Aber er wünschte sich auch ein eigenes Kind. Du weißt, Gudrun, wie sehr ich mir selbst auch noch Kinder aus dieser Ehe gewünscht habe. Aber leider endete die von uns beiden so begrüßte Schwangerschaft schon nach drei Monaten ziemlichen dramatisch. Als dann die nächste Schwangerschaft und Fehlgeburt mich fast das Leben kostete, mußten wir auf jeden weiteren Kinderwunsch verzichten."
"Ich weiß, Halo, welch große Angst damals Jo um Dich hatte."
"Ja, Gulu, seine Fürsorge und Nähe waren eine ganz große Stütze für mich. Man gerät ja seelisch in ein furchtbares Tief nach so einer Fehlgeburt. Ich dachte, ich komme da gar nicht wieder raus. "
"Halo, das hast Du mir so eindeutig gar nicht gesagt, ich hätte Dir wohl auch nicht helfen können. Ich habe nur gespürt, daß auch Jo an dem Verlust dieser beiden ungeborenen Kinder sehr getragen hat. Erinnerst Du Dich, als er voriges Jahr beim Frühstück hier im Urlaub ganz übergangslos sagte: Unsere Tochter wäre jetzt 12 Jahre alt und sicher hätte sie blonde Haare."
"M-M", sagte Halo gedehnt, "ich erinnere mich genau. Ich hatte gar nicht so recht wahrgenommen, mit welchen Gedanken Jo so umgeht. Habe vielleicht viel mehr über meinen eigenen Verlust nachgedacht. Damals, an dem Morgen, hätte ich Jo am liebsten in den Arm genommen, um ihn und mich zu trösten."
"Und warum tatest Du es nicht? Ihr seid doch sonst solche Schmusekatzen."
Halo zögerte ein wenig mit der Antwort: ".... weißt Du, Gulu, Jo kann manchmal so einsam aussehen, so introvertiert, so klösterlich. Dann habe ich Scheu, in seine Sphäre einzudringen. Gulu, dieses Thema berührt doch die tiefsten Tiefen einer Ehe."

Gudrun hatte ihre Sticknadel sinken lassen und sehr angespannt in Halos Gesicht geschaut. Sie spürte, daß ihre Schwester versuchte, einer großen Erregung Herr zu werden. "Halo, ich bekomme einen richtigen Schreck. Du siehst ganz verändert aus. Deine Augen sind so dunkel geworden. Ich habe bisher noch nie gesehen, daß sie dunkelgrün sind."
Halos Gesicht verlor ein wenig den Ausdruck der Anspannung, ein leises Lächeln machte sich um ihren Mund breit: "Das hat mir schon einmal jemand gesagt, daß ich dunkelgrüne Augen habe, und weißt Du wer? Martin in der Musikschule."
"Martin! --- Halo, ist das lange her! Hast Du noch einmal von ihm gehört?"
"Direkt nicht, aber ich habe im Pfarralmanach (Adreßbuch für Pfarrer) nachgeschlagen und bin auch fündig geworden. Martin ist jetzt Pfarrer."
Gudrun lächelte: "Halo, ich muß über Dich staunen."
"Gulu, das mit der ersten großen Liebe ist ein eigen Ding. Davon bleibt einem immer wohl etwas im Herzen zurück."
"Wem sagst Du das! Wie oft entdecke ich mich dabei, daß ich noch an jenen jungen Arzt in der Krankenpflegeschule denke. Aber, Halo, ich komme auf Martin zurück. Du hast ja unter die Geschichte ganz bewußt einen Schlußstrich gezogen."
"Ja, das war mir ein inneres Bedürfnis. Die Gelegenheit dazu bekam ich, als die DDR- Gesetze es erlaubten, daß wir Bundesbürger mit unseren Westautos beliebig weit auf dem Territorium der DDR herumfahren durften. Bei einem Urlaub hier bei Dir in Kiefernwalde faßten wir den Plan, zu dem Ort meiner damaligen Ausbildung zu fahren. Ich erinnere mich noch genau, daß es ein hochsommerlicher Tag war. Jo saß am Steuer und ich neben ihm, Du und Frieder hinten.
Meine innere Anspannung ließ mich ganz stumm werden, als wir uns dem mittelalterlichen Bischofssitz näherten. Immer werde ich diese Landschaft genießen. Auf dem Domplatz stiegen wir aus. Die Kirchenmusikschule existierte nicht mehr. Ich ging zur Wohnung des „Meisters", wie wir ihn genannt hatten. Tatsächlich, da stand noch sein Name. Ich hatte richtig Herzklopfen, als ich auf den Klingelknopf drückte. Dann öffnete sich die Tür und er stand vor uns, ein alter, zarter Mann."
Gudrun setzte die Erinnerung fort: "Nur kurz forschte er mit den Augen in Deinem Gesicht, dann ging ein Lächeln über seine Züge und er sagte: "Halo! Ist das eine Überraschung!! Treten Sie doch bitte näher."
Und Du sagtest: „Ich wollte Ihnen gern meinen Mann und meinen Sohn vorstellen, und das hier ist meine Schwester. Du wirktest unglaublich stolz und selbstbewußt dabei."
"War ich auch. Aber nicht nur selbstbewußt und stolz. Ich empfand so viel Dankbarkeit, daß Jo neben mir stand und daß ich einen so großen und gesunden Sohn hatte. Weißt Du, Gulu, in diesem Augenblick wurde mir klar, daß Jo der erste Mensch gewesen ist, durch den ich gelernt hatte, was Vertrauen ist."
Gudrun blieb mit ihren Gedanken weiter an der Begegnung ihrer Schwester mit ihrem ehemaligen Lehrer hängen und erinnerte sich, daß er sagte: „Halo, dieses

Wiedersehen würde ich gern zum Anlaß nehmen, Ihnen und Ihrer Familie ein kleines, ganz persönliches Orgelkonzert zu geben."
Wir gingen in den Dom und suchten uns einen guten Platz. Die leisen Schritte des Meisters klangen von der Orgelempore und das kleine Klick beim Einschalten des Motors. Dann füllte sich der Dom mit dem großartigen Spiel der alten Künstlerseele.
Du, Halo, saßest ganz versunken und erlebtest die Versöhnung mit dem alten Schmerz. Jo, der sich von so gewaltiger Musik eher bedrängt fühlt, ließ seine Augen durch den Dom wandern. Als das Konzert geendet hatte und der Orgelspieler noch ein wenig am Instrument verweilte, stieß Dich Jo in die Seite und fragte leise, aber doch so, daß ich es mithören konnte: „Halo, und wo ist nun die Stelle, wo Eure Liebesbriefe eingemauert sind ?"
Du bekamst etwas Spitzbübisches ins Gesicht und sagtest mit liebevoll ablehnendem Lächeln: „Das verrate ich nicht."
Halo lachte : "Ja, so war es - - - - - Gulu, wenn ich einmal gestorben bin, dann schickt doch bitte an Martin auch eine Todesanzeige. Du findest seine Adresse in meinem Notizbuch."
"Halo, Du bist doch nur 1 ½ Jahre älter als ich, Du hast mit dem Sterben noch Zeit."
"Das kann ja sein, aber diesen Wunsch wollte ich Dir auf alle Fälle sagen."
"Weißt Du was," meinte Gudrun plötzlich energisch, "wir sitzen und erzählen ohne Ende, und dabei sollten wir uns auch einmal tüchtig bewegen. Was hältst Du von einem Waldspaziergang?"
"Sehr viel", meinte Halo und erhob sich gleich, um sich warm anzuziehen. Als sie den Wald betraten, wunderten sie sich, es so lange in der Stube ausgehalten zu haben. Tief atmeten sie die herbe, würzige Luft ein.
"Hast Du zu Weihnachten etwas von Deta gehört?" fragte Halo.
"Ja, wir wechseln regelmäßig Briefe, und im Sommer hat sie mich hier auch besucht. Gerne lag sie auf der Gartenliege und schaute in die Baumwipfel. Immer wieder erwähnte sie, daß der Wind im Nadelwald ganz anders rauscht, als im Laubwald. Ich habe daraufhin erst einmal richtig gelauscht und ihr recht geben müssen."
"Ja", meinte Halo, "Deta bringt einen immer wieder zum Staunen. Sie ist eine bemerkenswerte Frau. Viel Herzensbildung, völlig unsentimental, treu, tüchtig, klug - man könnte viele solcher Attribute nennen.
Damals, nachdem sie ihren Karl geheiratet hatte und ihr kleiner Sohn aus dem Gröbsten raus war, hat sie ja eine Qualifizierung absolviert. Sie machte dann überhaupt kein Aufhebens davon, daß sie als Leiterin der Krankenhausküche eingesetzt wurde, nun, wo sie ihr Zertifikat als Diätassistentin in der Hand hatte."
"Nein, das buchte sie als selbstverständlich ab. Halo, kannst Du Dich erinnern, sie kann phantastisch kochen. Wie mag sie damals nach dem Krieg jene Leberwurstsoße gemacht haben, die eigentlich nur eine Notlösung sein sollte? Aber mir läuft heute noch das Wasser im Mund zusammen, wenn ich an sie denke."
"Ich will auf dem Nachhauseweg bei ihr für zwei Stunden Halt machen", sagte Halo. "Schade, daß Du nicht mitkommen kannst. Seit ihres Mannes Tod ist sie

etwas einsam geworden. Aber sie berichtet immer sehr glücklich von ihren beiden Enkelkindern. Ihre Zwei-Zimmer-Neubau-Wohnung ist adrett und dabei auch sehr gemütlich."
"Das war es immer schon bei ihr. Ich besuchte sie vor vielen Jahren, als ihr Mann noch die Gärtnerei des Krankenhauses leitete. Sie bewohnten auf dem Hof ein Behelfsheim, das von außen erbärmlich aussah. Aber innen hatte sie eine sehr wohnliche Atmosphäre geschaffen. Ich habe mich so richtig wohlgefühlt bei ihnen. Ihn, ihren Mann, hatten wir ja schon als Kinder so lieb. Und ich glaube, er uns auch. Deta hat wohl eine sehr harmonische Beziehung mit ihm gelebt, war er doch ein positives Gegenstück zu der kühlen Atmosphäre im Hause der Mutigs, die uns damals adoptieren wollten."
"Ich frage Dich", meinte Halo, "was hat denn bei Deta nicht geklappt? Ihr ist doch alles gelungen, was sie in die Hand nahm. Hast Du sie je über etwas klagen hören?"
"Nein, nie. Weißt Du, Halo, ich finde es schade, daß unsere Mutter Anyta keinen Zugang zu ihr gefunden hat."
Halo lachte auf: "Eigentlich ist das überhaupt nicht verwunderlich. Unsere Mutter kann gut mit Menschen umgehen, denen sie sich fürsorglich zuwenden kann. Aber Deta ist nicht der Typ, der Betreuung braucht, außerdem ist sie nicht im kirchlichen Leben verankert. Das paßt in die Kommunikationspraxis unserer Mutter nicht hinein."
Gudrun meinte dazu: "Das wird wohl so stimmen. Außerdem glaube ich, daß noch etwas anderes mitspielte. Deta genießt unser Urvertrauen. Zwischen ihr und uns besteht eine gewachsene Selbstverständlichkeit seit unserer Kindheit in Westpreußen.
Unser Mutter mußte um all die Zuneigung, die wir Deta automatisch entgegenbrachten, erst kämpfen. Bei mir hat unsere Mutter auf der ganzen Linie auch noch gewinnen können, Du weißt, wie echt meine Zuneigung zu ihr ist. Aber Du, Halo, warst immer der Kuckuck, der nicht in das Grasmückennest paßte. Deta wurde vielleicht von unserer Mutter ein wenig als Rivalin empfunden."
Halo seufzte: "Das könnte stimmen. Ist das Leben nicht kompliziert? – Aber zurück zu Deta. Nach ihres Mannes Tod hat sie uns vier Wochen in München besucht. Sie fügte sich in unseren Tagesablauf, in unser unregelmäßiges Leben, problemlos ein. Jo mochte sie auch. Für mich bedeutete ihr Besuch einfach ein Stück Vertrautheit, das man sonst nicht hat."
"Weißt Du, Halo", meinte Gudrun", mir tut es heute noch leid, daß Deta sich 1986 gerade dann den Arm brach, als wir mit ihr zusammen die Reise nach Polen, in unser geliebtes Westpreußen, geplant hatten. Alles war doch bereits vorbereitet: die Visa, das Quartier, die Reiseroute - eben alles. Und dann passierte das mit ihrem Arm, und wir mußten ohne sie die Reise antreten. Zu schade."
"Ja", meinte Halo, "die politische Situation war so günstig. Die beiden deutschen Staaten, so drückt sich die DDR ja gern aus, existierten nebeneinander, zwar abgesichert durch schwerbewaffnete Grenzen. Aber die Staatsmänner reden miteinander. In Polen hat Willi Brandt in Warschau seinen historischen Kniefall

gemacht. Da konnte man durchaus auf die Idee kommen, wie wir es taten, Dich DDR-Bürgerin in unserem Westauto mitzunehmen, das war ganz legitim.
Weißt Du noch, die Oder an der polnischen Grenze hatten wir verhältnismäßig schnell passiert. Nun ging es nordöstlich der Weichsel zu. Als wir den Fluß hinter uns ließen, kam bald Marienwerder mit seiner imponierenden Backsteingotik in Sicht. In Onkel Ludwigs ehemaligem Kirchdorf konnten wir bei einem deutschsprechenden Lehrerehepaar Quartier nehmen. Der alte Herr sprach deshalb so gut deutsch, weil er unter Hitler als Zwangsarbeiter im Ruhrgebiet hatte arbeiten müssen. Es beeindruckte uns doch sehr, daß er uns ohne jeden Groll entgegentrat, uns sogar als persönliche Gäste aufnahm."
Gudrun setzte die Erinnerungen fort: "Zwei Tage später sind dann wir beide allein, Jo wollte, daß wir diesen Tag ganz für unsere geschwisterliche Rückschau hätten, in unser Heimatdorf gefahren, das heute Jasna heißt. Als wir in das Dorf einfuhren, fanden wir zuerst keine Orientierung. Aber dann, ach ja, dort stand die katholische Kirche. Nun müßte die Straße abwärts links das Gutshaus von Renners stehen. Es lag auf einer Anhöhe, Du weißt, Halo, das war Renners Berg, die Rodelattraktion im Winter für alle Dorfkinder. Wenn man viel Schwung hatte mit dem Schlitten, sauste man über die Dorfstraße rüber und landete auf dem Hof des Kolonialwarenladens." Gudrun mußte im Rückerinnern lachen: "Weißt Du noch, wie erstaunt wir uns in Jasna Renners Berg besehen haben? Es war doch nur eine Böschung, mit fünf Schritten waren wir oben."
Auch Halo lachte: "Dann sind wir die Dorfstraße im Schrittempo weitergefahren, denn nun mußte rechter Hand der Dorfteich auftauchen, dem gegenüber das Pfarrhaus lag. Doch der Dorfteich kam nicht ins Bild, gewiß ist er mal zugeschüttet worden. Aber seine Lage konnte man noch vermuten. Also Augen nach links - ja, da stand ein großes Haus aus roten Klinkerziegeln. Ich sagte zu Dir: Gulu, ich glaube, wir sind am Ziel. Wir sind dann ausgestiegen und haben die Fenster des Hauses eingeteilt. Die ersten zwei für das Eßzimmer, dann zwei für das Wohnzimmer und die beiden letzten gehörten zum Schlafzimmer. Eindeutig, wir standen vor dem Pfarrhaus."
"Mir wurde etwas unheimlich, als sich im Haus hinter den Fenstern die Gardinen bewegten", sagte Gudrun, "die Leute beobachteten uns und das Westauto. Aber Du, Halo, warst unbesorgt, hattest Du doch extra einen Polnisch-Kurs in der Vorbereitungszeit besucht und standest jetzt mit dem polnischen Wörterbuch in der Hand da, als eine Frau aus dem Haus trat und auf uns zukam. Du erklärtest ihr, daß wir in diesem Haus geboren worden sind. Großes O und A und viel Überraschung von der Frau und dann lud sie uns freundlich ein, mit in ihre Wohnung zu kommen."
Halo erzählte weiter: "Das war schon ein dolles Gefühl, nach 41 Jahren wieder unsere Küche zu betreten, in der es übrigens gut nach frischen Kuchen roch. Die Frau kochte gleich einen Kaffee, wir durften uns derweilen in der Küche umsehen. Nicht zu fassen, in der einen Ecke war immer noch derselbe Ausguß an der Wand, mit demselben Defekt in der Emaille und mit demselben Messinghahn für das kalte Wasser. Auch der Herd war noch derselbe, ebenfalls die Kachelwand, auf der in verschnörkelter Schrift in deutsch stand: eigner Herd ist Goldes wert.

Deta hätte sich sehr gefreut, das alles zu sehen. Auch die ungestrichenen Dielen der Küche waren noch so schön hell gescheuert, wie Deta es zum Wochenende immer machte.

Als wir den Kaffee tranken und tüchtig bei dem frischen Kuchen zulangten, haben wir mit Händen und Füßen, mit Wörterbuch und Gestik, vor allem aber mit der Sprache des Herzens gut miteinander reden können. Wir erfuhren, daß seit 1945 vier polnische Familien das Pfarrhaus bewohnten. Alle stammten sie aus den polnischen Ostgebieten und hatten, wie wir, ihre Heimat verloren, sind umgesiedelt worden, haben immer eine innere Unsicherheit empfunden, ob sie hier wohl bleiben könnten."

"Dann zeigte sie uns das Wohnzimmer", erinnerte sich Gudrun weiter. "Ich erzählte ihr: hier stand unser Sofa, auf der Sofalehne saß unsere Katze und schnurrte als wir damals das Haus verließen. Die Polin sagte: „war in diesem Zimmer auf dem Fußboden Foto aus deutscher Zeit, waren zwei kleine Mädchen drauf, habe aufgehoben Foto." Das hat uns doch sehr gerührt.

Dann nahmst Du, Halo, Dein Wörterbuch zu Hilfe und fragtest: Friedhof?"

"Ja, das war ein Stichwort, nach draußen zu gehen", sagte Halo, "Doch hier war ja viel verändert. Die evangelische Kirche, die dem Pfarrhaus gegenüber gestanden hatte, war nicht mehr. An dem Weg zur Kirche hatten doch die zwei herrlichen Blautannen gestanden. Die eine davon, daran erinnere ich mich noch genau, fiel 1943 bei einem Sturm, im Jahr von Väterchens Tod. Die andere, so sagte die Polin sei 1945 umgefallen, also in dem Jahr, in dem Charlotte starb. Ist das Wahrheit? Oder wünscht man sich das nur so? Aber weißt Du noch, wie wir uns freuten, als wir die Störche auf dem Dach des Nachbarhauses wiedersahen? Unsere Mutti hat uns doch öfter auf den Kirchturm mitgenommen, und mit ihrem Opernglas ließ sie uns von dort oben in das Storchennest blicken. Die wievielte Generation Störche mag das hier jetzt nach dem Krieg sein, fragten wir uns."

Gudrun wollte nun den Rest dieses Besuches erzählen: "Nun betraten wir die Wildnis, die einmal der Friedhof war. Die Polin drückte eifrig die Brennesseln auseinander und zeigte uns bemooste, eingesunkene Steine. Schriften konnten wir nicht erkennen. Und dann tat die Polin etwas Ergreifendes. Sie bückte sich und grub mit der Hand eine Pflanze aus mit Wurzelballen und westpreußischer Erde und tat sie vorsichtig in eine Plastetüte, gab sie mir und nickte mir mit den Augen zu. Die Pflanze hat hier im märkischen Sand Wurzeln geschlagen, jedes Jahr blüht sie und wirft ihren Samen ab, bescheiden, treu und hellblau sind ihre kleinen Blütensterne - sie heißt Vergißmeinnicht."

Beide Schwestern mußten ihre Ergriffenheit erst runterschlucken, ehe Gudrun sagte: "Es ist wunderbar, Halo, daß Du weiter mit der Polin in Verbindung bist und sie mit Paketen versorgst. Wenn Du jetzt auf dem Heimweg bei Deta vorbeifährst, dann grüße sie doch von mir und sag ihr, wie wir in Erinnerungen geschwelgt haben."

Die gemütliche, gemeinsame Zeit der beiden Schwestern ging zu Ende. In aller Stille hatten sie Sylvester gefeiert. In Kiefernwalde stieg kaum ein Böllerschuß in die Nacht, dafür wölbte sich ein sternklarer Winterhimmel über den Ort und den

weiten Wald. Beide Schwestern hatten lange in die flimmernde Unendlichkeit geschaut, bis Halo das Schweigen brach: "Siehst Du den großen Wagen dort?"
"Ja."
"Gulu, ob der große Wagen in Italien am nächtlichen Himmel genauso zu sehen ist, wie jetzt hier bei uns?"
"Wie kommst Du auf Italien?"
"Dort ist er."
"Wer er?", fragte Gudrun irritiert und wendete sich Halo zu.
"Er, Alius (Alius = lateinisch der Andere). Wir sind uns durch die Musik näher gekommen. Er ist von Beruf Musiklehrer. Wir haben zusammen im Rahmen der Hospizarbeit das Requiem von Brahms durchgearbeitet, er den musikalischen Part, ich den Text. Du glaubst nicht, wie ergiebig das war, ergiebig und wertvoll. Die Veranstaltung fand starke Resonanz. Die Menschen haben uns diese Verbindung von Text und Musikinterpretation sehr abgenommen."
"Das muß schön gewesen sein. Aber ist zwischen ihm und Dir mehr gewesen, als nur gute Zusammenarbeit?"
"Ja, Gulu, eine totale innere und äußere Übereinstimmung. Ich bin ganz besetzt von ihm."
"Ist er verheiratet?"
"Ja."
"Weiß Jo von Eurer Freundschaft?"
"Ja, er kennt ihn auch persönlich."
"Halo, ich mache mir Sorgen. Was Du mir eben erzählt hast, trifft mich wie ein Hieb. Zuerst Jos Bilanz nach 20 Ehejahren mit dem Ergebnis von plus/minus Null. Und nun dieses. Wenn Jos und Deine Welt zerbricht, dann zerbricht auch meine."
"Ach, Gulu, nun gerate doch nicht gleich in Panik. Jo pflegt seine Freundschaften, warum sollte ich nicht auch eine pflegen!" Halos Stimme klang etwas trotzig.
"Ja, aber Du stehst mit Deiner Arbeit sehr in der Öffentlichkeit. Die Umwelt faßt schnell und allzugern nach dem Privatleben öffentlicher Personen. Es tut nicht gut, wenn man Anlaß für Gerede gibt."
"Uns kann keiner etwas nachsagen. Und nun Gulu, mach Dir weiter keine Sorgen. Übermorgen fahre ich heim. Und ich freue mich auf Jo."
"Sagst Du das nur zu meiner Beruhigung?"
"Nein, es ist ganz, ganz ehrlich."
Zur Abfahrt hatte Halo plötzlich ihre Schwester sehr emotional in die Arme genommen: "Gulu, ich brauche so sehr Dein Zuhören und Dein Verstehen, denn ich verstehe mich selbst manchmal nicht."

Für Gudrun begann nach Halos Abreise sofort wieder der Dienst. Am Nachmittag ihres ersten Arbeitstages wurde sie ans Telefon gerufen: "Sie haben ein Gespräch aus München."
Gudruns Herz machte einen Freudensprung, zugleich empfand sie großen Dank gegenüber der Dame in der Telefonzentrale. Es bestand nämlich von "oben" die Anweisung, daß Gespräche aus dem "Westen" in öffentlichen Betrieben nicht

an die Mitarbeiter durchgestellt werden dürfen. Dennoch ließ diese Frau Menschlichkeit walten, wußte sie doch, daß in den Ortschaften private Anschlüsse rar waren. Oder betätigte sich hier der Abhördienst? Damit mußte immer gerechnet werden.

Gudrun schüttelte diese Bedenken ab, konnte sie ohnehin doch nichts daran ändern. Was sie und Halo am Telefon sprachen, blieb immer im Rahmen des Privaten.

Nun knackte es im Hörer, Gudrun hörte Halos Stimme: "Guluchen, ich bin gestern gut zu Hause angekommen. Die Grenze war problemlos. Stell Dir vor, Jo hat mich ganz festlich und liebevoll empfangen. Von der Treppe an bis ins Wohnzimmer brannten Kerzen, der Tisch war festlich gedeckt, Essen und ein trockner Rotwein standen bereit, auf den Plattenspieler hatte Jo das Weihnachtsoratorium aufgelegt, er stand mit ausgebreiteten Armen in der Haustür. Ich mußte mich nur noch hineinfallen lassen. Du glaubst nicht, wie geborgen ich mich bei ihm fühlte und wie schön dieses Nachhausekommen war. An die Zeit bei Dir denke ich unheimlich gern. Danke für alles. Jo läßt Dich grüßen. Und mach Dir bitte keine Sorgen."

Zwei Tage später erhielt Gudrun einen Brief von Halo:

Liebe Gulu, am Telefon wollte ich Dir nicht erzählen, wie der Tag meiner Heimkehr endete. Bei einem Glas Wein hatte Jo sich ganz kuschelig zu mir auf das Sofa gesetzt. "Halo", sagte er, "ich muß noch einmal auf die Bilanz zurückkommen, die ich nach 20 Ehejahren gezogen habe. In den Tagen Deiner Abwesenheit habe ich gespürt, wie Du mir fehlst, sehr, sehr fehlst. Und da merkte ich, daß an meiner Bilanzierung etwas nicht stimmte. Außerdem muß ich Dich damit auch verletzt haben, und das tut mir leid. Also, ich glaube, dem Negativen in unseren 20 Jahren habe ich wohl zu viel Gewicht beigemessen. Und all das Positive habe ich zu selbstverständlich hingenommen. Ab heute möchte ich gern, daß wir beide den Dingen eine andere Wertigkeit zumessen. Halo, 20 gemeinsame Jahre sind etwas so Verbindendes, sie schaffen eine so starke Basis, wie man sie mit keinem anderen Menschen so aufbauen könnte. Davon soll unsere Zukunft getragen werden. "

Gulu, Du glaubst nicht, wie glücklich und erleichtert ich war. Erst in diesem Moment spürte ich, wie seine Bilanz mich niedergeschmettert hatte. Und daran, wie sehr mein Herz auf Jo wieder zuflog, merkte ich, daß wirklich eine ganz starke, gemeinsame Basis vorhanden ist.

Aber, ich bekam auch einen kleinen Schreck, denn nicht mein g a n z e s Herz flog zu Jo, sondern ein Stückchen davon war davongeflattert - zu Alius.

Aber, bitte gerate deswegen nicht in Panik, denn Jo und ich, wir sind wirklich zusammengemauert in einer tiefen Zusammengehörigkeit. Deine Halo

Die Wende
(1989)

Halos Abreise lag nun schon ein paar Wochen zurück. Still lief Gudruns Alltag, wie nach einem festgelegten Schema.
4 Uhr 30 aufstehen, Ofen heizen, duschen, frühstücken, Trabi starten, 6 Uhr Dienstbeginn auf der Krankenstation, 8 ¾ Stunden plus 30 Minuten Mittagessen konzentrierte Arbeit und dann, ca. 15 Uhr 30 Feierabend. Es dunkelte bereits wieder in diesen Wintermonaten, wenn sie in ihrem stillen Zuhause eintraf.
Doch in letzter Zeit beflügelte etwas Neues die Menschen der DDR. Der Fernseher wurde durch das Erreichen der Programme von ARD und ZDF zum wichtigsten Informator. Man erfuhr, daß es in Leipzig jeden Montag Friedensgebete gab, die von Woche zu Woche stärker besucht wurden. In Berlin setzten sich diese Gebete fort. Unter dem Dach der Kirche fanden alle diejenigen Raum, die andersdenkend waren. Atemlos saß Gudrun abends in ihrem stillen Wald und schöpfte mit vielen Gleichdenkenden Hoffnung auf politische Veränderungen. Gleichzeitig bangte sie um die mutigen Andersdenker, denn man hörte von den ersten Verhaftungen.
Wie politische Veränderungen aussehen würden, konnte Gudrun sich nicht ausmalen. Zu stark und autoritär regierte das sozialistische System, zu durchsetzt und kontrolliert vom Staatssicherheitsdienst erschienen alle gesellschaftlichen Bereiche. Und doch leuchtete im Osten, gerade aus der Sowjetunion, eine Hoffnung auf. Gorbatschow brachte neue Begriffe in die Politik seines Landes. Sie hießen "Glasnost" und "Perestroika". Gerade heute hatte Gudrun im Kollektiv an einer Gewerkschaftsgruppenversammlung teilgenommen. Die Debatte wurde für den Kollektivleiter schwierig: "Die sowjetische Entwicklung brauchen wir nicht", sagte er, "wir haben sie schon hinter uns. Bei uns herrscht bereits Glasnost und Perestroika."
Ungläubig, aber schweigend hatten die Kollektivmitglieder zugehört. Warum verbot man denn in der DDR die sowjetische Broschüre "Der Sputnik"? Angst hatte man auf den oberen Ebenen. Angst, der Gedanke von Glasnost und Perestroika könne überspringen und ein Volk in Brand setzen. Schon die Gründung von "Solidarnosc" in Polen sollte seinerzeit so wenig wie möglich in das Bewußtsein der Menschen in der DDR dringen. "Das sind landeseigene Entwicklungen", wurde gesagt. "Die katholische Kirche und der Papst spielen in Polen eine ganz andere Rolle, das ist auf DDR-Verhältnisse nicht zu übertragen." Dennoch begann es überall und heimlich unter der Decke zu brodeln.
Beschäftigt mit diesen Gedanken hatte Gudrun ihren Trabi in der Garage abgestellt und ging, ehe sie ihr Haus aufschloß, noch rasch zum Briefkasten.
"Ach, wie schön", dachte sie, "meine Freundin Wera aus den Schlafsaalzeiten des Diakonissenhauses hat einmal wieder geschrieben." Gudrun dachte voll Wärme an Wera, die eine kraftvolle und sehr selbständig denkende Persönlichkeit gewesen war. Nur etwa vier Jahre hatte es sie in der

Schwesterngemeinschaft gehalten, dann hatte sie nach Weite und Eigenständigkeit gestrebt. Immer mal wieder wechselten sie miteinander Briefe. So wußte Gudrun, daß Wera nach ihrem Schwesternexamen einen ganz lieben Mann geheiratet hatte und es nun bereits zum 2. Mal genoß, ein Kind bekommen zu haben.
Gudrun bereitete sich einen Tee, setzte sich behaglich in den Sessel und faltete Weras Brief auseinander.

"Liebe Gudrun", schrieb Wera, "entschuldige bitte, wenn ich heute gleich mit der Tür ins Haus falle. Aber ich habe ein großes Anliegen an Dich. Laß mich erzählen, um was es geht.
Uns gegenüber wohnt mein Cousin Fred. Er ist selbständiger Fuhrunternehmer und hat es geschafft, trotz Volkswirtschaft, Enteignungen und VEB, immer ein privater Unternehmer zu bleiben. Nun ist ihm ganz plötzlich seine Frau gestorben, mit der er vier Jahrzehnte glücklich verheiratet war. Seine beiden Söhne führen seit 1 ½ Jahren das Unternehmen. So hatte er gerade ein Jahr lang das Glück, mit seiner Frau den Ruhestand zu genießen. Fred wird in wenigen Wochen 64 Jahre alt.
Ich traf ihn heute auf dem Friedhof. Weißt Du, er läuft nun zwei mal täglich an das Grab und spricht dort mit seiner Frau, weil er sonst am Tag niemand zum sprechen hat. Die Söhne und Schwiegertöchter sind doch erst abends daheim.
Nun dachte ich, ob Du ihn nicht einmal kennenlernen möchtest. Du lebst doch auch allein und hättest doch gewiß gern einen lieben Menschen. Das kann ich Dir sagen: Fred ist eine absolut zuverlässige und vertrauenswürdige Persönlichkeit.
Gudrun, gib Deinem Herzen einen Stoß und laß recht bald von Dir hören. Deine Wera"

Gudrun faltete den Brief zusammen und steckte ihn zurück in den Umschlag. "Nein, Wera, nein, so geht das nicht," sagte Gudruns innere Stimme. Natürlich hatte sie mit ihren 51 Jahren den Traum von einer erfüllten Partnerschaft noch nicht zu Ende geträumt. Ihre Vorstellung war es, unendlich behutsam mit dem Menschen umzugehen, der sein Leben mit ihr teilen würde. Doch die letzten 12 Jahre ihres Alleinseins hatten sie gelehrt, daß Männer ihres Jahrgangs oder passenden Alters nicht einfach so zu finden sind. Doch richtig auf die Suche gehen?! Wie macht man das?
Gudrun hatte die romantische Vorstellung noch nicht aufgegeben, daß ihr eines Tages ein Mensch begegnen würde, von dem ein Funke zu ihr überfliegt. Und von diesem Funken wollte sie sich erwärmen lassen für einen neuen Lebensabschnitt. Das, was Wera da vorschlug, also eine Vermittlung, wie man das wohl nannte, nein, dazu hatte Gudrun nicht die geringste Neigung. In diesem Sinne schrieb sie auch an Wera. Eine weitere Begründung für ihre ablehnende Haltung war, daß sie an Haus und Garten und an ihrer Arbeitsstelle sehr hinge und sich einen Ortswechsel nicht vorstellen könne.

Wera ließ nicht locker: "Lerne ihn doch wenigstens einmal kennen," redete sie ihr am Telefon gut zu.
"Nun ja", meinte Gudrun, "in zwei Wochen habe ich einen freien Tag. Wenn Du meinst, daß es so wichtig ist, dann gib ihm bitte meine Adresse."
Am Tag nach diesem Gespräch bekam Gudrun morgens nicht einen Ton heraus. Es hatte ihr sozusagen die Sprache verschlagen. Sie war krank, statt zum Dienst, fuhr sie zum HNO-Arzt.
"Ihre beiden Stimmbänder hängen durch, eine Art Lähmung. Außerdem haben Sie Beläge im Hals. Ich verschreibe Ihnen ein Antibiotikum, und für 10 Tage bleiben Sie zu Hause. Außerdem: totales Sprechverbot."
Nach 10 Tagen hatte sich an Gudruns Zustand nichts gebessert, so daß der HNO Arzt sie zum Internisten überwies. Hier wurde durch eine Röntgenuntersuchung eine doppelseitige Lungenentzündung diagnostiziert. Gudrun bekam feste Bettruhe verordnet und ein neues Antibiotikum.
Als sie daheim in ihrem Bett lag, wurde ihr mit Erleichterung klar, daß sie den verabredeten Termin mit Weras Cousin absagen mußte oder konnte. An ihrem Allgemeinbefinden merkte sie auch, daß eine wirkliche Erkrankung sie gepackt hatte.
Ob sie in all den Jahren der schweren beruflichen Belastung anfällig geworden war für hausspezifische Keime in der Klinik? Oder hatte ihr Unterbewußtsein sich diese Krankheit gewünscht, um keine Lebensentscheidung treffen zu müssen? Gudrun versuchte, über sich selbst Klarheit zu gewinnen. Wenn sie über Weras Anfrage nachdachte, kam sie jedoch zu keinem Ergebnis.
Auf alle Fälle mußte sie, so krank sie war, zum nächsten Telefon im Ort gehen, um Weras Cousin abzusagen. Leider erreichte sie ihn nicht selbst am Apparat, sondern eine Mitarbeiterin im Büro der Firma. Ein leiser Zweifel beschlich sie, ob ihre Nachricht auch tatsächlich übermittelt werden würde.
Der kommende Tag hätte die Begegnung bringen sollen. Zum verabredeten Termin, um 15 Uhr, wurde Gudrun von einer sie beängstigenden Unruhe befallen. Was, wenn er die Botschaft nicht erhalten hat? Was, wenn er plötzlich vor der Türe steht?
Von ihrem Krankenlager aus konnte sie die Straße sehen. Und wahrhaftig, o großer Schreck, eben hielt ein Auto an ihrer Gartenpforte. Gudrun sah einen großen Herrn aussteigen. Er öffnete den Kofferraum, holte einen geflochtenen Henkelkorb heraus, sein nächster Griff galt einem Blumenstrauß. Dann öffnete er die Gartenpforte. Gudrun schaute gebannt auf den Gartenweg und sah unter den hängenden Kiefernästen große Männerschuhe auf das Haus zukommen. Das mußte Weras Cousin sein!
Gudrun stieg aus dem Bett, zog ihren Morgenrock über und öffnete die Haustür. Statt sprechen zu können, mußte sie erst einen starken Hustenanfall abklingen lassen. Dann sagte sie heiser: "Hat man Ihnen nicht ausgerichtet, daß ich die Begegnung abgesagt habe? Ich bin krank und kann wirklich keinen Besuch empfangen."
"Doch, das hat man mir ausgerichtet. Aber von meiner Cousine weiß ich, daß Sie allein leben. Als ich nun hörte, daß Sie krank sind, da war ich der Meinung, daß sich doch jemand um Sie kümmern muß. Ich habe alles in diesen Korb

gepackt, was man als kranker Mensch brauchen kann. Und nun wünsche ich Ihnen gute Besserung." Damit drückte er Gudrun in die eine Hand den Korb und in die andere die Blumen, drehte sich auf dem Absatz herum und ging zurück zu seinem Auto.
Gudrun ging in die Küche und packte den Korb aus. Dabei überkam sie eine große Rührung, denn in dem Korb waren auserlesene Dinge, Sachen, die es normalerweise in der DDR schwer zu kaufen gab: Bienenhonig, "selbstgeschlachtete" Leberwurst, Rotwein "Rosenthaler Kadarka", Hustenbonbon "Wick" (nur im Intershop-Laden erhältlich), eine echte Salami (aus dem Delikatladen), ein kleiner Kuchen und mehr solcher Raritäten.
Dann nahm Gudrun das Papier von den Blumen weg. Ihre Rührung ging nun in Staunen über. Eine Duftwolke füllte die Küche, denn in dem Papier hatten einige Stiele weißer Flieder gesteckt. Schnittblumen bedeuteten in den Wintermonaten sowieso eine Kostbarkeit, zumeist beschränkte sich das Angebot der Blumenläden auf Alpenveilchenblüten und ein paar Nelken, wenn man Glück hatte. Gudrun hatte noch nie weißen Flieder geschenkt bekommen!
Von Dankbarkeit und einer aufkommenden Ahnung angerührt, setzte sie sich an ihren Schreibtisch und schrieb ihren ersten Brief an Fred.
Das war der Anfang für ein langsames Aufeinanderzugehen. Wenn Gudrun inzwischen auch einen, zwar sehr zögerlichen, so doch grundsätzlich positiven Standpunkt hinsichtlich einer so gravierenden Veränderung in ihrem Leben gewonnen hatte, so verschloß sie doch nicht die Augen vor den großen Unterschieden in ihrer beider Lebensauffassung.
Sie selbst stammte mit ihrer 50 jährigen Biographie durchweg aus dem "mitmenschlichen Bereich", wie sie in Kurzfassung ihre Einstellung zum Leben nannte. Fred dagegen zeigte sich bei aller Mitmenschlichkeit stets als kaufmännisch und politisch denkender Mensch.
Gudrun hegte tiefe Zweifel, ob sich diese beiden sehr unterschiedlichen Standpunkte in einer harmonischen Partnerschaft vereinbaren ließen. Sie schrieb darüber nach München.

Liebe Halo, lieber Jo!
Es tut mir so gut, daß ich Euch alle meine Freuden, aber auch meine großen Bedenken mitteilen kann, die mich umtreiben, seit Fred in mein Leben getreten ist.
Ich war, während er eine halbdienstliche Reise nach Prag unternommen hatte, zu dem Entschluß gekommen, in aller Offenheit und mit meinen persönlichen Begründungen zu sagen, daß unsere Gemeinsamkeit keine Zukunft hat.
Als er Mittwoch strahlend von Prag berichtete und mir wunderschöne Glassachen geschenkt hatte, hielt ich meine wohlüberlegte Abschiedsrede. Er starrte mich fassungslos an, respektierte dann aber meine Haltung. Ich sagte, ich sei ein Berufsmensch und wolle es auch bleiben. Ich wolle und könne nur in Kiefernwalde leben und mit 60 Jahren ginge ich ohnehin zu meiner Schwester und ihrem Mann in

den Westen. Ich fände es nötig, unbedingt wahrhaftig zu sein, wenn man sich auf einen anderen Menschen einlassen wolle.
Er fuhr betroffen ab. Auch ich war nicht sehr glücklich darüber, so mit diesem wohlwollenden Menschen verfahren zu haben. Dann kam Post von ihm, die eigentlich nur aus Tränen bestand. Dann ein Anruf, wieder voll Tränen, und ob wir nicht noch einmal miteinander sprechen könnten. Ich sagte zu. Am Sonntag holte er mich vom Spätdienst ab und um 23 Uhr 15 erreichten wir sein Gartengrundstück. Er hatte ein tolles Tempo während der 70 Km draufgelegt. Für mich hatte er seinen Wohnwagen vorgeheizt, der auf seinem Grundstück steht, und eine wunderbare Daunendecke bezogen. Ich schlief darin und kam mir vor, wie eine Prinzessin. Am nächsten Morgen weckte er mich zum Frühstück. Er macht das alles wie eine Mutter. Für seinen Haushalt braucht er keine Frau. Das kann er alles prima allein, es macht ihm sogar Spaß.
Aber er möchte einen Menschen haben, an den er denken kann, mit dem er reden kann, dem er schreiben kann, mit dem er Pläne machen kann für Unternehmungen, dem er helfen kann, für den er etwas Schönes kaufen kann.
So viel Edelmut! Das kann man eigentlich gar nicht glauben. Irgendwo muß doch ein Pferdefuß dabei sein! - Von Liebe müsse doch nicht geredet werden, so am Anfang. Erwartet er auch nicht. Seine Sturm- und Drangzeit sei schon vorüber. Aber gegen ein wenig Gekraultwerden hätte er nichts. Wenn ich in neun Jahren zu Euch übersiedele, dann hätten wir doch noch neun Jahre Zeit für lauter gute Begegnungen.
Nach dem Frühstück sollte ich mich auf die Terrasse legen, und er setzte sich dazu und schälte Kartoffeln. Von der Terrasse aus schaut man auf die Havel, am Ufer stehen uralte Weiden und eine Silberpappel.
Seine Fürsorge und Väterlichkeit tat wohl. Und so lasse ich die Sache an mich herankommen. Laßt Euch grüßen von Eurer Gudrun.

Bei diesem ersten Besuch hatte Fred Gudrun gefragt, ob sie nicht einen handwerklichen Freund brauche, auf so einem Grundstück mit Haus und Nebengelaß sei doch alleweil etwas zu reparieren.
"Natürlich gibt es immer handwerkliche Probleme zu lösen", hatte Gudrun geantwortet, "aber ich kann doch nicht, nur weil ich einen umsichtigen Handwerker brauche, eine Beziehung eingehen, von der ich genau im Hinterkopf spüre, daß sie mehr will."
"Was ist denn das größte handwerkliche Problem?", hatte Fred freundlich gefragt, ohne auf die anderen Bedenken einzugehen.
Gudrun hatte sich einen Ruck gegeben und schließlich damit herausgerückt, daß in ihrem Schuppen die Decke total heruntergehängt. "Das könnte man doch in Ordnung bringen" meinte Fred, "und wenn man so miteinander schafft, dann

kann man vielleicht hoffen, daß Sympathie entsteht. Paßt es denn am kommenden Wochenende?"
"Ja", hatte Gudrun gesagt.
Über dieses Wochenende schrieb Gudrun nach München:

Liebe Halo, lieber Jo!
Heute, am Montag, hatte ich nach meiner 8-wöchigen Krankschreibung meinen ersten Dienst. Die besorgte Ärztin hat mir für acht weitere Wochen einen Schonplatz verordnet, d.h. ich kann schon um 13 Uhr Feierabend machen. Einen so kurzen Arbeitstag hatte ich noch nie. Ich habe noch richtige Kraftreserven und mir gleich hier unter der Linde mein Schreibzeug vorgenommen, um Euch vom Wochenende zu erzählen.
Fred kam am Sonnabend um 9 Uhr. "Wollen wir uns nicht mit langen Reden aufhalten, der Tag ist schön und ich möchte etwas schaffen", sagte er gutgelaunt. Und nun entfaltete er seine Tätigkeit. Das gesamte Handwerkszeug und Baumaterial hatte er mitgebracht.
Halo, Du hast vielleicht auch gesehen, wie arg die Decke durchhing. Mit ein paar festen Handgriffen holte er sie total herunter. Dann konstruierte er aus Holzleisten und Platten eine neue Decke. Ich machte den Handlanger. Schon zum Mittag war die neue Decke dran, nur ein Problem stellte sich heraus. Ihr wißt doch, der Maurer, der mir seinerzeit den Schuppen baute, der war doch nie nüchtern. Nun zeigte sich, daß er 15 cm aus dem Winkel gekommen war, und Fred mußte lauter einzelne Teile schräg zuschneiden. Aber das scheint alles kein Hindernis für ihn zu sein. Er hatte eine kleine Tischkreissäge mit, und so schaffte er diese "Kleinigkeit".
Am Nachmittag ging seine segensreiche Tätigkeit weiter. Zuerst sah er die Schlösser an den Gartenpforten durch, ölte sie und probierte die Schlüssel alle nach, dann besichtigte er meine elektrischen Schnüre, sortierte Unbrauchbares aus und reparierte Schadhaftes. Im Wohnzimmer brachte er die Deckenlampe an, die Ihr mir mitgebracht hattet. Ist das jetzt ein Licht!
Und in meinem Schlafzimmer machte er die Wandlampe heil. Auch die Gartenliegen wurden durchgesehen, alte Bespannungen abgenommen, die er zum Sattler mitnehmen will, der neue nähen soll. Bei all der Tätigkeit pfeift er den Amseln ihre Lieder nach, die vor Schreck ganz still wurden, dann aber um so schöner sangen. In die Küche hatte er mir wieder einen Korb gestellt: 1 Pfund Kaffee, eingeweckte Gewürzgurken, Birnen, Kirschen, Gelee, Konfitüre. Alles aus seinem Garten, noch von seiner Frau eingeweckt. Für sich Bier, für mich Wein und für den Abend eine Flasche Sekt. Ich stehe und staune.
Abends beim Sekt überreichte er mir ein Kästchen, es war eine Goldkette drin mit Granatschmuck. Ich weiß vor Schreck nicht, was ich sagen soll, er strahlt.

Am Sonntag wurde weniger gearbeitet. Nach dem Kaffee sind wir durch den Ort geschlendert. Ich merkte, wie glücklich ihn das machte. Und die Leute, die uns sahen, dachten bestimmt: na sieh mal einer an, die Schwester Gudrun ... !
Dann fuhr er mit all seinem Handwerkszeug ab, nur all das wertvolle Holz ließ er mir noch als Geschenk hier. In drei Wochen kommt er wieder. Dann habe ich zwar Dienst, aber er sagt, das macht nichts.
Ich bin heute ganz belebt von dieser fröhlichen Art, miteinander zu schaffen. Ich kann zwar nicht sagen, daß da schon ein echtes Gefühl vorhanden wäre, aber wohltuend ist das Ganze schon.
Nebenbei erzählte er mir, daß er Ehrenbürger seiner Stadt ist. Er muß sich wirklich große Verdienste um seinen Ort gemacht haben.
Ich hoffe, Euch geht es gut. Liebe Grüße, Eure Gudrun.

Gudrun klebte die Marke auf den Umschlag und holte ihr Fahrrad heraus, um den Brief noch zum Kasten zu bringen.
Schön, daß sie immer alles den beiden in München mitteilen konnte. Dabei, Gudrun wurde nachdenklich und trat etwas langsamer in die Pedale, wurde ihr bewußt, daß diese Mitteilungen sich zumeist auf äußere Dinge beschränkten. Das, was ihr Inneres ausmachte, blieb doch eigentlich ungesagt, so z.B. ihre Angst vor der Nähe des anderen Menschen. Über diese Angst ließ sie nichts aus sich heraus. Und dabei war es Angst, wenn sie ehrlich war, ganz konkrete Angst, die sie so zögerlich Fred gegenüber sein ließ.
Nach ihrem Auszug aus dem Elternhaus hatte sie noch keine Nacht, abgesehen von den zwei Jahren in der Krankenpflegeausbildung, mit einem anderen Menschen das Zimmer geteilt. Sogar in der Schlafsaalzeit vermittelte der Kabinenvorhang den Eindruck eines abgeschlossenen Raumes. Sie konnte es sich einfach nicht vorstellen, in der Gegenwart eines anderen Menschen einzuschlafen oder aufzuwachen.
Dankbarkeit erwärmte sie, daß ihr Häuschen bei all seiner Kleinheit, zwei getrennte Schlafzimmer aufweisen konnte. So hatte sie Fred ganz unproblematisch die Übernachtungsmöglichkeit anbieten können. Und doch, wenn sie an den Abend dieses Wochenendes dachte, an den Sekt, den sie getrunken hatten, an den kostbaren Rubinschmuck, dann wäre etwas Nähe sicherlich gut gewesen. Bestimmt hätte Fred gegen eine spontane Umarmung nichts gehabt.
Doch Gudrun hatte sich nach dem Wegräumen der Gläser in ihr Schlafzimmer zurückgezogen und bei brennender Nachttischlampe und klopfendem Herzen auf die Geräusche gelauscht, die durch die dünne Trennwand aus Freds Zimmer zu hören waren.
Jetzt hörte sie ihn ins Bad gehen, er ließ den Zahnbecher voll Wasser und putzte sich die Zähne. Gudrun entspannte innerlich etwas. "Er ist so normal, so unkompliziert, so selbstverständlich", dachte sie.

Dann schaltete er das Licht im Bad aus. Nun bewegte sich die Schiebetür zu ihrem Zimmer. Fred, der schon den Schlafanzug anhatte, steckte den Kopf durch den Spalt: "Na, denn schlaf man schön." sagte er freundlich und schob die Tür wieder zu.
Gudrun konnte hören wie er sich dann zu Bett legte. Für das Gästezimmer hatte sie eines Tages im Möbel-Konsum eine hübsche Jugendzimmerkombination ergattert, eine zwar nur 70 cm breite Liege mit einer Umrandung aus Fächern mit Schiebetüren und Regalen für Bücher. Am Kopfende gab es einen Kasten für die Betten. Tagsüber machte es einen sehr wohnlichen Eindruck, und für die Nacht konnte man schnell das Bett richten. Sie hoffte, Fred würde dort gut schlafen können.
Am nächsten Morgen ging Gudrun zu ihm. Er erwachte gerade und reckte wohlig die Arme. Gudrun setzte sich auf den Bettrand und sagte: "Rück doch bitte ein Stückchen."
Überrascht und mit einem erfreuten Flimmern in den Augen rückte er an den hinteren Rand und Gudrun versuchte, Platz neben ihm zu finden. "Kannst Du nicht noch etwas rücken?" sagte sie, halb im Absturz begriffen.
"Ich lieg doch schon mit dem Rücken im Regal", sagte er lachend.
Auch Gudrun mußte lachen, und plötzlich hatte seine Nähe gar nichts Beängstigendes mehr für sie, sondern tat ihr sehr, sehr wohl. Im Nachhinein staunte Gudrun über ihre Unbefangenheit. Oder? --- Eigentlich staunte sie auch nicht. Wer hatte ihr geholfen, aus der puritanischen Lebensgestaltung herauszukommen? "Trautchen" mußte sie denken. "Was haben wir nicht alles unserem geliebten Trautchen zu verdanken!"
Nicht nur, daß sie das Glanzlicht auf die zweite Kindheit im Pfarrhaus der Adoptiveltern gesetzt hatte mit ihrer Fröhlichkeit, ihren Besuchen zu allen Festen, ihrer Eleganz und Weltoffenheit, sondern daß sie den Kontakt zu jeder einzelnen ihrer Nichten behielt und sie auf ihren so unterschiedlichen Wegen ins Erwachsenwerden begleitete. Während der Zeit im Diakonissenhaus hatte Gudrun einen regen Briefwechsel mit ihrer Tante geführt. Und von dem Augenblick an, von dem Gudrun ihr Häuschen besaß, konnte sie jährlich mit Trautchens Besuch rechnen.
Zwar regte sich diese schrecklich über die zu bewältigenden Reiseformalitäten und die Situation an der Grenze auf. Auch die lange, einsame Autofahrt belastete sie sehr, aber wenn dann auf der Autobahn die Abfahrt "Kiefernwalde" ausgeschildert war, hatte Trautchen die größten Schrecken schon vergessen. Später im Häuschen erwartete sie ein gedeckter Kaffeetisch.
"Ach, schmeckt Dein Apfelkuchen gut", sagte Trautchen genießerisch, "seit ich meinen Schuldienst hinter mir habe und den Ruhestand genieße, lerne ich ein wenig das Kochen und Backen. Schreib mir dieses Kuchenrezept doch bitte auf, Du sagst, es ist so einfach." Und sie reichte Gudrun den Teller für das zweite Stück hin. Während Gudrun später den Kaffeetisch abdeckte, räumte Trautchen ihr Auto aus. Wieder dieses Beschenktwerden. Zum Schluß trat Trautchen mit zwei Körben in die Küche: "Ich habe Dir einen Korb mit Obst und einen mit Gemüse mitgebracht. Aber nicht solche Früchte, die Du denkst. Du kannst ja hauptsächlich einheimische Sorten kaufen. Ich habe einmal alles eingepackt,

was bei uns an exotischen und ausländischen Sachen auf dem Markt ist, damit Du das einmal kennenlernst." Sie packte aus und erklärte Gudrun die einzelnen Früchte, die wie gemalt auf dem Tisch lagen.
"Und hier habe ich Dir noch einen Kasten Konfekt mitgebracht. Den öffnest Du aber erst, wenn ich weg bin. Und zwar mußt Du dabei allein sein. Der Kasten ist nur für Dich allein. Versprich es mir, ihn nur allein zu öffnen", sagte Trautchen fast beschwörend.
Gudrun bedankte sich und steckte den Karton in die Schublade, in der sie ihre Näschereien aufhob.
Die Tage mit Trautchen verliefen mit schönen Wanderungen und ausgiebigen Gesprächen. Der Abreisetag brachte Gudrun nicht den sonst so arg verspürten Abschiedsschmerz, denn gerade an dem selben Tag wollte Mutter Anyta, Trautchens 10 Jahre ältere Schwester, anreisen.
Eben noch hatte Gudrun dem davonfahrenden Besuch nachgewinkt, eben hatte sie geschafft, das Gästezimmer neu herzurichten, da fuhr auch schon die Mutter mit ihrem reichlich zerbeulten Auto zur Gartenpforte herein. Sie sah inzwischen noch kleiner und gebeugter aus, stellte Gudrun für sich fest, als sie einander herzlich begrüßt hatten.
Innerlich mußte sie sich sehr umstellen von dem weltmännischen, vornehmen, dabei aber auch so frommen und bescheidenen Trautchen auf die wuselige, nie fröhliche und bei aller Demut doch sehr bestimmenden Art der kleinen Mutter.
Schon am Abend spürte sie den Unterschied. Hatte sie mit Trautchen gern ein Glas Wein getrunken, so lehnte die Mutter weiterhin jeden Tropfen Alkohol ab. Ganz des Vaters Linie beibehaltend. "Aber gegen ein Stückchen Konfekt hätte ich nichts einzuwenden", bemerkte sie lächelnd. Gudrun zog ihre "süße Schublade" auf.
"0, Du hast ja da einen ganz teuren Kasten Konfekt", sagte die Mutter und griff danach.
"Ach", sagte Gudrun irritiert, "der ist von Trautchen. Aber sie gab ihn mir mit einer Auflage. Ich soll ihn nur öffnen, wenn ich allein bin."
Der Mutter Interesse war geweckt. Sie wog den Kasten in ihrer Hand hin und her, schüttelte ihn etwas und sagte: "Kind, da ist kein Konfekt drin. Die einzelnen Stückchen würden etwas klappern. Auch ist der Kasten so schwer."
Gudrun nahm ihr das rätselhafte Ding ab und legte es zurück in den Schub. Für die Mutter fand sich aber trotzdem etwas Leckeres nach deren Geschmack. Mit einem kleinen Bedauern, daß sie ihre kriminalistische Intuition nicht weiter einsetzen konnte, schob Anyta die Lade zu.
Während der Zeit ihres Besuches, der auf seine ganz andere Weise auch wunderschön verlief, wurde von dem Kasten nicht mehr gesprochen. Nach einer Woche startete die Mutter, um noch eine weitere Zeit bei Christiane und Gunter zu verbringen, deren märkisches Pfarrhaus sich durch zwei adoptierte Buben sehr belebt hatte. Nach ihrer Abreise ging Gudrun zurück in ihr Häuschen. Nun hielt sie nichts mehr zurück, den geheimnisvollen Kasten hervorzuholen. Nein, wirklich kein Konfekt, sondern ein Buch!.
Wie schlau von dem Trautchen, einen heilen Konfektkasten vorzutäuschen. Die Einfuhr von G e d r u c k t e m in die DDR war nämlich strengstens verboten.

Als Gudrun das Seidenpapier von dem Buch abgewickelt hatte, fiel ihr ein Brief von Trautchen in die Hände:

Liebste Gudrun, in Deinem Leben hat es große Versäumnisse gegeben. Ich meine nicht Deine persönlichen Versäumnisse, sondern das, was andere an Dir versäumt haben. Darum lege ich Dir dieses Buch in die Hände. Schreib mir bitte, ob Du etwas damit anfangen konntest. In Stellvertretung für alle. Dein Trautchen.

Der Titel des Buches hieß: Sex-Spiel, Hingabe und Ekstase von dem Autor Rüdiger Boschmann.
Gudruns Erstaunen ging in Neugier über. Sie begann zu lesen, und erst um Mitternacht spürte sie, daß sie noch kein Abendbrot gegessen hatte. In den letzten Stunden war sie um ein groß Teil klüger geworden. Rein theoretisch konnte sie sich als "erfahrene Frau" betrachten. Am nächsten Tag schrieb sie an Trautchen:
Das Konfekt hat großartig geschmeckt. Ich hatte in meinem Leben dergleichen noch nicht gegessen. Du bist eine einzigartige, eine kluge und weitsichtige Frau. Ich danke Dir. Deine Gudrun.

In drei Wochen, hatte Fred gesagt, würde er wiederkommen und ein ganzes Wochenende bleiben. Gudrun überraschte sich selbst dabei, daß sie begann, die Tage voll Ungeduld zu zählen. Sie freute sich auf ihn, putzte das Häuschen und kaufte sorgfältig ein, so daß auch sie ihn einmal verwöhnen konnte. Für den Sonnabend zum Abendbrot plante sie ein gebackenes Hähnchen mit Kaviarbrot. Dazu hatte sie wieder einmal eine Flasche "Rosenthaler Kadarka" ergattert. Schade nur, daß sie an beiden Tagen zum Frühdienst wegmußte.
Doch Fred empfand nie Langeweile und suchte sich immer Beschäftigungen. Als Gudrun am Sonntag um 14 Uhr 30 nach dem Dienst zu Hause eintraf, hatte Fred bereits den Kaffeetisch auf der Terrasse gedeckt und die Kissen auf die Hollywoodschaukel gelegt.
"Ruh Dich erst eine Stunde aus und versuch, etwas zu schlafen, Du mußtest so früh raus. Ich gehe inzwischen in den Wald und schaue nach, ob die ersten Pilze schon wachsen," sagte Fred fürsorglich.
Mit einem wohligen Seufzer legte Gudrun sich auf die Schaukel und schaute in das Geäst ihrer Blautanne. Der hellblaue Maiaustrieb der Zweigspitzen vermischte sich allmählich mit dem Blau des Himmels. Leise zogen ein paar weiße Wolken dazwischen. ---
Gudrun erwachte, weil sie das Gefühl hatte, betrachtet zu werden. Sie schlug die Augen auf und blickte in Freds freundliches Gesicht und in seine braunen Augen: "Du hast eine ganze Stunde geschlafen. Jetzt ist der Kaffee gerade durchgelaufen", sagte er.
"Ich lege uns nur noch eine schöne Musik auf", meinte Gudrun, während sie aufstand.

Sie hockte sich vor ihren Schallplattenschrank und sah die Titel durch. Ja, diese Musik hier könnte das Rechte für eine Kaffeestunde sein. Sie legte die Löwe-Balladen auf und öffnete weit die Terrassentür, damit die Klänge draußen zu hören waren.
Jetzt sang die schöne Tenorstimme das Lied von "Des Goldschmieds Töchterlein".
Gudrun lauschte dem rührenden Inhalt des Textes: Der junge Graf, der beim Goldschmied ein Kettchen und später einen Armreif arbeiten läßt, wird von des Goldschmieds Töchterlein voll Bewunderung gefragt, für wen diese Kostbarkeiten seien. 'Für meine liebe Braut', antwortet der Graf. Das Töchterlein tritt bei Seite und seufzt voll Wehmut, wie gut es doch diese Braut hat. Als der Graf schließlich seinen bestellten Ring abholt, stellt das Töchterlein wieder die Frage, für wen der Ring sei. "Er steckt ihr auf das Ringelein" singt die Tenorstimme, und sagt "Für meine liebe Braut."
Fred hatte schweigend der anmutigen und berührenden Melodie gelauscht. Auf der Schaukel zurückgelehnt hatte er seinen Blick rechts an der Blautanne vorbei in die Ferne des Himmels schweifen lassen. Gudrun, von der Romantik der Ballade ein wenig ergriffen, dachte: "Siehe da, auch in unseren etwas vorgerückten Jahren spricht so ein Lied unsere Herzen an." Sie genoß dabei ein leises Schmetterlingsflattern in der Magengrube.
Fred seufzte tief auf, als erwache er aus einem Traum. Sein Blick war immer noch nach rechts oben in die Ferne gerichtet und er sagte: "Ich möchte nur wissen, wer das Fernsehkabel dort an dem Hausgiebel verlegt hat."
Gudruns Zwerchfell begann bedenklich zu kitzeln, und dann konnte sie ein befreiendes Lachen nicht mehr zurückhalten. Sie gab Fred einen leichten Kuß auf die Wange und sagte: "Du und ich, wir sind so richtige Romantiker."
In ihrem nächsten Brief an Halo und Jo schrieb sie:

Lieben Dank für all Eure einfühlsamen und helfenden Gedanken. Es ist wirklich nicht ganz leicht, in fortgeschrittenen Jahren neue Wege zu beschreiten. So oft ich aber mit Fred hier in Kiefernwalde Freunde treffe, werden wir von Herzen beglückwünscht. Auch mein Arbeits-Kollektiv steht etwas verzaubert vor diesem "männlichen" Mann, der so genau weiß, was er will.

Ich sträube mich nun nicht mehr so, sondern nehme dankbar alle warme Herzlichkeit und die Gesten großen Vertrauens entgegen. Fred meint, daß ich ich selbst bleiben kann - mal sehen. Seine Devise heißt: Kompromißbereitschaft. Vorerst macht er die Kompromisse, und ich lebe davon. So darf es nicht bleiben.

Das Wort "Heirat" fiel auch schon einmal, doch ist es Wochen her. Und es wird vorerst auch nicht wieder fallen. Denn Fred möchte das Trauerjahr um seine Frau vergehen lassen. Er sagt mir viel zu wenig von seiner Trauerarbeit, die er doch gewiß im Stillen zu bewältigen hat und es auch tut.

Sollte er mich aber einmal fragen, dann sage ich ja. Mit Hin und Her kommt man nicht weiter. Und er will ja schließlich nichts Böses mit mir.

Dieses, sein durch und durch Geschäftsmann-Sein, ist ja auch ein gutes Gegenstück zu mir.

Inzwischen rumorte es immer stärker in der DDR. Viele Menschen stellten Ausreiseanträge in den Westen. Auch das Wissen, daß sie dadurch auf unabsehbare Zeit starken Pressalien von Seiten des DDR- Staates ausgesetzt sein würden, hielt sie nicht davon ab. Außerdem ging in den Sommerwochen jenes denkwürdigen Jahres 1989 eine Reiselawine in Richtung Ungarn los. Die Menschen lebten in der Hoffnung, sich über Österreich in die Bundesrepublik absetzen zu können.
So lockerte die DDR-Regierung erneut ihre Reisebestimmungen, in der Annahme, das Volk würde sich beruhigen. Angehörige ersten Grades durften nun Anträge für Westreisen stellen zu großen Familienereignissen: Taufe, Konfirmation, Hochzeiten (grüne, silberne und goldene) und Beerdigungen. Auch Geburtstage sollten berücksichtigt werden: 60, 65, 70. Ab 75. Lebensjahr von Eltern oder Geschwistern und neuerdings auch von Verwandten zweiten Grades sollte es fortab möglich sein, die Angehörigen besuchen zu können.
Diese Erleichterung in den Reisebestimmungen wollte Gudrun nutzen, endlich an einem der großen Familientage teilnehmen zu können, die in regelmäßigen Abständen nach Omamas Tod im Bergischen Land durchgeführt worden waren. Halo hatte sie zwar ständig auf dem Laufenden gehalten, wie es in dem großen, ehemalig west- ostpreußischen Familienverband weitergelaufen war. Omamas zusammenhaltende Kraft wirkte in den nächsten Generationen weiter. Zu den beliebten Familientagen erschienen jeweils etwa 60 Personen.
Aber Gudrun wollte gern einmal persönlich daran teilnehmen. Der Zeitpunkt lag so günstig, daß Gudrun den 85. Geburtstag von Tante Marta zum Anlaß nehmen konnte, einen Reiseantrag zu stellen. Tante Marta schickte ihr dafür die notwendigen Unterlagen: Geburtsurkunde, Bestätigung ihres Einwohnermeldeamtes usw. Auch Gudrun suchte für den Antrag ihre Unterlagen zusammen und warf noch einen Blick auf die Papiere. Ja, alles stimmte. Sie und Tante Marta trugen den gleichen Geburtsnamen, war Tante Marta doch Väterchens Schwester. Um die Änderung aus den späteren Jahren belegen zu können, suchte Gudrun auch noch die Adoptionsurkunde hervor und legte sie zu den anderen Papieren.
Am nächsten Tag reichte sie bei der Volkspolizeibehörde den Reiseantrag ein. Man nahm ihr die Unterlagen ab und gab ihr einen Termin in vier Wochen, wo sie die (hoffentlich erteilte) Reiseerlaubnis werde abholen können. Mit frohem Herzen verlebte Gudrun diese Wartezeit, meinte sie doch, der geplanten Reise stünde nichts im Wege. Doch als sie zu dem angegebenen Termin in der Behörde vorsprach, mußte sie eine bittere Enttäuschung erleben. Der Beamte sagte. „Ihrem Reiseantrag konnte nicht stattgegeben werden. Durch Ihre Adoption bestehen im juristischen Verständnis keine verwandtschaftlichen Beziehungen mehr zu Ihrer Herkunftsfamilie."

Gudrun konnte die Ablehnung nicht fassen, meinte, an höherer Stelle vorsprechen zu müssen. Doch auch der höhere Beamte erklärte ihr (nach zwei weiteren Wochen Wartezeit) die Sachlage vom juristischen Standpunkt her.
"Aber", sagte Gudrun, "war es nicht besonders wichtig, daß ich Kontakt zu meiner Herkunftsfamilie behielt? Das Schicksal war doch ohnehin bitter genug."
"Ja", meinte der Beamte freundlich, "rein menschlich waren diese Verwandten gewiß sehr wichtig für Sie, aber wir können bestehende Gesetze deswegen nicht außer Kraft setzen. Sie sind tatsächlich mit Ihrer Tante Marta nicht mehr verwandt. Die Reise bleibt abgelehnt."
Mutter Anyta wurde in diesem Jahr 77 Jahre alt, eine erneute Gelegenheit für Gudrun, die Westreise zu beantragen. Sie freute sich, vor Ort mit Halo und Jo, aber auch mit der Mutter, die Veränderungen in ihrem Leben besprechen zu können.
Halo hatte es übernommen, diesen Festtag für die Mutter zu gestalten. Auch Christiane wollte kommen. Gudrun erhielt tatsächlich die Reiseerlaubnis für 10 Tage, sie traf kurz vor Mutters Geburtstag in München ein. Ein weiterer froher Anlaß stand noch an. Bei Frieder und Bianka war ein Sohn geboren worden. Halo konnte es kaum erwarten, Gudrun den kleinen Peter zu zeigen.
So entspannt hatten sie alle noch nie im Münchner Garten gesessen. Peterle hatte eben seinen Mittagsschlaf beendet und Halo kam, ihn auf dem Arm tragend, die wenigen Stufen von der Terrasse auf den Rasen herunter. Jo sagte zu Gudrun: "Kannst Du mir verraten, was in Halo vor sich geht? Sieht sie nicht fast wie eine Madonna aus, dort, mit dem Kind auf dem Arm?"
"Du hast Recht," sagte Gudrun.
"Ich möchte gern wissen", sagte Jo nachdenklich, "ob alle Großmütter so närrisch sind. Du kannst Dir einfach nicht vorstellen, wie ihre Gedanken um das Enkelchen kreisen."
Nun trat Halo zu der Sitzgruppe auf dem Rasen: "Ist das ein Kind ?!?" Bei diesen Worten wirkte sie, als hätte sie es selber zur Welt gebracht.
Mutter Anyta wurde nun zu ihrem Geburtstag gleichzeitig als Urgroßmutter gefeiert. Doch insgesamt machte sie einen erschöpften und teilweise abwesenden Eindruck.
"Kinder, ich gehe ins Haus und lege mich etwas hin", sagte sie, und an Gudrun gewendet: "Komm mich doch bitte in einer Stunde wecken. Dann erzählst Du mir ein wenig von Deinem Fred."
Als Gudrun nach der angegebenen Zeit das Haus betrat, empfing sie eine wunderbare Kühle, im Gegensatz zu dem brütend heißen Garten. Sie nahm sich vor, die Mutter noch ein wenig zum Verweilen im Hause aufzufordern. Diese schien gerade erwacht zu sein und sah bedeutend frischer aus. "Schön, daß Du kommst, Kind. Es ist heute so viel, viel Freude an dem Tag."
"Ja, Muttichen, es ist schon sehr bemerkenswert, daß Du nun Urgroßmutter geworden bist."
"Und dieses doch nur, weil wir Euch damals adoptiert haben. Weißt Du, diese Adoption ist das schönste Märlein meines Lebens. Laß uns doch ein wenig von damals sprechen."

Gudrun konnte plötzlich dieses Ereignis von vor 41 Jahren nicht so glorifizieren. Sie sagte sehr nachdenklich: "Für Euch bedeutete es vielleicht das schönste Märlein. Für mich nicht. Dem allen ist doch der Verlust meiner Eltern vorausgegangen. Meinst Du nicht, ich wäre viel lieber in meiner leiblichen Familie aufgewachsen?"
Mutter Anytas Augen weiteten sich entsetzt. Noch nie hatte Gudrun derartig gesprochen. Immer galt sie als das Kind, zu dem sie die stärkste Beziehung hatte. Was ging in Gudrun vor? Anyta setzte zur Gegenwehr an: "Aber Deine leibliche Mutter war ein Nazi(sse), ich wollte Dich immer schon mal fragen, wie Du mit der Nazivergangenheit Deiner Eltern leben konntest?"
Welchen Konflikt hatte Gudrun mit ihrem Einwurf heraufbeschworen? Oder war es gut, daß diese Aussprache stattfand? Zerstörte sie damit nicht die Harmonie dieses Tages?
Doch das begonnene Gespräch war nicht mehr aufzuhalten, Gudrun versuchte darum sachlich zu bleiben: "Als Kleinkind hat man nicht die Möglichkeit, anders zu denken, als die Eltern. Ich habe damals ihre Ansichten nicht hinterfragt. Wie auch?"
"Das meine ich nicht, Kind. Ich denke sehr viel mehr daran, daß Ihr, Du und Halo, im Nachhinein erfahren habt, welcher wahnwitzigen Idee sie sich angeschlossen hatten."
"Ja, natürlich. Und ich habe mich oft gefragt, warum sie als studierte, kluge Menschen die Sache nicht durchschaut haben. Die Familie der Schwester meines Vaters gehörte ja zur Bekennenden Kirche. Es ging also auch anders. Trotzdem, ich kann sagen, daß in meiner Kindheit nie das Wort "Jude" oder "Konzentrationslager" oder "Zwangsarbeiter" fiel.
Haben sie das nicht gewußt? Oder haben sie es verdrängt, oder bejaht? Ich weiß es nicht.
Außerdem muß man ihren politischen und geographischen Werdegang berücksichtigen. Man muß daran denken, daß Deutschland nach dem 1. Weltkrieg und nach der Weltwirtschaftskrise am Boden lag und nun auf diesen starken Hitler, den Führer, hoffte. Meine Eltern wollten gewiß nur das Beste für ihr Vaterland, für ihr Volk. Jedenfalls sind sie mit dieser Idee, oder gar an dieser Idee gestorben. Und sie hatten nicht die Chance, umzudenken..."
"Ob sie überhaupt umgedacht hätten?" fragte Anyta skeptisch.
"Das weiß man nicht. Aber Du fragst, wie ich damit gelebt habe. Erstens haben wir über Euch und Eure Erziehung, und später, als wir es mehr begriffen haben, auch durch die Aufarbeitung unserer Kirche, für uns selbst doch sehr viel Schuld empfunden und uns damit gequält. Die Wiedergutmachungsschritte des Westens habe ich als innere Entlastung erlebt.
Die DDR hat ja ohnehin radikal das Gedankengut des Nationalsozialismus ausgerottet.
Und zweitens, vielleicht kannst Du Dich da nicht hineinversetzen, bedeuteten meine Eltern für mich nicht politische Personen, sondern Menschen, von denen ich mich bedingungslos geliebt fühlte. Und genauso bedingungslos habe ich sie wiedergeliebt."

Anyta erwiderte: "Nur komisch, daß wir ebenso studierte Leute waren, daß wir auch in Ostpreußen lebten, daß wir ebenfalls um unser Volk litten. Aber wir schlossen uns der Bekennenden Kirche an."
"Ja, ich weiß. Und Ihr habt es uns unterschwellig auch öfter fühlen lassen, daß Eure Haltung die bessere war."
"O Kind, damit wollten wir Euch ganz gewiß nicht absichtlich kränken. - Aber, machst Du es Dir mit Deinen Gedanken um Deine Mutter nicht etwas einfach?"
"Wie soll ich es denn anders sehen?!" fragte Gudrun ein wenig verzweifelt, "außerdem trägt sie diesen Nimbus, den Frühverstorbene leicht bekommen. Sieh mal, mit 35 Jahren an furchtbaren Schmerzen von zwei unmündigen Kindern wegzusterben, das ist ein böses Schicksal. Dafür hat sie mein Mitgefühl und meine Bewunderung.
Und noch eins. Sie hat mein Leben in den ersten acht Jahren begleitet. In dieser Zeit hat sie noch keine Erziehungsfehler gemacht. Jedenfalls nicht solche, die ich ihr nachtrage oder die mich geschädigt hätten."
Mutter Anyta horchte auf: "Das hört sich gerade so an, daß sie, Deine Mutter, keine Fehler beging. Ich aber, Deine Adoptivmutter, scheine in Deinen Augen Fehler gemacht zu haben. Hast Du das eben andeuten wollen?"
Mutig sagte Gudrun: "Ja!"
"Und, bitte, was hast Du mir vorzuwerfen?"
"Das Schwerwiegendste war, daß Du mir gerade im Pubertätsalter gesagt hast, daß ich häßlich bin."
Nun ging die Mutter in Protesthaltung: "Aber Kind, ich dachte, Du warst reif genug, daß man mit Dir über echte Tatsachen reden konnte. Und Du hast anscheinend den zweiten Teil des Satzes total überhört. Der lautete nämlich: aus dem häßlichen Entlein wurde ein Schwan."
"In meinem Schock konnte ich den zweiten Teil Deines Satzes nicht in mich aufnehmen."
"Aber ich bitte Dich, das dürfte doch heute für Dein Leben keine Bedeutung mehr haben."
"Doch, Muttichen, hatte es aber. Mein Weg ins Diakonissenhaus hatte etwas damit zu tun."
"Das legst Du Dir jetzt so zurecht, weil es so schön paßt. Bedenke aber, wie himmelstürmend Deine Begeisterung für diese Sache war."
"Da hast Du Recht, zutiefst wünschte ich mir ein Leben als Dienerin im Diakonissenkleid. Aber gleichzeitig sah ich darin auch die Lösung meines Häßlichkeitsproblems."
"Und heute? Was ist mit dem Heute?" fragte Anyta ratlos.
"Heute geht es mir besser. Ich glaube, Fred hat geholfen, daß sich diese Wunde schließt."
"Ja, Kind, daß Dein Weg diese wunderbare Wende nimmt und Du vielleicht Fred heiraten wirst, wer hätte das gedacht?"
"Von Heirat ist noch nicht die Rede. Aber ich hoffe, Du kommst dieses Jahr noch zu uns. Dann wirst Du ihn kennenlernen."
"Das hoffe ich auch - Aber, Gudrun, zu allem Vergangenen wollte ich noch sagen, wir, Euer Vater und ich, wir haben uns so viele Gedanken um Eure

Erziehung gemacht. Glaube mir, abends im Bett haben wir oft noch lange über Euch drei gesprochen und uns gefragt, ob wir alles richtig machen. Und denk mal, heute würde ich sagen, daß ich wieder alles genauso machen würde wie damals. Ist das nicht eigenartig?"
Gudrun schaute in Mutters Gesicht, das diese ihr voller Offenheit und Liebe zugewendet hatte. Blitzartig wurde ihr eins klar: Auch die Adoptiveltern waren, zwar in ganz anderer Weise als Hans und Charlotte, g e f a n g e n und b e f a n g e n von eigener Erziehung und Denkungsweise und von eigenen hohen Idealen.
In diesem Moment wurde es ihr möglich, Erziehungsfehler zu verzeihen. Verzeihung, um die die Eltern nie gebeten hätten. Gudrun beugte sich zur Mutter hinunter und nahm sie in den Arm: "Muttichen, Ihr habt es auch nicht immer leicht gehabt mit uns. Aber daß über allem die Liebe stand und steht, glaube mir, dieses werde ich immer wissen."
"Kind, liebes ... ", sagte die Mutter und mußte sich kräftig schneuzen.
In dem Moment kam Halo, um die beiden an den gedeckten Kaffeetisch zu rufen.

Einen Tag vor der Abreise machten Halo und Gudrun einen Bummel durch das Stadt-Center. Gudrun wollte gern ein paar Kleinigkeiten für Freds Enkelkinder kaufen. Abschließend meinte Halo: "Jetzt setzen wir uns noch zum Italiener und essen ein Eis."
Während sie genüßlich löffelten, meinte Halo: "Mein Dienst ist z.Z. gar nicht so spannend, weil Alius nicht zur Arbeit kommen kann."
Gudrun hatte damit gerechnet, daß Halo noch unbedingt von dem sprechen wollte, was ihr Herz so sehr aufwühlte. So fragte sie: "Warum kommt er denn nicht?"
"Er liegt im Krankenhaus."
"Was hat er denn?"
"Etwas mit dem Rücken und den Bandscheiben."
Gudrun antwortete sehr nachdenklich: "Erinnerst Du Dich, Halo, Jo schenkte mir einmal ein Buch. Es heißt "Krankheit als Weg" oder so ähnlich.
Es geht in dem Buch darum, daß organische Erkrankungen, bzw. körperliche Beschwerden, immer auch ein Ausdruck seelischer Belastungen sind. Das ist im Grunde nichts Neues. Interessanterweise handelt es sich, laut Buch, bei Problemen der Wirbelsäule immer um einen Aufschrei der Seele, daß die Last zu groß ist, die sie trägt. Nicht nur körperliche Überforderung, sondern eben psychischer Druck läßt es zu Blockaden im Bereich des Rückens kommen. Und hier, in Eurem Fall, kann ich mir gut vorstellen, daß Alius mit der seelischen Last einer heimlichen Beziehung schlecht zurecht kommt. Er wird es Dir so noch nicht gesagt haben. Aber sein Unterbewußtsein gibt über den Rücken diese Signale ab. Halo, kannst Du ihn nicht schützen?"
"Wie soll ich das machen?"
"Durch Distanz", wagte Gudrun vorzuschlagen. "Distanz täte Euch beiden gut."
"Da hast Du ein weises Wort gelassen ausgesprochen" warf Halo ein, "aber diese Distanz kriege ich nicht hin. Solange wir, er und ich, in e i n e r Stadt

leben, werde ich, ohne daß ich es eigentlich plane, immer wieder seine Wege kreuzen."
"0 Halo, das ist schlimm".
"Ja, Gulu, es ist schlimm. Aber es ist auch so unendlich schön. Denk mal, mit über 50 Jahren werde ich so angenommen. Das ist wie ein Rausch."
"Und Jo?"
"Mit Jo hat das nichts zu tun. Jo ist für mich wie ein Fels in der Brandung. Zu Jo gehöre ich. All unsere Gespräche nach 20 Ehejahren kommen immer wieder zu dem einen Schlußpunkt, daß wir ganz, ganz tief zusammengehören."
"Wie gerne nehme ich Dir das wortwörtlich ab. Eure häusliche Atmosphäre ist auch immer noch liebevoll und schön. Ich fühle mich so wohl bei Euch."
"Das sollst Du auch immer. Und nun komm Gulu, wir wollen noch irgend etwas Schönes für Fred kaufen."
Diesmal folgte kein so trauriger Abschied wie sonst, sondern eine Abfahrt voller Hoffnung. Bald würden sie sich wiedersehen, entweder in Ost oder in West.

Wie wird jetzt die Stimmung in der DDR sein? Gudrun reiste direkt hinein in die brodelnden Unruhen der "Wende" entgegen.
Ungarn hatte die Grenzen zu Österreich geöffnet. In Prag stürmten DDR Bürger die Botschaft der Bundesrepublik, um von dort die begehrte Ausreise in den Westen zu bekommen.
Die Friedensgebete von Leipzig und Berlin hatten das ganze Land ergriffen. Ohne Randale, nur mit Kerzen und Gebeten, zeigte das Volk seinen Wunsch nach Veränderungen.
Trotzdem schwang unterschwellig so viel Angst mit. Werden russische Panzer aufrollen? Oder wird Gorbatschow sie zurückhalten? Was ist mit den bewaffneten Organen der DDR? Hat Mielkes Sicherheitsapparat nicht längst einen fertigen Plan in der Tischschublade, die Demonstrationen gewaltsam zu beenden? Und wann wird das passieren?
Am 7. Oktober wurde mit viel Pomp der 40. Jahrestag der DDR gefeiert. Gorbatschow hatte Honeckers Einladung angenommen und fuhr, im offenen Wagen stehend, durch die Straßen Berlins. Nicht die Großartigkeit des Aufmarsches würde den Menschen in Erinnerung bleiben, sondern der 1000-fache Schrei nach dem Helfer: Gorbi, Gorbi!!
Zwei Tage nach diesen Feierlichkeiten schrieb Gudrun an Halo und Jo:

Wir sind alle voller innerer Spannung wegen der vielen neuen Nachrichten. Fred bleibt am ruhigsten. Er sagt, ein positiver Sozialismus sei das Fernziel, dazu brauche es aber viel Geduld. Die Jugend kann jetzt kaum geduldig sein. Außerdem tun sich die jungen Menschen schwer mit den jetzt auftauchenden Fragen. So viele Machenschaften werden aufgedeckt! Auch Freds Söhne stellen Fragen. Hat ihr Vater diesen Staat nicht mit aufgebaut?

Gerade zum 7. Oktober erhielt Fred eine öffentliche Anerkennung seiner Leistungen, hat er doch jahrzehntelang als Stadtverordneter für seine Kommune gearbeitet.
"Ich bin nicht zum Märtyrer geboren", sagte Fred, "aber ich fand es wichtig, daß ein Platz in der Stadtverordnetenversammlung von einem Menschen, wie ich es einer bin, besetzt wurde." Fred ist eine absolut integre Persönlichkeit, aber eben automatisch hineinverwickelt, im positiven Sinne hineinverwickelt, in das Leben seiner Stadt. Mit seiner ganz persönlichen Gratwanderung zwischen Privatunternehmen und der Macht des Sozialismus hat er seinen Söhnen die Existenzgrundlagen geschaffen. Ich kann sie beide verstehen, den durch den Sozialismus lavierenden Vater und die fragenden Söhne.
Seit gestern sind nun die Nachrichten etwas entspannter, und es geht ein Aufatmen durch die Familie und die ganze Bevölkerung. Heute macht Zeitunglesen richtig Spaß.
Gudrun legte den Kugelschreiber hin und blieb in Nachdenken versunken: Wiederholte sich dieser Prozeß immer wieder? Das begeisterte oder aus Selbsterhaltungstrieb notgedrungene Mitmachen? Mitmachen in einem Regime, bei dem sich dann später herausstellt, daß es voller Menschenrechtsverletzung, Unterdrückung und Verbrechen steckte?
So hatten Hans und Charlotte geirrt und ihren Kindern Fragen an die Vergangenheit hinterlassen. So hatte Fred durch kluges Taktieren und demütigendes Kopfnicken den Betrieb gerettet, wurde aber nun von der nächsten Generation gefragt: Hast Du es nicht gewußt, was sie taten, die Roten?
Und wie wird es den heutig Aktiven gehen? Werden die Enkel in anderer Weise fragen: Habt Ihr nichts tun können gegen Ungerechtigkeit, gegen Nord-Südgefälle, gegen Welthunger, gegen Terrorismus, gegen Umweltsünden und Raubbau an der Natur? Nimmt dieses Schuldigwerden nie ein Ende?
Gudrun mußte aufhören zu grübeln, weil ein heftiger Hustenanfall ihr fast den Atem nahm. Wieder hatte sie ein so böser Infekt gepackt, wie sie ihn in der Kennenlernphase mit Fred durchgemacht hatte. Es halfen keine Medikamente, sie wurde ins Krankenhaus eingewiesen.
Sie lag in einem Zweibettzimmer. Ihre etwa 60- jährige Bettnachbarin wirkte schwerstkrank. Viel Unterhaltung konnte darum nicht stattfinden. Doch aus den wenigen Worten, die sie bisher gewechselt hatten, konnte Gudrun entnehmen, daß sie es mit einer 200 %igen DDR-Anhängerin zu tun hatte, deren Mann in gehobener Stellung bei der NVA (nationale Volksarmee) tätig war.
Als Fred am Nachmittag zu Besuch kam, brachte er ein tragbares Fernsehgerät mit: "Gudrun, Du mußt unbedingt die AK (Aktuelle Kamera im Fernsehen der DDR) sehen und auch ARD und ZDF. Jeden Tag gibt es Nachrichten, die Du auf keinen Fall verpassen darfst."
Am Abend dieses Tages, es war der 9.11.89, fragte Gudrun ihre Bettnachbarin, ob sie mit dem Einschalten des Apparates einverstanden sei.

Sie hörten dann beide mit stockendem Atem, was Herr Schabowski der Bevölkerung der DDR nach einer Tagung des Politbüros mitzuteilen hatte. Ein wenig unschlüssig stand er da und zog einen Zettel aus der Tasche, auf dem er sich anscheinend nicht recht auskannte, und verlas die unglaubliche Nachricht: "Privatreisen in das westliche Ausland können ohne Vorliegen von Voraussetzungen beantragt werden." Und dann folgte ein Satz, der lautete etwa so: Die Grenzübergänge nach Westberlin sind offen.
Gudruns Bettnachbarin sagte: "Das muß ein Fehler sein. Solche Mitteilungen kann es nicht geben."
Gudrun hatte ungläubig und hoffnungsvoll gelauscht und dann den Apparat ausgeschaltet, weil sie die Disziplin auf der Krankenstation einhalten mußte. Von den tumultartigen Szenen an den Berliner Grenzübergängen erfuhren sie darum heute nichts mehr. Am nächsten Morgen, als Gudrun nach der ganz frühen Behandlung in der Physiotherapie das Krankenzimmer wieder betrat, fand sie ihre Nachbarin in Tränen aufgelöst. Nur langsam kam sie hinter den Anlaß des Weinens und Schluchzens. Die Frau hatte in Gudruns Abwesenheit das Radio eingeschaltet, was sie da vernommen hatte, ließ ihr Weltbild zerbrechen: "An den Grenzübergängen ist ein großer Andrang erstanden, die Ostberliner wurden in den Westen gelassen. Auf dem Ku-Damm ist es zu volksfestähnlichen Szenen gekommen. Ost und West lagen einander in den Armen. Sektkorken knallten - ein Freudentaumel ohne Ende.
40 Jahre umsonst gelebt! 40 Jahre Irrtum!! 40 Jahre Betrug!!! Ich fasse es nicht, ich kann nicht mehr!", jammerte die Bettnachbarin und ließ sich schweißgebadet in ihr Kissen sinken.
Gudrun setzte sich auf ihren Bettrand. Die Mauer war eingestürzt. Nein, das konnte man wirklich nicht fassen. Dieser Ring aus Beton, Stacheldraht und Selbstschußanlagen! Einfach zerbrochen durch Kerzen, Gebete und diesen Herrn Schabowski, der so unschlüssig mit seinem Zettel vor die Fernsehzuschauer trat und diesen historischen Satz ablas.
"Der Ring ist zerbrochen", jubelte es in Gudrun, "der Ring ist zerbrochen!" - und auch sie vergoß Tränen, aber es waren Tränen der Freude, Dankbarkeit und Ergriffenheit.
Am 13.11.89 schrieb Gudrun wieder an Halo und Jo:

Seit vier Tagen sind die Grenzen offen. Wir durchleben historische Zeiten. Alle Menschen kleben am Fernseher und an den Zeitungen. Lachen und Weinen löst sich ab. Eine große Hoffnung ist in uns allen auf eine positive Wende.

Aber immer noch ist Mißtrauen in uns. Ehe nicht echte Wahlen durchgeführt sind, ehe nicht der absolute Führungsanspruch der SED von ihnen selbst in Frage gestellt wird, sind wir voller Zweifel. Viele Menschen messen die Wende an den 100,-DM Begrüßungsgeld und an den ökonomischen Verhältnissen, und nun auch an der Öffnung der Grenzen. Letzteres ist ja auch überwältigend, aber in Euphorie verfallen wir nicht.

Hoffentlich könnt Ihr bald auf dem TV unsere "aktuelle Kamera" sehen. Es ist die interessanteste Sendung. Und der Trabi das bekannteste Auto der Welt.

Anfang des neuen Jahres siedelte Gudrun um in Freds Wohnung. Die Schritte, die dafür getan werden mußten, bedeuteten für sie große Hürden. Das Abgeben der Kündigung in ihrer Arbeitsstelle setzte den Schlußpunkt unter ihr Arbeitsleben.
Immer hatte sie ihren Beruf auch als Berufung angesehen. Nun also kam das Ende. Würde ihr die Arbeit nicht unendlich fehlen? Und das monatliche Einkommen, war das nicht etwas sehr Sicheres? Fred sagte, er sei so situiert daß Gudrun nicht mehr zu arbeiten brauche. Wichtig sei doch, daß sie die Zeit, die Jahre die ihnen zusammen geschenkt würden, auch beieinander seinen. Auf der anderen Seite gab Gudrun auch gerne die Kündigung ab. 34 Jahre hatte sie ununterbrochen voll gearbeitet, davon 28 Jahre mit ihrem steifen, rechten Arm.
Reichlich Schreibtischarbeit hatte die Einschränkung zwar besser verkraften lassen, doch hatte es viele, viele Momente in ihrem Arbeitsleben gegeben, in denen sie sich nicht nur seelisch, sondern gerade körperlich, insbesondere des rechten Armes wegen, überfordert gefühlt hatte. Durfte sie Fred nicht dankbar sein, daß sie mit seiner Hilfe Schluß machen konnte? Eigentlich ging ihre Trauer immer mehr in Erleichterung über.
Aber der Abschied von ihrem Häuschen wurde dann doch noch ein sehr bitterer Moment. Fred ließ das Wasser aus der Heizung ablaufen, damit keine Frostschäden entständen. Als Gudrun das Wasser aus dem Rohrsystem laufen sah, hatte sie das Empfinden, ihrem Häuschen ränne das Blut aus den Adern. Und als Fred die Pumpe abstellte, stand des kleinen Heimes Herz still. Gudrun schrieb etwas später an Halo:

Manchmal habe ich schweres Heimweh nach meinem Hüttchen.
Fred hat alles behalten können, was ihm wichtig ist, seine Wohnung, seine Stadt, seine Freunde und vor allem seine Kinder, mit denen er reden kann. Ich habe alles aufgegeben: meine kleine Heimat, meine Arbeit, meine Freunde - ich muß aufpassen, daß ich darüber nicht bitter werde.
Bitte, nimm das Gesagte aber nicht schwer. Eben, wo ich es aufgeschrieben habe, geht es mir schon besser.
Dabei überrascht mich Fred immer wieder mit seiner Feinfühligkeit. Am ersten Abend hier in seinem Zuhause sagte er zu mir: Ich möchte immer teilnehmen an Deinem Ergehen. Sag mir, wann Du fröhlich bist. Verrate mir aber auch, wann Du traurig bist.
Übrigens, von Heiraten hat Fred bis jetzt nichts gesagt.

Doch dieses änderte sich am nächsten Tag.
"Komm, wir fahren in die Stadt", hatte Fred gesagt.
"Was müssen wir denn besorgen?" fragte Gudrun.

"Wir wollen nichts besorgen, wir gehen aufs Standesamt und lassen uns einen Hochzeitstermin geben. Natürlich nur, wenn es Dir recht ist."
Im April heirateten sie. Halo und Freds Schwester nahmen als Trauzeugen an der Feier teil.
Als sie am Nachmittag zur kirchlichen Trauung aufbrechen wollten, die Christiane vollziehen würde, überreichte Halo ihrer Schwester einen Strauß aus gelben Rosen und weißen Freesien. (Dieses hatte sie mit Fred so abgesprochen.) Dazu ein zartes Spitzentuch: "Guluchen, das ist das Brauttaschentuch unserer Mutter. Sie hat es in dem berühmten Wertköfferchen, in dem sie die Familienunterlagen, Versicherungspolicen und ein wenig Familiensilber rettete, persönlich hindurchgetragen durch die Zeiten der Flucht und des Kriegsendes damals. Sieh mal, hier in der Ecke das große C für Charlotte."
Gudrun kamen die Tränen. Sie meinte, sich entschuldigen zu müssen: "Halo, ich muß, seit ich älter geworden bin, an zu Herzen gehenden Stellen immer heulen."
"Ich doch auch", sagte Halo und legte ihre Arme um Gudrun.
Christiane gab ihnen den Trauspruch: "Der Herr sprach: wie ich mit Mose gewesen bin, so will ich auch mit dir sein. Ich will dich nicht verlassen, noch von dir weichen, sei getrost und unverzagt."
Halo überraschte sie mit einem Sologesang aus dem Anna Magdalena Bach Büchlein: Machs mit mir, Gott, nach deinem Willen.....
Nach der kirchlichen Feier fuhren Fred und Gudrun an das Grab seiner lieben, ersten Frau und legten dort den Brautstrauß nieder.
Nach zwei Jahren, bei einem Anlaß, der so geringfügig war, daß Gudrun sich nicht mehr erinnern konnte, um was es eigentlich ging, sagte Freds ältester Sohn zu ihr, während er sie in den Arm nahm: "Was ich Dir eigentlich schon immer mal sagen wollte, wir sind froh, daß es Dich gibt."
Und so hatte sich Gudrun in das neue Familienpuzzle als passendes Teilchen eingefügt.

Inzwischen hatte sich die politische Szene weiter verändert. Das Politbüro der DDR hatte Erich Honecker abgesetzt, bevor am 9.11.89l die Mauer fiel. Am 18. März 1990 standen die ersten freien Wahlen an. Abends fieberten die Menschen den Wahlergebnissen am Fernseher entgegen. Die CDU gewann, Helmut Kohl wurde der Kanzler aller Deutschen. Atemberaubend ging die Entwicklung weiter. Gorbatschow und die alliierten Mächte willigten in die Wiedervereinigung Deutschlands ein. Am 2.7. fand die Währungsunion statt. Am 3. Oktober 1990 feierten alle den Tag der Wiedervereinigung. Willi Brandts unvergessene Satz "Nun wachse zusammen, was zusammen gehört", mußte nun mit Leben gefüllt werden.
Gudrun war es immer schwergefallen, politisch-wirtschaftlich zu denken. So konnte sie sich den prophezeiten "Ausverkauf" der DDR einfach nicht vorstellen, der nun beginnen würde. Doch in der ehemaligen DDR brach tatsächlich die Wirtschaft zusammen.

Volkseigentum - diesen Begriff gab es in der sozialen Marktwirtschaft nicht mehr. Die meisten volkseigenen Betriebe - andere gab es kaum - stellten ihre Produktion ein, mußten sie einstellen. Die Betriebe waren einfach nicht konkurrenzfähig, auch konnten sie die hohen Löhne nicht zahlen. Außerdem brach der Markt weg, auf dem sie ihre Produkte bisher abgesetzt hatten. Die ehemalige Sowjetunion konnte nicht mit harter Währung zahlen, ebenso Polen, die baltischen Länder und Tschechien, Rumänien, Ungarn und Bulgarien.

Die Wirtschaft der kleinen märkischen Stadt, in der Gudrun nun lebte, lag ebenfalls danieder. Die schnell aus dem Boden gestampften Arbeitsämter wurden von Arbeitslosen überlaufen.

Auch das Speditionsunternehmen von Freds Söhnen erlebte, obwohl immer privat gewesen, das Wegbrechen der Vertragspartner, für die sie regelmäßig gefahren hatten. Doch konnten gerade sie die besten Voraussetzungen für westliche Unternehmer und deren Wunsch auf Kooperation aufweisen. Sie hatten sich als Privatunternehmer durch den Sozialismus geschlagen, sie waren jung und dynamisch, sie konnten Fahrzeuge und Lagerfläche stellen. So erhielten sie den Zuschlag eines Versandhauses, die Katalog-Ware an die Kunden auszufahren.

Freds mühsames Arbeitsleben wurde durch die Gunst dieser Stunde gekrönt. Das Familienunternehmen konnte ohne Schaden den Zusammenbruch der DDR überstehen.

Seit der Währungsunion hatte jeder (ehemalige) DDR Bürger nun das harte, das kostbare Westgeld in der Hand. Zwar bedeutete der Umtauschkurs von 1:2 (ab 6000,-DM) eine Halbierung des Gesparten, doch verfügten fast alle arbeitsamen Menschen des Ostens über ein angesammeltes Sparguthaben, da in den Jahren der SED-Wirtschaft die Warendecke nie ausgereicht hatte, das verdiente Geld auch auszugeben.

Fred ging in ein Autohaus und kaufte sich ein "Westauto". Gudrun setzte sich neben ihn zu einem ersten Ausflug. Welch samt- und seidiges Fahrgefühl! Welch Sitzkomfort!! Welche Geschwindigkeit!!! Nun konnte eine richtig große Fahrt geplant werden. Lange schon gab es die Einladung aus der Schweiz, nun würde sie Realität.

Die Fahrt sollte über München gehen, bei Halo und Jo konnte Station gemacht werden. Die gepackten Taschen standen bereit, der Wecker sollte am nächsten Morgen um 6 Uhr klingeln, da wendete sich Fred an Gudrun: "Was zieh ich mir denn morgen für die Fahrt an?"

"Ich finde, Du warst heute, am Sonntag, sehr nett gekleidet, zieh doch morgen dasselbe an."

"So gute Sachen?" meinte Fred besorgt.

"Ja, warum denn nicht die guten Sachen, wir fahren doch zu Besuch."

"Aber wenn unterwegs mit dem Auto, was ist," meinte Fred weiter voller Besorgnis.

Gudrun nahm ihn in den Arm: "Ach Fred, es ist doch ein "neues Westauto." Mit dem wird nichts sein. Aber ich begreife aus Deinem Satz eben, daß Du immer mit dem Gedanken losgefahren bist "wenn mit dem Auto was ist". Du hast ja

auch in Deinem ganzen Berufsleben noch nie ein neues Auto kaufen können. Immer hast Du sie Dir aus alten Teilen selber zusammenbauen müssen. Wie oft "war da was". Aber paß auf, ab jetzt ist "nie mehr was"."
Wunderbar verlief die Reise am nächsten Tag.
"Sieh mal, hier war vor einem Jahr noch die Grenze", sagten sie zu einander, als sie vor Helmstedt die Grenzanlagen und die Wachtürme sahen. Mit einem unbeschreiblichen Gefühl der Erleichterung fuhren sie daran vorbei. Fred verhielt sich auf der vollen, westlichen Autobahn ganz routiniert. Gudrun bewunderte ihn sehr. "Wenn ich hier fahren müßte", sagte sie, "Ich würde rechts ran fahren und weinen." Fred lachte.

Wie groß ist Deutschland, und wie schön!
Knapp 600 Km bis München. Doch die Stunden vergingen wie im Fluge. Nun konnten sie das Schild der verabredeten Raststätte sehen, an der sie sich mit Halo treffen wollten. Noch 2000 Meter bis zur Abfahrt. Gudruns Herz zog sich vor Glück zusammen. Nichts auf dieser Erde kam der Vorfreude gleich, die sie empfand, wenn eine Begegnung mit Halo bevorstand.
Fred blinkte nach rechts und bog zur Raststätte ein. Und da stand H a l o !
Sie trug einen weißen, weiten Rock, der sich im Wind bauschte, dazu eine hochgeschlossene weiße Bluse mit langem Arm, dessen Stulpen den schlanken Arm fast bis zu den Ellbogen betonte. An den Füßen trug sie einen weißen Schuh, und mit der rechten Hand hielt sie die breite Krempe ihres großen, weißen Hutes. Halos Gesicht drückte Freude, Liebe und Jugendlichkeit aus und schien verzaubert von einem unaussprechlichen Charme.
Als Gudrun Halos Erscheinung in sich aufnahm, war ihr, als sähe sie ein Bild der französischen Impressionisten. Ein Hauch von Unwirklichkeit lag über der Szene.
Während Fred aus dem Auto stieg, lief Gudrun schon auf Halo zu. Mit einem schluchzenden Lachen nahmen sie einander in den Arm. Wiedervereinigtes Deutschland!

Der Traum
(1991)

Halo stand in ihrer Münchener Küche und halbierte einige Orangen. Beim Hinabkommen aus der oberen Etage hatte sie einen Blick ins Wohnzimmer geworfen, und, wie fast jeden Morgen, dankbar und bewundernd feststellen können, daß Jo bereits liebevoll den Frühstückstisch gedeckt hatte. Seit Jahren schliefen sie wegen ihres unterschiedlichen Schlafrhythmus getrennt.
Während Halo nun die Orangen auspreßte, fühlte sie sich noch total befangen von dem Traum der letzten Nacht. Nach dem Frühstück wollte sie unbedingt Gudrun anrufen, um ihr davon zu erzählen.
Doch nun hörte sie Jos Schritte auf der Treppe, und wenige Sekunden später spürte sie seine liebevolle, morgendliche Umarmung und seinen forschenden Blick auf ihrem Gesicht: "Halo, Liebes, Du siehst heute gar nicht frisch aus. Wie war Deine Nacht?"
"Ach, gut, Jo. Nur ich habe so realistisch geträumt. Und Du? Du bist doch schon wieder so zeitig auf den Beinen gewesen. Konntest Du nicht schlafen?"
"Ach, Halo, Du kennst mich doch."
Halo griff die Kanne mit Orangensaft und folgte Jo ins Wohnzimmer, wo er eben die Kerzen auf dem Tisch anzündete. Dieses gemeinsame Frühstück in der behaglichen und gepflegten Atmosphäre ließen sie sich nicht nehmen. Sie brauchten in der Frühe, ehe sie jeder in ganz unterschiedlicher Weise von der Arbeit gefordert werden würden, diese Stunde zu zweit, diese Zeit der Ruhe und Gelassenheit, diese Möglichkeit zum Gedankenaustausch, diese Ausgangsbasis für den Tag.
Jo, den jahrelang berufliche Existenzängste geplagt hatten, war seit einiger Zeit ein leitender Beamter in seiner Stadt. Die Sicherheit dieser Position hatte Ruhe in sein Berufsleben gebracht. Doch seine wunderbaren Gaben und Fähigkeiten wurden an diesem Beamtenschreibtisch kaum abgerufen. Nur wenn er Seminare besuchte oder leitete, wenn er auf Tagungen das Wort ergriff, oder bei Versammlungen Menschen überzeugen wollte, dann blitzte es auf, sein Talent der Rede, sein Charisma, Menschen zu führen. Halo hatte mehrfach Gudrun gegenüber voll Bewunderung für ihn geäußert: "Habe ich einen klugen Mann!"
Doch im Alltag fühlte Jo sich unterfordert. Darum engagierte er sich außerberuflich mit wissenschaftlichen Publikationen und in der Politik. Dort hatte er sich einen Namen gemacht, und seine Meinung galt etwas, weit über die Grenzen der Stadt hinaus. So sanft Jo in seinem Wesen wirkte, so unnachgiebig und stark konnte er sein, wenn es galt, Menschen aufzurütteln, oder Konzeptionen durchzusetzen.
Halo dagegen fühlte sich beruflich ganz am rechten Platz. Als Religionslehrerin an einer Schule kam ihre Führungsnatur so recht zur Geltung. Eigentlich zog sich dieses, ihr Leitungs- und Führungstalent, wie ein roter Faden durch ihr ganzes Leben. Sie war für ihre Schüler eine Leitfigur. Halos Ausstrahlung

brachte ein Gemisch von Bestimmung und Unnachgiebigkeit und zum anderen liebevolle Fürsorge und Teilnahme zum Ausdruck. Nebenberuflich engagierte sie sich in der Hospizarbeit. Oft klingelte schon am Frühstückstisch das Telefon, und besorgte Angehörige fragten nach Möglichkeiten der Hospizbetreuung. Dann konnte sie lange mit Jo einen solchen Fall besprechen. Jo, auf dessen Mitdenken sie so großen Wert legte.

Es passierte nicht selten, daß sich ganz leise auch der Tod zu ihnen an den Frühstückstisch setzte. Der Tod, der als Freund und Erlöser gekommen war, um einen lieben Menschen aus Halos Hospiz-Bereich mitzunehmen. So war Tod und Sterben bei ihnen kein Tabu.

Kurz vor Weihnachten hatte sie dieses Thema ganz persönlich getroffen; sie und die ganze Familie. Das geliebte Trautchen war plötzlich gestorben. Trautchen, diese wunderbare Lichtfigur im Leben ihrer Nichten. Christiane und Gudrun hatten an der Beerdigung teilgenommen, ebenso Mutter Anyta, die in Trautchen ihre 10 Jahre jüngere Schwester verlor.

Damit blieben Halos Gedanken an der Mutter hängen. Wie hatten sie, Halo und Jo, acht Jahre nach Vaters Tod der Mutter ihre Hilfe angeboten bei der Suche nach einer endgültigen Bleibe für die anfänglich noch von Vitalität geprägten, aber für die fernere Zukunft auch pflegeintensiven Phasen des Altwerdens.

Halo hatte sich verschiedene Projekte im Umkreis von München angesehen, doch die Mutter hatte selbst entschieden und eine etwas entfernt liegende Seniorenanlage ausgesucht. Sie hatte bald nach ihrem Umzug in ihren Alterssitz in einem Rundbrief an Freunde und Familie von ihrer Veränderung berichtet:

Ihr so sehr geliebten Freunde fern und nah, die meisten von Euch wissen, daß Gott ganz persönlich mich ziemlich stürmisch hierher auf den Unterberg befördert hat. Da erfüllte sich buchstäblich, was so in etwa mein Lebensmotto hier geworden ist: Das Los ist mir gefallen aufs lieblichste. (Psalm 16)

Mein ganzes Häuslein, bestehend aus drei Miniräumlein, beträgt kleine 52 qm, wobei der hübsche und gemütliche Hauptraum mit zwei Fenstern nach Süden ausgestattet ist, und ich eine weite Aussicht ins liebliche Isartal hinunter genießen kann. Die reizvollen Windungen des schmalen Flüßchen spiegeln zu jeder Tages und Abendzeit die verschiedensten Himmelsfarben in ihrem Wasser wider.

Die wunderschöne, mittelalterliche Klosterkirche ist wenige Schritte entfernt; anmutige schöne Feldwege in bewegter, hügeliger Landschaft führen allewege zu kleinen Waldstücken.

Und nun kommt das Wichtigst von allem: Es ergibt sich offenbar, daß ich nicht arbeitslos werde. Man wird mich für gelegentliche Morgenandachten oder abendliches Begleiten der geistlichen Zusammenkünfte auf dem kleinen Orgelpositiv in Anspruch nehmen.

Zuletzt möchte ich mein neues "Hemmnis" nicht verschweigen, und ich bitte Euch alle, es ernstlich zur Kenntnis zu nehmen: seit geraumer Zeit leide ich an recht

erheblichem Konzentrationsmangel und Gedächtnisschwäche. So möge dieses für viele von Euch mein Abschiedsbrief sein. Ich werde meine Korrespondenz in Zukunft nur sehr eingeschränkt bewältigen können. Bleibt alle Gott befohlen.
Und einen ganz persönlichen Satz fügte sie noch für Halo an:
Ich wollte hier mit einigen Sangesfreudigen ein paar Weihnachtslieder einüben, und merke dabei sehr erschrocken, wie auch mein Musikgedächtnis abgerutscht ist. Nicht für die Melodie, aber die Unterstimmen wollen nicht mehr hängen bleiben. Möge Euch ein wenig Zeit bleiben, am Stall von Bethlehem etwas Rast zu machen.

Im Jahr darauf schrieb sie zu Pfingsten:
Alle Leute freuen sich dankbar über das viele Schönwetter. Nur ich alte "Pessimistin vom Dienst" male mir die Konsequenzen des Ozonlochs aus und muß aufpassen, daß ich mir nicht alle Maienschönheit damit vermiese. Gott hat mich nun einmal nicht als beglückten oder beglücken dürfenden Aktivistin in die Welt gestellt, sondern als Mahnerin, so muß ich nun wohl auch als solche zu Ende gehen.
Wie wird es werden, wenn ich über kurz oder lang meinen Verstand mehr und mehr verliere, -- dafür muß ich Gott sorgen lassen. Es laufen hier eine ganze Menge schwer Verworrener herum. Darum, Kopf und Ohren einziehen und sich fügen und schicken.

Etwa ein Jahr später schrieb sie
Ihr wißt ja gar nichts über mein Ergehen in letzter Zeit. Zu meinen Gedächtnisausfällen gehört leider auch, daß ich oft recht unbegreifliche Fehler in der Rechtschreibung mache. Auch fängt es jetzt beim Laufen an, daß ich nicht mehr flott zu Fuß bin. Es bröckelt an allen Ecken ein bißchen, und nur Gott weiß, wie das Ganze zu Ende gehen wird. Betet bitte auch darum, daß es gnädig weitergehen möchte.
Es ist so schwer, an welche ärztliche Instanz ich mich wenden soll. Sicher ist das sehr teuer und wenig hilfreich. Aber ich möchte nicht etwas aufbauschen, was ich gar nicht übersehen kann. Im schönen, vor uns liegenden Sommer, sollte ich jedenfalls versuchen, so fröhlich wie möglich zu existieren.
Irgendwelche Besuche von Euch wären natürlich eine große Freude für mich. ---

Soweit war Halo mit ihren Rückerinnerungen gekommen. Nach Trautchens Tod hatten sich neue Probleme entwickelt.
Aus dem Verkauf der Eigentumswohnung von Trautchen hatte die Mutter ein kleines Vermögen geerbt. Noch nie hatte sie so viel Geld besessen. Und, ihrer christlichen Gesinnung entsprechend, wollte sie damit Gutes tun. Sie vergab zinslose Kredite an Menschen, die ihre Bedrängnis anschaulich darstellen konnten, oder sie veranlaßte größere Überweisungen an karitative

Einrichtungen, die durch zu-Herzen-gehende Briefe um Spender geworben hatten. Für die Abwicklung solcher Formalitäten erteilte sie einer "Freundin" Bankvollmacht.

Für sich selbst blieb sie nach wie vor bescheiden, doch eines Tages geschah es, daß sie keinen Pfennig mehr besaß und im Geschäft "anschreiben" lassen mußte. Voll Angst und Schrecken hatte sie Halo angerufen und ihr berichtet, wie verarmt sie plötzlich sei. Halo und Jo hatten sich sofort zu ihr auf den Weg gemacht. Was sie in dem kleinen Bungalow vorfanden, machte sie doch sehr betroffen. Zwar hatte die Mutter oft ihr schlechtes Gedächtnis beklagt, hatte die Alzheimer Krankheit nahezu heraufbeschworen, daß es aber derartig schlecht um sie bestellt war, hatte sie durch ihre sonstige Vitalität gut zu überspielen verstanden.

Halo und Jo riefen Christiane und Gunter herbei. Ganz offensichtlich brauchte die Mutter eine juristische Pflegschaft. Halo schaffte es in den nächsten Wochen mit rechtsanwaltlicher Hilfe, einige Summen der Gelder, die die Mutter so großzügig "geparkt" hatte, wieder freizubekommen. Die laufenden Unkosten ließen sich somit wieder decken.

Doch zeigte sich mit aller Deutlichkeit, daß ein Aufgeben des kleinen Bungalows unumgänglich war. Anyta nahm das fremde Eingreifen dankbar an. Sie erschien sogar wie erleichtert, nicht mehr in Geldangelegenheiten agieren zu müssen.

Für die Zeit der Auflösung ihres kleinen Haushaltes und die Umsiedlung in ein Zimmer auf der Pflegestation, hatten Fred und Gudrun die Mutter zu sich geholt. Sie wollten ihr schöne Tage im großen Garten an der Havel bereiten.

Gern machte sich die Mutter nützlich, in Arbeiten, die ihren Kräften entsprachen. Am liebsten ging sie dem Löwenzahn zu Leibe. Dabei fühlte sie sich zurückversetzt in die Zeiten, in denen sie den großen Pfarrhausgarten bei Berlin in Ordnung halten mußte. Unzählige Male bückte sie sich, um mit einem Messer Pflanze um Pflanze auszustechen. Abends sagte sie: "Kind, ich habe Rückenschmerzen. Aber ich weiß doch wenigstens wovon."

Die Johannisbeeren hingen in großen, roten Trauben in den Sträuchern und mahnten zur Ernte. Die Mutter wollte helfen. Doch schon nach kurzer Zeit meinte sie: "Kind, ich glaube, Du hast mir den schwersten Strauch gegeben. Und weißt Du, ich verliere jetzt immer so rasch das Gleichgewicht."

Im selben Augenblick fiel sie schon in die Äste des Strauches. Als Gudrun sie heraushob merkte sie voller Betroffenheit, daß die Mutter nicht die richtige Reihenfolge beim Ankleiden gefunden hatte. Längst hätte Gudrun helfend eingreifen müssen, stellte sie für sich fest. Doch der Respekt, den sie bis zum heutigen Tage vor der Mutter empfand, hatte sie bisher davon abgehalten, das Zepter zu übernehmen. Nun tat sie es, und die Mutter ließ auch dieses mit einem Seufzer der Erleichterung geschehen.

Abends, als sie allein waren, meinte Fred zu Gudrun: "Du, es fällt mir so schwer, daß wir sie nun bald zurückbringen werden, und sie dann nur noch in dem Zimmerchen auf der Pflegestation leben wird. Man merkt doch, wie ihr hier das Leben im Garten gefällt."

"Aber," gab Gudrun zu bedenkend, "es ist ihr eigener Wunsch, dort zu leben."

"Ja, weil sie niemandem zur Last fallen will."

"Da hast Du Recht. Seit Jahren hat sie es immer wieder sehr bestimmt gesagt, daß sie bei keiner ihrer drei Töchter leben möchte. Jede hätte doch ihr Berufs- und Privatleben, das sie ohne Rücksichtnahmen auch ausleben sollten. Darum hat sie bei Zeiten dieses Heim ausgesucht."
Fred nickte, machte aber doch einen Vorschlag: "Gudrun, ich würde mein Arbeitszimmer zur Verfügung stellen. Du bist ausgebildete Krankenschwester, Du könntest so gut die Pflege übernehmen. Mach Deiner Mutter doch bitte den Vorschlag, daß sie zu uns kommen soll, bzw. gleich bei uns bleiben soll. Ich kann mich mit dem Heim einfach nicht anfreunden."
"Fred, Du bist so lieb, danke. Ich will es ihr sagen."
Am nächsten Tag unternahmen sie eine Dampferfahrt, die Mutter Anyta sehr genoß. Sie saßen auf dem Sonnendeck und hatten eben Kaffee getrunken. Gudrun faßte nach ihrer Mutter Hand: "Muttichen, Fred macht den Vorschlag, daß Du ganz bei uns bleibst. Wir hätten ein Zimmer für Dich. Und sieh mal, ich bin nicht nur Krankenschwester, ich bin auch Deine Tochter, die Dich lieb hat. Ich würde Dich gerne betreuen."
Gudrun mußte lange auf eine Antwort warten. Fast mußte sie annehmen, der Inhalt ihrer Worte sei nicht bis zu der Mutter vorgedrungen. Doch dann spürte sie einen leisen Druck der kleinen, alten Hand, und die Mutter antwortete mit aller Deutlichkeit: "Euer Vorschlag ist sehr lieb. Aber laßt mich mal den bevorstehenden Herbst und Winter dort verleben. Vielleicht gefällt es mir ganz gut. Im nächsten Jahr kannst Du noch einmal auf Euren Vorschlag zu sprechen kommen." Damit schloß sie das Thema ab.
Bald begann sie, auf die Rückreise zu drängen: "Ich bin zum Orgeldienst eingeplant", begründete sie ihren Wunsch nach Abreise. Fred und Gudrun baten von Tag zu Tag, sie möge doch noch bleiben. Aber sie strebte fort. So machte Fred sein Auto startklar, und sie traten die Rückreise an. Zielstrebig ging die Mutter bei der Ankunft in der Seniorenanlage zur Pforte, um sich den Schlüssel für ihren Bungalow geben zu lassen.
"Sie brauchen jetzt keinen Schlüssel mehr," sagte die diensttuende Schwester, "Sie wohnen jetzt auf der Pflegestation."
Etwas unschlüssig ließ sich Mutter Anyta auf die Station geleiten. Halo hatte es so einrichten können, die Mutter in deren neuem Zimmer zu empfangen. Mutters Augen leuchteten auf: "Halo, Du bist so lieb."
Halo zeigte ihr nun, wie ihr kleines Reich eingerichtet war. Sie hatte es geschafft, dem Raum eine individuelle Note zu verleihen: "Schau, Muttichen, hier sind Deine Kleider und die Wäsche, hier Deine Schuhe. Und sieh mal, hier haben wir Dir ein Bücherbord angebracht, mit all Deinen Kunstbänden. Und hier hängen die Fotos all Deiner Lieben."
Mutter Anyta schaute sich stumm um. Eben öffnete sich die Tür, und ein junges Mädchen brachte ein Tablett mit Kaffee und Kuchen für alle vier herein. Die Mutter zog ihre Nachttischschublade auf, schaute verwundert hinein und sagte: "Wo ist denn mein Besteck?"
"Eigenes Besteck brauchen Sie jetzt nicht mehr", sagte das junge Mädchen freundlich, "Sie bekommen jetzt alles, was Sie brauchen, von uns."

Anytas Rücken wurde ein wenig gebeugter, als er ohnehin aussah, und mit einem kaum hörbaren Seufzer setzte sie sich an den Tisch. Gudrun, die die Gedanken ihrer tieffrommen Mutter meinte lesen zu können, spürte, was dieser gebeugte Rücken signalisierte: "Ich beuge mich unter die gewaltige Hand Gottes" - dieses biblische Wort hatte sie oft auf ihr eigenes Leben bezogen.

Auf der Heimfahrt knirschte Fred fast hörbar mit den Zähnen: "... das brauchen Sie jetzt nicht mehr... ich kann das nicht ertragen."
"Mir ist auch ganz bitter im Mund", meinte Gudrun verzagt.
Ja, solche und ähnliche Sorgen füllten auch heute das Frühstücksgespräch von Halo und Jo. Dieser schaute jetzt auf die Uhr: "Halo, ich muß aufbrechen. Wie sieht Dein Tag aus, wann sehen wir uns wieder?"
"Vielleicht schaffe ich es heute noch, unsere Mutter zu besuchen. Es kann spät werden. Warte nicht auf mich," sagte sie und gab Jo einen Kuß.
Als sie den Tisch abgedeckt hatte, griff sie zum Telefon und wählte endlich Gudruns Nummer: "Gulu, hier bin ich, Halo. Ich muß gleich los zum Dienst, aber vorher muß ich Dir den Traum von heut Nacht erzählen. Ich stehe noch total unter seinem Eindruck. Gulu, ich träumte, daß ich mit 56 Jahren sterben werde."
"0 Halo, man sagt, Träume sind Schäume. Du bist jetzt 55 Jahre alt. Das ist doch kein Sterbealter!"
"Ja, Gulu, Träume sind Schäume, und Du mußt auch nicht denken, daß ich nun traumgläubig geworden bin. Aber es war alles so realistisch und endete mit dem Satz: und die Beerdigung ist Donnerstag um 11 Uhr."
"Halo, fühlst Du Dich denn irgendwie krank? Oder hast Du Schmerzen?"
"Nein, Gulu, es ist alles in Ordnung. Ich erzähle Dir den Traum auch nur, weil Du einmal daran denken mußt."
"Geh doch mal zum Arzt und laß Dich untersuchen," bat Gudrun. "Du leistest eigentlich schon jahrelang ein überdimensionales Pensum."
"Ja, Gulu, ich habe auch schon daran gedacht, zum Arzt zu gehen. Vielleicht verordnet er mir mal eine Kur."
"0, das beruhigt mich etwas. Eine Kur täte Dir bestimmt gut."
Halo lachte: "Nur, weißt Du, er wird nicht wissen, wofür er sie mir verschreiben soll. Ich bin doch geradezu unverschämt gesund. Mein einziges Problem ist mein Übergewicht. Meinst Du, deswegen bekommt man eine Kur?"
Gudrun hatte seit Beginn dieses Telefonates das Gefühl, als kröche ihr etwas Kaltes über den Rücken. Das schüttelte sie nun ab und fragte: "Was macht denn unsere Mutter?"
"Sie wird immer schwächer", sagte Halo voll Fürsorge, "sie kann nun nicht mehr allein laufen, sondern wird im Rollstuhl gefahren. Die Untersuchungsergebnisse haben erbracht, daß Alzheimer Anteile in dem Krankheitsbild enthalten sind. Sie ist aber total pflegeleicht. Je schwächer sie wird, desto lieber muß man sie haben. Von ihrem dicken Kopf ist nichts mehr zu spüren."
"Grüß sie bitte von uns, und sage ihr, daß wir sie bald besuchen kommen."
Halos Kur wurde genehmigt, und auch Jo hatte etwas für seine Gesundheit eingeplant. Sie fuhren zur gleichen Zeit in unterschiedliche Kurorte. Jo schrieb an Halo:

Meine liebe Halo!
Eine Woche, die erste der Kur, ist vorüber. Mit all den Regularien eines solchen Betriebes bin ich jetzt vertraut. Sie sind mir eher lästig, weil sie meine Ruhe stören. Was für mich in dieser Zeit des Abschaltens, des Ich-werdens, besonders wichtig ist: Der Kontakt mit Dir. Die Formel, die Du neulich am Telefon gebraucht hast finde ich besonders treffend und hilfreich: "Wir sind einander die besten Freunde."
Wenn man nach 23 Jahren der Gemeinsamkeit noch sagen kann: wir sind einander die besten Freunde, dann ist das sehr viel. So möchte ich Deinen Satz auch werten und ihn bestätigen. Sowohl bei Deinem Aufenthalt dort, wie bei meinem hier, erleben wir, daß wir uns wichtig sind, und daß wir einander fördern wollen, und das mit Sympathie.
Natürlich kann gar nicht ausbleiben, was Du auch sagtest: mit den fortschreitenden Jahren wird jeder von uns ausgeprägter, und damit reduziert sich das Spektrum der Gemeinsamkeiten. Ergänzen aber möchte ich diesen Satz durch meine frühere Aussage: Mit den fortschreitenden Jahren wächst aber auch die Gewißheit eines langen, gemeinsamen Weges. In meinem Verständnis ist das ein großer Wert.
Liebe Hannalotte, unser gemeinsamer Weg führt auch in Ungewißheiten. Aber was das Schicksal auch beinhaltet, auf uns beide bezogen gibt es nur einen Sinn: Daß wir einander ohne Vorbehalt und ganz und gar lieben. Dein Jo
Dazu legte er eine hübsche Blumen-Spruchkarte, auf der stand:
Wenn meine Gedanken und mein Herz ein Lied wären, würdest Du der Refrain sein.
Am Ende der Kur konnte Halo auf 6 Kilo Gewichtsreduktion schauen. Sie sagte lieber voll Stolz: 12 Pfund. Sie fühlte sich leicht und beschwingt und drückte dieses auch Gudrun gegenüber am Telefon aus: "Gulu, Du glaubst nicht, wie wohltuend diese Wochen gewesen sind. Einmal Zeit für sich selbst haben, einmal innerlich zur Ruhe kommen. Weißt Du, das mußte ich zu Anfang richtig lernen. Was bin ich doch für eine Betriebsnudel."
Gudrun lachte und fragte: "Aber die Arbeit, schmeckt sie Dir denn jetzt wieder?"
"O ja, sehr", sagte Halo schwungvoll. "Weißt Du, zum Schluß habe ich schon die Tage gezählt, denn die Trennung von Alius ist mir doch sehr schwer gefallen. Um damit besser zurecht zu kommen, habe ich jeden Tag einen Brief an ihn geschrieben. Aber abgeschickt habe ich diese Briefe natürlich nicht. Wohin auch?! Als wir uns nach der Kur in der Schule wiedertrafen, sagte ich ihm, daß ich jeden Tag an ihn geschrieben habe, und ob er die Briefe lesen wolle. "Ich weiß nicht", hat er zögernd geantwortet, und da habe ich sie ihm natürlich nicht aufgedrängt."
"Ach Halo, das ist schon eine verrückte Situation," sagte Gudrun ohne jede Begeisterung.
"Ja", antwortete Halo, "manchmal denke ich, das ist doch schizophren, zwei Männer zu lieben. Übrigens, ich habe Alius gesagt, daß Du alles weißt."
"Halo, mir wäre es lieber, die ganze Geschichte gäbe es nicht."

"Mir auch", meinte Halo ein wenig traurig. "Weißt Du, darum möchte ich auch, daß wir unser Haus verkaufen und, wenn Jo und ich im Ruhestand sind, wegziehen von München. Dann löst sich dieses Problem von alleine. Manchmal träume ich davon, daß wir bei Dir auf dem großen Grundstück unseren Alterssitz bauen. Dort würde die Ruhe und das Glück unserer jungen Jahre zurückkehren. Danach sehne ich mich. Und Jo auch."
"Das hört sich gut an, Halo, aber es ist noch ein Weilchen hin."

Im Oktober dieses Jahres 1991 fuhren Fred und Gudrun, die Mutter zu besuchen. Sie konnte sich nun nicht mehr mit eigener Kraft im Rollstuhl halten, sondern mußte mit einem Gurt daran fixiert werden. Gudrun hatte die letzten Erdbeeren aus dem Garten gepflückt und zeigte sehr stolz der Mutter diese späte Ernte. Deren Augen leuchteten beim Anblick der roten Früchte. Leise tippte sie Gudruns Arm an, zum Zeichen, daß sie die Früchte gern essen würde. Während Gudrun der Mutter die Früchte reichte, glitten ihre Augen fachmännisch an ihrer kleinen Gestalt entlang. Wie dicke, unförmige Klumpen standen die Füße auf dem Fußbrett des Rollstuhles. Außerdem ging ihre Atmung sehr kurz und etwas schnappend. Ein rasanter Abwärtstrend zeichnete sich da ab. Gudrun fragte sehr bewegt: "Muttichen, ist das nun sehr schwer für Dich, daß Du so hinfällig geworden bist?" Wieder ließ die Antwort eine Weile auf sich warten. Dann aber gewann die kleine Gestalt ein wenig an Gradheit: "Nein", sagte sie, "es ist nicht schwer. --- Aber ich will auch nicht, daß es schwer ist."
Gudrun empfand eine starke Ehrfurcht vor dieser inneren Disziplin, die die Mutter eben mit so wenigen Worten ausgedrückt hatte. Bis zum Abschied hatte Gudrun die Klarheit gewonnen, daß sie einander auf dieser Erde nicht wiedersehen würden.
"Ich habe Dich sehr lieb", sagte sie, als sie die kleine Gestalt ein letztes Mal drückte. Halo berichtete in den nächsten Tagen am Telefon, daß die Mutter viel mit gefalteten Händen auf dem Bett läge, und daß ihre Lippen sich lautlos bewegten.
"Sie ist wahrscheinlich in einem Abschlußgespräch mit Gott", meinte Halo.
Nur 14 Tage nach dem Besuch von Fred und Gudrun geschah es, daß Mutter Anyta zum Frühstück an den Tisch gesetzt worden war. Die Schwester hatte ihr den ersten Happen in den Mund geschoben und war ins Nebenzimmer geeilt, um dort Hilfestellung zu geben. Als sie zurück kam, war Mutter Anytas Seele bereits auf dem Weg zu Gott. Wie hatte sich ihr oft das Notenbild vor Ergriffenheit verwischt, wenn sie am Ewigkeitssonntag im Dienst als Pfarrfrau an der Orgel den Gemeindegesang begleitet hatte:
    Jerusalem, du hochgebaute Stadt, wollt Gott, ich wär in dir.
    Mein sehnlich Herz so groß Verlangen hat und ist nicht mehr bei mir.
    Weit über Berg und Tale, weit über flaches Feld
    schwingt es sich über alle und eilt aus dieser Welt.
    0 schöner Tag und noch viel schönre Stund,
    wann wirst du kommen schier, da ich mit Lust, mit freiem Freudenmund
    die Seele geb von mir in Gottes treue Hände, zum auserwählten Pfand,
    daß sie mit Heil anlände in jenem Vaterland.

Die Beichte
(1992)

Wenige Wochen nach Mutters Beerdigung feierte Halo ihren 56. Geburtstag. Gudrun, die seit dem Augenblick, seitdem Halo ihr von dem Traum erzählt hatte, innerlich voller Sorge steckte, nahm den Geburtstag zum Anlaß, einen Kurzbesuch bei ihr und Jo zu machen.

Dieser Ehrentag wurde geprägt von Gratulanten, die für ein halbes Stündchen hereinschauten, von den bereitstehenden bunten Platten ein Häppchen aßen, mit Sekt auf Halo anstießen oder eine Tasse Kaffee tranken. Gudrun konnte erleben, mit welcher Wertschätzung die engeren und weiteren Freunde ihre Glückwünsche aussprachen. Auch Alius erschien, von Halo förmlich herbeigesehnt. Gudrun nahm ihm gegenüber Platz. Obwohl sie einander noch nicht kannten, verlief das Gespräch sehr angeregt und fast vertraut.

Dann stand Gudrun auf, um die Kaffeemaschine neu anzusetzen. Während der Kaffee durchlief, setzte sie sich eine Weile zu Jo in dessen Arbeitszimmer: "Jo, wie kommst Du damit zurecht, daß Halos Seele ganz offensichtlich "anders besetzt" ist?"

Jo seufzte auf: "Es ist ein Verhängnis für uns, daß Alius in unser Leben getreten ist."

"Siehst Du in ihm eine Gefahr für Eure Ehe?"

"Nein", meinte Jo gedehnt, "Er ist ja verheiratet. Halo würde nie seine Ehe zerstören wollen. Soweit ich es überschaue, denkt auch er mit keiner Silbe an Scheidung."

"Ich habe ihn eben erstmalig gesehen, er ist ja eine Persönlichkeit mit Ausstrahlung."

"Ja," meinte Jo, "er hat manches, was Halo an einem Partner sucht, manches, was ich nicht aufweisen kann."

"Und was meinst Du da?"

Jos Stirn legte sich in Falten: "Zum einen ist er sehr groß und hat braune Augen, das sind zwei Attribute, die für Halo wichtig sind. Und - ich? Ich habe blaue Augen und bin gleichgroß mit Halo."

"Dafür hast Du die wunderbaren Locken, in denen Halo so gern krault."

Jo lächelte müde: "Zum anderen ist es vor allem die Musik, in der sie sich begegnen. Auf dem Gebiet lasse ich Halo ja wirklich allein. Und auch in der Liebe zu Tieren stimmen sie überein."

"Trotzdem, Jo, Halo und Alius, sie kennen einander doch nur mit ihren Besuchsgesichtern. Wie es ist, den Alltag miteinander zu leben, davon wissen sie nichts. - Und diesen gelebten Alltag, den hast Du nun fast 24 Jahre als gemeinsames Fundament mit ihr, meinst Du, dagegen kommt so eine Feiertagsbeziehung an?"

"Gudrun, Du vergißt bei Deiner Logik, daß es auch Illusionen gibt. Und Halo läßt sich von den Illusionen einfach davontragen."

"Und Du, was tust Du dagegen?"

"Ich kann nichts dagegen tun. Das will ich auch nicht. Ich bin nicht g e g e n Halo. Ich sinne viel mehr darüber nach, was ich f ü r sie tun kann.
Weißt Du, Gudrun, man kann doch nicht aus dem Augenblick heraus handeln oder urteilen, sondern, man muß den Menschen in seiner Ganzheit nehmen, also mit seiner gesamten Biographie. Halos Kindheit, ich benutze ihre eigenen Worte, war eine Bilderbuchkindheit. Doch ihren Knick erhielt diese Kindheit an dem Tag, als Euer Vater am Ladogasee in Rußland fiel. Es erschüttert mich, bzw. es ist bezeichnend, daß Halo bis zum heutigen Tag von "Väterchen" spricht. Diese Leitfigur für die Heranwachsende, diese Schulter zum Anlehnen, - sie war nicht mehr da.
In Halos Leben traten Ersatzfiguren. Zuerst Onkel Ludwig, das bedeutete noch heile Welt.
Dann gab es den Adoptivvater. Halo war aber nicht mehr jung genug, um in ihm ein neues "Väterchen" gewinnen zu können. Außerdem stimmte die Chemie zwischen den beiden partout nicht. Doch Halo war auf eine "Väterchenfigur" angewiesen. Die Jugendliebe zu Martin wurde von dessen Vater erstickt. Martins Vater hat mit dieser Maßnahme Halos Seele Schaden zugefügt. Es folgte die Ehe mit Otmar, die zum Scheitern verurteilt war. Halos Seele suchte weiter.
Dann fanden wir uns und alles schien gut. Aber des Lebens Alltag ist an uns nicht vorbeigegangen. Neben allem Schönen gab es auch Reibungen und Verletzungen. Ich mußte mit Erstaunen feststellen, daß Halo unbewußt alle Verletzungen, die sie durch die anderen Männergestalten (seit "Väterchen") erhalten hat, auf mich projizierte.
Wie ich meine Stirn runzele, erinnert sie an Otmar, wie meine Augenbrauen gewachsen sind, an den Adoptivvater, wie ich meine Ruhe und Zurückgezogenheit suche, um arbeiten zu können, an den Drill im Adoptivelternhaus.
Voller Enttäuschung wird ihr Unterbewußtsein wahrgenommen haben, daß das Zusammenleben mit mir kein Erdsatz für "Väterchen" ist. Und so sucht ihre Seele weiter. Nur mit der Gesamtheit ihrer Lebensgeschichte kann ich diese, ihre Suche, ertragen.
Am besten geht es uns immer in Kiefernwalde. Den Aufenthalt dort planen wir auch für dieses Jahr ein. Dort werden wir wieder die alte Nähe zueinander finden."
"Ich freue mich, wenn Ihr weiterhin dort Ferien macht. Auch für mich ist dieser Ort der Inbegriff von Ruhe. Aber sag mir, Jo, wer sieht denn Dich mit Deiner gesamten Biographie? Wer denkt über Deine Verletzungen nach?"
"Das ist im Moment nicht wichtig. Darum noch ein Gedanke zu Halo," meinte Jo, "seit einigen Jahren ist sie in die Mitarbeitervertretung in ihrem Arbeitsbereich gewählt worden. Seitdem hat sie nach außen hin unheimlich an Stärke gewonnen. Diese Stärke ist das, was die Menschen an ihr suchen. Sie wollen Halt und Beistand bei ihr finden. Auf unsere Beziehung wirkt sich das eher negativ aus. Halo ist unglaublich dominant geworden."
"Ja, das habe ich mehrfach miterlebt."

"Und dabei, Gudrun, ist Halo eigentlich unsicher, verletzbar und schwach. Aber dieses wissen nur Du und ich, wir zwei. Halo muß beschützt werden, auch vor sich selbst und vor ihren Illusionen. Ich denke, das ist in dieser Zeit jetzt meine Aufgabe. Weißt Du, wenn man meint, Anspruch auf einen Dauerglückszustand zu haben, dann ist man ein rechter Egoist. Ich glaube, beieinander zu sein und zu bleiben, auch wenn der andere sich verirrt oder seinen Illusionen nachgeht, ist viel wichtiger in der Wechselbeziehung einer Partnerschaft."
"Gut, daß Du so denkst. Aber weißt Du, wir haben uns hier festgeredet, und Halo sitzt an ihrem Geburtstag allein. Ich glaube, mein Kaffee ist längst durchgelaufen."
Gerade als sie sich beide erheben wollten, betrat Halo den Raum. In ihren Augen lag noch der Glanz der Freude über den Besuch, der sich eben verabschiedet hatte: "Kommt Ihr beiden, ich habe den Kaffeetisch für uns fertig. Ich denke, weitere Gäste sind jetzt nicht mehr zu erwarten."
Am Abend erschienen Frieder und Bianca mit dem kleinen Peter. Halo wurde in diesem Moment in ihre liebste und schönste Rolle versetzt, in die der Großmutter. Stets hatte sie eine kleine Überraschung für ihr Enkelchen bereit. Und dann setzte sie sich an den Flügel, nahm Peterle auf den Schoß und spielte: Guten Abend, gute Nacht ... Peterle tippte mit dem Zeigefinger ebenfalls auf die Tasten und war der Meinung, die ganze, schöne Musik selber veranstaltet zu haben.

Im Sommer reisten Jo und Halo in Kiefernwalde an. Gudrun und Fred hätten gern einige Tage mit ihnen zusammen verbracht, doch die beiden brauchten so offensichtlich das Alleinsein, daß Gudrun und Fred sich auf einen Tagesbesuch bei ihnen beschränkten. Sie trafen sich an einem jener Späthochsommertage im August. Jo lag mit seinem Buch auf einer Gartenliege und genoß die Sonne. Fred baute akribisch genau die Regenwasserpumpe auseinander, um deren Defekt zu beseitigen, Halo und Gudrun unternahmen einen Spaziergang in den Wald.
In wabernder Stille lag die lange Schneise blühender Heide vor ihnen. Zartblaue und hellbraune kleine Schmetterlinge gaukelten über dem erikafarbenen Blütenmeer. Am sandigen, geschlängelten Waldweg standen Birken, die bereits einen ganz leichten Gelbton zeigten, als wollten sie den Herbst ankünden.
"Laß uns hier ein bißchen sitzen", sagte Halo und zeigte auf einen bemoosten Erdhügel am Rande des Weges, "es tut mir so leid, daß wir nur diesen einen Nachmittag haben, Gulu. Aber Jo und ich, wir brauchen ungeteilt diese Zeit hier. Kannst Du das verstehen?"
"Selbstverständlich verstehe ich das, Halo. Natürlich hätte ich mich unbeschreiblich über einige gemeinsame Tage gefreut, weil Du mir so wichtig bist - und ich Dich so unendlich lieb habe."
Erschrocken hielt Gudrun inne. Noch nie hatte sie Halo gegenüber das Wort "Liebe" gebraucht. Ihre Zuneigung zueinander fanden sie beide so selbstverständlich, daß es keiner Worte bedurft hatte. Nun war ihr ganz spontan dieser kleine Satz herausgerutscht. Ob Halo das für ungewöhnlich hielt? Sie ließ sich nichts anmerken.

Nach einigen Momenten der Stille sagte diese: "Ich habe Dich absichtlich gebeten, ein Stück in den Wald mitzukommen. Ich muß Dir nämlich etwas erzählen, was mich sehr bedrückt. Es muß einmal ausgesprochen werden. Wenn ich gestorben bin, dann sagst Du bitte alles, was ich Dir jetzt erzähle, Jo. Er weiß die ganze Geschichte nicht, und dabei hat sie indirekt sehr viel mit ihm zu tun."
Gudrun bekam Angst: "Halo, Du denkst an Deinen Traum, nicht wahr? Und jetzt bist Du 56 Jahre alt, da drängt sich Dir der Gedanke ans Sterben auf. Aber, bitte Halo, laß uns zusammen alt werden. Wir sind beide noch nicht im Sterbealter."
Halo lächelte ein wenig abwesend: "Nein, Gulu. Aber ich m u ß Dir diese Geschichte erzählen, und ich glaube, der Traum hat nur zweitrangig damit zu tun. Also, alles, was ich Dir jetzt anvertraue hat sich damals in der Musikausbildung in Berlin zugetragen:
Nach meiner unglücklichen Jugendliebe zu Martin lernte ich auf der neuen Schule Otmar kennen. Er flirtete ganz offensichtlich mit mir, und so hielt ich das, was ich für ihn empfand, für Liebe. Auch körperlich fanden wir uns anziehend, und so passierte es ganz rasch, daß ich schwanger wurde. Ich bekam einen maßlosen Schreck und hoffte die ersten vier Wochen auf ein Versehen der Natur, auf einen Rechenfehler oder eine Hormonstörung. Doch nach 6 - 8 Wochen bestand kein Zweifel: ich bekam ein Kind.
Natürlich habe ich mit Otmar gesprochen. Dessen Schreck war nicht minder groß. Er sagte mir, daß es für ihn völlig klar sei, daß wir einmal heiraten werden. Aber nicht jetzt! Er hätte seinen Eltern schon so manche Nuß zum Knacken aufgegeben, hätte vieles wiederholen müssen, das Abitur und die Organisten C-Prüfung. Nun hätten seine Eltern ihm mit dieser Schule eine neue Chance gegeben. Aber sie stünden mit ihren Erwartungen und mit ihren monatlichen Schecks nun auch da und wollten in absehbarer Zeit die bestandene B-Prüfung sehen. Wenn die geschafft sei, so sagte er damals zu mir, dann sei als nächstes die Hochzeit dran und dann ein Kind. Es müsse alles die richtige Reihenfolge haben. Darum solle ich mir etwas einfallen lassen.
Du weißt ja, wir haben zu Hause die gleiche Erziehung genossen und konnten uns eine andere Reihenfolge auch nicht vorstellen. Etwas einfallen lassen. --- Ja, was sollte ich da machen? Ich habe alle Varianten durchgespielt:
Mit Dir reden? Würdest Du, als Diakonisse, diese Problematik überhaupt erfassen? Und wie hätte Deine Hilfe aussehen sollen? Du hattest noch keine abgeschlossene Berufsausbildung und nicht mal ein eigenes Zimmer. Außerdem empfand ich eine fast unüberwindliche Scham. Nein, Du kamst nicht in Frage. Und Christiane ebenso nicht.
Zu den Eltern gehen? Ihnen sagen: so, hier bin ich nun. Ich habe zwar noch nicht die B-Prüfung, dafür bekomme ich aber ein uneheliches Kind. Unmöglich!! Weißt Du noch, wie unsere Mutter einen solchen Umstand als das "Schlimmste" in ihrem Leben bezeichnet hatte? Mir grauste allein bei dem Gedanken an sie. Ich glaube, sie hätten mich nicht aufgenommen. Diese Blamage hätten sie nicht ertragen. Ich hätte doch ihr Pfarramt beschmutzt. Ich bin überzeugt, nicht nur sie hätten es nicht ertragen, sondern auch ich hätte ihre Reaktion nicht ausgehalten.

Was weiter? Kein Mensch auf dieser Erde konnte mir helfen, so sehr ich auch Freunde und Verwandte in Erwägung zog. Also mußte eine andere Hilfe gefunden werden. Doch wo und wie? An wen wendet man sich in solchem Falle? Ich war total unerfahren.
Inzwischen verstrichen weitere Wochen. Eines Tages bewegte sich das kleine Wesen in meinem Bauch. Gulu, Du bist nie schwanger gewesen, Du kannst Dir die Süße dieses Augenblicks nicht vorstellen. Es klopft an, das Kleine: "Hallo", sagt es, "hier bin ich. Spürst Du mich?"
Eine heiße Welle von Liebe durchzog mich, aber gleichzeitig auch eine finstere Wolke der Verzweiflung und Ablehnung. "Kleines, ich darf Dich nicht lieben. Ich handle gegen alle meine Gefühle. Du bist unerwünscht. Versteh mich nicht falsch, Kleines, mir wärst Du lieb, aber die Umwelt mit ihren Sitten und Traditionen lehnt Dich ab. Und ich lebe nach den Erwartungen dieser Umwelt. Ich bin als Einzelperson nicht stark genug gegen das Denken der Gesellschaft. Wir haben einfach die richtige Reihenfolge nicht eingehalten. 0, Kleines, wo treibt es uns beide hin?"
Ja, Gulu, dann fand ich einen Arzt. Laß mich davon schweigen, wie und wo ich seine Adresse auftrieb, laß mich auch davon schweigen, wie teuer es war. Jedenfalls saß ich eines Tages in seinem Sprechzimmer. Er sagte mir, daß er nicht viel für mich tun würde. Er könne mir lediglich die Fruchtblase aufstechen. Dann solle ich so rasch wie möglich auf der Straße ein Taxi anhalten und mich in das nächste Krankenhaus fahren lassen. Und so geschah es auch.
Das Haus, in dem ich aufgenommen wurde, unterstand katholischen Ordensfrauen. Nach der ersten Untersuchung stand für diese erfahrenen Schwestern doch fest, was hier vorlag. Und so behandelten sie mich auch. Sie faßten mich sozusagen nur mit zwei spitzen Fingern an und sprachen nur das Notwendigste mit mir.
Ich wurde in einen weißgekachelten Raum geschoben und bekam eine Spritze. Danach setzten kolikartige Bauchschmerzen ein. Aus späteren Erfahrungen weiß ich, daß es sich um Wehen handelte. Ich stöhnte, und die Schwester schob mir einen Schieber unter. Immer heftiger und wellenförmiger kamen die Schmerzen, bis etwas aus mir herausglitt. Eine Schwester zog den Schieber weg und sagte zum Arzt: "Sie blutet stark."
Bevor er mir eine Spritze in den Arm gab und ich das Bewußtsein verlor, dachte ich: "In einem Schieber haben sie mein Kleines, mein Namenloses, mein Abgelehntes, --- mein Getötetes, hinausgetragen".
Gulu, heute berät man Frauen, die eine Fehlgeburt erlitten haben, ihrem winzigen Kind einen Namen zu geben, eine Kerze dafür anzuzünden und richtig darum zu trauern. Ich mußte, außer der Erleichterung, die ich empfand, alle Gefühle der Trauer, der Sehnsucht und der Scham unterdrücken.
Ich erwachte in einem Krankenzimmer. An meinem Bett saß Otmar. Er hielt meine Hand, und wir haben die Besuchzeit über zusammen geweint. Er versicherte mir immer wieder, daß wir nach seiner Prüfung heiraten, und daß ich dann noch viele Kinder zur Welt bringen werde. Nach Beendigung der Besuchszeit zeigten sich die Schwestern etwas freundlicher. Hatten sie doch

gesehen, daß das Kind einen Vater gehabt hätte, und daß wir beide so viele Tränen vergossen hatten.
Erleichterung sagte ich vorhin. Ja, das Problem hatte sich gelöst, ich hätte erleichtert sein können. Aber die Wirklichkeit stellte sich anders dar. Neben der Erleichterung stellten sich furchtbare Gewissenskonflikte ein. Daß die so abrupt unterbrochene Mutterschaft mich quälte, war natürlich, organisch, weiblich und hormonell bedingt. Darüber hinaus marterte mich mein Vergehen gegen das Leben.
Gulu, viel später las ich einen Artikel eines Arztes zu diesem Thema. Dieser Gynäkologe schildert darin, daß solch kleiner Embryo vor der Zange, die nach ihm greifen will, ausweicht. Gulu, bestimmt hat sich mein Kleines mit seinen winzigen Händchen auch festgeklammert, so lange es konnte. Aber die Wehenspritze hat es hinausgetrieben in den Tod. Diese Vorstellung ist furchtbar.
Das Schlimmste aber, Gulu, ist mein Schuldgefühl Gott gegenüber. Du glaubst nicht, wie sehr ich ihn um Vergebung gebeten habe. Aber nie gab er mir ein Zeichen, daß die Schuld gesühnt sei. Otmar und ich haben ja dann geheiratet. Du weißt, daß ich danach kurz hintereinander zwei Fehlgeburten hatte. Ich dachte: das ist die Strafe Gottes, und ich nahm sie als solche an. Dann kam die nächste Schwangerschaft, die uns nach langen Wochen des Liegens und des ständigen Bangens den kleinen Gottfried bescherte. Ich war einfach selig, und an dem Namen des Kindes erkennst Du, was ich mir erhoffte: den Frieden mit Gott. Heute sage ich mir, diese ausgetragene Schwangerschaft war ein glücklicher Zufall meiner geschädigten Organe.
Doch der nagende Gram meines Gewissens ließ nicht nach. Meine Lage verschlechterte sich sogar dadurch, daß die Ehe mit Otmar nicht glücklich verlief und endlich auch geschieden wurde. Mein Verhältnis zu Frieder lenkte sich von vornherein in falsche Bahnen. Er sollte für mich die Rolle des "Erlösers" übernehmen, womit er als ganz normales Kind doch völlig überfordert war. Aber ich ließ nicht von dem Gedanken und blickte in den Buben wie in einen goldenen Spiegel. Daß da am Ende nur Enttäuschung für mich herauskam, ist auf alle Fälle nicht seine Schuld.
Bemerken möchte ich auch noch, daß mein Verhältnis zu den Eltern unter dieser Geschichte sehr gelitten hat. In ganz schlimmen Momenten meines Lebens gab ich ihnen sogar insgeheim die Schuld am Tod dieses ersten Kindes. Wären sie toleranter gewesen, sagte ich mir, dann hätte ich Vertrauen zu ihnen haben können, und das Kind wäre am Leben geblieben.
Mit mir zur gleichen Zeit war noch eine Studentin schwanger, die ebenfalls nicht zu ihren Eltern gehen konnte oder wollte. Doch sie ließ ihr Kind leben. Als in den Weihnachtsferien das Internat schloß, lebte sie mit ihrem Neugeborenen in einem U-Bahnschacht. Heute hat sie einen 25-jährigen, wunderbaren Sohn, der sehr liebevoll mit seiner Mutter umgeht. Wenn ich von den beiden gelegentlich gehört habe, bekam ich immer einen Extrastich durchs Herz.
Dann trat Jo in mein Leben. Du weißt, daß er eine Art menschliche Offenbarung für mich bedeutete. All das, wonach ich vergeblich gesucht hatte, fand ich in ihm. Natürlich wurde dieses traurige Kapitel meines Lebens nicht gleich in den

ersten Gesprächen des Kennenlernens erwähnt. Später, als ich seine tiefsten ethischen und moralischen Grundwerte erfaßte, bekam ich Angst, von meiner großen Versündigung gegen das Leben zu sprechen. Mich erfaßte die Sorge, ich könne dadurch sein Wohlwollen oder gar ihn selbst verlieren. Je länger ich ihn kannte, desto tiefer wurde mein Wunsch, ganz mit ihm zu leben. Du weißt, daß seine Auseinandersetzung mit dem Orden zwei Jahre dauerte. Diese Zeit bedeutete für mich ein ständiges Hoffen und Bangen um ihn. Ich bildete mir ein, wenn er aber diese, meine schreckliche Geschichte erführe, dann bliebe er im Orden. Und das ging meinen Sehnsüchten doch total entgegen. Also schwieg ich weiter.
Dann fiel seine Entscheidung für ein Leben mit mir. Noch wäre Zeit gewesen, ihm zu sagen, auf was für eine Frau er sich da einläßt. Aber nun fürchtete ich seinen berechtigten Vorwurf, warum diese Eröffnung so spät kommt. Hätte er es früher erfahren, würde ein Verbleiben im Orden eventuell eine logische Folgerung gewesen sein. Ich schwieg weiter. Ich schwieg in der Hoffnung, Jo und ich würden gemeinsame Kinder haben. Dann wäre alles gut. Diese Kinder würde ich als Zeichen der Vergebung Gottes annehmen dürfen. Du weißt, wie traurig diese Hoffnung zerstört wurde. Zwei Fehlgeburten, die mich an den Rand des Lebens brachten. Gott hat mir nicht vergeben, sondern er hat mich mein Leben lang bestraft und den armen, nichtsahnenden Jo mit.
Und nun, vor drei Jahren, bekamen Frieder und Bianca ihren kleinen Peter. Wieder lebte ich in der irrationalen Hoffnung, dieses Kind könne für mich das Zeichen der Vergebung sein, mir die Erlösung bringen. Ein nahezu zwanghafter Trieb beherrschte mich, dieses Kind an mich zu ziehen. Ihr denkt, ich bin eine närrische Großmutter. Das bin ich gewiß auch. Aber vor allem bin ich ein Leben lang auf der Suche nach Ersatz für dieses erste Kind. Gulu, dieser verhängnisvolle Entschluß damals, das Kind zu töten, er hat mich nie wieder richtig froh werden lassen. Manchmal denke ich, noch mehr bereuen, noch mehr büßen, wie sollte das gehen?
Dann kam der Traum, daß ich mit 56 Jahren sterben werde. Denk mal, mein erster Gedanke war: dann hat diese Pein ein Ende! Weißt Du, es ist ja nicht nur, daß ich es dem Jo verschwiegen habe. Sondern, daß unsere Ehe kinderlos blieb, halte ich durchaus für eine gesundheitliche Folge jenes Eingriffs damals. Nicht zu sprechen davon, wie ein bis zwei Kinder unsere Partnerschaft bereichert, unsere Liebe zueinander vertieft hätten. Nein, auch meine gestörten Emotionen haben unsere Ehe, unser Intimleben belastet. Ich habe Jo gegenüber eine so maßlose Schuld auf mich geladen, daß ich eingestehen muß, damit sein Leben verdorben zu haben."
Halo richtete einen flehenden Blick auf Gudrun: "Gulu, ich bitte Dich von Herzen, sag ihm a l l e s, was ich Dir eben erzählt habe, wenn ich tot bin. Und sag ihm, daß es mir unendlich leid tut, und daß ich ihn immer sehr lieb hatte, trotz aller Schuld."
Gudrun hatte die ganze Zeit mit wachsendem Mitgefühl zugehört. Jetzt, unter Halos Blick, sagte sie: "Halo, die Geschichte ist so schwerwiegend, ich werde nie mit Jo darüber sprechen können. Außerdem fällt mir schon eine ganze Weile auf, daß Du heute wieder dunkelgrüne Augen hast."

Halo unterdrückte einen Seufzer: "Seltsam, Gulu, daß Du wieder von den grünen Augen sprichst. Das hast Du mir schon einmal gesagt, vor Jahren, als ich an unserem 20. Hochzeitstag ohne Jo bei Dir hier war. Wir sprachen damals über unsere Kinderlosigkeit. Und ich war drauf und dran, Dir die Geschichte von eben zu erzählen. Dann habe ich doch alles wieder heruntergeschluckt. Du mußt es mir angesehen haben.
Aber, Gulu, ich beende dieses heutige Gespräch nicht, ehe ich Dein Versprechen habe, daß Du mit Jo reden wirst. --- Irgendwann einmal."
"Halo, ja, ich werde es tun, auch wenn ich nicht weiß, wie. Aber, Halo, Dein schweres Leben, es tut mir so, so leid."
"Gulu, danke, fürs Zuhören, danke für Dein Versprechen. Ich bin froh, daß es e i n m a l aus mir herauskonnte. Und nun wollen wir zu unseren Männern zurückgehen."

Als Halo ein halbes Jahr später 57 Jahre alt wurde, rief Gudrun sie voller Erleichterung an: "Halo, dieses Jahr ist vorbei. Dein Traum kann uns nichts mehr anhaben."
"Aber er war doch so deutlich", sagte Halo voller Ernst.

Das letzte Lied
(1993)

Als Halo und Jo in diesem Sommer nach Kiefernwalde kamen, brachten sie eine Grundrißzeichnung mit: "Sieh mal Gulu", sagte Halo glücklich, "so stellen wir uns unser Haus vor, das wir für unseren Ruhestand gerne hier, bei Dir, bauen würden." Dabei rollte sie ein großes Papier auseinander. "In zweieinhalb Jahren, wenn ich 60 bin, können die Verhandlungen und Vorbereitungen für den Bau beginnen. Wenn wir in München unser Haus verkauft haben werden, steht uns für diesen Neubau genügend Geld zur Verfügung."
Gudrun konnte sich alles sehr bildlich vorstellen.
Als die beiden Schwestern allein waren, wurde Halo ernst: "Gulu, ich habe in letzter Zeit manchmal ganz plötzlich auftretende Magenkrämpfe. Die sind so schlimm, daß mir fast die Luft wegbleibt und ich das Gefühl habe, ohnmächtig zu werden."
"Das erschreckt mich. Warst Du damit beim Arzt?"
"Ja, aber er müßte so eine "Kolik" einmal selber sehen," meinte er. "Was er an Untersuchungen veranlaßte, zeigte nichts Krankhaftes."
"Halo, ob es Dein Nervenkostüm ist, das auf diese Weise streikt? Ich meine, Deine seelische Anspannung kann nicht ohne gesundheitliche Folgen bleiben."
"Bestimmt hast Du Recht. Es gibt z.Zt. in meinem Arbeitsgebiet auch viel Unruhe. Eigentlich sollten alle für unseren Einsatz in der Arbeit mit den Schülern dankbar sein. Aber, als Alius sich letztens sogar bereit erklärte, als Betreuer mit mir zusammen eine Schülerfreizeit zu begleiten, brach eine offene Feindseligkeit im Kollegium aus."
Gudrun fragte: "Hat das etwas mit Dir zu tun?"
"Nein, das wagen sie wohl nicht, uns direkt anzugreifen Aber die ganze Situation beunruhigt mich doch sehr. Ach, Gulu, ich freue mich ganz doll auf diese Freizeit. Alius und ich haben alle Details der Reise vorbereitet. Dabei hatten wir schöne Stunden zu zweit. Wir sind gemeinsam die Route abgefahren, um den Aufenthaltsort schon im Voraus kennenzulernen."
Halo hatte einen nahezu schwärmerischen Gesichtsausdruck bekommen: "Und nun diese Anfeindung und dazu meine Magenkrämpfe. Wer weiß, was aus der Woche wird?"
Doch vorerst hatten sie Urlaub. Kiefernwalde wirkte sich auch dieses Jahr wohltuend auf sie beide aus. Halo bekam keine Magenkrämpfe mehr, und Jo genoß die entspannte Nähe zu ihr.
Nach Beendigung des Urlaubs konnte die Schülerfreizeit ohne Komplikationen durchgeführt werden. Halo hätte sehr zufrieden seien können, aber die aufgetauchten Feindseligkeiten im Kollegium wollten sich nicht legen. Deswegen wurde für einen Abend im Oktober eine Besprechung anberaumt, die ausschließlich diesen Konflikt zum Thema hatte. Halo hatte sorgenvoll mit Jo über alles Für und Wider, das an diesem Abend auftauchen könnte, gesprochen. Sie legte auf seinen Rat, auf sein Zuhören, großen Wert.

"Es kann heute spät werden", hatte sie zum Abschied gesagt, dann war sie zu der Besprechung gefahren.
Weit nach Mitternacht hörte Jo sie heimkommen. Er knipste das Nachtlicht an und rief leise Halos Namen. Sie betrat sein Zimmer: "Liebes, Du schläfst ja nicht?"
"Ich habe mir Sorgen gemacht, Halo. Sag, war es schlimm?"
"Ja, es war hart. Jo, jetzt bin ich todmüde und gehe ins Bett. Und hoffentlich können wir beide schlafen." Halo gab ihm einen leisen Kuß und ging in ihr Zimmer.
Als Jo am nächsten Morgen nach seiner Toilette aus dem Bad kam, sah er Halos Tür offenstehen. Er wollte in ihr Zimmer treten und sie fragen, ob sie gut geschlafen hätte. Doch ein Verwundern überfiel ihn. Warum kniete Halo vor ihrem Bett? Er rief sie bei Namen, doch sie rührte sich nicht. Eilig trat er zu ihr und griff sie bei der Schulter. Wie leblos fühlte sich ihr Körper an. Jo wurde von einem maßlosen Schrecken ergriffen, doch er tat mechanisch die genau richtigen Dinge in der notwendigen Reihenfolge.
Zuerst den Notarzt informieren. Er wußte sogar die Telefonnummer. Dann fiel ihm der Arzt ein, der zwei Häuser weiter wohnte. Ein kurzer Anruf, und der Nachbar eilte zu Hilfe. Sie lagerten Halo fachmännisch. Puls und Atmung konnten nicht festgestellt werden. Der Arzt begann mit den Maßnahmen der Reanimation. Beide, er und Jo, verloren das Gefühl für die Zeit, die um Halos Wiederbelebung verging. Endlich ertönte das Martinshorn des Notarztwagens. Das Auto hatte im morgendlichen Berufsverkehr mehr Zeit gebraucht, als üblich wäre.
Nun eilte der Notarzt die Treppe hinauf. Alles ging sehr rasch. Ein Tubus wurde in Halos Luftröhre geschoben, und durch den Atembeutel konnte nun Sauerstoff in ihre Lungen gepumpt werden. Ein Herzüberwachungsgerät wurde angeschlossen und nach zweifachen Elektroschock zeigte der Schreiber wieder die Kurve eines Herzschlages an. Erleichtert packte der Notarzt seine Sachen zusammen, und Halo wurde in einem Tuch die Treppe heruntergetragen und auf die Trage des Krankenwagens gebettet. Mit Blaulicht und Martinshorn fuhr der Wagen davon. Jo hatte die notwendigen Papiere für Halo zusammengerafft und fuhr mit seinem Wagen dem Krankenauto hinterher. Immer noch wurde der rasche Transport durch den morgendlichen Berufsverkehr behindert. Kostbare Minuten, von denen Halos Leben oder Sterben abhing.
Die nächstliegende Notaufnahme befand sich in einem katholischen Krankenhaus. Als Jo die Räume betrat, hatte man Halo bereits zu speziellen Untersuchungen in die Diagnostikabteilung gefahren. Jo mußte warten. In dieser Zeit wurde ihm klar, daß der heutige Morgen einen großen Einschnitt in ihrer beider Leben gebracht hatte.
Endlich rief der Oberarzt der Aufnahmeabteilung Jo zu einem ersten Informationsgespräch: "Ihre Frau hat einen Gehirnschlag erlitten. Wie Sie uns mitteilten, können Sie uns über die Länge der Zeit, in der Ihre Frau bewußtlos lag, keine Auskunft geben. Wir haben die Hirnströme Ihrer Frau gemessen, um festzustellen, wie groß der Schaden ist, den sie ohne Sauerstoffzufuhr erlitten

hat. Und wir müssen Ihnen leider mitteilen, daß zirka 97 % der Hirnfunktion ausgefallen sind. Aus diesem Koma wird sie nicht wieder erwachen."
Jo konnte diesen schwerwiegenden Satz, trotz der erheblichen Anspannung und des Schocks, unter dem er stand, vollständig erfassen. Wie oft hatten er und Halo über ähnlich gelagerte "Fälle" aus ihrer Tätigkeit in der Hospiz-Arbeit gesprochen. Jo kannte Halos Meinung zu einer solchen Sachlage. Darum sagte er zu dem Oberarzt: "Wenn es so ist, dann lassen Sie bitte meine Frau in Würde sterben. Wir verzichten auf die Apparatemedizin." Dieses war der schwerste Satz, den Jo bisher in seinem Leben gesprochen hatte.
Der Oberarzt nahm Jos Standpunkt zur Kenntnis, meinte aber: "Ihre Frau kommt jetzt auf die Intensivstation und wird selbstverständlich an alle Überwachungsgeräte angeschlossen. Ebenso ist es selbstverständlich, daß wir unsere Diagnostik weiter betreiben und auch die zur Zeit notwendigen Medikamente verabreichen. Wir bleiben mit Ihnen im Kontakt und informieren Sie über jeden weiteren Schritt."
Jo entfernte sich für kurze Zeit aus dem Krankenhaus, um ihrer beider Dienststellen und die nächsten Freunde und Angehörigen zu informieren. Fred und Gudrun konnte er nicht erreichen, erfuhr aber, daß sie morgen aus Spanien zurückerwartet würden.
Dann eilte er zurück an Halos Bett. Sie lag sehr ruhig und mit erstaunlich rosiger Gesichtsfarbe auf ihrem Lager. Doch an dem Zustand der tiefen Bewußtlosigkeit hatte sich nichts geändert. Jo hielt ihre Hand und streichelte ihr Gesicht. Dann führte er ein langes Gespräch mit Halo, in der festen Überzeugung, seine Worte würden zu ihr dringen.
In zwei Monaten hätten sie ihre Silberhochzeit feiern wollen, zu der bereits die Einladungen herausgegangen und die Feier, sowie die Speisefolge, festgelegt waren.
Jo ließ in seinem Monolog mit Halo alles an ihnen vorbeigleiten: ihre einmalig große Liebe, die am Anfang stand, ihre Pläne, und all das was Ihnen davon geglückt war. Aber er sprach auch zu ihr über Dinge, die ihnen nicht gelungen waren, da wo sie einander Leid zugefügt oder aneinander vorbeigelebt hatten. Er sprach von seinem Dank für 25 Jahre tiefster Freundschaft, er sprach von Respekt, von erlebter und geteilter Freude, von Vertrauen und auch davon, daß sie um Peterle unbesorgt sein solle, weil er als Großvater sich weiter um ihn kümmern würde.
Während all dieser Stunden waren die Schwestern aus- und eingegangen, hatten die Patientin und die Geräte beobachtet und die steten Tropfen der Infusionen überprüft. Die Kurve, die Halos Herztätigkeit aufzeichnete, hatte in gleichmäßigem Rhythmus eine Auf- und Ablinie gezeichnet. Jetzt schaute Jo auf die Uhr: "Halo, es ist nun spät", sagte er, "ich gehe nach Hause. Aber morgen früh bin ich wieder hier."
Indem Jo diesen Satz sagte, machte die Kurve des Herzschreibers riesengroße Zacken nach oben und auch nach unten. Jo, der seinen Mantel schon angezogen hatte, blieb erschrocken stehen. Halos Herz hatte eben aufgeschrieen: "Du kannst mich doch jetzt nicht allein lassen!" hatte es gerufen.

"Nein, Halo"; sagte Jo bewegt, "ich lasse Dich nicht allein. Ich bleibe die ganze Nacht bei Dir." Damit zog er den Mantel aus und setzte sich für die langen Stunden der Nacht wieder an ihr Bett.
Viele Freunde, Verwandte und Weggefährten meldeten sich am anderen Tage bei ihm. Alle äußerten sich, unabhängig voneinander, dahingehend, daß Halo nicht allein liegen sollte. Sie wollten eine Art von lebendigem Ring um sie bauen, in dem Halo sich in ihrem Sterben geborgen fühlen konnte.
So machte Jo einen Plan und teilte die 24 Stunden des Tages in Abschnitte ein, in denen die Freunde bei Halo verweilen konnten. Jeder dieser Besucher füllte die Zeit an Halos Bett mit anderen Inhalten. Einer saß nur ganz still und hielt Halos Hand, der andere las laut etwas vor. Einer sang Choräle, der andere las Psalmen. Einer meinte, mit einem volksliedhaften Abendlied Halo zu erreichen, der andere holte alte, gemeinsame Erinnerungen herauf.
In all diesen Tagen taten die Ärzte und Schwestern fast lautlos ihren Dienst, die medizinischen Apparate klapperten rhythmisch, und die Tropfen der Infusionen fielen gleichmäßig. Halo lag unbeweglich und ohne jede Reaktion, ihre Haut wirkte zart und rosig, ihre stillen Hände fast lebendig.
Am dritten Tag von Halos Erkrankung trafen endlich Fred und Gudrun ein. Bei der Rückkehr aus Spanien hatte Freds Sohn sie auf dem Flughafen mit dieser Nachricht empfangen. Fred entschloß sich, stehenden Fußes weiterzufahren. Gudrun hatte die Nachricht tränenlos aufgenommen. Auch sie drängte es an Halos Krankenlager.
Ein wenig fürchtete sie sich vor der Begegnung mit Jo, vor seinem Schmerz. Doch Jo nahm ihnen alle Angst. Mit einem stillen Lächeln und ausgebreiteten Armen stand er in der Hautür: "Kommt herein, ich bin froh, daß Ihr da seid. Halo geht es unverändert, wir brauchen uns also nicht zu hetzen. Trinkt erst einmal eine Tasse Kaffee mit mir."
Damit betraten sie das Wohnzimmer. Alles sah behaglich aus, so, als sei Halo eben durch die Räume gegangen. Auf dem Flügel standen aufgeschlagene Noten, der Tisch war liebevoll gedeckt, Blumen standen in der Vase und Kerzen brannten.
Während Jo in äußerlicher Ruhe seinen Bericht gab, entspannte Gudrun innerlich ein wenig. Anschließend legte Fred sich für kurze Zeit hin, und Jo führte Gudrun hinauf in Halos Zimmer.
Der Raum strömte Stille und Ordnung aus. An der Stelle, an der Jo die zusammengesunkene Halo gefunden hatte, befand sich ein großer Leuchter mit einer brennenden Kerze. Daneben stand ein herrlicher Strauß aus roten Rosen und weißen Lilien. Dieses Bild ging Gudrun sehr ans Herz, und sie umarmte Jo still. Auch er hatte seine Arme um Gudrun gelegt, es war, als müßten sie einander stützen und schützen.
Für einige Zeit blieben sie beide ganz still. Dann sagte Jo: "Ich habe mir, nachdem Halo ins Krankenhaus gebracht worden war, und ich eine ruhige Stunde hatte, ihr Zimmer genau angesehen. An den Spuren, die ich fand, kann ich Halos Morgenstunde ein wenig rekonstruieren: Sie muß zeitig erwacht sein, denn sie hatte bereits die Tageszeitung heraufgeholt und auch darin geblättert. Auf ihrem Schreibtisch lag eine Latzhose für Peterle und darauf eine kleine

Eisenbahnlok aus Holz. Auf dem Schreibtischstuhl stand ihre geöffnete Handtasche, in der sich zwei kleine Anhänger für die Lok befanden. Sie hat anscheinend für unser Enkelchen eine Überraschung zusammenpacken wollen. Vielleicht spürte sie das Unheil kommen und wollte zu ihrem Bett eilen, um sich darauf zu legen. Aber der Gehirnschlag war schneller als sie, so sank sie vor ihrem Bett zusammen. Sie fiel so ungünstig, daß ihr Gesicht auf dem Laken lag. Vielleicht hat sie sich selbst damit die Atemwege verlegt. Ich fand keinen Anhalt für die Zeit des Eintritts des Hirnschlages.
Wenn Peterle groß ist, wollen wir ihm sagen, daß die letzten Gedanken seiner Großmutter ihm galten, meinst Du nicht auch, Gudrun?"
Schon nach 20 Minuten hatte Fred genug geruht, und so fuhren sie zum Krankenhaus. Als sie Halos Zimmer betraten, erhob sich die Freundin, die eben ein paar Stunden bei ihr gesessen hatte: "Danke für die Zeit der Stille", sagte sie zu Jo, als sie ging.
Gudrun trat zu Halo. Sie wunderte sich über sich selbst, daß sie zuerst von ihrem beruflichen Blick geleitet wurde. Sie erfaßte in Sekundenschnelle alle Überwachungsgeräte, alle zu- und ableitenden Schläuche, alle ihr so bekannten Geräusche und Halos Erscheinungsbild. Mit fachmännischem Griff schob sie Halos Augenlid hoch und beobachtete die Reaktion der Pupillen. Nichts, gar nichts regte sich in Halos Augen. Erst jetzt, als sie sich selbst überzeugt hatte, in welch tiefer Bewußtlosigkeit ihre Schwester lag, konnte die Realität zu ihr vordringen. Ja, sie würden Halo verlieren. Die Botschaft der gesamten Situation sprach eindeutig zu ihr.
Jo unterbrach die Stille: "Gudrun, wenn es Dir recht ist, gehören Dir die nächsten vier Stunden hier an Halos Bett. Du wirst von einer Kollegin aus Halos Schule abgelöst, ich komme Dich dann holen." Damit gingen Jo und Fred.
Gudrun fühlte Dankbarkeit für die Stunden des Alleinseins mit Halo. Sie rückte sich einen Stuhl heran und griff nach Halos Hand: "Halo, Halochen", sagte ihre innere Stimme. "Halochen. - Wie eigenartig, ich habe noch nie Halochen zu Dir gesagt. Dazu warst Du viel zu stark, viel zu großartig. Aber jetzt bist Du schwach, jetzt kann ich Halochen sagen. Und am liebsten nähme ich Dich in den Arm, damit Du Dich geborgen fühlen kannst.
Du, Du hast von Anfang an Gulu zu mir gesagt, hast sozusagen die Niedlichkeitsform für Deine kleine Schwester gebildet. Und gern hast Du noch das "chen" rangehängt: Guluchen, nach westpreußischer Art. Du, die große Schwester, und ich die kleine.
"Gulu läft" das war Dein erster Satz mit eineinhalb Jahren, damals, als ich geboren wurde. Deta hat uns das erzählt. Ja, und jetzt, - jetzt schläfst Du.
Halochen, die Rolle der großen Schwester war genau das, was Du brauchtest. Und Du hast sie hervorragend ausgefüllt, diese Rolle. Ich habe mich in jeder Lebenslage unter Deine Liebe, Deine Fürsorge, Deine Betreuung kuscheln können wie ein Küken unter die Flügel der Henne.
Deine großartige Präsenz hat mich nie eingeengt, nie fremdbestimmt, nie reglementiert, nie erdrückt. Bei mir stand von vornherein fest, daß alles, was Du machst, gut für mich ist. Mit Dankbarkeit habe ich genossen, was Du, die große Schwester, für mich tatest.

Du hast es sogar geschafft, dieses Gefühl der Sicherheit auch über die Grenze hinweg zu vermitteln. Die Grenze, durch die wir politisch 30 Jahre getrennt gewesen sind. Aber Du, Halochen, Du hast zusammen mit Jo viele, viele unsichtbare Löcher in diese DDR-Grenze gehauen, und ich habe kaum die Schmerzen der Trennung zu spüren bekommen. Halo, wenn ich es recht bedenke, dann kann ich sagen: ich habe durch Dich und von Dir, von Euch gelebt.

Weißt Du, ich denke an das Jahr 1976, als ich aus dem Diakonissenhaus austrat. Ich stand da, arm wie eine Kirchenmaus. Aber Du, Halo, hast allein im ersten Jahr 43 Pakete an mich geschickt. Ich habe eine Strichliste darüber geführt. Du hast mich mit allem versorgt, was ich brauchte. Deine Phantasie war grenzenlos.

Nicht, daß Du alles neu für mich kauftest. Nein, so reich seid Ihr nicht. Aber wo immer Dir Dinge des Alltags oder des Überflusses angeboten wurden, packtest Du sie in Pakete und schicktest sie mir. Halo, all diese Schlepperei, all das Verpacken, das viele Porto. Du, Ihr scheutet keine Mühe und leistetet nimmermüde Hilfe, ohne je eine Gegenleistung dafür zu bekommen. Ihr habt auch nichts erwartet. Mein einziges Angebot an Euch blieb Kiefernwalde und blieb immer meine Liebe.

Halo, ich bin heute so froh, daß ich damals bei dem Waldspaziergang diesen Satz ein einziges mal aussprach: ich habe Dich so unendlich lieb.

Halochen, heute will ich Dir sagen, daß Du Deine Aufgabe als große Schwester in einmaliger Weise erfüllt hast. Und Du darfst Dich nun frei fühlen von allen Sorgen um mich. Du hast Dich selbst überzeugen können, daß ich ein gutes und liebevolles Leben mit Fred führe. Also, fühle Dich frei.

Auch Frieder darfst Du ganz loslassen. Er hat seine Bianca und das Peterle. Jo hat Dir versprochen, immer für Peter dazusein. Halo, auch all die Pflichten, die Du Eurer Partnergemeinde im Osten gegenüber empfunden hast, sie sind nun erfüllt und beendet. Seit der Wiedervereinigung sind die Partnergemeinden nicht mehr in dem Maße auf die tätige Liebe der Westkirche angewiesen. Du darfst das alles loslassen.

Halo, wenn Jo mich abholt, werde ich mich hinsetzen und einen Brief an Deta schreiben. Sie wird sehr erschrecken, wenn sie von Deiner Erkrankung hört. Du hast Dir immer Sorgen um sie gemacht, hast Verantwortung für sie empfunden. Aber Du hast mir letztens selber am Telefon erzählt, wie froh Du über ihren Brief warst. Sie schrieb Dir, daß sie in ihrer Wohnung glücklich ist, daß ihre Rente ausreicht, und daß ihr Sohn und seine Familie sich um sie kümmern. Halo, Du darfst auch Deta loslassen. Und nun kommt gleich die Ablösung, dann gehe ich. Doch heute Nacht komme ich wieder für ein paar Stunden her."

Es klopfte. Eine für Gudrun fremde Frau, die von Jo eingeteilte Kollegin, betrat den Raum. Nachdem sie Gudrun zugenickt hatte, nahm sie tief niedergeschlagen an Halos Bett Platz: "Ach, Halo, wir sind alle so betroffen über Deine schwere Erkrankung. Wir sehen Deinen Zusammenbruch in zeitlichem Zusammenhang mit der Konferenz, die so aufregend verlief. So etwas darf nicht passieren, daß der Lebensnerv eines Menschen getroffen wird. Halo, wir sind traurig. Wir wollen daraus lernen, behutsamer miteinander umzugehen."

Gudrun verließ leise das Zimmer.

In der Nacht setzte sie das stille Gespräch mit ihrer Schwester fort: "Halo, Du hast in den letzten Jahren bewußte und unbewußte Signale abgegeben, Signale über Dein baldiges Sterben. Ich bin jedes mal sehr zusammengezuckt. Aber Du schienst deswegen nicht erschrocken zu sein. Wenn ich heute diese Situationen bedenke, dann spüre ich sogar ein wenig Bereitschaft Deinerseits zum Gehen. Besonders seit dem Traum hast Du sehr intensiv manche Fragen Deines Lebens bedacht, bist alte Wege noch einmal gegangen, hast an Menschen geschrieben oder sie aufgesucht, die Deinen Lebensweg kreuzten.

In diese Aufarbeitung von Vergangenem gehört ja auch die Geschichte um Dein erstes Kind, das nicht leben durfte. Ich will Dir noch einmal versichern, daß ich mein Versprechen halten werde. Jo soll erfahren, was Dich so sehr gequält hat."

Am nächsten Morgen wurde Jo zum Oberarzt gerufen, der ihm sagte, daß das Intensivzimmer dringend anderweitig gebraucht würde. Ob Jo einverstanden sei, wenn Halo ein ruhiges Einzelzimmer bekäme. Ihr Zustand würde keinerlei Besserung anzeigen, und er, der Arzt, nähme an, an Jos Grundeinstellung zur Intensiv- und Apparatemedizin habe sich nichts geändert. Jo versicherte, daß dem so sei. So wurde Halo von den Überwachungsmaschinen abgekoppelt und auch das Atemgerät wurde ausgestellt.

Zu Gudruns großem Erstaunen konnte Halo allein atmen. Das Atemzentrum schien von dem Gehirnschlag nicht betroffen zu sein. In diesem Augenblick flammte noch einmal eine gierige Hoffnung in Gudrun auf. Sie stellte sich vor, Halos Natur sei stärker als alle Gehirnschläge der Welt. Heute würde sie allein atmen, in einer Woche könnte sie vielleicht die Augen aufschlagen.

Doch in den Stunden der nächsten Nacht gelangte Gudrun zu der Überzeugung, daß nichts besser wurde, sondern, daß es ihre letzten, gemeinsamen Stunden auf dieser Erde sein würden. Halos Atmung begann zu rasseln und die Nachtschwester mußte mehrfach den Absauger in Betrieb setzen, um die Atemwege von Sekreten zu befreien.

Gudrun setzte sich wieder an das Bett und hielt Halos Hand: "Halo", in Gudruns Kehle stieg es auf wie ein Kloß, "Halo, heute werden wir uns trennen müssen. Darum will ich diese letzten Stunden nutzen, um Dir zu danken.

Weißt Du, es gelingt uns auf unserem Lebensweg kaum, Fehler zu vermeiden, oder in Schuld verstrickt zu werden. Unsere Eltern, Jo, Frieder, - sie sind in Dein Leben hineingewebt und haben die Webfehler, die Dir unterlaufen sind, mit abbekommen. Vielleicht bin ich der einzige Mensch auf dieser Erde, bei dem es Dir geglückt ist, keine Fehler zu machen.

Halo, es gibt kein Wort, mit dem Du mich verletzt hast. Es gibt keinen Gedanken von Dir, der mir weh tat. Es gibt meinerseits keine Erinnerung an Dich, die mit Schuld belastet ist. Es gibt keine Taten von Dir, die mir Schaden zugefügt hätten. Du hast es mir gegenüber geschafft, eine reine Liebe zu leben. Dafür danke ich Dir."

Nun war alles, was Gudrun sagen wollte, gesagt. Für den Rest der Stunden fielen ihr lauter gute Verse ein, mit denen sie Halos Seele auf den Weg schicken wollte:

"Wenn meine Augen brechen, mein Atem geht schwer aus,
und kann kein Wort mehr sprechen, Herr, nimm mein Seufzen auf."

oder

"Ich wandre meine Straße, die zu der Heimat führt,
wo mich ohn alle Maßen, der Vater trösten wird."

oder

"Wenn ich einmal soll scheiden, so scheide nicht von mir.
Wenn ich den Tod soll leiden, so tritt du dann herfür.
Wenn mir am allerbängsten wird um das Herze sein,
so reiß mich aus den Ängsten, Kraft deiner Angst und Pein."

Auch Gudruns Seele fand in dieser Nacht Trost in den alten Versen. Zwei Stunden nach Mitternacht sollte sie abgelöst werden. Jo hatte Alius, auf dessen Wunsch hin, auch in den Freundschaftsdienst der Sitzwachen mit eingeplant.
Pünktlich klopfte es an die Tür, mit freundlich-traurigen Augen betrat er den Raum. Still ging er an Halos Lager und schaute lange in ihr Gesicht. Dann wandte er sich Gudrun zu: "Ich habe etwas mitgebracht. Es ist die Musik der letzten Hospizveranstaltung zu dem Thema "Tod, Sterben und Trost in der Musik". Vielleicht erreichen diese Töne die Seele Ihrer Schwester".
Er packte einen Recorder aus und schob die Kassette ein. Leise füllte sich das stille Zimmer mit den unendlichen und bleibenden Tönen aus dem Requiem von Brahms:
"Selig sind, die da Leid tragen, denn sie sollen getröstet werden ..."
Beide, Gudrun und Alius, traten an Halos Bett, er hielt Halos rechte, Gudrun die linke Hand. Ihrer beider schweigendes Gebet vereinigte sich mit den Tönen der tröstenden Musik. Plötzlich spürte Gudrun zwei kleine Regungen aus Halos sonst so lebloser und schlaffer Hand. Kurze Punkte, als würde sie Morsezeichen abgeben.
"Sie hat geantwortet", sagte Gudrun ergriffen. Für sich selbst dachte sie weiter: "Zum Jo hat sie mit dem Herzen gesprochen, uns antwortet sie auf die vertraute Musik."
Leise legte Gudrun die Hand ihrer Schwester auf das Laken zurück und wandte sich Alius zu: "Ich hoffe, daß Sie in diesen Stunden nicht überfordert sind. Es geht sehr schnell auf das Ende zu."
Er schüttelte still den Kopf und lächelte traurig mit den Augen.
Ehe Gudrun den Raum verließ, wendete sie sich noch einmal an Halo und sprach zu ihr mit der Stimme ihres Herzens: "Halo, es sind nur noch wenige Schritte, bis Du bei Gott aufgehoben sein wirst. Du wirst den Weg finden. Fürchte Dich nicht."

Als Gudrun nach dem nächtlichen Heimweg Jos Haus betrat, brannte in dessen Zimmer noch Licht. Er hatte gewartet: "Gudrun, bitte sag mir, wie verlief die Sitzwache?"
"Die Zeit verging schnell, und in wenigen Stunden wird Halo am Ziel sein."
Jo stieß einen zitternden Seufzer aus, der klang wie unterdrücktes Weinen.
"Jo, ich weiß, es ist schwer für Dich", sagte Gudrun voller Teilnahme. Nach einem Moment des versonnenen Schweigens sprach sie weiter: "Jo, sie hat es

wohl in den zurückliegenden eineinhalb Jahren geahnt, daß sie bald sterben wird. Sie hat diesbezüglich doch viele Signale abgegeben. Wir dürfen annehmen, daß sie auf diesen letzten Weg gut vorbereitet war. Am deutlichsten wurde mir dieses, als sie mir von einer Geschichte berichtete, die ich Dir nach ihrem Tod erzählen soll."
"Ja, ihre Signale waren auffällig und deutlich. Nur, - man konnte es nicht für möglich halten bei so viel Vitalität, die sie abstrahlte. -- Gudrun, ab 6 Uhr bin ich wieder bei ihr. Ich rufe Euch von dort aus an."

Als Fred und Gudrun um 7 Uhr 30 rasch eine Tasse Kaffee tranken, läutete das Telefon. Beide stellten die Tassen ab und schauten einander bedeutungsvoll an. Gudrun nahm zögernd den Hörer ab. "Hier ist Jo. Halos Herz hat eben aufgehört zu schlagen."
"Wir kommen."
Kurze Zeit darauf betraten sie Halos Zimmer. Sie lag noch genauso auf ihrem Bett, wie Gudrun sie in der Nacht verlassen hatte. Nur die medizinischen Geräte und Instrumente hatte man weggeräumt.
Jo stand mit einem fast entrückten Lächeln an Halos rechter Seite: "Ich feiere jetzt mit Halo Auferstehung", sagte er priesterlich.
Fred blieb am Fußende stehen, und Gudrun ging auf die linke Seite. Während Jo mit Halo Ostern feierte, steckte sie noch ganz tief im Karfreitag: "Ach Halo, ich habe noch so wenig Abstand zu Dir, ich weiß auch noch gar nicht, wie es ist, ohne Dich zu leben". Still tropften ihre Tränen auf Halos Kopfkissen.
Fred rührte sich als erster: "Was meinst Du, Gudrun, wir werden zurück in die Wohnung gehen. Es sind viele Telefonate zu erwarten und zu führen."
"Ja, geht nur," meinte Jo, "ich warte hier auf Frieder."
Gudrun schaute, ehe sie das Zimmer verließ, noch einmal zurück auf Halos Gesicht und dachte: "Jetzt weiß ich, was es heißt, toternst zu sein."

Als sie mit Fred die Straße betrat, die vom Herbstwind und durch nasses Laub und Unrat unsauber wirkte, sagte sie zu ihm: "Bisher fand ich die Stadt, in der Halo lebte, schön. Aber heute Morgen muß ich sagen, daß sie häßlich und abstoßend wirkt."
"Das kommt, weil Du sie mit traurigen Augen betrachtest", meinte Fred, und seine Stimme zitterte ein wenig dabei. Er hatte seinen Arm unter den von Gudrun geschoben. Sie drückte ihn an sich: "Fred, Du weißt, mein Herz gehörte Halo; beziehungsweise, Ihr beiden mußtet Euch darein teilen. Ab heute ist es nun ungeteilt das Deine."
Fred hatte Mühe zu antworten: "Ich hätte gern noch lange mit Halo geteilt. Sie hat mir doch nichts weggenommen. Ich hatte sie ebenfalls lieb."
Endlich erreichten sie die Wohnung. Gudrun hatte das Gefühl, daß ein wenig von der Behaglichkeit der Räume entwichen war. Ernst und still kam ihr alles vor. Sie trat an den Flügel: "Ich möchte einmal sehen, welches ihr letztes Musikstück gewesen ist", dachte sie, und sah, daß es die Schubertlieder waren, die aufgeschlagen standen. Gudrun vertiefte sich gerade in den Text des Liedes, das Halo zuletzt gespielt und gesungen hatte. "Am Flusse" hieß es.

Indem sie die erste Zeile las, hörte sie Jo eintreten. "Komm", sagte sie, "ich lese gerade Halos letztes Lied." Er trat neben sie und sie lasen gemeinsam:
"Der du so lustig rauschtest, du heller, wilder Fluß,
wie bist du still geworden, gibst keinen Abschiedsgruß.
Mit harter, starrer Rinde hast du dich überdeckt,
liegst kalt und unbeweglich im Sande ausgestreckt.
In deine Decke grab ich mit einem spitzen Stein
den Namen meiner Liebsten und Stund und Tag hinein.
Den Tag des ersten Grußes, den Tag, an dem ich ging.
Um Zahl und Namen windet sich ein zerbrochner Ring."

Sie ließen den Text eine Weile erschüttert auf sich wirken.
"Ring", sagte Jo, wie aus einer anderen Welt auftauchend, und dabei griff er in seine Jackentasche. "Sieh mal, den haben mir die Schwestern ausgehändigt, als sie mir Halos wenige, persönliche Dinge übergaben. Sie haben ihn ihr vom Finger gestreift, ehe die Hände ganz kalt wurden."
Jos Hand hatte sich zu einer kleinen Schale geformt, in der Gudrun nun Halos Ehering liegen sah: "Jo", sagte sie erleichtert, "er ist heil. Du hast es nicht zugelassen, daß er zerbrach. Danke."

Halo wurde in Kiefernwalde beerdigt. Hier hatten sie ein Haus bauen wollen, hier wurde nun ihre leibliche Hülle in die Erde gesenkt. Gudrun dachte an Halos Traum, der so deutlich geendet hatte: und die Beerdigung ist Donnerstag um 11 Uhr.
Ja, am Donnerstag hatte ihre Kirchgemeinde in München eine Trauerfeier für sie gehalten, und heute um 11 Uhr fanden sich viele Menschen in der kleinen Kapelle des Waldfriedhofes von Kiefernwalde ein, um ihren letzten, irdischen Gang zu begleiten.
Gudrun entdeckte unter den zahlreichen Trauergästen auch Alius. Neben ihm stand eine Frau, die liebevoll ihre Hand mit der seinen gefaltet hielt. "Wie gut", dachte Gudrun.
Eben meinte sie, Otmar zu erkennen, er nickte ihr leise zu.
Frieder stand an Bianca gelehnt, und sie an ihn. Sie weinten gemeinsam.
Viele, viele der westpreußischen Großfamilie waren herbeigeeilt, Gudrun fühlte sich in den Umarmungen der Verwandten sehr geborgen.
Zart und zerbrechlich trat Christiane an sie heran: "Die Schönste, Begabteste, Strahlendste von uns dreien ist nun gegangen. Nun haben nur wir zwei uns noch," sagte sie weinend, während Gunter mit vertrauenerweckender Zuwendung seinen Arm um ihre Schulter legte.
Jo stand da, einsam und gefaßt, und er sah aus, als würde er von einer Kraft getragen, von der er auch an andere weitergeben konnte.
"Selig sind, die da Leid tragen..." erklang es zu Beginn der Feier. Und zum Schluß: "Selig sind die Toten, die in dem Herrn sterben..."
Die Musik von Brahms setzte den letzten Klang unter Halos irdischen Lauf.

Am Flusse

Sie alle lernten es langsam, ohne Halo zu leben: Frieder und seine Familie, die Verwandtschaft, die Hospizgruppe und auch Fred und Gudrun. Zwar fragte sich Gudrun in diesen Wochen öfter: "Halo, wie lange muß ich ohne Dich zurechtkommen ?" Aber sie gehörte ja zu Fred, der ihr mit seiner Lebendigkeit und Wärme eine große Stütze war.

Auch Deta wollte es lernen, ohne Halo zu leben. Darum raffte sie sich, trotz der Symptome einer ernsthaften Erkrankung, auf und unternahm die Reise nach Kiefernwalde. Gudrun fuhr mit ihr zum Friedhof. Halos Ruhestätte war durch ein schlichtes Holzkreuz aus Mahagoni gekennzeichnet, auf dem nur "Halo" stand und ihre Daten. Dazu der Vers:

"Herr, deine Liebe ist wie Gras und Ufer
wie Wind und Weite und wie ein Zuhaus."

Diesen Liedvers hatten Jo und Halo gern in gemeinsamen Gottesdiensten mit der Gemeinde gesungen.

Deta nahm auf der kleinen Bank Platz, die Gudrun und Fred hier aufgestellt hatten. Die Kiefern rauschten leise, und die Waldvögel schmetterten ihren Gesang in den blauen Tag.

"Schön ist das hier", sagte Deta, und dann "Gudrun, ich m u ß t e hier einmal stehen. Sonst hätte ich Halos Tod nicht fassen können. Weißt Du, schon der Tod Eurer Mutter Charlotte war für mich schwer zu begreifen. Aber Halos verhältnismäßig frühes Sterben ist unfaßbar für mich. Ich habe mir viel Gedanken um sie gemacht, denn Halo hat es sich mit dem Leben nicht leicht gemacht.

Jo und sie haben mich ja mehrmals eingeladen, und ich habe sie vor Ort erlebt. Weißt Du, Gudrun, ich hatte immer den Eindruck, Halo lebte schneller, intensiver, voller als wir anderen. Vielleicht war sie deshalb früher am Ziel. Nur so könnte ich diesen Tod begreifen." Deta grübelte und fuhr dann stockend fort: "Gulu, sie hat mir von Alius erzählt. Ich habe es auch selbst beobachtet. Manchmal dachte ich, Halo rafft Leben an sich, sie rafft Leben zusammen. Heute weiß ich, sie raffte die Zeit."

Gudrun meinte: "Deta, was Du da sagst, berührt mich zutiefst, dieses vom schnellen und intensiveren Leben, vom Zeitraffen. Du könntest recht haben."

Am schwersten hatte es Jo. Neben der Trauer und dem Alleinsein mußte er sich in die Haushaltsführung und in die Finanzen einfinden.

Gerade der Finanzen wegen suchte er nach Versicherungsunterlagen, Kontoverläufen und ähnlichen Dingen. Das hatte alles in Halos Bereich gelegen. Bei diesem Suchen stieß er eines Tages in ihrem Schreibtisch auf einen dicken, verschlossenen Umschlag. In der Hoffnung, nun alle notwendigen Unterlagen beisammen zu haben, öffnete er das Kuvert. Nein, keine Unterlagen, sondern Briefe. Briefe, die Halo an Alius während der Kur damals geschrieben hatte. Jos

Herz zog sich beim Lesen vor Gram zusammen: "So wichtig war ihr Alius", mußte er voll Bitterkeit denken.
Er griff zum Telefon und wählte Gudruns Nummer: "Hast Du das gewußt?" fragte er, "daß sie die Briefe geschrieben hat?"
"Ja, das wußte ich. Daß sie sie aber aufgehoben hat, nein, das wußte ich nicht. Ich weiß nur, daß Alius sie nicht lesen wollte."
Jo schluckte an seinen Emotionen: "Ist es diese Geschichte, die Du mir erzählen solltest, nach ihrem Tode?"
"Nein, Jo, die ist es nicht."
"Dann erzähl mir bitte die andere. Ich kann diese tröpfchenweisen Eröffnungen nicht ertragen."
"Jo, ich will sie Dir erzählen, die Geschichte, aber nicht am Telefon, dazu ist sie zu lang."
"Gudrun", sagte Jo gequält, "verstehst Du, daß ich jetzt erst einmal Distanz brauche zu allem, was mit Halo zu tun hat. Also auch Distanz zu Dir? Irgendwie wehre ich mich dagegen, daß Du von Halo und ihrer Beziehung zu Alius mehr gewußt hast, als ich. Dachte ich doch, Halo und ich, wir hätten in den 25 Jahren unserer Ehe volles Vertrauen zueinander."
"Jo, ich verstehe Dich. Aber ich bin innerlich nicht darauf eingestellt, nun, nach Halos Tod, auch noch Dich zu verlieren. Bitte, Jo."
Er legte auf.

Nur sehr langsam erholte sich Jo von diesem Erlebnis. Und ebenso langsam und vorsichtig bahnte sich ein neues Aufeinanderzugehen zu Gudrun wieder an. Als Jo sich nach etlichen Wochen für Sommerferien in Kiefernwalde anmeldete, war Gudrun erleichtert. Er kam während dieses Aufenthaltes sogar zu Fred und Gudrun zu Besuch. Voll echter Harmonie saßen sie am Kaffeetisch. Danach bat Jo Gudrun, mit ihm ein Stück spazieren zu gehen. Sie erreichten die Havel und nahmen auf einer kleinen Bank Platz. Alles zwischen ihnen, so empfand es Gudrun, war wieder gut und vertraut.
Lange blickten sie auf den Fluß. Leise strömte er dahin. Wie lieblich hatte er diese sonst so ärmliche Landschaft geprägt. Diese Landschaft, in der Halo Heimatgefühl entwickelt hatte. Eine wohltuende Ruhe ging von dem steten und unaufhaltsamen Fließen des Wassers aus. Jo unterbrach die Stille: "Gudrun, jetzt möchte ich die Geschichte wissen, die Halo Dir anvertraute, mit der Bitte, sie mir zu erzählen." Jos Worte hatten fast wie ein Befehl geklungen.
Gudrun holte tief Luft: "Jo, ich habe lange gezaudert, sie Dir zu erzählen. Und eigentlich zaudere ich bis zu diesem Moment."
"Ich muß sie aber wissen. Vielleicht liegt gerade in dieser Begebenheit der Schlüssel zu dem Geheimnis von Halos Seele."
"Gut, ich will sie Dir erzählen."
Gudrun erzählte nun die Geschichte von Halos ungeborenem Kind und all den dunklen Gedanken und Ängsten, die Halo immer wieder gequält hatten. Sie beendete Halos Beichte mit der Frage: "hast Du ihn nun entdeckt, den Schlüssel, durch den Du die geheimen Türen zu Halos Seele öffnen kannst?"

Jo schwieg lange, sein Blick ruhte auf dem dunklen Wasser des Flusses. Eine große Ruhe schien über ihn gekommen zu sein: "Arme, arme Halo. Liebes, armes Herz. Warum hattest Du kein Vertrauen zu mir ?"

Wieder schwieg Jo lange. Dann tasteten sich sehr vorsichtig die Worte aus ihm heraus: "Ich glaube schon, Gudrun, daß in dieser Geschichte der Schlüssel zu Halos Seele liegt.

Plötzlich verstehe ich Verhaltensweisen von ihr, die mir sonst rätselhaft waren: Ihren oft unerklärlichen Groll gegen die Eltern, ihre inkonsequente Haltung Frieder gegenüber, ihre gescheiterte Ehe mit Otmar, die mit einer Halo zugemuteten Abtreibung begonnen hatte.

Nun sehe ich auch Halos Großmutterrolle unter einem anderen Aspekt. Die Art, wie sie mit Peterle umging, hatte ganz besondere Züge an sich. Erinnerst Du Dich, einmal sagte ich, daß sie in den Momenten mit dem Kind etwas Madonnenhaftes ausstrahlte. Das ist mir jetzt klar geworden. Sie trug ihren "Erlöser" auf dem Arm! Aber das sind Dinge, die die anderen Menschen betreffen. Ich suche den Schlüssel zu ihr, damit ich unsere ganz persönlichen Dinge besser einsortieren kann. Wenn es mir auch schwer fällt, kann ich von diesem Augenblick an vieles doch nun ganz anders sehen, besser einordnen, diese Lücke in ihrer Biographie mußte tatsächlich geschlossen werden, um Halo zu begreifen. ---

Gudrun, sag mir, genügte diese Last nicht schon? Warum mußte Alius noch so eine große Rolle spielen? Mit ihm werde ich nicht fertig."

"Jo, Du kannst Dir denken, daß auch ich viel, viel darüber gegrübelt habe. Und ich will Dir das Ergebnis meiner Überlegungen sagen: Natürlich tat es ihr als Frau wohl, noch einmal geliebt zu werden, ohne daß ihr Alter eine Rolle spielte, natürlich ging es um Musik und es drehte sich gewiß alles um die gemeinsame Arbeit in der Schule und Hospizgruppe, aber es waren auch gewaltige Illusionen dabei, -Illusionen, die sie für Wahrheit hielt.

Und doch glaube ich, diese eben erzählte Geschichte, bietet auch den Schlüssel, diese von uns nicht verstandene Leidenschaft zu erklären. Sieh mal, Alius hatte nichts mit dem Verhängnis ihrer Vergangenheit zu tun. Ihm gegenüber durfte sie davon auch schweigen. Diese gelebte Tragik betraf nicht ihn und hatte mit den Emotionen zu ihm nichts zu tun. Ich glaube, Halos Seele suchte ein Stück Leben, das unbelastet von ihrer Vergangenheit war. Dieses Stück Leben meinte sie bei Alius zu finden.

Daß sie es letztlich nicht tragen konnte, dieses zwischen zwei Männern geteilte Leben, hat sie uns sehr ergreifend durch ihren Tod eingestanden. Denn ich bin überzeugt, daß der Gehirnschlag wesentlich durch diese innere Anspannung ausgelöst wurde. Daß sie daran starb, ist eigentlich ihre hilfesuchende Bitte an uns, aber vor allem an Dich: Vergib mir, Du siehst, es war untragbar, bitte vergib."

Wieder schauten sie lange auf das leise ziehende Wasser. Jetzt raffte sich Gudrun auf, diese eine Frage zu stellen, deren Beantwortung ihr so wichtig war, und vor der sie sich gleichzeitig fürchtete: "Jo, wenn Du das alles gewußt hättest, -- sag mir, -- wärest du dann aus dem Orden ausgetreten und hättest Halo geheiratet?"

"Aber selbstverständlich. Halo und ich waren doch für einander bestimmt", sagte Jo mit großem Nachdruck.
"Danke, Jo, Deine Antwort erleichtert mich sehr."
Sie standen auf und Jo schaute auf die Uhr: "Wir haben Fred lange allein gelassen, aber es ist gut und nötig gewesen, diese Stunde zu nutzen."
Sie gingen zurück. Jo trat den Rückweg nach Kiefernwalde an. Gudrun begleitete ihn in Gedanken. Wie würden jetzt seine stillen Stunden aussehen? Würde vielleicht doch Erbitterung in ihm aufsteigen über das eben Gehörte?
Nach drei Tagen rief sie ihn an und fragte: "Jo, wie ist es Dir gegangen, seit Du hier warst und --- seit Du alles weißt?"
Er sagte: "Gudrun, es ist alles in Ordnung. Denk mal, ich habe von Halo geträumt. Sie kam in mein Zimmer. Sie trug ein weißes Kleid und lächelte glücklich. Sie bewegte sich auf mich zu, und wir gaben uns einen Kuß. Und dieses, Gudrun, war die endgültige Versöhnung.
Der Ring, Du weißt Gudrun, ihr letztes Lied, -- der Ring -- er ist heil."

Es geht sich so gut zwischen Gräberreihn,
lauter vergessene Schmerzen,
lauter geheilte, verwundene Pein,
lauter entfesselte Herzen.
Des Lebens fiebernder Kampf vorbei,
vorbei der Druck des Gewesnen.
Es geht sich gar gut, gar friedlich und frei
unter lauter Genesnen.

von Superintendent Heimerdinger